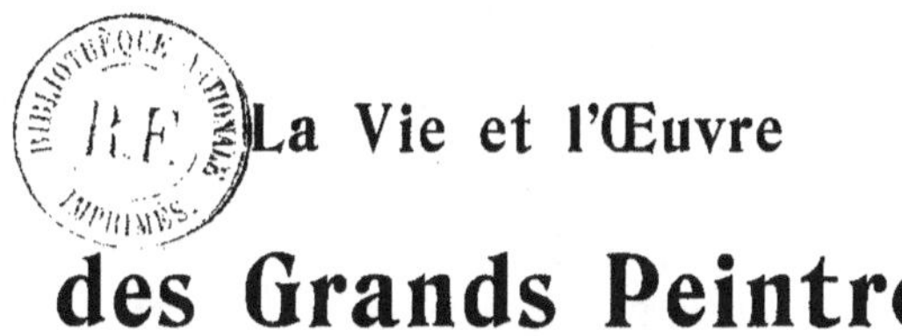

La Vie et l'Œuvre
des Grands Peintres

Anciens et Modernes

Série B

E. BÉNÉZIT

La Vie et l'Œuvre
des Grands Peintres

Anciens et Modernes

Ouvrage orné de 280 Portraits et Reproductions de Tableaux

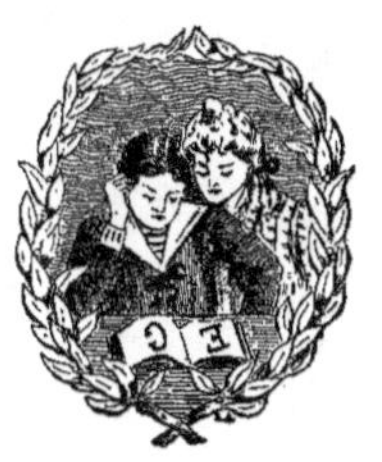

ÉMILE GAILLARD

Éditeur

37, rue Gandon (XIIIe)

PARIS

A Monsieur A. SEIGNETTE,

Inspecteur Général Honoraire de l'Enseignement Primaire.

Ce livre est dédié en témoignage de respectueuse sympathie.

E. BÉNÉZIT

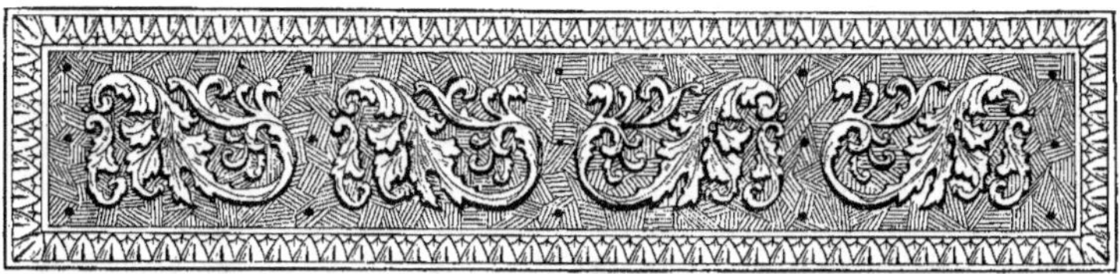

CHAPITRE PREMIER

Primitifs Italiens

Les précurseurs. — Cimabué. — Giotto. — Fra Giovanni da Fiesole. — Fra Filippo Lippi. — Filippino Lippi. — Botticelli. — Mantegna. — Luca Signorelli. — Pérugin. — Antonello de Messine.

L'ART pourrait être comparé à une merveilleuse contrée. A chaque instant, celui qui s'adonne à l'étude de ce magnifique domaine s'arrête ébloui. A mesure que se poursuit la route, l'horizon s'éclaire, s'élargit, se magnifie. Le voyageur rebrousse-t-il chemin, des beautés insoupçonnées surgissent de toutes parts. Ce sont, à chaque pas, des joies, des enthousiasmes nouveaux.

C'est une conception très fausse que de considérer les manifestations artistiques comme de simples agréments. Elles sont indispensables au développement de l'âme humaine. Le culte du beau est la nourriture de l'esprit.

La part de l'artiste à l'action civilisatrice n'est pas, d'ailleurs, purement idéale ; son rôle social est plus complexe, car c'est aussi un puissant créateur de richesses.

Comme sous la baguette magique d'une fée, sous ses doigts la matière se transforme en trésors, souvent inappréciables. C'est par centaines de millions qu'il faut évaluer l'œuvre d'un Rembrandt.

Et cette valeur vertigineuse sortit uniquement de ses mains et de son cerveau !

Lorsque après avoir parcouru ces temples de l'art que sont les musées, après avoir admiré les splendides productions du culte de la Beauté qu'ils renferment, qui n'a éprouvé le désir de connaitre les créateurs de tant de chefs-d'œuvre ?

En étudiant l'homme, on comprend mieux l'ouvrage.

Une communion d'idées s'établit entre l'artiste et son admirateur ; on devine mieux la pensée qu'il voulut traduire. L'admiration s'en accroît et devient affectueuse. On aime l'artiste pour les joies qu'il donne ; on l'aime pour les efforts, les peines, les souffrances que lui coûtèrent la réalisation de son idéal ; on l'aime encore pour la part qu'il ajouta au rayonnement du génie humain.

C'est à faire pénétrer nos lecteurs dans l'intimité de quelques-uns de ces grands traducteurs de la pensée et de la forme : les peintres, que nous allons nous appliquer.

Sans prétendre faire ici, même sous la forme d'esquisse rapide, l'histoire de la peinture, ce qui serait sortir de notre cadre, nous ne saurions parler des illustres maîtres dont les œuvres nous éblouissent, artistes auxquels ce livre est consacré, sans dire un mot des précurseurs dont ils ont recueilli l'héritage, devanciers anonymes ou dont les œuvres ont disparu.

Notre expression artistique procède directement de la Grèce.

Ses artistes abandonnèrent bientôt la forme hiératique et symbolique de leurs maîtres les Egyptiens, pour s'adonner à la représentation de la nature.

Malheureusement, depuis Bularque qui vivait vers 720 avant notre ère, inventeur, suivant Pline, de la peinture polychrome en Grèce, et dont le tableau représentant la *Défaite des Magnètes* en Asie Mineure, fut acheté au poids d'or par Candaule, roi de Lydie, jusqu'à Apelle, considéré comme le plus grand peintre de l'antiquité, aucune peinture des maîtres grecs n'est venue jusqu'à nous. Le sac de Rome en 409, son incendie qui, pendant dix-huit jours, dévora ses monuments, les luttes entre Rome et Byzance et notamment le pillage, par l'empereur Constant II, de tous les objets d'art échappés au feu, lesquels, tombés aux mains d'une flotte sarrazine, furent transportés à Alexandrie, la prise de cette ville par les Arabes en 641, la prise de Constantinople par les Turcs en 1463 furent, avec le mouvement icono-claste des premiers chrétiens, les causes principales de leur destruction.

Malgré tout le respect dû à la mémoire de ces maîtres, ils n'existent pour nous qu'à l'état de lointains souvenirs.

L'artiste se survit dans son œuvre ; ce n'est que par la disparition de celle-ci qu'il meurt réellement.

Que l'histoire, parmi les grands peintres de la Grèce, vante le mérite de Cimon de Cléone ; de Panœtus, qui peignit le combat de Marathon, donnant une parfaite ressemblance aux généraux athéniens et persans ; de Polygnote de Thasos, qui introduisit le premier des motifs d'architecture dans ses tableaux et observa la perspective ; d'Aglaophon, le peintre d'Alci-biade ; de Parrhasius, renommé pour la pureté de son dessin, l'expression de ses compositions et qui, avec Androcydes, Timanthe et Eupompe, fut le rival du merveilleux Zeuxis, nous acceptons ses affirmations ; mais combien serait différent le sentiment que nous inspirent ces maîtres si nous pouvions y joindre le témoignage admiratif de nos yeux.

Cependant, d'après les merveilles que la statuaire grecque nous a léguées, les peintures d'hommes placés par leurs contemporains à côté des Phidias et des Praxitèle devaient être des œuvres de la plus haute expression artistique ; la fierté, la dignité de leurs auteurs n'étaient pas moins remarquables.

Zeuxis, digne élève de Phidias, répondant, alors qu'on lui reprochait sa lenteur à livrer ses ouvrages : « Je ne travaille pas pour vous, mais pour l'immortalité », incarne la noblesse du caractère grec ; la conscience de son génie n'altérait en rien son sentiment de la Justice.

Dans un concours qu'il avait proposé à son rival Parrhasius, il peignit une corbeille où les fruits étaient d'une exécution si frappante que les oiseaux s'approchèrent pour les becqueter.

Parrhasius apporta alors son tableau, qui semblait recouvert d'une étoffe délicate destinée à le garantir.

Zeuxis s'approcha pour tirer ce rideau, mais le rideau était le tableau même.

— Je suis vaincu, dit-il, car je n'ai trompé que les oiseaux et Parrhasius m'a trompé, moi qui suis peintre.

Quand il fut riche, il refusa de vendre ses œuvres, préférant en faire présent, parce que, disait-il, aucun prix ne pouvait les payer.

Il mourut vers 400 avant notre ère, âgé de soixante-huit ans et ses tableaux, apportés de Grèce à Rome à des prix fabuleux, passèrent ensuite à Constantinople et périrent dans les divers incendies de cette ville.

Non moins grand, non moins indépendant était le caractère d'Apelle, dont le génie éclaira la première moitié du IVe siècle avant notre ère.

Apelle s'était fixé à la cour de Macédoine sur la prière de Philippe. Il fut aussi le peintre d'Alexandre-le-Grand, mais c'était un singulier courtisan, à en juger par cette anecdote :

Un jour que le jeune roi posait pour son portrait dans l'atelier du peintre et qu'il discourait sur l'art plus en amateur qu'en connaisseur, Apelle l'interrompit brusquement :

— Prends garde, dit-il, ne vois-tu pas que tu fais sourire même les esclaves qui broient mes couleurs.

Un savant appréciateur de l'antiquité, Beulé, a dit de lui :

« Chez Apelle la science dominait l'imagination, la grâce l'emportait sur la fécondité, l'esprit sur la force, l'habileté sur l'invention. Ce n'était pas par la grandeur des sujets qu'il voulait frapper les âmes ; il préférait les ravir par la beauté des figures et la perfection des détails. Par une étude approfondie de la nature unie au sentiment, il réalisait des types qu'il ne créait pas, mais qui s'offraient à ses yeux. Il les combinait, il les divinisait au besoin ; seulement, au lieu de descendre de l'idée à la forme, il s'élevait à l'idéal. »

Apelle unissait à l'expression parfaite de l'esthétique grecque, si pure, si radieusement belle, un soucis constant de réalisme.

Il lui arrivait de se cacher derrière ses peintures exposées au public afin d'entendre les réflexions qu'elles provoquaient, mais il ne les acceptait qu'à bon escient.

On connaît l'anecdote du cordonnier critiquant la sandale d'un des personnages d'un tableau, critique dont le maître tint compte.

Le lendemain, le même homme ayant porté son blâme sur d'autres parties de l'œuvre, Apelle l'arrêta par ces mots :

— Cordonnier, tiens-t'en à la chaussure.

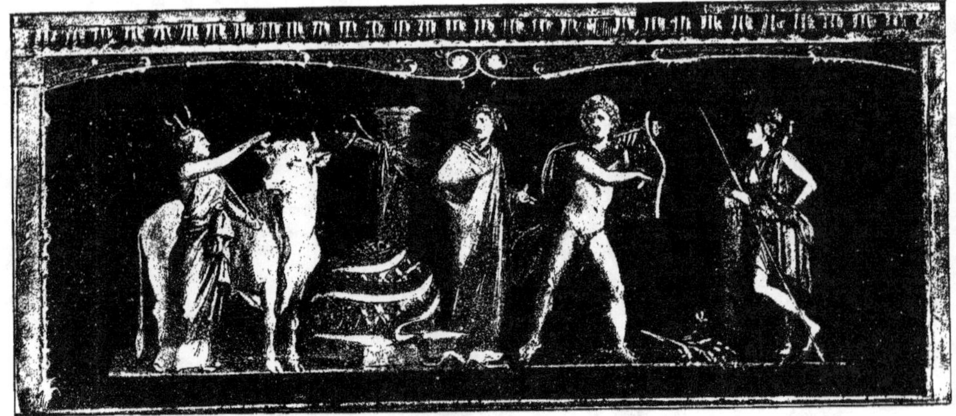

Apelle vécut près d'Alexandre jusqu'à la mort de ce prince, qui l'aimait au point de lui céder une favorite dont le peintre s'était épris.

L'artiste, alors, parcourut la Grèce, laissant, par des chefs-d'œuvre, les traces de son passage.

Ce fut à partir de cette époque qu'il produisit ses tableaux les plus remarquables.

Ephèse, dont il décora le temple de Diane, lui donna le droit de cité.

A Athènes, il rencontra la célèbre Phryné, qui lui servit de modèle pour sa *Vénus Anadyomène*. Cette peinture, l'œuvre la plus accomplie d'Ape.., représentait Vénus essuyant ses cheveux en sortant de l'écume de la mer, qui l'avait formée.

L'empereur Auguste l'acheta aux habitants de Cos moyennant cent talents, somme équivalent aujourd'hui à environ cinq millions, étant donné la différence de la valeur de l'argent.

Il fit placer ce tableau dans le temple de César.

Passant à Rhodes, Apelle rencontra Protogène, qui, de simple barbouilleur de vaisseaux, était devenu peintre d'un grand talent. Protogène était pauvre, Apelle le rendit célèbre et l'enrichit le même jour, en lui achetant un tableau au prix de cinquante talents.

Le grand maître grec finit sa vie à Cos où, voulant se surpasser lui-même, il entreprit de peindre une Vénus encore plus belle que son Anadyomène.

La mort ne lui permit pas d'achever cette œuvre.

L'Hellade avait étendu son raisonnement artistique à ses colonies d'Italie, et les intéressantes reproductions de peintures murales provenant des ruines de Pompéi, que nous donnons ici, montrent que les élèves des grands maîtres grecs possédaient, avec une science parfaite de la composition, une largeur de style que nous ne retrouverons qu'avec la Renaissance.

On trouve encore en eux les hautes conceptions de la Grèce.

Plus tard, peintres et sculpteurs, tarés souvent par l'esclavage, sont bien plus des ouvriers habiles que des artistes. La noble émulation des êtres libres n'est plus ; les aspirations vers la pure beauté s'éteignent ; le niveau idéal descend, descend encore pour sombrer dans les conceptions étroites par lesquelles, fils dégénérés des Grecs, les byzantins, confondant la routine avec la science, enfermèrent la forme plastique.

Cimabué est la première grande figure qui soulève le voile épais

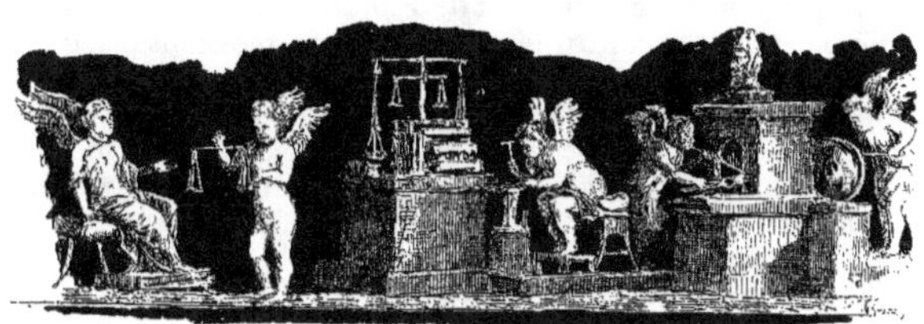

Pompéï. — Génies monnayeurs et forgerons (Peinture de la maison des Vettii).

étendu sur l'expression picturale depuis l'invasion des barbares.

Il commence la révolution artistique qui va la libérer et fonde la glorieuse école florentine.

Giovanni Cimabué (ou Gualtieri), naquit à Florence en 1240. Il était de famille noble et ses parents voulurent lui faire recevoir une éducation parfaite. Mais l'élève s'y prêtait fort mal et consacrait la majeure partie de son temps à dessiner sur ses livres.

Le Sénat florentin ayant appelé des artistes grecs pour décorer la chapelle de Gondi, dans leur cathédrale, le jeune Giovanni s'esquivait régulièrement de l'école et passait des journées entières à regarder peindre.

Les Grecs remarquèrent cette assiduité ; Cimabué devint leur élève.

Mais il ne tarda pas à secouer leur joug.

Abandonnant la monotonie d'expression de ses maîtres, il donna à ses œuvres une hardiesse de composition, une variété de forme qui excitèrent l'enthousiasme de ses contemporains. Il apporta aussi des modifications importantes dans la technique de l'art de peindre en fondant les couleurs entre elles.

Il fut sacré maître.

Il était si fier de son talent que, lorsqu'il jugeait justifiée une critique, il n'hésitait pas à détruire l'œuvre qui en était l'objet.

Charles d'Anjou passant à Florence, les magistrats le menèrent à l'atelier de Cimabué.

Un de ses tableaux, représentant la *Vierge* et *Jésus*, fut porté processionnellement à la cathédrale, au milieu d'une foule enthousiaste.

Le Musée du Louvre possède de lui la *Vierge aux anges*, œuvre du plus grand intérêt au point de vue de l'histoire de l'art,

2

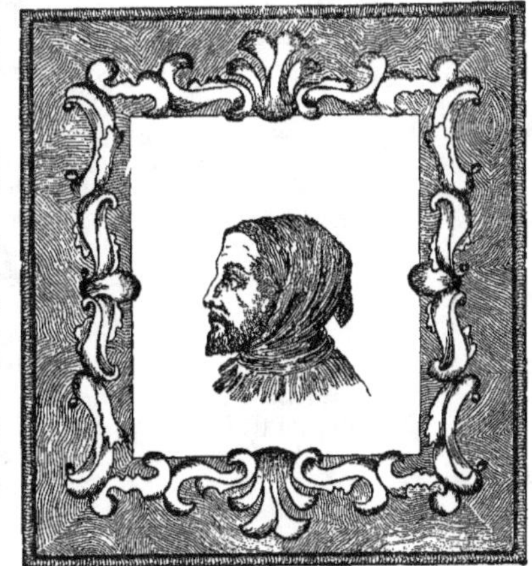

CIMABUÉ ou GUALTIERI (Giovanni),
Peintre architecte, né à Florence en 1240, vivait encore en 1302
(École florentine).

et dans laquelle s'affirme la touche d'un maître. Vasari nous apprend que ce tableau fut exécuté pour l'église de San Francesco, de Pise, et qu'il fut payé un grand prix au peintre.

Mais le plus beau titre de gloire de Cimabué est d'avoir découvert, formé, encouragé Giotto, dont le nom est indissolublement lié au sien.

Un jour que le maître se rendait de Florence au village de Vespigniano, son attention fut attirée par un jeune gardeur de moutons occupé à dessiner sur une pierre polie une brebis à l'aide d'une pierre pointue.

Les dispositions extraordinaires du jeune pâtre frappèrent Cimabué. Il s'informa. L'enfant était connu pour la vivacité de son intelligence. C'était le fils d'un pauvre laboureur du pays, nommé Angelo di Bordone. Le peintre l'alla voir et lui offrit de se charger de l'instruction de son fils.

L'offre fut acceptée avec joie.

Cimabué était alors dans toute sa gloire. Son atelier était le rendez-vous des plus illustres personnages d'Italie, princes, prélats, artistes, négociants. (Le négoce était alors en grand honneur à Florence). On y remarquait un poète, mais un des plus grands dont s'honore l'humanité : Dante.

Ce fut dans cette atmosphère que Giotto di Bordone vécut et se développa. Ce fut au contact des grandes intelligences qui l'entouraient, dans le courant intellectuel marquant le réveil de l'esprit greco-latin d'où allaient sortir, avec Dante, des hommes comme Boccace et Pétrarque, que le petit pâtre devint peintre, sculpteur, architecte, ingénieur et poète.

Giotto avait commencé en imitant son maître, qu'il aidait fréquemment dans ses travaux, mais il ne tarda pas à le surpasser.

Reprenant sans le savoir la tradition des grands maîtres grecs, il se livra avec une extrême ardeur à l'étude de la nature. Ce fut à cette intarissable source de beauté qu'il assouplit son dessin, cherchant à donner à ses personnages le caractère, la force et la variété d'expression.

Comme notre grand Jean-François Millet, avec qui il offre plus d'un point d'analogie, Giotto avait conservé la trace profonde des longues contemplations de son enfance, alors que gardant ses troupeaux, il subissait inconsciemment le charme des changements d'aspect des grands horizons. Ce fut ce long contact avec la nature fruste qui lui donna le souci de réalité qu'on trouve dans ses œuvres, mêlé aux aspirations idéales ; ce fut ce qui le fit substituer aux fonds d'or des Byzantins, la clarté souple des paysages et des ciels.

Ses paysages ont du reste un caractère de vérité remarquable.

Depuis les grands Grecs, l'art du portrait avait disparu. Quelques artistes italiens, avant Giotto, s'y étaient essayé, mais sans réussir.

L'étude sévère du dessin à laquelle se livrait Giovanni lui permit de restaurer cette forme d'expression picturale. L'admirable portrait du Dante montre à quelle perfection il l'avait portée.

Une anecdote prouve que, dès son jeune âge, Giotto avait le souci de la nature. Un jour que Cimabué était absent de son atelier, l'élève favori s'amusa à peindre une mouche sur le nez d'un des personnages du tableau auquel travaillait le maître.

A son retour, Cimabué apercevant le pseudo insecte veut le chasser ; ce n'est qu'après plusieurs tentatives qu'il reconnaît la plaisanterie, dont il est le premier à rire.

Durant les soixante années qu'il vécut, Giotto voyagea beaucoup, appelé par les rois, les princes, les villes d'Italie. Il visita Rome, Milan, Naples, Vérone, Avignon, Padoue. Ce fut dans cette ville que, venant exécuter les célèbres fresques de la chapelle construite par Enrico Serovegno, il retrouva Dante, obligé de fuir en exil la condamnation à être brûlé vif prononcée contre lui par les Florentins.

Giotto fut pendant quelque temps au service du Pape Boniface VIII. Il fit notamment exécuter sur ses dessins la mosaïque de Saint-Pierre de Rome représentant les disciples du Christ surpris par la tempête, importante composition connue sous le nom de la *Navicella*.

La façon dont notre peintre fut appelé près de lui par ce souverain pontife vaut d'être contée.

Boniface VIII avait chargé un envoyé de visiter les plus célèbres peintres d'Italie et de recueillir des échantillons de leur talent en vue des embellissements qu'il projetait pour Saint-Pierre de Rome.

Giotto, ayant entendu l'exposé de la mission, prit une feuille de velin, la fixa sur son chevalet et, appuyant le coude sur sa hanche, comme une sorte de compas, il exécuta d'un trait de pinceau, un cercle d'une régularité parfaite.

— N'aurai-je pas autre chose de toi ? demanda l'envoyé comme Giovanni lui tendait la feuille.

— Non, répondit le peintre. Tu n'as qu'à montrer ce dessin et à dire comment tu l'as vu exécuter ; cela suffira pour montrer ce que je sais faire.

Et cela suffit en effet. Le pape fut émerveillé de la sûreté de main de l'artiste capable d'un pareil tour de force.

Giotto n'échappa pas à la règle qui veut que, dans tous les peintres, il y ait un peu de l'humoriste.

Il avait la répartie facile et se plaisait aux jeux de mots.

Robert d'Anjou, roi de Naples, pour qui il avait peint une chapelle, l'affectionnait particulièrement.

— Je veux, dit un jour le souverain, que mon peintre soit le premier homme de la ville.

— Sire, je le suis déjà, répondit Giotto, qui habitait la première maison de la cité.

Un jour, un gentilhomme campagnard entre chez Bordone portant son pavois et, sans expliquer quelles étaient ses armoiries, sans même dire son nom, il invite Giotto à peindre « ses armes » sur le bouclier, et s'en va.

— Se croit-il donc de la Maison de France ! s'écria le peintre froissé de ce sans-gêne, de cette infatuation, dont il se promit de tirer vengeance. Il appela un de ses élèves et lui demanda de décorer le pavois de toutes les armes qu'il pourrait imaginer, épée, dague, lance, gantelet, etc.

Le gentillâtre entra dans une véritable fureur en voyant la décoration fantaisiste de son bouclier, qu'il déclara déshonoré.

— Je ne te connais pas d'autres armes, répondait froidement l'artiste aux reproches de son client. En veux-tu d'autres ? Faut-il te faire peindre un casque ?

L'affaire fut portée devant le tribunal, qui donna gain de cause à Giotto et condamna le présomptueux client à payer le prix de la peinture qu'il avait commandée en prêtant à cette fâcheuse équivoque.

L'anecdote est de peu d'importance, mais elle montre l'indépendance de caractère de notre peintre, et l'on croit lire une de ces amusantes aventures comme son ami Boccace en emplissait ses contes.

Lorsque le pape Clément V eut transporté le siège pontifical à Avignon, Giotto fut appelé dans cette ville et y exécuta d'importants travaux.

Le Louvre possède une œuvre capitale de Giotto : *Saint-François d'Assises recevant les stigmates*. Vasari dit que ce tableau fut peint pour la ville de Pise et obtint un tel succès que les Pisans, qui venaient de terminer les constructions du Campo Santo, confièrent la peinture d'une partie de la façade intérieure à Bordone.

A la mort de Cimabué, Giotto acheta la maison où s'était écoulée son enfance et y termina sa vie. Ainsi que son maître l'avait fait pour lui, Bordone avait adopté le fils de Gaddo Gaddi, peintre mosaïste, son ami. Taddeo Gaddi, orphelin à douze ans, entra chez son parrain et vécut vingt-quatre ans près de lui, c'est-à-dire jusqu'à la mort de celui-ci,

Taddeo Gaddi fut, avec Puccio Capanna, le meilleur élève de Giotto. Il l'aida constamment dans ses travaux et eut la gloire de construire le campanile de Florence, dont les dessins, fournis par Giotto, avaient valu à ce grand artiste le titre de citoyen de Florence et une pension de cent florins.

Depuis quelques années seulement les primitifs ont repris la place à laquelle ils ont droit. Artistes, amateurs, critiques, réservaient toute leur admiration aux peintres de la Renaissance et à leurs successeurs ; les préraphaélistes étaient surtout considérés au point de vue archéologique, sans qu'on s'arrêtât à étudier, comme ils le méritent, la somme de beauté, l'originalité, le sentiment, la sensibilité, le caractère que l'on trouve à un degré extraordinaire dans les œuvres de certains d'entre eux.

Notre époque, plus équitable, les étudie et les admire ; on pourrait même dire que, la mode aidant, ils ont fait pâlir l'auréole des maîtres du xvıᵉ siècle qui, sauf quelques personnalités hors ligne, sont injustement délaissés.

Durant le xivᵉ et surtout le xvᵉ siècle, les arts plastiques suivirent leur marche ascensionnelle dans toutes les villes d'Italie. Mais Florence demeura l'ardent foyer d'où rayonnèrent les gloires les plus pures, où tous ceux épris de beauté et désireux de se vouer à l'étude de l'art venaient entendre la bonne parole des maîtres. Nulle part les artistes ne furent mieux accueillis, protégés, encouragés. Ils y éprouvaient la joie immense d'être compris par tous. Florence sur ce point se composait d'une élite, et le plus modeste artisan de la ville se montrait aussi fier des artistes florentins que pouvaient l'être les premiers de l'Etat.

Fra Giovanni da Fiesole, *dit* l'Angelico se révèle au début du xivᵉ siècle par des œuvres d'une délicatesse et d'une sensibilité exquises.

A vingt ans il prit, avec son frère, miniaturiste habile, l'habit des frêres prêcheurs dominicains. Les troubles qui éclatèrent en Italie lorsque Grégoire XII, Benoit XIII et Alexandre V se disputèrent le trône pontifical les obligèrent à se retirer à Fiesole. Giovanni peignit dans cette ville un grand nombre de fresques et de tableaux.

Appelé à Florence, il y demeura pendant neuf ans, décora le couvent de San-Marco et plusieurs édifices publics.

Le Pape Eugène IV le fit venir à Rome et lui confia des travaux dans la chapelle papale de Saint-Pierre. Fra Giovanni commença également des peintures dans le dôme d'Orvieto, œuvres que Luca Signorelli acheva plus tard.

Le Louvre possède un des chefs-d'œuvre de ce peintre qui, mieux que quiconque, mérita son surnom « d'Angélique ». Cette perle de notre Musée national a pour titre : Le *Couronnement de la Vierge et les Miracles de Saint Dominique*. Napoléon la rapporta d'Italie à la suite de ses conquêtes. Elle avait été peinte à Fiesole pour l'église de Saint-Dominique. Fra Giovanni y déploya une intensité de sentiment, une fraîcheur de coloris qu'on a pu égaler, mais non dépasser. On dirait plutôt un vitrail sur un fond de lumière, qu'une peinture opaque, tant les couleurs en sont claires, souples et harmonieuses.

Fra Filippo Lippi, né à Florence vers 1412, suivit les traces de Fra Giovanni dans l'art de l'expression idéale. Ce ne sont pas seulement les formes humaines qu'il cherche à traduire, ce sont les pensées, les sentiments de ses personnages qu'il fixe dans ses peintures.

Cette esthétique dont s'inspirèrent Botticelli et Léonard de Vinci, présida à la création d'immortels chefs-d'œuvre.

Lippi mérite une mention particulière pour l'étrangeté de son caractère et ses aventures romanesques.

Si Fra Giovanni méritait le surnom de « l'Angélique », Lippi eut pu recevoir celui « du Diable ».

Il était demeuré orphelin à l'âge de deux ans. Les religieux du couvent del Carmine le recueillirent et l'élevèrent. Dès son âge le plus tendre il se livra passionnément à l'étude du dessin en copiant les fresques décorant le monastère où il vivait.

Ses dispositions étaient extraordinaires, mais elles étaient gâtées par un caractère indomptable. A huit ans, il prit l'habit de novice, mais il n'était pas fait pour la vie du cloître ; à dix-sept ans il quittait le couvent, décidé à se livrer à l'art et à courir les aventures.

Sur ce dernier point, il allait être servi à souhait.

Un jour qu'il faisait une promenade en mer aux environs d'Ancône, des pirates maures l'enlevèrent et l'emmenèrent en Afrique. Pendant plusieurs années, il connut toutes les rigueurs de l'esclavage. Et il subissait cette existence pénible sans espoir de délivrance : il n'avait pas une riche famille, des protecteurs puissants qui pussent songer à le faire racheter. Son talent de peintre le sauva. Il dessina un jour le portrait de son maître à l'aide d'un charbon sur un mur blanc. Ses compagnons d'esclavage, émerveillés par la ressemblance qu'il avait su donner à cette figure, allèrent prévenir l'Arabe, qui ne montra pas moins d'intérêt pour ce travail. Il prit Filippo en amitié et lui donna la liberté.

Lippi revint à Florence. Il avait vingt-six ans. Cosme de Médicis l'accueillit à merveille et lui commanda d'importants travaux.

Filippo, peut-être pour rattraper le temps perdu durant ses longues années d'esclavage, donnait au plaisir un temps que le chef de la République florentine eut voulu voir employer à la décoration des édifices auxquels il consacrait des sommes immenses.

Les réprimandes demeurant sans effet, Cosme voulut user de rigueurs : il fit enfermer Lippi dans son atelier.

Le résultat ne répondit pas aux désirs de Médicis.

La nuit venue, Filippo coupa les draps de son lit pour en faire une corde à l'aide de laquelle il se sauva par la fenêtre.

Pendant huit jours, Médicis, désolé, fit chercher partout le fugitif.

Enfin on le lui amena.

— Retourne à ton travail, dit-il ; je ne veux plus te retenir que par des caresses.

Les succès de Filippo le firent appeler à Naples par le roi Alphonse d'Aragon, pour qui il exécuta d'importants travaux.

Les religieuses de Sainte-Marguerite de Prato lui avaient commandé les fresques pour la décoration de leur couvent. Comme il travaillait au tableau du maître-autel, il remarqua une jeune novice d'une grande beauté. On la nommait Lucrezia Buti et elle était fille d'un riche citoyen de Florence. Filippo en devint éperdûment amoureux. Il s'y prit si bien qu'il obtint des religieuses que Lucrezia poserait pour la tête de la Vierge. Bien qu'il eut quarante-six ans, il séduisit la jeune fille et profita d'une grande cérémonie qui occupait les religieuses pour fuir avec Lucrezia.

L'événement provoqua un énorme scandale. Le père mit tout en œuvre pour ravoir son enfant, mais soit par peur, soit pour tout autre motif, Lucrezia demeura avec Lippi.

Cependant les religieuses ne gardèrent pas longtemps rancune ; elles rappelèrent Filippo afin qu'il terminât la décoration de leur monastère.

Nous possédons au Louvre le tableau pour lequel posa la jeune Florentine. Il représente la *Nativité du Christ*. C'est une délicieuse composition d'un sentiment exquis. Il fut rapporté d'Italie par Napoléon Ier.

Filippo Lippi eut une fin tragique, bien en rapport avec son existence aventureuse : il mourut empoisonné par les parents d'une de ses maîtresses.

Il avait cinquante-sept ans.

En mourant, il confia à Fra Diamante, un de ses élèves, le soin d'élever le fils qu'il avait eu de Lucrezia Buti.

Cet enfant, Filippino Lippi, né à Prato en 1460, après avoir travaillé sous la direction de Fra Diamante et de Botticelli, marcha sur les traces de son père et devint un des plus grands peintres de son époque. Il exécuta, à l'âge de vingt-cinq ans, les superbes fresques de la chapelle Brancassi del Carmine de Florence, considérées comme la première manifestation de l'art moderne. Elles furent étudiées par les plus illustres artistes : Dominique

Ghirlandajo, Sandro Botticelli, Léonard de Vinci, Pietro Pérugin, Fra
Bartolomeo, Michel-Ange Buonarroti, Raphaël Sanzio, André del Sarte.

C'est là un incomparable titre de gloire.

Le Musée de Nantes possède de Filippino Lippi un tableau merveilleux
de grâce et d'expression et d'un dessin superbe, représentant deux saints. On en jugera par l'intéressante reproduction que nous en donnons.

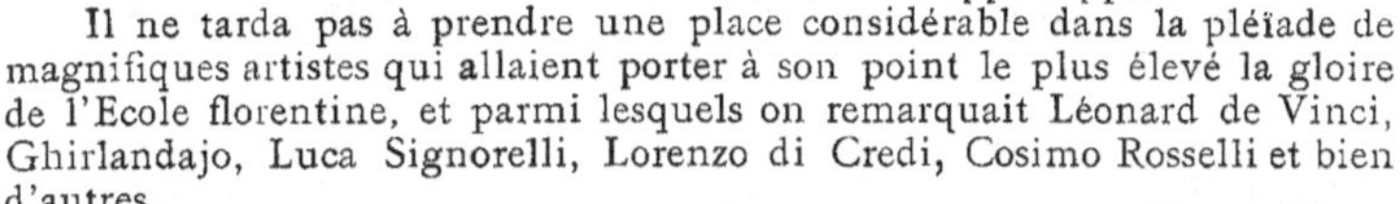

Deux Saints, par Filippino Lippi
(Musée de Nantes).

Nous avons comparé le domaine de l'art à une contrée féerique. L'étude des primitifs Florentins nous a conduit dans un jardin paré d'une flore idéale. Les femmes de l'Angelico, de Filippo Lippi, et surtout celles de Botticelli ont en effet des grâces liliales. Ce sont des âmes affinées rayonnant d'une pureté de fleurs. Dans ses fresques, dans ses peintures, Botticelli réalise la forme plastique du type féminin dont Pétrarque et Dante ont conçu la radieuse beauté dans Laure et Béatrice.

Filipepi Alessandro, dit Sandro Botticelli, naquit à Florence en 1447. Son père le mit en apprentissage chez un orfèvre nommé Botticelli, dont il prit le nom.

Son goût pour la peinture le fit entrer dans l'atelier de Filippo Lippi.

Il ne tarda pas à prendre une place considérable dans la pléïade de
magnifiques artistes qui allaient porter à son point le plus élevé la gloire
de l'Ecole florentine, et parmi lesquels on remarquait Léonard de Vinci,
Ghirlandajo, Luca Signorelli, Lorenzo di Credi, Cosimo Rosselli et bien
d'autres.

Il avait trente-trois ans lorsque le Pape
Sixte IV l'appela à Rome pour la décoration
de sa chapelle, depuis appelée chapelle
Sixtine.

Le souverain pontife le jugea digne de
diriger cette décoration et le nomma surintendant des travaux qu'il faisait exécuter par
Cosimo Rosselli, Domenico Ghirlandajo,
Luca Signorelli et Pietro Perugino.

Trois sujets peints par lui sur la partie
inférieure de la muraille, font encore l'admiration des amis de la pure beauté, ce sont : le
Christ tenté par les démons, *Moïse et les
Filles de Jéthro*, le *Sacrifice des Enfants
d'Aaron*.

Cependant, ce brillant succès, loin d'en-

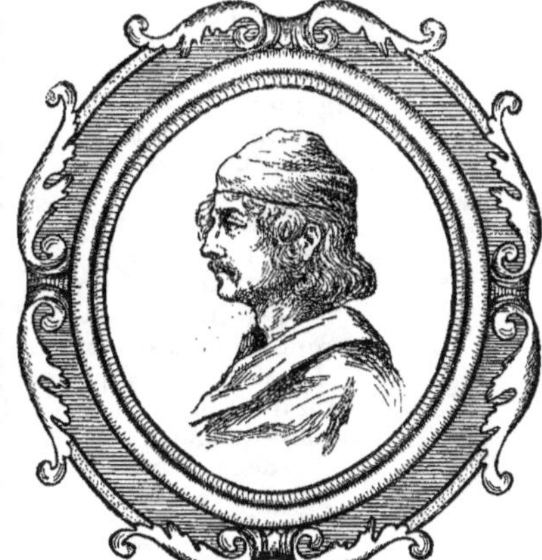

FILIPEPI ALESSANDRO, dit SANDRO BOTTICELLI,
Peintre et graveur, né à Florence en 1447, mort en 1515
(Ecole florentine.)

courager Botticelli, paraît l'avoir dégoûté de la peinture. A son retour à Florence, il abandonna sa palette et ses pinceaux pour la pointe et le burin du graveur. Il s'éprit à tel point de la gravure à l'eau forte, qu'il y consacrait tout son temps.

Ce fut d'abord des illustrations pour la *Divine Comédie*, de Dante. Il fit ensuite une série de gravures représentant des scènes de la vie du Christ.

Vingt-quatre figures de *Prophètes* et douze figures de *Sybilles* suivirent. Ce sont des estampes d'un grand caractère, et qui aujourd'hui font la joie des amateurs assez heureux pour les trouver.

Botticelli s'absorbait à tel point à ses travaux de graveur, qu'il refusait les commandes de peinture.

Il tomba dans une si profonde misère, qu'il fut mort de faim sans le secours que lui donna Laurent de Médicis.

Botticelli, comme Lorenzo di Credi et Fra Bartolomeo, avait subi l'influence de Savonarole, prêchant contre la débauche des grands. Ce moine s'était acquis à Florence une si grande popularité que, durant trois ans, il gouverna la ville du fond de sa cellule.

Botticelli fit des gravures pour ses œuvres et vécut dans l'intimité du moine Ferrarais jusqu'à ce que le pape Alexandre Borgia eût fait mourir celui-ci sur le bûcher.

Filipepi, lorsqu'il était jeune, montrait un caractère très enjoué, farceur même.

Il avait pour voisin un tisserand dont le métier le gênait considérablement dans son travail, Botticelli l'alla trouver et lui demanda de faire un peu moins de bruit.

— Je suis maître chez moi, répondit fièrement l'artisan ; si le bruit de mon métier te gêne, tu n'as qu'à aller ailleurs.

— Tu as raison, acquiesça le peintre, qui partit sans insister plus.

A quelque temps de là, le tisserand constatait avec terreur qu'un énorme bloc de pierre avait été placé en équilibre par le peintre sur le mur mitoyen dominant l'atelier de tissage. L'équilibre avait été si parfaitement établi, que le moindre souffle de vent paraissait faire vaciller la pierre.

L'ouvrier courut chez Sandro et lui reprocha en termes très vifs le danger qu'il lui faisait courir.

— De quoi te plains-tu, riposta froidement le peintre ; tu es maître chez toi, m'as-tu dit ?

— Certes.

— Eh bien, il me semble que j'ai, comme toi, le droit de me dire le maître de mon logis.

— Qui dit le contraire ?

— L'ami, tu ne veux rien faire pour éviter de me gêner ; je ne vois pas pourquoi je montrerais plus de bienveillance en ta faveur.

Le tisserand comprit mieux la nécessité du bon voisinage et il atténua autant qu'il put la gêne dont se plaignait Sandro. Botticelli, de son côté, enleva la dangereuse pierre.

Un de ses élèves, nommé Biagio, fit un tableau, médaillon représentant une madone entourée d'anges. C'était le plagiat d'une œuvre que venait d'exécuter le maitre. Ce manque d'originalité provoqua de nombreuses critiques.

Botticelli, cependant, vendit cette peinture moyennant six florins d'or, à un riche Florentin.

Lorsqu'il revit Biagio, il lui fit part de cette vente.

— Tu iras, lui dit-il, chercher le citoyen et il te paiera ton tableau ; mais, pour qu'il ne le juge pas inférieur à la description que je lui en ai faite, il faut le placer très haut dans l'atelier et dans le meilleur jour.

Biagio s'empressa de se conformer à ces instructions.

Dès qu'il fut parti, Botticelli, aidé par un élève, dessina sur des ronds de papier le portrait d'un certain nombre de personnages connus à Florence et les colla sur le visage des anges entourant la madone.

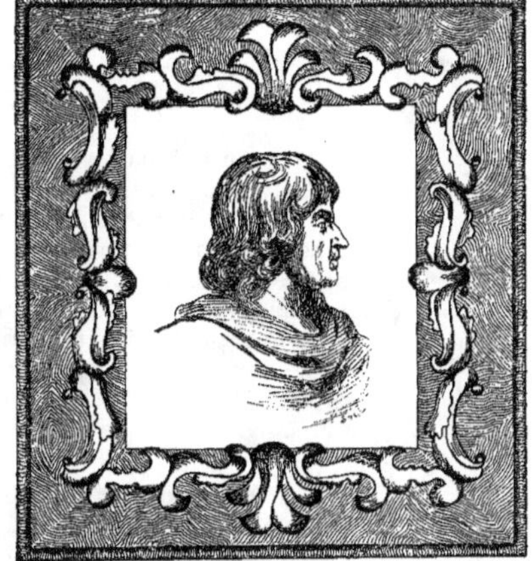

MANTEGNA (Andrea),
Peintre, graveur, architecte et géomètre,
né dans les environs de Padoue en 1431, mort en 1506.
(Ecole vénitienne.)

Biagio, de retour avec son acquéreur, demeura stupéfait de la transformation subie par sa peinture. Cependant, il n'osa rien dire, d'autant plus que le Florentin, mis au courant de la mystification que l'on voulait faire au plagiaire, s'émerveillait de la pureté du visage des anges.

Le prix convenu fut compté à Biagio, qui sortit avec son amateur pour l'accompagner.

A son retour à l'atelier, nouveau sujet d'étonnement : les portraits de Florentins ont disparu pour laisser reparaitre les visages angéliques des chérubins.

Biagio dit la cause de sa surprise.

Un éclat de rire général lui répondit.

— Tu es fou, Biagio.

— Tu as la berlue.

— Mon ami, dit gravement Botticelli, tu as été victime d'une hallucination.

Si ton tableau avait eu le caractère grotesque que tu lui voyais tout à l'heure, penses-tu que le citoyen te l'eut payé ?

Botticelli prouvait ainsi à ses élèves qu'il savait bafouer l'artiste manquant de dignité.

Botticelli mourut pauvre.

Ses œuvres, dédaignées pendant longtemps, atteignent aujourd'hui des prix considérables. Le Louvre en possède plusieurs, notamment deux fresques, que les amateurs ne peuvent se lasser d'admirer.

Tandis que Florence émerveillait l'Italie de son splendide rayonnement, les artistes d'autres villes, venus s'instruire à son école, formaient à leur tour des élèves dignes des plus glorieux lauriers.

Andrea Mantegna est du nombre.

Il naquit dans les environs de Padoue. Vasari affirme qu'il était d'une famille très pauvre et qu'il garda les moutons dans sa prime enfance. Le fait, contesté par certains biographes, n'a qu'une importance relative. Ce qui est certain, c'est que son père le confia fort jeune à Francesco Squarcione, peintre Padouan, qui, charmé de ses facultés, l'adopta et le fit son héritier. On peut juger de ses extraordinaires dispositions, par le fait qu'il était admis, à l'âge de dix ans, dans la corporation des peintres de Padoue.

Le Squarcione avait beaucoup voyagé en Italie et en Grèce, achetant, quand il le pouvait, des marbres antiques, dont il était grand amateur, ou en faisant faire des moulages. Ce fut sur ces modèles qu'il forma son fils

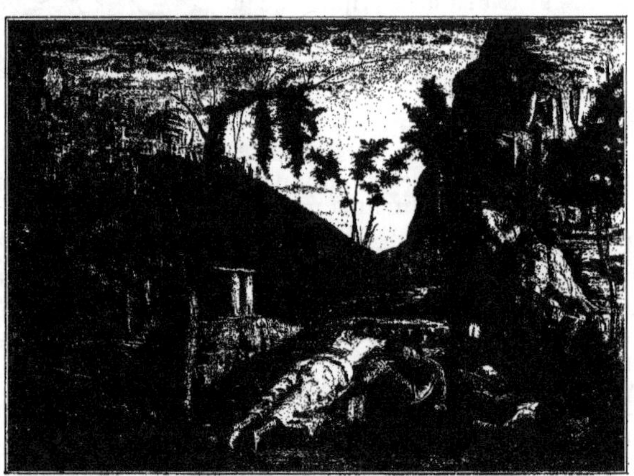

Le Christ au Jardin des Oliviers, par Andrea Mantegna.

adoptif. Mantegna puisa dans cette étude une largeur de style, une profondeur d'expression qui le placent à côté de Michel-Ange Buonarroti. Le Musée du Louvre possède un dessin, entre autres, représentant *Judith après le meurtre d'Holopherne*, digne de l'illustre peintre du *Jugement dernier*.

A dix-huit ans, Mantegna peignit le tableau du maître-autel de Sainte-Sophie de Padoue, œuvre possédant la science de composition, la sûreté d'exécution d'un maître consommé.

A dater de cette époque, sa réputation de grand peintre fut établie dans toute l'Italie. Appelé tour à tour à Vérone, à Florence, à Mantoue, il marqua son passage dans ces villes par des œuvres de premier mérite.

Ce fut avant son arrivée dans cette dernière ville qu'il peignit le merveilleux tableau, le *Christ au Jardin des Oliviers*, dont s'énorgueillit avec raison le Musée de Tours, et dont nous donnons ici la reproduction.

Ludovic III de Gonzague, marquis de Mantoue, l'attacha à son service par une pension mensuelle de 75 livres, somme considérable pour l'époque.

Mantegna travailla pendant plusieurs années pour ce prince et exécuta, notamment dans son palais de Saint-Sébastien, le *Triomphe de Jules César*, œuvre d'une importance capitale, qui se trouve maintenant au château de Hampton-Court, en Angleterre.

Le Pape Innocent VIII devait peut-être à son origine grecque l'admiration que lui inspirait le talent de Mantegna. Il l'appela à Rome et le chargea de la décoration de sa chapelle au Belvédère.

Ici se place une amusante anecdote.

Le Saint-Père, tout en accablant l'artiste de félicitations, s'occupait peu si Mantegna avait ou non besoin d'argent. Or, tel était le cas. Andrea n'osant pas formuler une demande directe, usa d'un stratagème pour chercher à faire comprendre sa gêne.

Il peignit, parmi les vertus, une figure à laquelle il donna une importance exceptionnelle.

Le Pape venant voir les travaux, comme il le faisait d'ordinaire, la remarqua et demanda ce qu'elle représentait.

— Saint-Père, c'est la *Discrétion*.

Le Pape réfléchit un instant et répondit :

— Eh bien, mon ami, place-là à côté de la *Prudence*.

Andréa comprit qu'il eut été imprudent d'insister.

Il n'eut pas à s'en repentir, du reste, car, lorsque le travail fut terminé, le Pape le paya royalement.

Mantegna avait épousé la fille de Jacopo Bellini, père des célèbres peintres vénitiens Giovanni et Gentile, et son grand admirateur. Ce mariage brouilla Andrea et son père adoptif. Francesco Scarcione était l'ennemi irréconciliable de Bellini.

Scarcione se fit le détracteur de son ancien élève, disant qu'il ferait mieux de donner à ses figures la couleur des marbres antiques, dont elles étaient la reproduction, que de les couvrir d'étoffes sous lesquelles on ne sentait pas la vie.

Le reproche toucha Mantegna. Il dit, pour justifier sa conception, que seuls les artistes grecs étaient arrivés à la réalisation complète de la beauté de la forme humaine.

— On trouve dans la nature, ajoutait-il, des « morceaux » parfaits : jamais l'ensemble.

Cependant, il se mit à étudier la nature, donnant ainsi un merveilleux exemple de sincérité artistique.

Mantegna eut quatre fils, tous quatre peintres, mais dont aucun n'atteignit à la gloire paternelle.

Malgré l'importance de son œuvre, malgré ses succès, ce grand artiste ne laissa pas de fortune.

L'ordre chronologique, que nous adoptons autant que possible pour faire mieux sentir le mouvement ascensionnel de l'art pictural, nous ramène à Florence avec Luca Signorelli.

Il fut l'élève de Pietro della Francesca, qu'il imita dans sa jeunesse, mais pour le surpasser bientôt. Ses célèbres fresques du *Jugement dernier*, dans la chapelle de la Vierge du dôme d'Orvieto, ses peintures dans la cha-

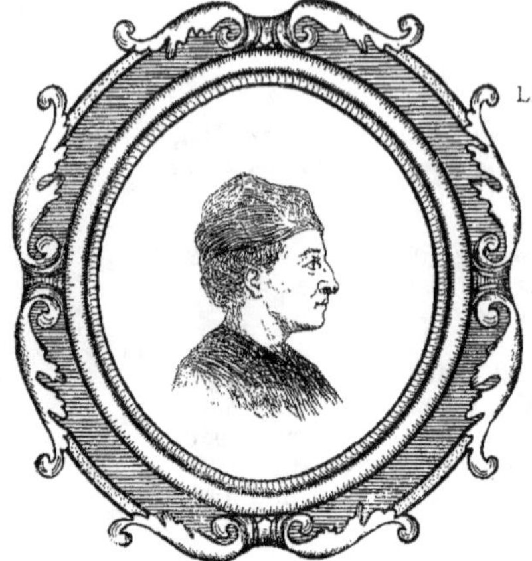

SIGNORELLI (Luca),
né à Cortona vers 1411, mort après 1523. (Ecole florentine.)

pelle Sixtine et dans les églises d'Arezzo, de Pérouse, d'Urbin, de Sienne, de Florence, lui donnent droit à une place parmi les grands maîtres de l'école florentine.

La caractéristique de son expression est une force exceptionnelle ; son dessin est admirable. Il fut un des premiers à se livrer à des études anatomiques sérieuses.

Michel-Ange étudia ses ouvrages.

Il vécut plus de quatre-vingts ans sans cesser de peindre.

Luca Signorelli professait un tel respect pour son art que, ayant terminé un de ses derniers tableaux, il voulut, quoique malade, l'accompagner pour en surveiller le placement. Le peuple de la ville, superbe hommage, le suivit processionnellement.

Signorelli se faisait remarquer par une extrême bonté et une grande bienveillance pour ses disciples. Parmi les âmes violentes et énergiques qu'étaient les artistes de son époque, Luca se montrait un tendre.

Son fils, qu'il aimait passionnément, ayant été tué à la guerre, on lui rapporta le corps. Le grand peintre le fit dévêtir et en fit la peinture : c'était donner l'éternité à son deuil.

Bien que né aux environs de Pérouse, où il commença ses études, Pietro Vannucci, dit Le Pérugin, ne tarda pas à aller à Florence.

Il entra dans l'atelier d'Andrea del Verrocchio.

Le Pérugin était si pauvre que, pendant plusieurs mois, il n'eut d'autre lit qu'un coffre.

Son désir de se perfectionner dans son art était si grand qu'il travaillait jour et nuit. Ses efforts furent couronnés de succès et ses progrès si remarquables, que bientôt sa réputation s'établit non seulement en Italie, mais encore en France et en Espagne.

Le Pérugin fit pour le couvent de Santa Chiara un *Christ mort*, dont Francesco del Pugliese offrit trois fois le prix payé par les religieuses, s'engageant en outre à y ajouter une copie du tableau, de la main du maître.

Elles refusèrent, le peintre n'osant promettre qu'il pourrait produire une œuvre aussi complète que la première.

Il est fâcheux pour la mémoire du peintre qu'il n'ait pas toujours conservé cette sincérité artistique. Le couvent des Jusiales, à Florence, contenait un grand nombre d'œuvres du Pérugin, qui furent

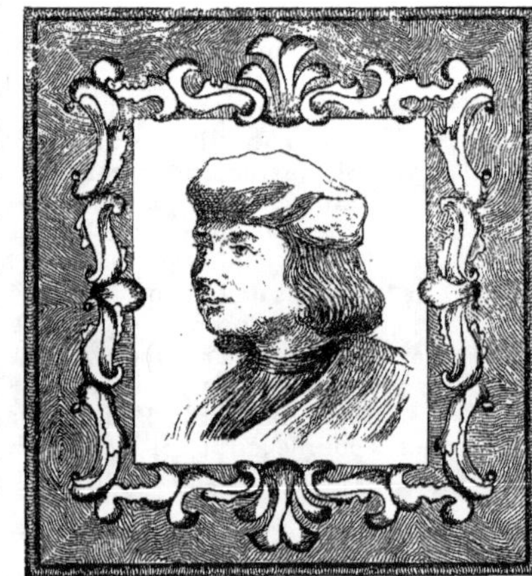

VANNUCCI (Pietro), dit Il Perugino ou Le Pérugin,
né à Castello (près de Pérouse) en 1446,
mort à Castello-Funtignano (près de Pérouse) en 1524.
(Ecole ombrienne.)

détruites pendant le siège de cette ville. On ne put sauver que les tableaux.

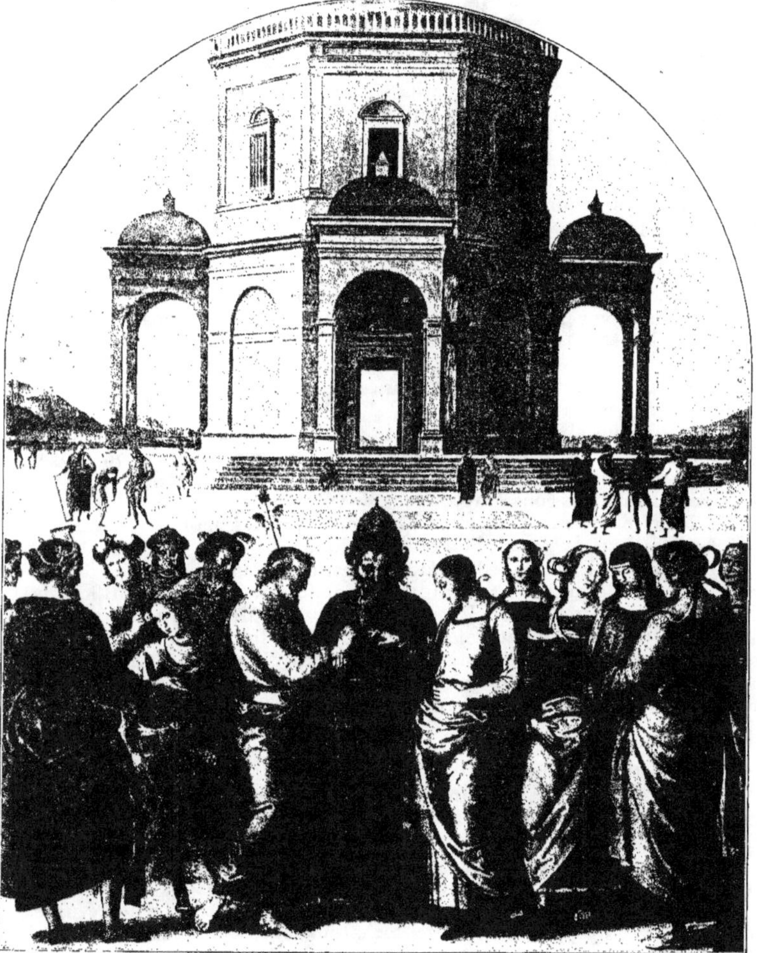

Le *Mariage de la Vierge*, par Le Pérugin.

Une anecdote relative à leur exécution jette un jour amusant sur le caractère de notre artiste.

Le prieur de ce couvent était fort habile dans la préparation du bleu d'outremer, mais s'en montrait fort avare. Il exigeait que Pietro en mit dans toutes ses peintures et faisait la grimace quand le peintre lui en demandait, poussant la méfiance jusqu'à exiger qu'il n'usât de cette précieuse couleur qu'en sa présence.

A la longue, ce procédé impatientant Pietro, il employa un amusant stratagème pour jouer un tour au religieux.

Le prieur portait son outremer dans un sachet qui ne le quittait pas, et en versait une petite quantité dans une fiole lorsque le peintre lui en demandait.

Après avoir donné deux ou trois touches sur la muraille, Pérugin trempait son pinceau dans l'eau, comme s'il n'eut plus eu de couleur et en réclamait d'autre.

Et le prieur se lamentait :

— Quelle quantité d'outremer cette chaux dévore !

— Vous le voyez vous-même, répondait froidement le peintre.

Quand il était seul, Pietro vidait dans un sac l'outremer qu'il avait dissimulé.

Un jour, jugeant que la plaisanterie avait assez duré, il rendit en gros ce qu'il avait pris en détail.

— Ceci vous appartient, mon père, dit-il, tendant le sac de couleur. Apprenez à vous fier aux hommes de bien, qui se conduisent toujours loyalement avec celui qui a foi en leur probité, et qui, s'ils le voulaient, tromperaient aisément les gens soupçonneux de votre sorte.

L'histoire ne nous apprend pas la réponse que fit le moine.

Le pape Sixte IV appela Le Pérugin à Rome.

Il travailla à la chapelle Sixtine, ainsi que nous l'avons déjà dit, en compagnie de Botticelli. Ses peintures furent détruites sous le pontificat de Paul III, pour faire place au *Jugement dernier*, de Michel-Ange.

Pérugin fit de fréquents séjours à Pérouse. Les fresques dont il décora la salle du Cambio, vers 1500, jouissent à juste titre d'une grande célébrité.

Ce fut vers cette époque qu'il peignit le magnifique tableau que possède le Musée de Caen, le *Mariage de la Vierge*, dont nous donnons la reproduction.

Il décorait la cathédrale de Pérouse, où les Français l'enlevèrent à la suite du traité de Tolentino.

Cette remarquable peinture eut la gloire d'être copiée par le plus illustre des élèves que Le Pérugin avait groupé autour de lui : Raphaël Sanzio.

Cette copie, exécutée en 1505 dans l'atelier du maître, est aujourd'hui un des plus précieux ornements de la galerie Bréra, à Milan.

A partir de cette époque on commença à faire sur les œuvres de Pérugin de très vives critiques. On lui reprocha de donner toujours les mêmes visages aux personnages de ses tableaux, afin de les exécuter plus vite.

Il s'en défendit, répondant :

— J'ai produit des figures qui autrefois vous plaisaient ; maintenant elles vous déplaisent ; qu'y puis-je faire ?

On aurait pu lui dire, avec plus de raison,
que son désir du gain lui faisait remplacer sa
facture si forte et si serrée par une exécution
beaucoup plus rapide et superficielle.

Mais ce furent surtout ses démêlés avec
Michel-Ange Buonarroti qui lui rendirent
impossible le séjour à Florence.

Pietro avait été profondément touché du
remplacement de ses peintures par la célèbre
fresque de Buonarroti. Il se rendit à Rome
pour en juger par lui-même. Les attaques injustes qu'il dirigea contre l'œuvre nouvelle
lui attirèrent la qualification de « Ganache »
par Michel-Ange.

Furieux, Pérugin demanda vengeance
de cette injure au Tribunal des Huit, mais il
fut débouté honteusement.

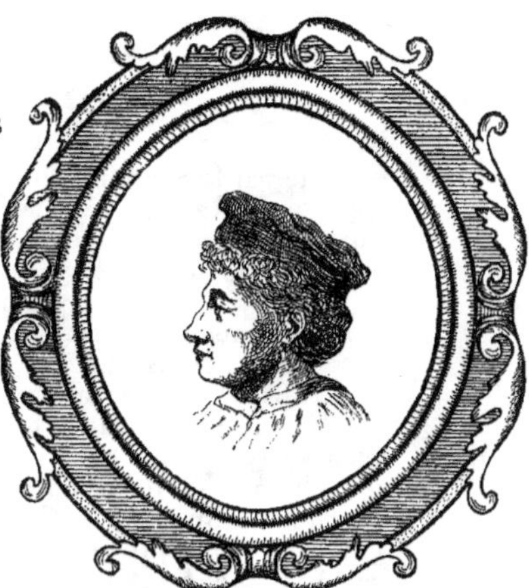

ANTONELLO de Messine,
né à Messine vers 1414, mort à Venise en 1493. (Ecole napolitaine.)

La jeunesse florentine adorait Michel-Ange; le vieux maître fut accablé
de sonnets piquants; on le chansonna.

Il quitta définitivement Florence et alla s'installer à Pérouse.

Pietro, déjà vieux, avait épousé une jeune fille d'une extrême beauté,
et qu'il aimait passionnément. Il en eut plusieurs enfants. Bien qu'il fut
devenu très avare, nulle dépense ne lui paraissait trop grande quand il
s'agissait de la parer.

Il l'habillait lui-même.

L'amour qu'il avait pour son argent faillit lui jouer un mauvais tour;
il le portait constamment sur lui, même quand il allait en voyage.

Comme il se rendait de Pérouse à Castella, où il peignait une fresque,
des voleurs l'assaillirent et le dévalisèrent. Ce fut à grand peine qu'il obtint
la vie sauve. Cette perte le toucha si profondément qu'il faillit en mourir.
Cependant, quelques amis s'entremirent près des bandits et obtinrent une
restitution partielle.

Les brigands de ce temps-là respectaient les artistes.

Un fait considérable pour l'art de peindre s'était produit durant la vie
de Pérugin; Antonello de Messine avait introduit en Italie le procédé de la
peinture à l'huile, inventé par Van Eyck.

Ce n'avait pas dû être une chose aisée d'arracher son secret au vieux
maître flamand. Antonello y parvint cependant et, il faut le dire, ce fut un
grand bonheur pour l'art.

Le peintre sicilien éprouvait une grande admiration pour Van Eyck
avant de le connaître. Une peinture vue à Naples l'avait incité, ainsi que
son ami Andrea Solario, à s'inspirer de la peinture flamande. Mais ce qui le
séduisit surtout, ce fut le procédé inconnu qui permettait d'obtenir un si
précieux fini.

Antonello partit pour la Flandre et parvint à se faire admettre parmi les
élèves de Van Eyck. Il ne paraît pas avoir quitté Bruges immédiatement
après la mort de son vieux maître, survenue en 1441. Le premier ouvrage

exécuté par le Sicilien dans la manière et d'après le procédé de Van Eyck que l'on connaisse, une tête d'homme, possédée par le Musée de Berlin, porte la date de 1445. Le *Crucifiement*, du Musée d'Anvers, paraît avoir été exécuté la même année par notre peintre.

Lorsqu'il revint à Venise et qu'il montra les œuvres où, sans cesser d'être lui-même, il avait su introduire les procédés de Van Eyck, Antonello obtint un immense succès.

Tous les grands voulurent se faire peindre par lui.

Une tête d'homme exposée au Musée du Louvre atteste de la façon la plus éclatante combien ce succès était justifié.

Une pléiade de disciples étaient venus se grouper autour du maître sicilien, et parmi ceux-ci Gentile Bellini et son cadet Giovanni. Ces deux grands artistes, qui devaient plus tard former Giorgione et Titien, bénificièrent grandement de l'adaptation de l'art flamand au génie italien réalisée par Antonello.

Après plusieurs voyages dans son pays natal, il s'était fixé à Venise.

Il venait de commencer la décoration du palais ducal lorsque la mort vint le frapper en pleine force, en pleine possession de son talent, malgré ses soixante-dix-neuf années.

Les artistes vénitiens lui firent de splendides funérailles.

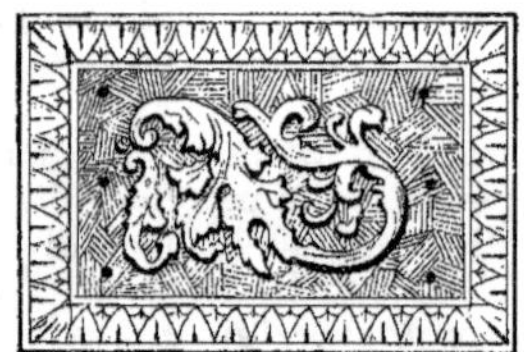

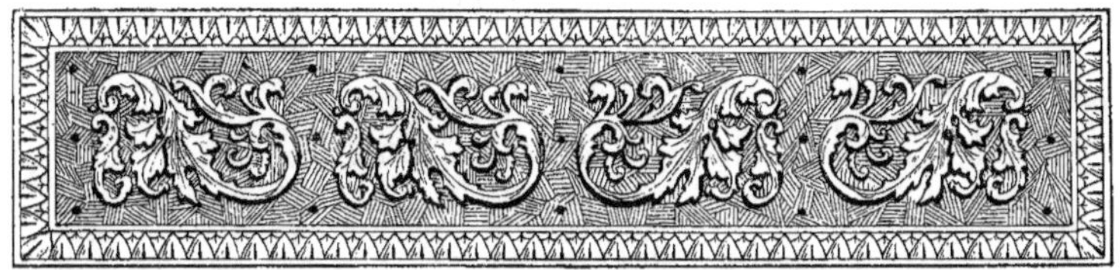

CHAPITRE II

Primitifs Flamands et Allemands

Van Eyck. — Roger Van der Weyden. — Memling. — Quentin Metzys. — Lucas Cranach. — Albert Dürer. — Holbein. — Breughel le Vieux.

AINSI que nous l'avons montré pour l'Italie, l'art de peindre avait pris un développement considérable en Allemagne et dans les Pays-Bas. Nous citerons parmi les plus illustres artistes qui s'y adonnèrent :

Jan Van Eyck fut élève de son frère aîné Hubert et contribua puissamment avec celui-ci à établir la juste renommée de la peinture flamande.

Il vint avec son aîné et sa sœur Marghareta s'établir à Bruges.

En 1420, les deux frères, dont la réputation s'était établie jusqu'en Italie, furent chargés de la décoration de la chapelle de la famille de Vydt, à l'église Saint-Jean de Gand. Ils y exécutèrent le célèbre tableau de l'*Agneau mystique*, ouvrage qui marque une date dans l'histoire de l'art et qui, malheureusement, n'existe plus dans son intégrité.

Jan, à cette époque, était peintre et valet de chambre du duc Jehan de Bavière. En 1425, ce prince étant mort, Van Eyck entra, aux mêmes titres, au service de Philippe le Bon, duc de Bourgogne, qui lui payait, de ce fait, 100 livres de Flandre par an.

Mais il ne fut pas seulement le peintre du duc, il devint son ami, son confident.

Hubert était mort en 1426, et, depuis cette

4

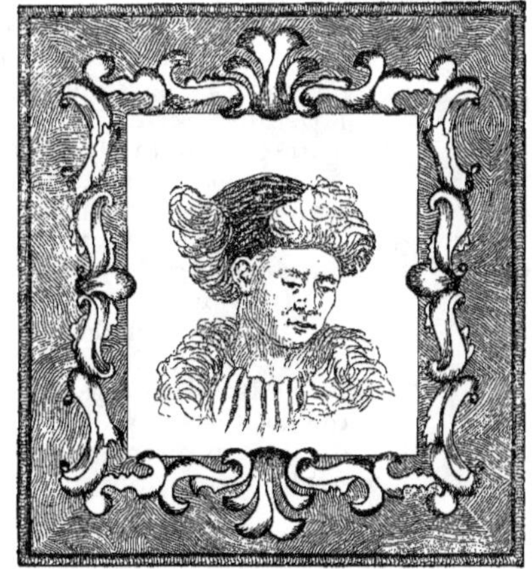

EYCK (JAN VAN),
né vers 1390 à Eyck, mort à Bruges en juillet 1441. (Ecole flamande.)

date, Jan travaillait seul au tableau qu'ils avaient commencé ensemble. Sur la prière de Philippe, Van Eyck dût interrompre son travail pour accompagner en Portugal l'ambassadeur que le duc de Bourgogne envoyait pour demander la main de la princesse Élisabeth, fille du roi Jean Ier.

Van Eyck devait. exécuter le portrait de l'infante ; une somme de 160 livres lui fut allouée pour ce voyage.

Cette peinture, que l'artiste termina en 1429 et qui est malheureusement perdue, partit pour Bruges, précédant de quelques mois la princesse, Van Eyck et l'ambassadeur. Elle excita un enthousiasme général. Moins heureux que le portrait, les voyageurs, battus par la tempête, mirent trois mois à faire le voyage de Portugal en Flandre.

Jan avait grande hâte de se remettre à son tableau, et il y travailla encore près de deux ans.

Ce chef-d'œuvre, qui lui avait demandé près de douze années d'efforts, et qui ne compte pas moins de trois cent trente figures, fut solennellement placé dans la chapelle qu'il devait décorer le 6 mai 1432.

Cette tâche terminée, Van Eyck revint à Bruges, où il avait acheté une maison, et y vécut jusqu'à sa mort.

Lorsqu'on examine l'admirable tableau de ce grand artiste, la *Vierge au Donateur*, exposé au Musée du Louvre, on peut reconaître la conscience qu'il apportait à l'exécution de ses œuvres, et l'on comprend l'influence qu'il eut sur l'art. Les artistes de tous les pays visitant les Pays-Bas, allaient, comme en un pélerinage, admirer son œuvre.

Du reste, Van Eyck fut un peintre universel : la perspective, les intérieurs, les animaux, le paysage, les fleurs, les scènes d'intérieur, les sujets pieux, l'allégorie, le portrait, convinrent également à son prodigieux talent.

Comme tous les grands primitifs, Jan Van Eyck sut allier à la réalité une large part d'idéal.

C'était un savant, et on lui attribue la découverte de la peinture à l'huile.

Il communiqua son secret à ses élèves privilégiés.

De ce nombre fut Roger Van der Weyden, né à Tournai, vers 1400. Il fut d'abord l'élève d'un peintre nommé Robert Campin. A vingt-sept ans, Roger fut inscrit dans la corporation des peintres de Tournai. Il était déjà marié et avait un fils. Il fut reçu maître en 1432.

Sa célébrité était déjà solidement établie, puisque le Pape Martin V acquit, dès 1430, un triptyque de Weyden.

En 1435, il vint s'établir à Bruxelles et ne tarda pas à être nommé peintre de la ville.

Il fit un voyage en Italie. Partout on l'accueillit comme un maitre.

Le marquis de Ferrare lui acheta un tableau à volets dont le sujet était la *Descente de Croix*.

A Bruxelles il peignit, dans la salle de l'Hôtel de Ville, quatre grandes compositions représentant des légendes du moyen âge, dont les sujets devaient inspirer aux magistrats le respect de la Vérité et de la Justice. Ces nobles compositions, que des tapisseries nous ont conservées, furent longuement admirées par Albert Dürer, lors du voyage qu'il fit à Bruxelles en 1520.

Malheureusement, à part deux tableaux peints à l'église de Louvain, d'un petit triptyque possédé par le Musée de Berlin et du grand rétable appartenant à l'hôpital de Beaune, la plupart des œuvres de Weyden sont perdues ou détruites.

La remarquable reproduction que nous donnons d'une partie de cette peinture permettra de juger de la grandeur de sentiment, de la puissance d'expression de ce peintre ancien.

Il forma de nombreux élèves, dont deux occupent une place considérable dans l'art : Martin Schongauer, le peintre de Colmar, qui vécut dans la deuxième moitié du xv⁰ siècle et Hans Memling, à qui il transmit le procédé de la peinture à l'huile, que lui avait enseigné Van Eyck.

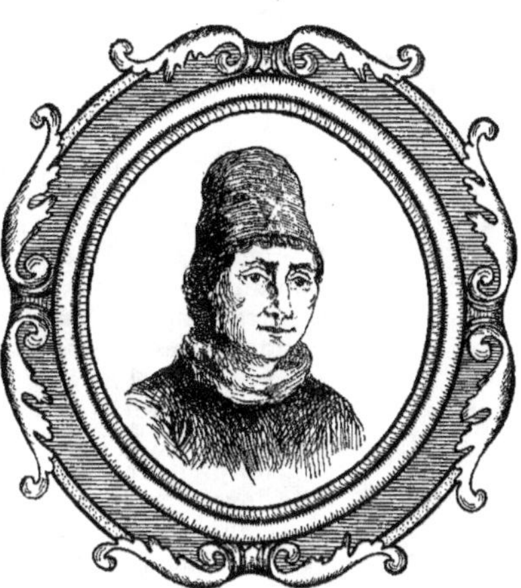

MEMLING (Hans),
florissait de 1440 à 1484. (Ecole flamande.)

Roger Van der Weyden mourut à Bruxelles le 16 juin 1464.

Il eut deux fils, dont le plus jeune, Pierre Van der Weyden fut peintre.

Hans Memling naquit à Memelingen, près de Mayence, vers 1440. Après la mort de son maître, il alla s'établir à Bruges, où il se perfectionna par l'étude des œuvres de Van Eyck. Il fit une rapide fortune. Il était membre de la Gilde de Saint-Luc.

On trouve dans des documents anciens que, en 1480, il acheta trois maisons. Il se maria et eut trois enfants.

Memling exécuta un grand nombre d'ouvrages. Parmi les plus célèbres on cite la *Châsse de sainte Ursule*, conservée précieusement à l'hôpital Saint-Jean, à Bruges, avec plusieurs autres chefs-d'œuvre de notre artiste.

Le pèlerinage de la fille d'un roi d'Angleterre, qui alla à Rome par Cologne et Bâle, et qui fut massacrée au retour, avec ses compagnes et ses chevaliers, par les païens de Cologne, y est raconté en six délicieux tableaux.

Le *Mariage mystique de Sainte-Catherine* mérite également d'être classé parmi ses chefs-d'œuvre.

Memling voyagea beaucoup. Il visita l'Italie, l'Allemagne, la France et l'Espagne.

Le Musée du Louvre possède deux œuvres intéressantes de ce peintre, *Saint Jean-Baptiste* et *Sainte Marie-Madeleine*. On y retrouve le charme poétique de sa touche d'une sensibilité si extraordinaire.

Quentin Metzys naquit à Anvers. Il

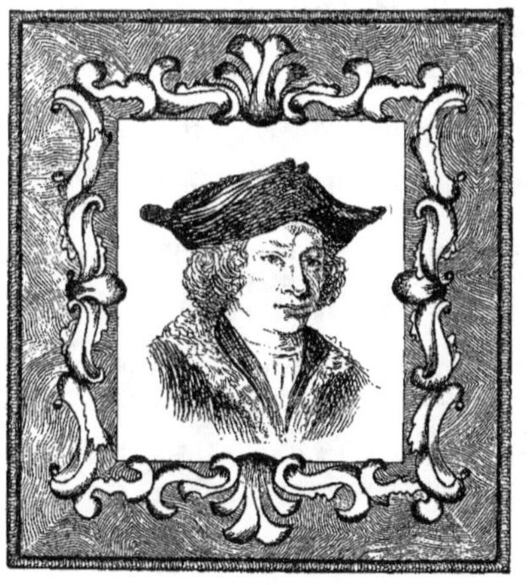

METZYS ou MASSYS (Quentin),
né à Anvers vers 1460, mort en 1531. (Ecole flamande.)

fut d'abord forgeron. Le puits en fer forgé, d'une réelle valeur artistique, ornant une des places d'Anvers, lui est attribué. Une légende prête son changement de profession à une aventure romanesque. Il était, dit-on, devenu amoureux d'une riche demoiselle, sa condition d'ouvrier mettant entre elle et lui un obstacle insurmontable, il se fit peintre et, devenu célèbre, l'épousa. D'autres historiens disent qu'une maladie lui ayant fait perdre la vigueur physique nécessaire pour le maniement du marteau, il s'adonna à la peinture. Ce que nul ne conteste, c'est qu'il était né peintre et grand peintre.

Il se maria une première fois, à peine âgé de vingt ans et une seconde fois, alors qu'il approchait de la cinquantaine.

Son premier ouvrage connu est la *Légende de sainte Anne*, signée et datée de 1509, faite pour la confrérie de Sainte-Anne de Louvain, et qui se trouve aujourd'hui au Musée de Bruxelles. C'est une œuvre d'un sentiment profond où le réalisme s'allie à une exquise idéalité.

Il termina en 1511 son chef-d'œuvre, la *Descente de Croix*, triptyque de Notre-Dame d'Anvers, aujourd'hui au Musée de cette ville, œuvre de premier ordre par la largeur du modelé et la grandeur du sentiment.

Le Louvre possède un important tableau de ce maître, le *Banquier et sa Femme*. Cette œuvre, d'une exécution si précise, montre avec quel soin Metzys avait étudié la nature.

Metzys sert de transition entre Van Eyck et Rubens.

Il fut intimement lié avec Erasme et Thomas More. Ses contemporains le tenaient en haute estime et il compta, parmi ses plus fervents admirateurs, Albert Dürer et Holbein.

Quentin Metzys eut deux fils. Le premier, Jean Metzys, né à Anvers en 1509, fut peintre et tient une place honorable dans l'histoire de l'art flamand. Indépendamment de celles de Quentin Metzys, dont il commença par imiter les œuvres, il reçut des leçons de Jaket Oskens. Il fut reçu franc-maître de la Gilde des peintres de Saint-Luc en 1531, un an après la mort de son père.

Jean visita l'Italie et l'intéressant tableau, *David et Bethsabée*, exposé dans les galeries du Louvre, prouve qu'il s'inspira fortement des maîtres italiens. Plus encore que chez son père, on sent en lui le précurseur de Rubens.

Jean Metzys mourut à Anvers en 1575.

Le second fils de Quentin, Corneille Metzys, né à Anvers vers 1511, fut graveur.

De même que nous l'avons fait remarquer pour les primitifs italiens, pendant trop longtemps l'admiration aveugle qu'excitaient en France les artistes de la Renaissance italienne nous a fait négliger, on pourrait même dire mépriser, les maîtres anciens de l'École allemande. Les conceptions plus larges de la critique moderne les ont replacés à leur rang dans le domaine de l'art.

Il en est peu, méritant mieux que Lucas Cranach une étude spéciale, tant pour son grand mérite artistique, l'élévation de son caractère et les conditions spéciales de l'époque où il vécut.

Son nom véritable était Sunder. Suivant l'usage de l'époque, il prit le nom de sa ville natale. Son père, peintre obscur et sans fortune, commença son éducation artistique. Ses progrès furent si extraordinaires qu'il fut attaché, à peine âgé de plus de vingt ans, en qualité de peintre, à la cour de la maison électorale de Saxe.

En 1493, Lucas Cranach suivit le duc Frédéric-le-Sage en Palestine. Cette vision du monde oriental eut une influence considérable sur son talent. Durant ce voyage il fit de nombreuses études.

De retour à Wittemberg, Cranach ne tarda pas à jouir d'une situation assez importante pour être nommé bourgmestre de la ville, charge qu'il occupa pendant quarante-quatre ans.

Ce fut en raison de ces fonctions, et pour honorer son talent, que le duc de Saxe l'annoblit en 1508.

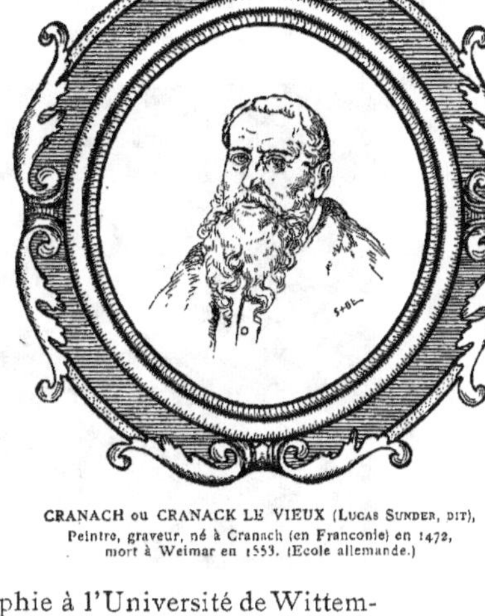

CRANACH ou CRANACK LE VIEUX (Lucas Sunder, dit), Peintre, graveur, né à Cranach (en Franconie) en 1472, mort à Weimar en 1553. (Ecole allemande.)

Cranach était l'ami de Luther, que ses supérieurs avaient envoyé professer la philosophie à l'Université de Wittemberg. Il fut un des premiers adeptes de la réforme.

Son caractère sérieux et énergique, dont la marque se retrouve si bien dans ses œuvres, le prédisposait aussi bien aux études abstraites qu'aux résolutions viriles.

Il fut mêlé à toutes les vicissitudes qui marquèrent l'établissement de la foi nouvelle.

Lorsque le duc Jean-Frédéric le Magnanime eut été fait prisonnier par Charles-Quint, Lucas Cranach demanda à partager sa prison. Il demeura cinq ans en captivité à côté de ce prince.

Ce fut peut-être à cette époque qu'il peignit le curieux portrait qui, avec celui de Jean le Constant, frère ainé de Jean-Frédéric, compte parmi les merveilles du Musée de Reims.

Les amateurs de l'art nous sauront gré de leur donner la reproduction de ces œuvres remarquables.

Il est impossible de donner à la forme plastique plus de force et de réalité.

Le Louvre possède également un portrait de Jean-Frédéric III, daté de 1532.

Lucas ne se consacrait pas seulement de peindre le portrait, genre dans lequel, ainsi qu'on peut en juger, il

Frédéric-le-Magnanime, par Cranach le Vieux.

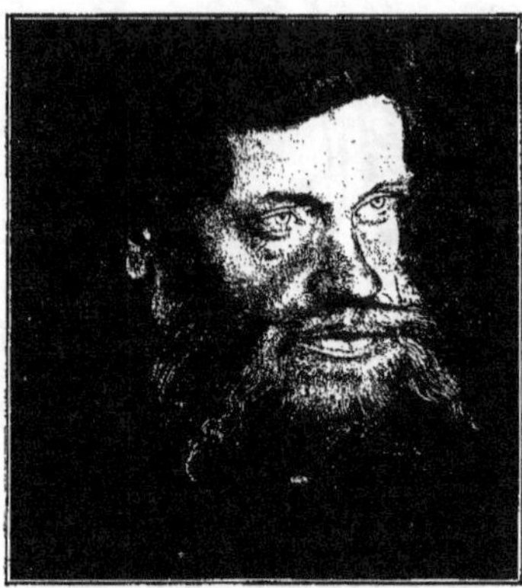

Jean le Constant, par Cranach le Vieux.

possédait une si grande maîtrise ; il peignit aussi des tableaux religieux, admirables de sentiment, et des nudités.

Le Musée de Besançon est justement fier des tableaux de ce maître, que lui légua le peintre Jean Gigoux. Dans le nombre, deux nudités d'un grand mérite attestent que Cranach ne voulut jamais sacrifier sa conception artistique propre à l'influence envahissante des Italiens.

Lucas ayant recouvré la liberté, alla s'établir à Weymar, où il mourut entouré de tous les respects, à l'âge de 81 ans.

Cranach le Vieux s'était marié tard. Il eut un fils, Lucas Cranach le Jeune, né à Wittemberg en 1515, qui fut l'élève de son père et l'aida dans ses travaux.

Nous trouvons au Musée de Reims le portrait présumé de cet artiste par lui-même. Cette peinture prouve de la façon la plus éloquente que Cranach le Jeune était digne de soutenir la gloire paternelle.

Avec Albert Dürer nous arrivons au plus grand maître de l'Ecole allemande, et à un des plus admirables artistes qu'ait produit l'humanité.

Ce que sont à l'Italie Michel-Ange et Léonard de Vinci, Rembrandt à la Hollande, Vélasquez à l'Espagne, Jean-François Millet à la France, Dürer l'est pour l'Allemagne.

Si le génie de Dante transparaît dans Léonard et celui de Lafontaine dans le maître de Barbizon, l'esprit de Gœthe est dans Dürer.

Le père de ce grand artiste, orfèvre de talent, originaire de Hongrie, vint s'établir à Nuremberg en 1454, après avoir travaillé longtemps dans les Pays-Bas. Il était pauvre, chargé de famille et, malgré un labeur incessant, sa vie fut une longue suite de privations. Ce fut dans cette atmosphère de gêne et de lutte que le jeune Albert se développa.

Le vieux Dürer aimait particulièrement ce fils dont l'aimable caractère, la vive intelligence et les merveilleuses dispositions le charmaient.

Après un court séjour à l'école, Albert

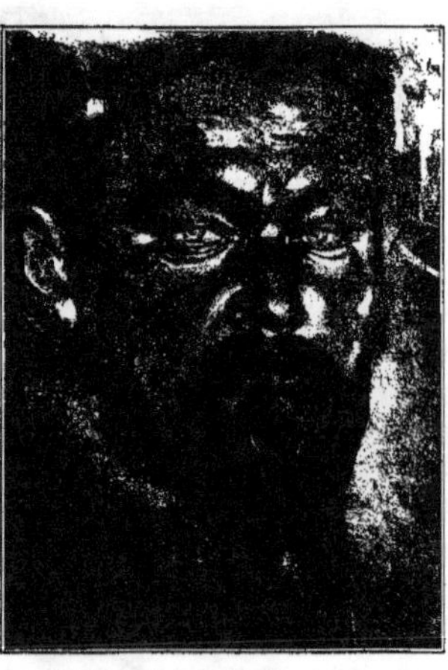

Portrait présumé de Cranach le Jeune, par lui-même.

se consacra près de son père à l'étude du dessin et à l'apprentissage du métier d'orfèvre.

Un dessin conservé dans la collection de l'archiduc Albert, à Vienne, exécuté par Dürer à l'âge de treize ans, montre les qualités de maîtrise qui décidèrent le vieux Dürer à confier son fils au peintre nurembergeois Michel Wohlgemuth.

Un portrait d'homme exposé à la Galerie des Offices, à Florence, et portant la date de 1490, montre qu'à dix-neuf ans Albert Dürer était en pleine possession de son talent.

Ce fut vers cette époque que notre artiste partit pour un long voyage. Il visita l'Allemagne, la Belgique, l'Italie. Venise le retint le plus longtemps; il y exécuta d'importants travaux de peinture.

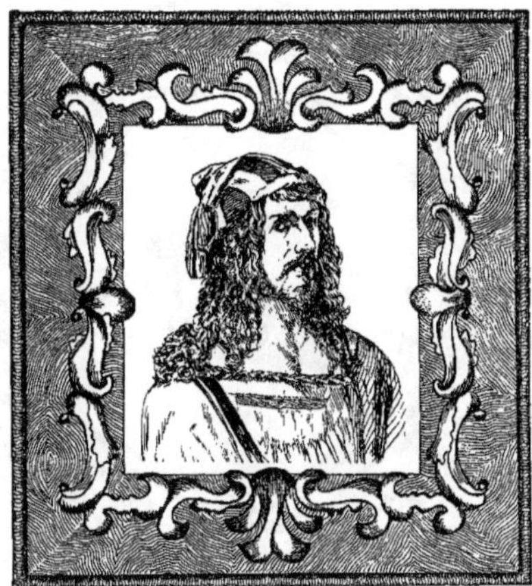

DURER (Albert),
Peintre, graveur, sculpteur, architecte, né à Nuremberg en 1471, mort à Nuremberg en 1528. (École allemande.)

Son père le rappela à Nuremberg, en 1494, pour lui faire épouser Agnès Frey, la fille d'un mécanicien célèbre.

Ce mariage avec une femme belle, mais d'un caractère dur et acariâtre, fut le malheur de la vie du grand artiste.

Agnès Frey était cupide. Elle exerçait sur son mari une domination complète, au point qu'il se laissait frapper par elle. La peinture ne donnant pas un produit suffisamment rémunérateur au gré de l'impérieuse ménagère, elle obligea son mari à se créer des ressources autres.

La gravure sur bois florissait alors à Nuremberg. Albert s'y était lui-même exercé dans l'atelier de Wohlgemuth. Il eut l'idée de chercher à gagner de l'argent en faisant reproduire des dessins par les habiles ouvriers de la ville.

Il créa les merveilleuses suites de gravures sur bois qui, bientôt, popularisèrent son nom. Il convient de citer : l'illustration de l'*Apocalypse*, la *Vie de la Vierge*, la *Grande Passion*, la *Petite Passion*.

Dürer avait conservé de ses premières études dans l'art de l'orfévrerie, le maniement du burin. En même temps qu'il exécutait ses bois, il gravait sur cuivre des estampes, souvent imitées et jamais égalées.

Il ne négligeait pas la peinture, bien que le faible produit qu'il en tirât et les exigences de sa terrible épouse ne lui permissent pas d'y consacrer autant de temps qu'il l'eût voulu. Il peignit notamment une *Adoration des Rois*, admirable composition qui se trouve aujourd'hui à la Galerie des Offices, à Florence.

Pour échapper à l'existence malheureuse que lui faisait sa femme, il fit en 1505 un nouveau voyage en Italie; un de ses amis, le patricien nurembergeois Willibald Pirckheimer, lui avait avancé la somme nécessaire. Il alla d'abord à Venise où, pendant un an, il mena joyeuse vie, loin *de son professeur de calcul*, ainsi qu'il appelle sa femme, dans des lettres qui sont venues jusqu'à nous.

Le maître allemand avait été assez froidement accueilli par les artistes

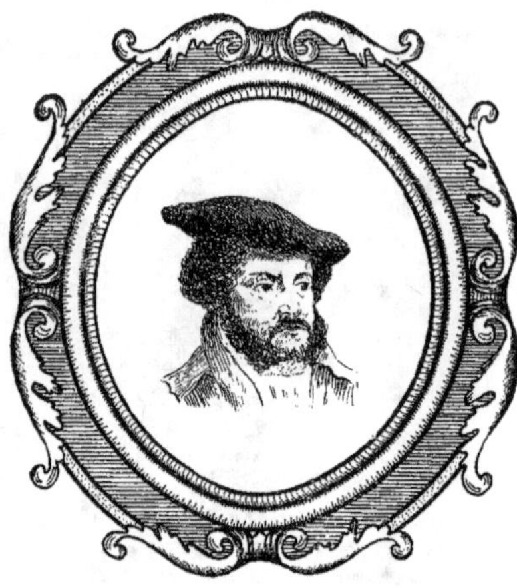

HOLBEIN (Hans), le Jeune,
Peintre, sculpteur, graveur, architecte, né à Augsbourg en 1498,
mort à Londres en 1554. (Ecole allemande.)

vénitiens ; ceux-ci l'acceptaient comme habile graveur, le déclarant mauvais peintre.

Dürer saisit avec empressement l'occasion que lui fournit une confrérie allemande établie à l'église Saint-Barthélemy, de fermer la bouche aux envieux. La peinture qui lui fut commandée représentant la vierge et plusieurs saints accompagnés de l'empereur Maximilien et d'autres personnages agenouillés.

Elle eut un énorme succès.

Le vieux maître Giovanni Bellini, dont l'influence était considérable, donna l'exemple à ses compatriotes en allant voir le maître étranger et en lui achetant un tableau.

A son retour à Nuremberg, Dürer put consacrer plus de temps à la peinture.

Il rapportait de son séjour à Venise un coloris plus souple et plus fin.

Ce fut à cette époque qu'il peignit le célèbre tableau des *Dix mille Martyrs*.

L'empereur Maximilien annoblit Dürer et lui donna une pension, qui fut continuée par Charles-Quint. Mais cela ne suffisait pas : il lui fallait graver des estampes pour suffire aux exigences d'Agnès, et il dit dans une de ses lettres, *qu'il dût travailler toute sa vie rudement de ses mains pour gagner peu.*

Il fit en 1520 et 1521 un voyage triomphal dans les Pays-Bas, voyage dont le journal, écrit par lui, a été conservé.

En 1526, il peignit les célèbres apôtres de la Galerie de Munich.

La mort le surprit à cinquante-sept ans, vieilli avant l'âge par les excès de travail.

Sa femme, toujours avide et désireuse d'amasser pour le temps où son mari ne serait plus là, ne lui permit pas un moment de repos.

Le Louvre possède, avec un certain nombre de splendides dessins du maître, une tête d'homme peinte à la détrempe, œuvre du plus grand caractère. Ce fut à l'aide de ce procédé qu'il peignit le portrait envoyé par lui à Raphaël. Sanzio le considérait comme un chef-d'œuvre et lui faisait occuper une place d'honneur dans son atelier, à côté des estampes du grand maître allemand.

Il n'est pas d'éloge plus flatteur.

Hans Holbein le Jeune, fut aussi un grand peintre allemand, mais son caractère était bien différent de celui de Dürer. Celui-ci avait été le souffre-douleur de sa femme, Holbein fit cruellement souffrir la sienne.

On n'est pas absolument fixé sur le lieu de sa naissance ; Augsbourg et Bâle réclament cet honneur ; mais des travaux récents semblent donner raison à Augsbourg.

Ce qui n'est pas douteux, c'est que le père de notre peintre, Hans Hol-

bein le Vieux, peintre lui-même de grand talent, était d'Augsbourg et qu'il
finissait une peinture pour le monastère de Sainte-Catherine de cette ville
en 1499, c'est-à-dire un an après la naissance de son fils.

Hans Holbein fut reçu dans la corporation des peintres de Bâle en 1519,
et le titre de citoyen de cette ville lui fut accordé un an plus tard.

Holbein montra de bonne heure des dispositions extraordinaires. Il
était à bonne école. Parmi les dessins conservés au Musée du Louvre figure
une tête de jeune femme par Holbein le Vieux, montrant à quel point il
était maître en cet art. D'ailleurs, dans cette famille, tout le monde était
artiste, Sigismond Holbein, frère de Hans Holbein le Vieux et Ambroise Holbein, son fils aîné. Le jeune Hans ne tarda pas à égaler sinon à surpasser
tous ses parents. Il apprit la peinture à
l'huile et en miniature, la sculpture et
les procédés de la fonte des métaux, la
gravure, l'architecture, et excella dans
chacun de ces arts.

Holbein s'était marié fort jeune avec
une jeune fille de Bâle. Il eut plusieurs
enfants.

Il était lié d'amitié avec Erasme,
alors professeur à l'Université bâloise, et
il fit pour l'illustration de l'*Eloge de la
Folie*, du célèbre philosophe, une série
d'admirables dessins à la plume, conservés à la bibliothèque du Museum de Bâle
avec le manuscrit d'Erasme.

Le riche imprimeur Amerbach l'avait
pris sous sa protection et l'occupait souvent.

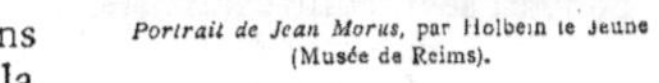

Portrait de Jean Morus, par Holbein le Jeune
(Musée de Reims).

Cependant, malgré ces travaux, sans
doute mal payés, Holbein vivait dans la
gêne et lorsque le comte d'Arundel, à son retour d'Italie, ayant vu les
peintures du jeune maître, lui conseilla de passer en Angleterre, Erasme
appuya ce projet.

Afin de lui faciliter l'accès de la cour du roi Henri VIII, Erasme le
chargea de porter au grand chancelier, sir Thomas More, son ami, le portrait
qu'Holbein avait fait de lui, et y joignit de pressantes lettres de recommandation.

Ce portrait de Didier Erasme figure au Louvre et permet d'apprécier la
puissance d'expression du peintre allemand.

Hans profita de ce voyage pour aller voir les peintures de Quentin
Metzys à Anvers.

Il était âgé de vingt-huit ans quand il arriva à Londres.

Thomas More l'accueillit à merveille. Il le logea dans son palais, lui
commanda d'importants travaux et enfin le présenta à Henri VIII.

Le roi le nomma son peintre.

Holbein peignit le portrait des principaux personnages de la cour

5

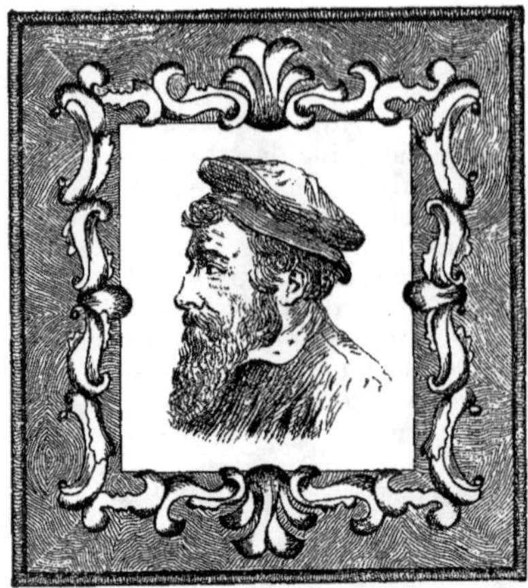

BREUGHEL (Pieter), dit le Vieux,
né à Breughel en 1510, mort vers 1600. (Ecole flamande.)

d'Angleterre. Notre grand Musée national en expose plusieurs, à côté de celui d'Erasme, mais nous avouons donner la préférence à la merveilleuse image de John More, le père du grand chancelier, conservée au Musée de Reims, et dont nous donnons la reproduction.

La fortune avait souri au grand peintre.

Loin de penser, dans la prospérité, à sa femme et à ses enfants qui avaient partagé les années difficiles de sa jeunesse, la tradition accuse Holbein de n'avoir pas même répondu aux pressantes demandes de secours qui lui étaient adressées.

Sa famille vécut dans une profonde misère.

On cite bien de lui des voyages à Bâle en 1529 et en 1538, ce dernier pour des règlements d'affaires d'intérêts, mais il ne permît pas à sa famille de l'accompagner à son retour à Londres.

Holbein était d'une extrême violence. On raconte qu'ayant un jour une discussion avec un des principaux personnages de la cour, il le souffleta.

Le gentilhomme le quitta proférant de terribles menaces.

Hans se sentit perdu s'il n'obtenait la protection du roi.

Il courut près d'Henri VIII, se jeta à ses genoux, lui raconta la scène qui venait d'avoir lieu, implorant sa grâce.

Quand le seigneur vint se plaindre au roi, celui-ci répondit qu'il ne pouvait sévir contre l'artiste, à qui il avait pardonné.

Sa faveur près d'Henri VIII ne fait d'ailleurs pas de doute, puisqu'il fut chargé par lui d'une mission politique sur le continent, en 1539.

Il mourut à Londres de la peste, à l'âge de cinquante-six ans.

Le Musée de Bâle possède de lui une suite de huit tableaux représentant la *Passion*, les portraits d'Erasme, du bourgmestre J. Meyer et de sa femme. On lui a longtemps attribué la célèbre *Danse des Morts*, qui décorait autrefois le cimetière du couvent des Dominicains, et dont quelques fragments sont conservés au Musée de la ville.

Bien que plus près de nous, Pieter Breughel le Vieux a droit à une place parmi les artistes dont nous avons conté la vie car, au milieu du courant en faveur de l'art italien qui commençait à dominer dans les Pays-Bas, il sut rester profondément flamand.

Il se plut à la représentation de scènes de la vie courante du genre de la *Fête de la Rosière*, dont s'énorgueillit le Musée de Bordeaux et dont nous donnons la reproduction.

Fidèle aux traditions des vieux maîtres de l'Ecole flamande, ce fut un réaliste, mais il y mêla une somme de gaîté, une bonhomie charmante dont s'inspirèrent plus tard les Teniers, les Ostade, les Brauwer.

On n'est pas d'accord sur la date de sa naissance. Certains biographes la placent en 1510, d'autres en 1530.

On dit qu'il était fils d'un paysan dont le nom est inconnu. Il prit le nom de son village, petite localité voisine de Breda, lorsqu'il vint étudier à Anvers, chez Pierre Coucke d'Alost, dont plus tard il épousa la fille.

Il fut reçu franc-maitre de la corporation des peintres d'Anvers, en 1551.

Afin de se perfectionner dans son art, Breughel le Vieux forma le projet d'aller en Italie.

Il fit le voyage de la façon propre à cette époque, c'est-à-dire à pied, le

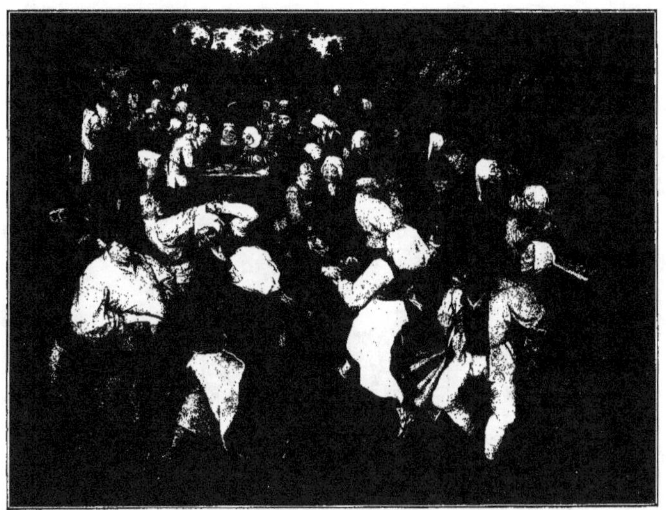

La *Fête de la Rosière*, par Breughel le Vieux (Musée de Bordeaux).

bâton à la main et son attirail de peintre sur le dos, s'arrêtant dans chaque village et y exécutant des travaux lorsque l'occasion s'en présentait.

Ce fut ainsi qu'il traversa la France et arriva à Rome vers 1553.

Il revint à Anvers puis alla s'établir à Bruxelles, où il se maria.

Breughel le Vieux, indépendamment de ses œuvres réalistes, s'inspira de Jérôme Bosch, le curieux humoriste hollandais, dans la représentation de sujets fantastiques.

Il se plaisait aussi à travestir de la façon la plus burlesque des scènes religieuses, transportant en plein pays flamand les personnages de la Bible et de l'Evangile.

On cite de lui, dans ce genre, plusieurs tableaux exposés au Musée du Belvédère, à Vienne.

Il eut·deux fils qui se firent un nom distingué dans la peinture. L'aîné, Breughel le Jeune, plus connu sous le nom de Breughel d'Enfer, qui naquit à Bruxelles vers 1565 et mourut à Anvers en 1637, devait son surnom aux scènes diaboliques et fantasmagoriques qu'il aimait à représenter. Le cadet, Jean Breughel, plus connu sous le surnom de Breughel de Velours, né à Bruxelles en 1575, mort à Anvers en 1625 et dont nous aurons à parler plus longuement en rapportant la vie de Rubens, avec qui il fut intimement lié.

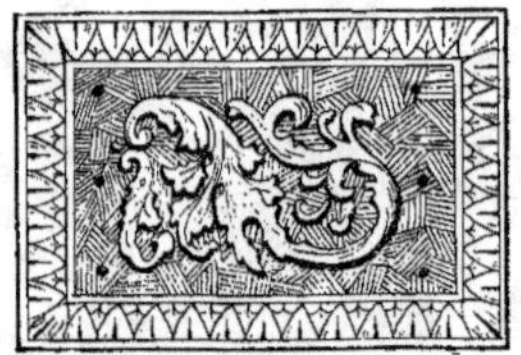

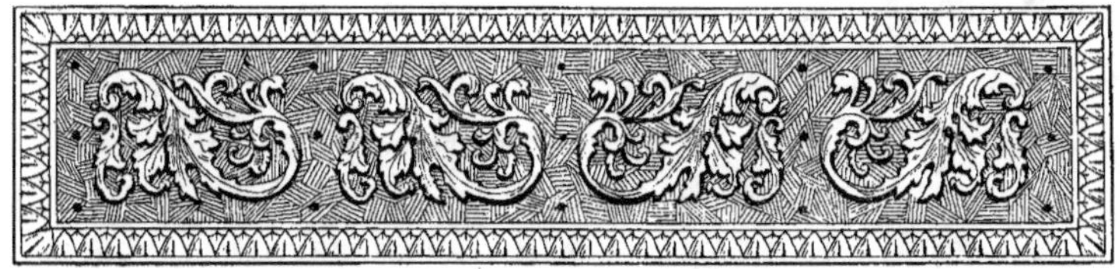

CHAPITRE III

La Renaissance

TROIS personnalités artistiques dominent le commencement du XVIᵉ siècle : Léonard de Vinci, Michel-Ange Buonarroti, Raphael Sanzio.

Ces trois illustres rivaux portèrent l'art à un point si élevé que, pendant les siècles qui suivirent, il ne parut pas permis aux artistes de suivre une voie autre que celle qu'ils avaient tracée vers les sommets de l'art.

Léonard de Vinci était fils naturel de Ser Piero d'Antonio, notaire de la seigneurie de Florence.

Il naquit au château de Vinci, près Florence. Son père le fit élever avec soin et le plaça fort jeune dans l'atelier d'Andrea del Verrocchio, sculpteur d'un grand talent et peintre habile. L'élève ne tarda pas à surpasser son maître. Verrocchio se faisait aider par lui pour l'exécution de ses tableaux. Un jour qu'ils travaillaient ensemble, Léonard exécuta un ange d'une beauté si grande que le maître ne voulut plus peindre à partir de cette date et se consacra à la sculpture.

Le jeune florentin avait une nature extraordinaire. Tout en travaillant la peinture, la sculpture, l'architecture, il se livrait avec non moins d'ardeur à l'étude des sciences. La merveilleuse vivacité de son esprit lui permettait de tout comprendre, de tout s'assimiler. Et quand il s'était bien saturé de mathématiques et de physique, il trouvait encore le temps d'étudier l'art musical.

Mais le côté le plus extraordinaire du jeune Vinci, c'était son esprit d'invention. A chaque instant l'idée de quelque machine nouvelle lui

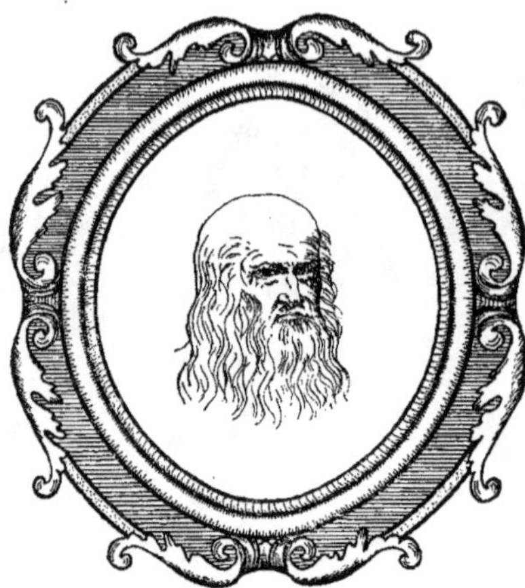

VINCI (Lionardo da),
Peintre, sculpteur, architecte, ingénieur, physicien, écrivain, musicien.
né au château de Vinci, près Florence, en 1452,
mort au château de Cloux, près d'Amboise, en 1519. (École florentine.)

venait en tête, et une de ses ambitions — il en avait de beaucoup de sortes — était de marcher sur les traces d'Archimède.

Avec cela rieur, frondeur et mystificateur toutes les fois qu'il en trouvait l'occasion.

Léonard adorait la caricature. Les collections de dessins des grands musées nous en conservent de fort curieuses. Quand il avait trouvé un type excitant sa verve, il le suivait, épiant ses moindres mouvements, ses moindres jeux de physionomie. Parfois cette étude lui prenait des journées entières ; rentré chez lui, il jetait ses observations sur le papier, réalisant ainsi des types d'une étonnante réalité.

Le père de Léonard se trouvant à la campagne fut prié par un paysan de faire peindre une rondache qu'il avait faite lui-même du bois d'un figuier coupé sur sa terre.

Ser Piero confia le travail à son fils.

Le bouclier était grossièrement équarri, Léonard le fit travailler et polir à sa guise. Il rassembla ensuite des chauve-souris, des serpents et quantités d'autres animaux dans un réduit où seul il entrait et forma de leur réunion un monstre vomissant du feu. Il souffrit beaucoup, pendant ce travail, de l'odeur des animaux morts, mais sa verve picturale l'emportait sur toute autre préoccupation.

Le travail terminé, le jeune peintre pria son père de venir prendre livraison du bouclier décoré. Il avait placé son ouvrage sur un chevalet, disposant son travail de façon à ce que la lumière l'éclairât de brillants reflets. Ser Piero fut si épouvanté, à la vue de cette peinture, qu'il voulut fuir. Léonard le retint par le bras.

— Mon père, dit-il, cet ouvrage produit l'effet que j'en attendais ; prenez-le.

Mais le madré notaire se garda bien de livrer au paysan une œuvre aussi curieuse ; il acheta en secret, chez un mercier, une rondache ornée d'un cœur percé d'une flèche, et vendit celle peinte par son fils 100 ducats à des marchands florentins, lesquels la placèrent au duc de Milan moyennant 300 ducats.

Nous avons dit que de Vinci ne dédaignait pas le comique. Une anecdote encore à ce sujet. Un vigneron ayant pris un énorme lézard et sachant combien le jeune peintre aimait les animaux, le lui apporta. Léonard eut alors une de ces idées baroques qui le caractérisaient. Avec des écailles empruntées à d'autres lézards, il fabriqua des ailes qu'il fixa au corps de l'animal et qui frémissaient à ses moindres mouvements. Il orna la tête d'yeux énormes et de cornes et, l'ayant apprivoisé, il le faisait sortir brusquement de sa boîte, à la grande terreur de ceux qui n'étaient pas prévenus.

En 1483, il avait trente et un ans, Léonard avait exécuté un grand nombre de peintures et décoré plusieurs églises ; il éprouva le désir de quitter Florence.

Il écrivit au duc Ludovico Sforza, gouverneur du Milanais, pour lui demander de l'emploi. Il lui disait :

« Je puis, en temps de guerre, employer des machines nouvelles telles que ponts, canons, bombardes, pièces de menue artillerie, toutes de mon invention et faisant les plus grands ravages ; attaquer les places et les défendre par des moyens non encore pratiqués. En temps de paix, je suis capable en peinture, sculpture, architecture, mécanique et conduite d'eau, et de tout ce qu'on peut attendre d'une créature mortelle. »

La bibliothèque de l'Institut possède un manuscrit de Léonard de Vinci contenant la description d'une de ses machines : l'*Architonnerre d'Archimède*, canon à vapeur, pour lequel le grand artiste fit un certain nombre de croquis extrêmement curieux.

Le duc n'hésita pas à engager cet homme universel.

Léonard fonda à Milan une académie où vinrent un grand nombre d'artistes déjà célèbres. Ce fut le point de départ de la grande Ecole milanaise.

De 1483 à 1500, Vinci exécuta un grand nombre de travaux. Il fit deux portraits de Cecilia Gallerani et celui de Lucrezia Crivelli, maîtresses du duc de Milan ; il ordonna les fêtes et fit la décoration pour les noces du duc Jean Galéas avec Isabelle d'Aragon ; il fit de même pour celles de Louis le More avec Béatrice d'Este ; il écrivit son traité de peinture sur l'ombre et la lumière.

Une œuvre le préoccupait entre toutes : la statue équestre de François Ier Sforza, que nous ne connaissons que par les admirables études que fit Vinci pendant dix ans pour arriver à la réalisation de son rêve.

Il en termina le modèle en 1492. Ce chef-d'œuvre de beauté plastique fut détruit en 1499, lors de l'entrée des Français dans la ville, par les arbalétriers gascons qui le prirent pour cible. La soldatesque détruisit également un remarquable traité sur l'anatomie du cheval, composé par le maître pour la préparation de la statue gigantesque du duc.

Comme architecte, Léonard prit part à la construction du dôme de la cathédrale ; il chercha à rendre navigable le canal de la Martesana de Frezzo à Milan ; il construisit des bains pour la duchesse Béatrice.

Entre temps, il peignait encore le tableau de la *Vierge avec l'Enfant-Jésus, Saint-Jean et Saint-Michel*, maintenant au palais San Vital, à Parme.

Notons encore plusieurs portraits de la famille de Louis le More, et la fameuse *Cène*, qui mit le sceau à sa réputation et qui, malheureusement, n'existe plus que par des copies, dont une au Musée du Louvre.

Cette fresque fut exécutée au couvent des Dominicains de Santa-Maria della Grazia. Une amusante anecdote s'y rapporte.

Le prieur remarquant que Vinci demeurait souvent en contemplation devant son œuvre, vint lui faire des reproches.

— Quand mon jardinier travaille au jardin, il ne reste pas comme toi des heures entières à ne rien faire.

Léonard ne daignant pas répondre au religieux, celui-ci se plaignit au duc.

Sforza fit appeler son peintre et lui fit part de la réclamation.

Vinci se mit à rire et expliqua au duc qu'il n'avait pas jugé utile de donner d'explication à un rustre ignorant tel que le prieur.

— Mon art, dit-il, ne consiste pas dans le travail matériel, mais bien plus dans le travail de mon cerveau. Ce n'est que lorsque les formes de mes personnages y sont créées que je peux les fixer dans ma peinture. Ainsi, depuis longtemps je travaille à la tête du Christ, et mon esprit, malgré mes longues méditations, ne m'a pas encore donné une image qui me paraisse assez belle, assez noble, assez rayonnante de bonté pour exprimer sa divinité. Je cherche et serai peut-être obligé de chercher encore longtemps. Il en est de même de celle de Judas. Je n'ai encore rien trouvé qui me semble assez vil, assez dégradé, assez odieux pour représenter celui qui vendit son divin maître... A moins de prendre les traits de notre prieur.

Sforza éclata de rire et pria le religieux de laisser désormais son peintre en repos.

Léonard était, nous l'avons dit, excellent musicien.

Ludovico Sforza ayant institué un concours de musique, le grand artiste voulut y prendre part. Il annonça qu'il y jouerait de la lyre. Au jour dit, il se présenta porteur d'un instrument ayant la forme d'un crâne de cheval, et qu'il avait fabriqué lui-même en argent. Il sortit vainqueur du concours et se montra le plus extraordinaire improvisateur qu'on eut jamais entendu. Le duc fut enthousiasmé.

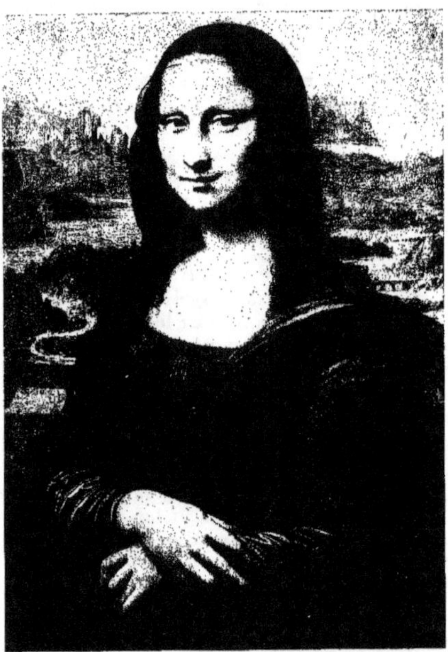

Portrait de Mona Lisa, connue sous le nom de la *Joconde*, par Léonard de Vinci.

Louis le More ayant perdu son duché et étant emmené prisonnier en France, en avril 1500, Vinci retourna à Florence.

Ce fut à cette époque qu'il entreprit de faire pour Francesco del Gioconda le portrait de Mona Lisa, sa femme. Cette peinture, universellement connue sous le nom de la *Joconde*, est un des chefs-d'œuvre, sinon le chef-d'œuvre, de ce merveilleux artiste. Jamais aucun peintre ne traduisit une expression de grâce plus subtile, ne donna à une figure humaine plus de vie intelligente.

Afin de conserver à son modèle l'aimable sourire qui la rendait si divinement belle, Vinci faisait venir des musiciens, des chanteurs, des bouffons qui emplissaient son atelier d'une atmosphère de gaîté.

Léonard travailla pendant quatre ans à ce portrait, que les artistes, les amateurs de tous les pays viennent admirer au Louvre, et il ne le jugeait pas encore complètement achevé quand d'autres occupations vinrent l'en distraire.

Vinci avait étudié les moyens de rendre l'Arno navigable de Florence à Pise. César Borgia lui donna le titre d'architecte et d'ingénieur en Romagne et le chargea d'importants travaux, pour lesquels il voyagea beaucoup.

Il était revenu à Florence pour exécuter, concurremment avec Michel-Ange, le fameux carton représentant la victoire des Florentins sur les Milanais, en 1449. Mais quand il s'agit de l'exécuter sur un des murs de la salle du Conseil, le travail ne lui convint pas. Ces décorations murales s'exécutaient à fresque ; le maître avait conçu le projet de peindre celle-là à l'huile ; le résultat trompa son attente. Il refusa de terminer l'œuvre.

Le gonfalonier Pietro Soderini, qui lui avait fait cette commande, fut furieux.

Léonard apprit que ce magistrat l'accusait de l'avoir trompé pour se procurer la pension que la ville lui servait depuis plusieurs années.

L'artiste se trouvait à ce moment dépourvu d'argent ; mais il n'était pas homme à demeurer sous le coup d'une accusation injurieuse. Il remua ciel et terre près de ses amis, réunit la somme qui lui avait été versée et l'envoya au gonfalonier avec une lettre pleine de légitime fierté.

Soderini refusa le remboursement et fit des excuses.

Léonard, en 1505, modela trois statues pour l'église de Saint-Jean, qui furent fondues en bronze par Francesco Rustini.

Notre artiste avait toujours marqué des sympathies pour la France ; il avait été fort bien accueilli par Charles VIII et Louis XII.

Il avait obtenu le brevet de peintre du roi de France ; ce fut lui qui organisa les fêtes données en l'honneur de l'entrée triomphale de Louis XII à Milan.

Vinci jouit de la même faveur près de François Ier. Ce souverain, étant à Milan, le pria de lui donner la preuve de ses talents d'inventeur, et de lui faire quelque machine curieuse du genre de celles qu'il avait entendu vanter. Léonard promit de faire de son mieux.

Peu de jours après, il présentait au roi un lion mécanique qui rugissait, marchait quelques pas, puis s'ouvrait la poitrine, qui était pleine de lis.

Léonard était près de François Ier à la bataille de Pavie. Il accompagna ce souverain à Bologne pour la signature du Concordat avec Léon X.

Depuis longtemps le roi insistait pour que son peintre passât en France. Vinci hésitait ; une circonstance le décida.

Une grande rivalité existait entre Michel-Ange et Léonard. Elle s'était manifestée en maintes circonstances à Florence. Vinci avait soixante-treize ans, sa santé était chancelante et il ne se sentait plus la force de soutenir la

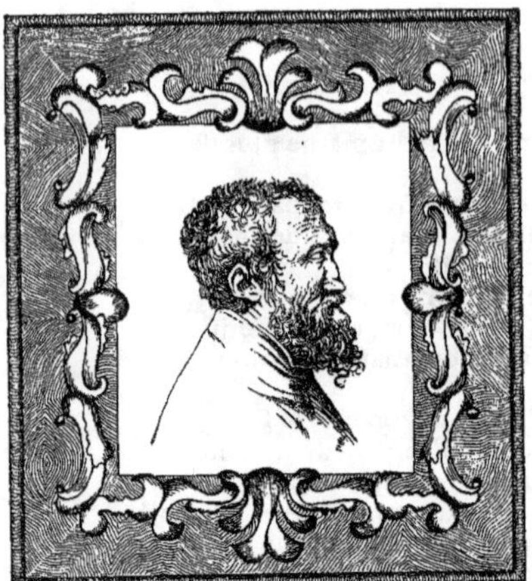

BUONARROTI (Michel-Ange),
Peintre, sculpteur, architecte, ingénieur, poète,
né au château de Caprese, diocèse d'Arezzo, en 1475,
mort à Rome en 1564. (Ecole Florentine.)

lutte contre ce jeune et puissant rival. Il apprit que Léon X venait d'appeler Buonarroti à Rome pour le charger de faire la façade de San Lorenzo, que Vinci aurait voulu exécuter. Léonard quitta Rome et l'Italie pour n'y plus revenir.

Il partit pour Paris en 1516, emmenant ses élèves Salaï et Melzi, et emportant le carton de Sainte-Anne et le portrait de Mona Lisa. François Ier lui allouait un traitement annuel de 500 écus.

Le roi lui acheta la *Joconde* 12,000 livres, somme énorme pour l'époque.

Vinci, dont la santé ne se remettait pas, n'exécuta aucune peinture en France ; il s'occupa surtout de travaux de canalisation. Ce fut lui qui fit construire les premières écluses dans notre pays.

Il mourut au château de Cloux. La tradition qui fait assister François Ier à ses derniers instants, paraît controuvée ; le roi de France était à ce moment à Saint-Germain-en-Laye.

L'influence du Vinci sur les artistes fut immense, Raphaël lui emprunta beaucoup et il contribua puissamment au perfectionnement de l'art de peindre. Nul plus que lui ne fixa l'âme dans une œuvre plastique.

Michel-Ange Buonarroti, une des plus extraordinaires organisations artistiques qui ait jamais existé, semble beaucoup plus appartenir au monde de la fable qu'à notre humble humanité.

Plus on l'étudie, plus on croit se trouver en face d'une de ces figures titanesques, semi-divines, voisinant celles d'Hercule et de Prométhée.

Michel-Ange n'eut qu'un amour, qu'une passion : son art. Il dédaignait l'argent.

Toute sa vie il se contenta de la nourriture du plus modeste ouvrier : un peu de pain et de vin.

Quelle que fut l'heure de la nuit où l'on allât frapper à la porte de son atelier, on le trouvait debout, sculptant, peignant ou dessinant.

Une à deux heures de sommeil lui suffisaient.

Malgré sa triomphale existence, Buonarroti ne fut pas heureux : prisonnier de son succès, il dut toute sa vie peiner sur des travaux imposés à son génie.

Ce géant naquit au château de Caprese, près d'Arezzo.

Il fut mis en nourrice à Settignano, pays de carrières, où se trouvaient quantité de tailleurs de pierres et de sculpteurs. Ce fut dans les poussières de marbre, au milieu des rudes outils qu'il fit ses premiers pas.

Plus tard, il disait à son ami Vasari :

— Giorgio, si j'ai quelque chose de bon dans l'esprit, je le dois à la vertu de l'air d'Arezzo, de même que je dois au lait que j'ai sucé les ciseaux et les maillets dont je me sers pour exécuter mes figures.

Dès son enfance, il eut à faire preuve des qualités du rude lutteur qu'il devait être toute sa vie.

Sa famille était pauvre et nombreuse. On voulut lui faire apprendre le commerce, on voulait qu'il rapportât le plus tôt possible à la maison.

Il aimait passionnément le dessin ; son père lui défendit de s'en occuper. Ses oncles se joignirent au père pour le molester à ce propos.

Mais le propre de Michel-Ange était de ne tenir aucun compte des défenses lorsqu'elles contrariaient ses vues. Il dessina de plus belle, mais en se cachant ; le père le surprit et le frappa. Les mauvais traitements excitèrent davantage le jeune garçon.

L'amitié qui le liait à un jeune artiste, Francesco Gronacci, qui lui donnait des conseils, l'encourageait dans sa résistance.

Enfin, l'entêtement de l'enfant l'emporta sur la résistance paternelle. A l'âge de treize ans, il obtint d'entrer dans l'atelier de Dominique Ghirlandajo, peintre de grand talent.

Les études de Michel-Ange n'avaient pas été en pure perte puisque son maître consentit à le payer dès sa première année d'apprentissage.

Ghirlandajo fut stupéfait de voir son apprenti à l'œuvre. Michel-Ange semblait tout savoir ; pour lui, les difficultés de la technique paraissaient ne pas exister. Lui prêtait-on des dessins de maîtres anciens, il les contrefaisait avec une adresse telle qu'on ne pouvait plus distinguer l'original de la copie. Trouvait-il une estampe allemande retraçant la légende de quelque saint tourmenté par les démons, le crayon du jeune élève reproduisait comme par enchantement la composition, la modifiant, l'enjolivant avec une puissance d'imagination et une force d'expression incroyables.

Michel-Ange ne s'arrêtait pas là : il lui arrivait de s'attaquer aux œuvres du maître et d'en corriger les contours.

Ghirlandajo éprouvait une si vive sympathie, une si grande admiration pour ce génie naissant, qu'il ne le grondait pas de son audace.

Nous avons d'ailleurs, au sujet de ce que Michel-Ange faisait alors, le témoignage de l'illustre maître lui-même. Devenu vieux et dans tout l'éclat de sa gloire, il regardait un jour, devant Vasari, un dessin d'un condisciple corrigé par lui alors qu'il était encore chez Ghirlandajo et il s'écriait :

— Mon cher Giorgio, je ne ferais pas cela aujourd'hui.

Laurent de Médicis avait établi dans son palais une école de peinture et de sculpture, il y avait réuni les meilleures statues antiques. Il fit demander à Ghirlandajo de lui envoyer ses meilleurs élèves ; Domenico désigna le jeune Buonarroti et son ami Francesco Granacci.

Médicis s'intéressa de suite à Michel-Ange.

Notre artiste ne tarda pas à montrer combien il méritait cette attention. Parmi les débris de statues antiques ornant l'atelier, existait une tête de faune à laquelle manquait le nez et la bouche. Buonarroti reproduisit cette œuvre en comblant la lacune. Il sculpta l'admirable tête de faune riant que tout le monde connaît.

Laurent le Magnifique fut enthousiasmé. Il mêla cependant une critique aux éloges qu'il prodiguait.

— Tu devrais savoir qu'il manque toujours des dents aux vieillards, dit-il.

Michel-Ange prit son ciseau et cassa une dent au faune.

L'œuvre décelait un maître. Médicis fit appeler le vieux Buonarroti, et la façon dont il lui parla montre l'admiration que lui inspirait le merveilleux sculpteur.

— Donne-moi ton fils ; je le traiterai comme le mien, dit-il.

Il est probable, étant donné ce que l'on sait de l'esprit vénal du père du grand artiste, que l'acceptation qu'il s'empressa de donner lui fut payée sous une forme ou sous une autre.

Laurent tint royalement sa promesse. Il donna à son protégé un logement dans son palais, le faisant manger à sa table.

Cette faveur excita de nombreuses jalousies parmi les camarades du jeune sculpteur. L'un d'entre eux, nommé Torrignano, l'insulta ; les deux jeunes gens se battirent et l'adversaire de Buonarroti lui cassa le nez d'un coup de maillet.

Un fait se rattachant à cet événement montrera l'ardeur de ces âmes léonines dans leurs affections et dans leurs haines. Plus tard, Benvenuto Cellini, l'admirable ciseleur, le superbe statuaire, qui s'était instruit près de Michel-Ange, jura qu'il vengerait l'injure faite à son maître. Il se mit à la recherche de Torrignano et, après une poursuite de plusieurs années, il le poignarda.

Malheureusement pour l'art, Laurent le Magnifique mourut trop tôt, le jeune sculpteur n'avait alors que dix-sept ans.

Pierre de Médicis, qui succéda dans la charge de gonfalonier, ne possédait en rien la générosité de son père. Il se fit détester et chasser par les Florentins, après deux années de magistrature. Michel-Ange, bien que Pierre lui témoignât beaucoup d'amitié, n'attendit pas cet événement pour partir.

Il se rendit à Bologne et à Venise. N'ayant pas trouvé d'occupation dans cette dernière ville, il se disposait à retourner à Florence lorsqu'il fut arrêté et condamné à une amende, repassant à Bologne, pour avoir négligé de prendre un sauf-conduit. N'ayant pas d'argent, il allait être emprisonné lorsqu'un gentilhomme présent à l'audience s'interposa, paya la somme réclamée et l'emmena chez lui. Michel-Ange demeura un an chez l'hospitalier bolonais qui, chaque soir, prenait plaisir à lui faire lire Pétrarque, Dante ou Boccace. Le grand sculpteur conserva toute sa vie cette habitude de finir ses journées par des lectures.

De retour à Florence, il sculpta un *Cupidon endormi*, vendu à Rome par Baldasare de Milan, comme un marbre antique. Le cardinal Raphaël Riario, victime de la fraude, s'en étant aperçu, réclama son argent. Mais il appela près de lui l'auteur de cette magnifique sculpture. Le prélat du reste ne sut rien lui commander.

Michel-Ange se désolait de son inaction, quand un gentilhomme romain, Messer Jacopo Galli, lui commanda deux statues, une répétition du *Cupidon endormi* et la statue de *Bacchus ivre*, aujourd'hui au Musée de Florence. Mieux encore, le cardinal Jean da la Grolaye, ambassadeur de Charles VIII, lui commanda le fameux groupe de la *Pitié*, pour la chapelle des rois de France, à Saint-Pierre.

Ces dernières œuvres eurent un succès inouï. Quand Michel-Ange revint à Florence, à vingt-cinq ans, la renommée l'avait précédé. Ses compatriotes l'accablèrent de commandes. Il fit la statue colossale du *David* qu'avait commencé Simone de Fiesole, douze figures d'apôtres pour Sainte-Marie-des-Fleurs, et exécuta le carton de la *Guerre de Pise*, qui devait orner la salle du Grand Conseil, concurremment avec celui de la *Guerre contre les Milanais*, dont Léonard de Vinci était chargé. Vasari nous rapporte une amusante anecdote ayant trait au *David*. Michel-Ange y travaillait lorsque le gonfalonier Sodorini survenant, critiqua le nez du roi-prophète, qu'il trouvait trop gros. Michel-Ange fit semblant de tenir compte de l'observation, puis, ramassant une poignée de poussière de marbre, il la laissa tomber sur Sodorini qui le regardait, la tête levée.

— Qu'en pensez-vous, maintenant? demanda Buonarroti.

— Admirable! fit le gonfalonier, s'essuyant les yeux; vous lui avez donné la vie.

Le pape Jules II, enthousiasmé par le génie du grand artiste, appela Buonarroti à Rome et lui commanda sa propre sépulture. Le projet de Michel-Ange était splendide et d'une grandeur incomparable. Il s'agissait d'un monument orné de quarante statues, devant être élevé au milieu de la basilique du Vatican. La dépense devait être énorme, mais le Pape n'était pas homme à hésiter; il envoya l'artiste à Carrare, afin qu'il choisit les marbres. Le travail ne fut pas mené bien loin.

Michel-Ange avait une fierté, une noblesse de caractère, qui lui faisait refuser de se plier devant qui que ce fut. S'étant querellé avec le Pape, on ne sait pour quel motif, il prit la fuite et se réfugia à Florence.

Jules II jeta feu et flamme et ordonna à son sculpteur de revenir sans retard; les menaces étant sans effet, le Pape y ajouta la prière. Mais la rancune de Buonarroti était tenace : il persistait dans son refus. Il fallut que le gonfalonier Soderini usât de toute son influence pour que Michel-Ange consentît, après cinq mois d'absence, à aller rejoindre le Pape à Bologne, dont il venait de faire la conquête. Jules II oublia sa colère à la vue de son artiste, à qui il commanda sa statue en bronze, œuvre colossale, mesurant dix pieds de haut, qui fut terminée en moins de quinze mois.

Après un court séjour à Florence, Michel-Ange dut revenir à Rome pour peindre la voûte de la chapelle Sixtine. Le grand artiste ne voulait pas d'aides, pas même pour broyer ses couleurs, qu'il préparait lui-même; il entreprit seul ce travail gigantesque, qu'il acheva dans l'espace de vingt mois. Personne, pas même le Pape, n'avait été admis à voir l'œuvre formidable. Jules II ayant voulu satisfaire sa curiosité, prit un déguisement et chercha à s'introduire dans la chapelle. Mais, du haut de son échafaudage, l'ombrageux artiste l'ayant aperçu et reconnu, fit pleuvoir une partie des lourdes planches sur lesquelles il travaillait. Le pontife, effrayé, prit la fuite et ne jugea pas à propos de renouveler l'expérience.

Raphaël, qui travaillait à cette époque à la décoration du Vatican, profita d'une absence de Buonarroti pour aller voir les peintures de son rival.

Il en fut si profondément frappé, que l'on constate, à partir de cette époque, un changement radical dans sa conception artistique.

L'ouvrage ne s'était pas exécuté sans de nouvelles querelles entre l'artiste et le Pape.

Un jour, Michel-Ange vint trouver Jules II et lui demanda de l'argent pour aller à Florence exécuter un Saint-Jean qu'il avait promis.

Le pontife sursauta.

— Et ma chapelle, quand sera-t-elle achevée ?

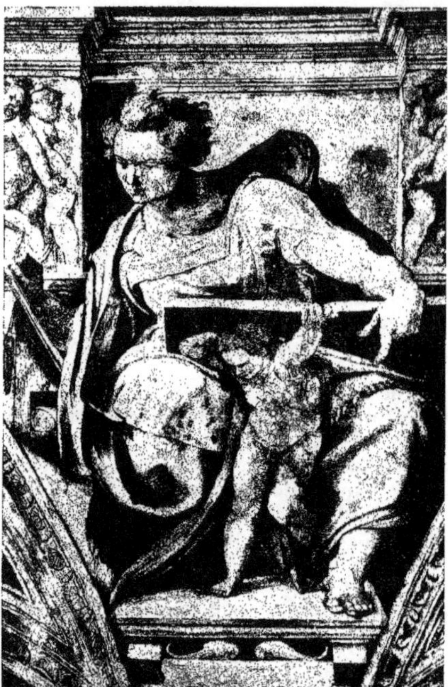

Prophète, par Michel-Ange Buonarroti,
Fragment de la décoration de la Chapelle Sixtine, à Rome.

— Quand je pourrai, répondit l'artiste.

Le Pape le frappa avec un bâton qu'il tenait à la main, criant, furieux :

— Quand je pourrai ! Quand je pourrai !... Je te la ferai bien terminer, moi !

Michel-Ange courut chez lui, et il faisait ses préparatifs de départ, lorsque survint un camérier venant lui apporter les excuses de Jules II et 500 ducats.

Une autre fois, le Pape, impatient, lui demanda quand il aurait fini sa décoration.

— Quand je serai satisfait de mon travail, répondit Michel-Ange.

— Et nous, reprit le pontife furieux, nous voulons aussi être satisfaits. Termine vite ton travail, sans quoi je te ferai jeter à bas de ton échafaud.

Le grand artiste faisait cependant l'impossible pour finir, travaillant jour et nuit.

Il s'était construit un casque en carton, au sommet duquel il adaptait une énorme chandelle de cire. Cette faible clarté lui suffisait à tracer ses chefs-d'œuvre.

Pour ses repas, il se contentait de pain et de vin. Pour dormir, il s'étendait tout habillé sur un matelas.

Lorsque le Pape fut admis à voir la décoration, il voulut que Buonarroti l'enjolivât d'ornements et de dorures, faute de quoi, disait-il, elle paraissait pauvre.

— Saint-Père, répondit gravement l'artiste, les hommes que j'ai peints ne portaient point d'or ; ce ne furent pas des riches, mais des saints.

Jules II n'insista pas et récompensa royalement Buonarroti.

Ce Pape étant mort un an plus tard, Léon X, son successeur, chargea Michel-Ange d'ajouter une façade à l'église Saint-Laurent, que Cosme le Vieux, son ancêtre, avait fait commencer à Florence. L'illustre maître perdit plusieurs années à surveiller l'extraction de marbres, qui, pour la plupart, ne servirent pas.

A la mort de Léon X, la façade de Saint-Laurent sortait à peine de terre.

Michel-Ange avait repris l'exécution du tombeau de Jules II, lorsque le pape Clément VII le chargea de terminer la bibliothèque et la sacristie de Saint-Laurent. Il exécuta en même temps un Christ en marbre, qui fut placé dans l'église de la Minerve, à Rome.

Un fait considérable se produisit dans la vie de notre artiste.

Florence profita de la défaite et des embarras créés au Souverain Pontife par la prise de Rome, le 6 mai 1527, pour secouer le joug des Médicis. Buonarroti fut un des plus ardents propagandistes de ce mouvement : il y voyait sa patrie redevenue libre et grande. Ses concitoyens le désignèrent comme l'un des neuf magistrats chargés de la défense de la ville, lorsque le Pape, ayant fait la paix avec l'Empereur, vint pour soumettre les révoltés.

Déjà le Conseil des Dix, jugeant la guerre prochaine, avait décidé de fortifier la

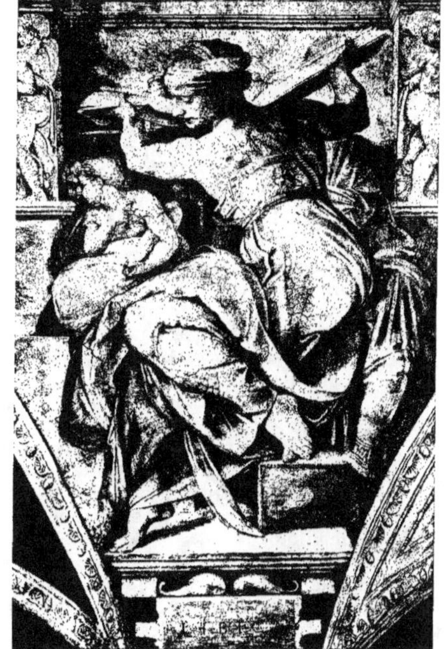

Sibylle, par Michel-Ange Buonarroti,
Fragment de la décoration de la Chapelle Sixtine, à Rome.

ville et nommé Michel-Ange commissaire général des travaux de fortification.

Il se rendit près d'Alphonse Ier, duc de Ferrare, afin d'étudier les moyens de défense de la ville. Ce prince l'accueillit à merveille et lui demanda un ouvrage de sa main.

De retour à Florence, le grand sculpteur, devenu ingénieur, fortifia plusieurs points de la ville. Il entoura le mont San Miniato de bastions, non pas en gazon et en broussailles, suivant les usages d'alors, mais en remplaçant les broussailles par des pieux pointus de chêne et de chataignier, et le gazon par des briques faites de bourre et de fiente d'animaux.

Le siège commmença. Buonarroti s'était établi sur le mont Miniato, dont la conservation était d'une importance capitale.

Tout en dirigeant la défense, il commença à peindre en détrempe une *Léda* qu'il destinait au duc de Ferrare.

Il trouvait encore le temps de travailler en secret aux statues destinées à la sacristie de San Lorenzo, statues si souvent reproduites depuis et qui représentaient : le *Jour*, la *Nuit*, l'*Aurore*, le *Crépuscule, Laurent, Julien de Médicis* et la *Vierge*.

Le siège était commencé, les Florentins résistaient avec une extrême vigueur ; tout à coup Michel-Ange s'enfuit à Venise. On n'a jamais su exactement la raison de ce brusque départ. Peut-être faut-il y voir la conséquence d'intrigues ayant froissé l'ombrageux artiste. Ce n'était certainement pas la crainte pour sa personne, car il regagna Florence en toute hâte, lorsque le Conseil l'eut déclaré rebelle. Il reconnut publiquement ses torts et se soumit à une amende de 1.500 ducats.

Il reprit la direction de la défense et repoussa l'ennemi pendant près d'un an.

Ce long siège avait permis l'achèvement de la *Léda*. Alphonse d'Este, craignant que ce chef-d'œuvre ne souffrit de la guerre, l'envoya chercher.

— C'est bien peu de chose, s'exclama l'envoyé, que le duc de Ferrare n'avait certainement pas choisi pour ses connaissances artistiques.

— Quel est donc votre métier ? demanda Buonarroti.

— Je suis marchand.

— Eh bien, messer marchand, vous ferez aujourd'hui un mauvais marché pour votre patron ; sortez d'ici.

Il le chassa sans lui donner la peinture.

Cependant, le 12 août 1530, la ville, cernée de tous côtés, n'ayant plus l'espoir d'être secourue, décida de se rendre.

Michel-Ange parvint à s'échapper en compagnie de son élève Mini et de l'orfèvre Piloto.

Ils voulaient gagner Venise.

Ils s'arrêtèrent à Ferrare, espérant n'y être pas reconnus ; mais Alphonse d'Este, allié de l'Empereur et du Pape, avait établi une surveillance sévère dans les hôtelleries ; tous les étrangers devaient être signalés.

Quand le duc connut la présence de Buonarroti dans sa ville, il l'envoya chercher, l'invitant à venir dans son palais, où un magnifique appartement lui était réservé. Alphonse d'Este lui reprocha sa sauvagerie et lui proposa, avec toute l'insistance possible, de demeurer à Ferrare, au moins tant que durerait la guerre.

Michel-Ange remercia et dit :

— Nous avons apporté 10.000 écus à Ferrare ; s'ils peuvent vous être utiles, nous les mettons à votre disposition ainsi que nos personnes.

Cependant, la première fureur du Pape passée, il oublia ses projets de vengeance féroce contre son sculpteur et écrivit qu'on le cherchât et qu'on le traitât avec toute la douceur possible. Il y mettait comme condition que Buonarroti travaillerait immédiatement aux statues de la sacristie de San

Lorenzo. L'artiste fut heureux d'échapper à ce prix· à la haine d'Alexandre de Médicis, dont l'autorité avait été imposée aux Florentins après la prise de la ville, et qui s'était déclaré ouvertement l'ennemi de Michel-Ange.

Un an plus tard, les statues étaient terminées.

Buonarroti avait repris les travaux du tombeau de Jules II, au sujet duquel les héritiers du pontife ne cessaient de le harceler, quand le Pape lui ordonna d'abandonner tous ses travaux pour exécuter le *Jugement dernier*, fresque devant orner l'une des faces de la Chapelle Sixtine.

Vasari rapporte que Michel-Ange abandonna son travail les larmes aux yeux.

Paul III, qui succéda à Clément VII, se montra encore plus ardent que son prédécesseur à voir l'achèvement de la fresque. Michel-Ange lui fit observer qu'il avait un traité l'obligeant à terminer le mausolée de Jules II.

— Voilà trente ans que je désire voir réalisée la décoration de ma chapelle; maintenant je suis Pape; je déchire ce traité et j'entends que tu m'obéisse.

Le Saint-Père usa d'autres armes. Par un bref du 1ᵉʳ septembre 1535, il accordait à Michel-Ange une rente annuelle de 1.200 écus d'or; un autre bref suivait peu après, défendant à l'artiste de se livrer à aucun travail autre, sous peine d'excommunication.

Enfin l'œuvre formidable, à laquelle Buonarroti avait consacré près de huit ans d'incessants labeurs, fut découverte le jour de Noël 1541. L'impression fut immense; mais les critiques furent aussi violentes que les éloges passionnés.

Paul III était du nombre des plus ardents admirateurs, si ardent qu'il commanda à Buonarroti la décoration de la chapelle Pauline, qu'il venait de faire construire.

Mais le duc d'Urbin, héritier de Jules II, ne cessait de récriminer dans les termes les plus violents et de réclamer l'achèvement du tombeau. Le reproche d'ingratitude qu'il ne ménageait pas était particulièrement sensible au grand artiste.

Dans une supplique datée du 20 juillet 1542, Michel-Ange demanda au Pape d'intervenir près du duc d'Urbin pour que le plan du mausolée fut modifié, afin qu'il put l'achever sans plus de délais, la décoration de la chapelle Pauline demandant un esprit dégagé de toute préoccupation autre.

Grâce à la toute puissante intervention de Paul III, le duc d'Urbin consentit à ce que le tombeau comportât seulement la statue de Moïse, et les cinq autres, qui devaient le compléter, fussent achevées par d'autres artistes, sous la direction et aux frais de Michel-Ange. Le mausolée qui, pendant plus de trente ans, n'avait pas laissé un instant de quiétude à l'illustre sculpteur, fut enfin mis en place dans l'église de San Pietro in Vincoli et complètement achevé au commencement de 1545.

Le Pape, sans souci des soixante-dix ans de Buonarroti, lui fit exécuter dans la chapelle Pauline le *Martyr de Saint-Pierre* et la *Conversion de Saint-Paul*.

Mais ce ne fut pas tout, l'architecte Antonio da San Gallo, qui faisait exécuter les travaux de la fabrique de Saint-Pierre étant mort, Paul III, malgré le refus de Buonarroti, malgré l'opposition furieuse et les intrigues des aides de San Gallo, lui imposa ce travail.

Ce fut l'œuvre de la fin de sa vie et il y consacra dix-sept années.

Le Pape l'avait investi d'un pouvoir illimité : il en usa largement.

San Gallo s'était entouré de nombreux collaborateurs, dont le principal souci était de conserver, aussi longtemps que possible, les grasses situations qu'ils s'étaient créées, sans souci de l'énorme dépense qu'ils occasionnaient.

Michel-Ange voulait faire vite et avec le moins de frais possible, refusant toute rémunération pour son travail.

Il réunit tout ce monde dès sa nomination.

— Vous avez eu raison de vous opposer à mon arrivée, fit-il, car je vous chasse tous.

Dès lors, au milieu des haines, des sourdes persécutions, son but unique fut d'avancer assez les travaux pour que son plan ne put être modifié, il y parvint, au moins pour le célèbre dôme, scrupuleusement exécuté sur ses plans.

La mort vint le surprendre à l'âge de quatre-vingt-huit ans onze mois et douze jours.

Depuis la malheureuse tentative d'affranchissement de Florence, auquel il avait pris une part active, Michel-Ange alla le moins possible dans sa ville natale et, à la fin de sa vie, il refusa d'y retourner. Malgré sa fréquentation des papes et des rois, il avait conservé l'âme du peuple. C'était un ardent patriote et il souffrit cruellement de l'asservissement où était tombé son pays.

Il ne cachait pas sa haine pour les Médicis.

Il écrivit en 1544 à François Ier, lui demandant de rendre la liberté à sa chère cité, promettant d'ériger à ses frais un bronze équestre du libérateur.

Bien qu'il n'attachât à l'argent qu'une importance relative, il était devenu fort riche.

La fortune ne modifia en rien sa manière de vivre. Sa table, nous l'avons dit, était d'une extrême frugalité. Il n'y admettait personne et n'acceptait aucune invitation. Il ne voulait recevoir aucun présent.

Vasari, son intime ami et qu'il aimait fort, lui envoya à deux heures du matin quatre paquets des chandelles de cire dont il se servait pour ses travaux nocturnes, et dont il était momentanément dépourvu. Michel-Ange les refusa et voulut renvoyer le porteur.

Mais celui-ci lui dit :

— Messer, il y en a quarante livres ; elles m'ont cassé les bras depuis le pont, je ne les remporterai pas à la maison. Il y a devant votre logis un monceau de boue, je les planterai dedans et les allumerai.

Malgré sa gravité habituelle, l'idée fit sourire le grand artiste et il s'humanisa.

— C'est bon, fit-il, laisse tes chandelles ici ; je ne veux pas de plaisanteries pareilles devant ma porte.

Il ne cessa jamais d'aimer les humbles et il se montrait envers eux aussi doux et bienveillant qu'il était fier avec les grands.

Michel-Ange avait conservé une sincère amitié pour un pauvre diable du nom de Menighella, peintre nomade très médiocre. Buonarroti lui dessinait des modèles, d'après lesquels l'autre peignait des tableaux qu'il allait vendre dans les campagnes. L'artiste qui refusait de travailler pour les rois, trouva le temps de faire pour son ami peu fortuné un christ en creux d'une beauté remarquable, dans lequel Menighella moulait des épreuves en carton, précieuse adjonction à sa pacotille.

Michel-Ange aimait beaucoup aussi un tailleur de pierres nommé Topolino, qu'il avait employé longtemps pour l'extraction de ses marbres.

Topolino se croyait doué du génie de la sculpture et ne cessait d'envoyer à Buonarroti les essais de son ciseau. Revenu à Rome, il voulut absolument que son illustre ami lui dit ce qu'il pensait d'un Mercure en marbre qu'il venait de terminer.

— Tu es fou, mon pauvre Topolino, de t'acharner à faire des figures, déclara le maître : ne vois-tu pas que ton Mercure est trop court, des pieds aux genoux, de plus d'un tiers de brasse; tu l'as estropié.

— Oh ! ce n'est rien, fit vivement l'artisan, s'il ne s'agit que de cela, j'y remédierai aisément·

Il coupa les jambes de son Mercure et lui arrangea une paire de bottines qui enchàssaient les genoux.

Michel-Ange fut fort étonné du procédé, et répétait en forme de conclusion que la nécessité inspirait des expédients aux ignorants, auxquels les plus habiles n'auraient pas pensé.

Il était d'une extrême générosité. Il demanda un jour à son domestique Urbino :

— Si je venais à mourir, que ferais-tu ?

— Je serais obligé de servir un autre maître, reprit tristement le serviteur.

— Voici ce qui te permettra d'attendre cette autre condition, reprit le sculpteur, qui donna 2.000 écus à son valet.

Mais il ne permettait pas le marchandage de ses ouvrages.

Un riche amateur de ses amis, Agnolo Doni, lui avait commandé un tableau. Michel-Ange peignit pour lui un de ses plus beaux tableaux à l'huile : La *Vierge à genoux tenant Jésus dans ses bras et le présentant à Saint-Joseph*. Il réclama 70 ducats. Agnolo lui en envoya 40. Michel-Ange renvoya l'argent, exigeant la restitution de son tableau ou 100 ducats. L'acheteur lui répondit qu'il paierait les 70 ducats.

— Il me faut mon tableau ou 140 ducats, écrivit une troisième fois l'artiste.

Agnolo Doni ne jugea pas opportun de prolonger ce singulier marchandage : il envoya les 140 ducats.

Buonarroti n'a signé qu'un ouvrage : son admirable *Christ mort*. L'ayant entendu attribuer un jour au Gobbo, de Milan, il s'introduisit la nuit dans l'église, muni d'un maillet et d'un ciseau, et creusa son nom au bas de l'œuvre.

Un prêtre de ses amis lui demandait un jour pourquoi il ne s'était pas marié.

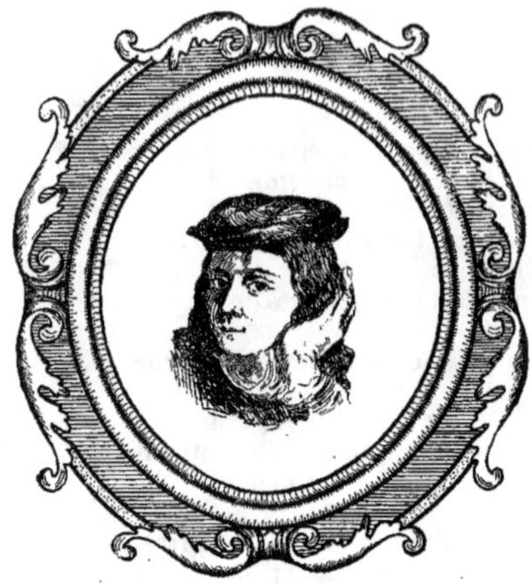

SANZIO (RAFAELO),
Peintre, architecte, né à Urbino en 1483, mort en 1520.
(École romaine.)

— Mon père, répondit l'artiste, j'ai une femme qui ne me laisse pas une heure de repos : c'est mon art, et mes ouvrages sont mes enfants.

Michel-Ange, comme les plus beaux artistes de son temps, avait une vénération profonde pour Savonarole que, dans sa jeunesse, il avait entendu prêcher. Par contre, il haïssait les moines. Ayant appris que Sébastiano était chargé de peindre un moine dans la chapelle de San Pietro, à Montoria, il s'écria :

— Les moines ont corrompu le monde, qui est bien grand ; il serait étonnant qu'ils ne gâtassent pas une si petite chapelle.

Il disait souvent à Vasari :

— Si je n'avais dû montrer au public que des œuvres me satisfaisant, j'en aurais montré bien peu, ou pas du tout.

Michel-Ange s'était épris d'un amour purement platonique pour la marquise de Pescaro ; il lui adressa un grand nombre de sonnets. C'était un délicat poète.

La grande dame lui répondit en vers et en prose, et leur commerce épistolaire dura de longues années.

Parfois elle venait le voir de Viterbe à Rome, pour causer avec lui. Il lui fit présent de superbes dessins : une *Vierge*, un *Christ en croix* et une *Samaritaine*.

Michel-Ange légua en mourant ses dessins, ses cartons, ses modèles en cire et en terre, ainsi que la *Léda*, à son élève Antonio Minio.

Minio étant venu en France, vendit la *Léda* au roi de France. Elle existait encore en 1642, et le père Dan la mentionne dans son *Trésor des Merveilles de Fontainebleau*. M. des Noyers, pour faire sa cour à la prude Anne d'Autriche, fit brûler cette œuvre unique avec la plupart des tableaux de l'école de Fontainebleau, sous prétexte qu'ils étaient trop libres.

Bien différente fut la vie de Raphaël Sanzio de celle de son formidable rival. Doux, souple, charmant et charmeur, le fondateur de l'école romaine fut un heureux.

Il naquit à Urbino et son nom véritable était Santi.

Giovanni Santi, son père, était peintre et poète. Il donna les premiers conseils à Raphaël qui, d'après certains biographes, commençait à dessiner à l'âge de six ans.

Il n'avait que onze ans quand il perdit son père, et demeura sous la garde de ses oncles. On croit qu'il reçut des conseils de Timoteo Viti et de Luca Signorelli, qui travaillèrent pendant les années 1495 et 1496 dans les églises d'Urbin.

Ses oncles le confièrent au Pérugin, alors établi à Pérouse, vers la fin de 1496. Après quelques années d'études, comme son maître partait pour Florence, Raphaël le quitta pour exécuter différents travaux.

La copie qu'il fit, en le modifiant, du tableau de son maitre : le *Mariage de la Vierge*
dont nous avons donné la reproduction dans
la vie du Pérugin, commença la renommée
du jeune peintre. Il peignit, pour le duc
d'Urbin, sur le revers d'un damier, *Saint
Michel terrassant le dragon* et *Saint
Georges*, tableaux que possède notre grand
Musée national.

Le succès du charmant peintre de vingt
ans avait été grand à la cour ducale. Jeanne
de Rovère, sœur du duc, l'engagea à aller à
Florence, et lui donna une lettre de recommandation pour le gonfalonier Soderini.

Mais, avant de partir, Sanzio répondit à
l'appel d'un de ses compagnons d'atelier, le
Pinturicchio qui, chargé d'exécuter à Sienne
l'histoire d'Enée Piccolomini dans la biblio-

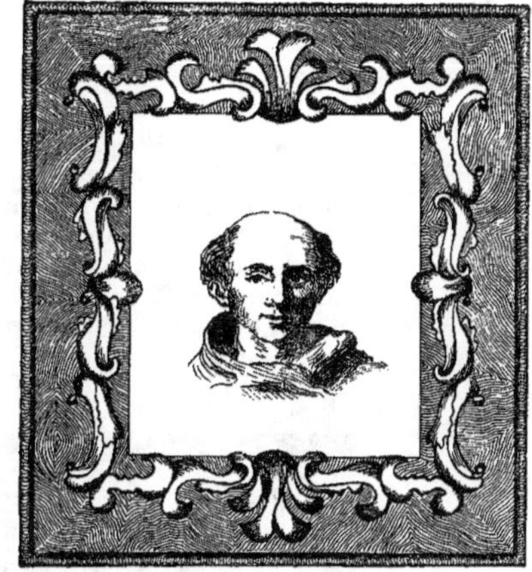

BARTOLOMEO (Fra), Del Fattorino,
né à Savignano, près de Florence, en 1469, mort à Florence en 1517
(École florentine).

thèque du dôme, ne pouvait se rendre dans cette ville; il chargea Sanzio de
le remplacer. Raphaël se rendit ensuite à Florence, mais il ne semble pas que
la lettre de sa protectrice eut un grand effet, car il consacra surtout son temps
à des copies de Léonard de Vinci, de Maccaccio et de Filipino Lippi.

A partir de ce moment, la manière de Sanzio se transforme, s'élargit.
Tout en conservant la grâce qu'il avait acquise à l'école du Pérugin, il se
rapproche de la beauté antique.

Au cours d'un voyage à Pérouse, il exécuta différents travaux, qu'il
laissa en partie inachevés, notamment les fresques de San Severo. Il retourna
à la cour d'Urbin, y fit le portrait du duc, celui de la duchesse et le sien
propre. On admire aujourd'hui ce dernier à Florence.

Raphaël, durant un de ses séjours à Florence, avait rencontré Fra Bartolomeo, excellent peintre qui, par suite de son attachement à Savonarole,
s'était fait moine. L'amitié des deux artistes devint si vive qu'ils travaillèrent ensemble, se donnant mutuellement des conseils. Fra Bartolomeo
apprit la perspective de son jeune ami, tandis qu'il le faisait se perfectionner
grandement dans l'emploi des couleurs et l'art d'agencer les draperies.

Le propre du caractère de Sanzio était de s'assimiler d'une façon merveilleuse les idées, les qualités des gens près de qui il vivait, les magnifiant
dans une impeccable interprétation plastique. L'influence du moine fut
considérable sur l'esprit de son jeune ami. En 1507, Raphaël quittait Fra
Bartolomeo pour retourner à Pérouse, où il exécuta, entre autres, l'admirable
Christ au tombeau, dont le carton avait été fait à Florence près du religieux.
Il exécuta encore la *Sainte Catherine*, aujourd'hui à la Nationale Gallery
de Londres, et dont le Louvre possède le dessin.

L'architecte Bramante, parent de Sanzio, l'appela à Rome en 1508, et le
présenta au pape Jules II.

Le pontife confia au jeune peintre la décoration de la salle de la Signature, au Vatican. La première fresque de Sanzio fut : la *Dispute du Saint-*

Sacrement. Le Pape en fut enchanté, mais ce fut bien autre chose après la deuxième, l'*École d'Athènes;* Jules II fit détruire toutes les peintures exécutées déjà par d'autres artistes afin que Raphaël les remplaçât.

Le *Parnasse*, dont nous donnons la reproduction, la *Jurisprudence* suivirent et l'ensemble de ces immenses travaux était terminé en moins de trois ans. Léon X succédant à Jules II ne se montra pas moins zélé protecteur du grand artiste. Sous son pontificat, Raphaël, aidé de ses élèves, continua la décoration du Vatican.

En 1514, à la mort de Bramante, il fut nommé directeur des travaux de

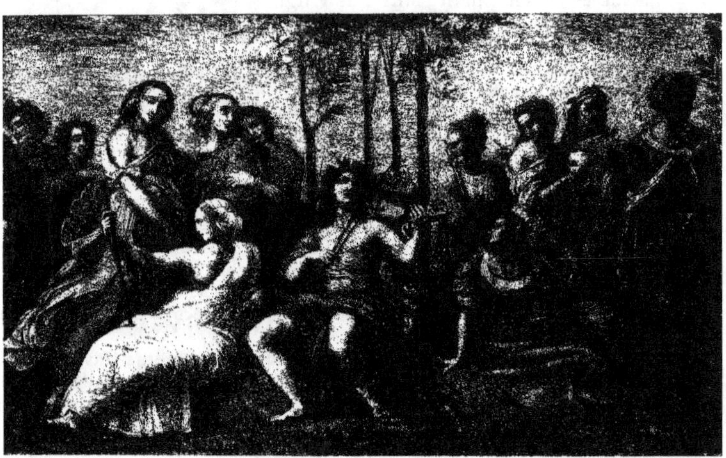

Le *Parnasse*, fresque de Raphaël, au Vatican.

construction du Vatican, tout en en conservant la décoration. Il termina les galeries nommées les *Loges* et composa pour la voûte du portique de celle du deuxième étage, la célèbre série de cinquante-deux sujets tirés de la Bible, qu'il fit peindre par ses élèves. Fra Bartolomeo était venu le voir; Raphaël lui proposa du travail près de lui, mais le moine ne tarda pas à partir, après avoir commencé un tableau que Sanzio ne dédaigna pas d'achever.

Vers la même époque, l'infatigable artiste exécutait dans le vestibule du palais Chigi une série de fresques représentant l'histoire de l'*Amour et de Psyché*. Comme si ce n'eût pas été assez d'un pareil fardeau, le Pape lui confiait encore la direction des travaux de l'église Saint-Pierre; il le chargeait de la surintendance des édifices antiques de Rome et des fouilles qui se poursuivaient avec une extrême activité. Cependant, Raphaël trouvait encore le temps d'exécuter les fameux cartons, aujourd'hui au château de Hampton Court, près de Londres, d'après lesquels des tapisseries furent faites pour le Pape.

Il peignait encore des tableaux comme la *Vierge au chardonneret*, que

possède le Musée des Offices, à Florence, et qu'il exécuta à l'occasion du
mariage de Lorenzo Nasi. Dans cette œuvre remarquable se trouve tout

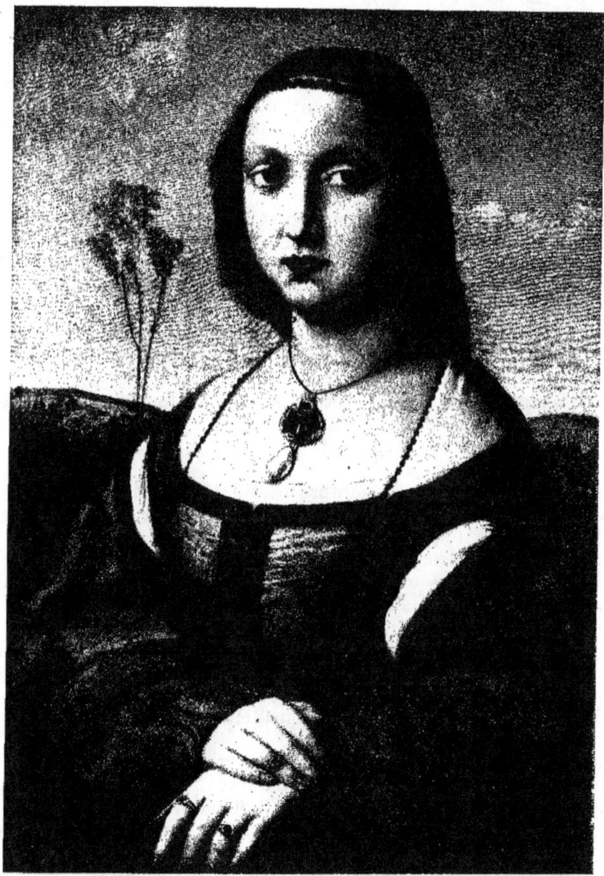

Portrait de Madeleine Doni, par Raphaël (Musée du palais Pitti, à Florence).

Raphaël avec ses immenses qualités et, disons-le aussi, avec ses défauts. C'est
la ligne claire, pure, gracieuse; c'est la science profonde du dessin et de la
composition. Mais les critiques du célèbre peintre diront que c'est là une beauté

beaucoup plus conventionnelle que réelle, qu'on n'y trouve pas le sentiment profond que dégagent les œuvres de Léonard, dont elle est loin d'avoir la sensibilité.

Cette peinture a une histoire qui vaut d'être notée. En 1547, un tremblement de terre secoua le palais de Nasi; le bois sur lequel est peint le tableau, fut brisé en vingt ou trente pièces. Son propriétaire, le fils de Lorenzo, grand amateur d'œuvres d'art, rechercha religieusement les morceaux, fut assez heureux pour les réunir tous et répara le dommage.

Il fit aussi le superbe portrait de Madelena Doni, la femme de l'amateur dont nous avons parlé dans la vie de Michel-Ange, la perle du palais Pitti, à Florence, œuvre superbe de facture, mais dans laquelle on sent trop le souvenir de la *Mona Lisa* de Léonard, à laquelle elle est du reste bien inférieure comme intensité d'expression et comme grandeur de lignes.

Raphaël, qui n'avait certainement pas pour son art le culte que lui vouait Michel-Ange, qui ne savait pas refuser à un prince, en était arrivé à faire exécuter une partie de ses commandes par ses élèves, sur des dessins qu'il leur fournissait. Nous avons au Louvre, sous le nom de Sanzio, un certain nombre de peintures : la *Vierge, Sainte Elisabeth, l'Enfant Jésus caressant Saint Jean* et *Sainte Marguerite*, pour ne citer que celles-là, qui sont de Jules Romain, d'après les dessins du maître.

Nous verrons ce désastreux procédé se reproduire avec nombre de peintres, et nous pourrons constater aussi que c'est le signe certain de la décadence de leur école. Dans ce cas, l'art cesse d'avoir son rôle élevé pour devenir un commerce.

Raphaël ayant produit un nombre formidable de peintures et de dessins, d'autant plus extraordinaire qu'il les avait produits en moins de vingt ans, mourut complètement épuisé.

Jamais aucun artiste n'eut un succès comparable au sien. Les souverains se disputaient ses œuvres. Le cardinal Bernardo Divisio voulut le marier à sa nièce. Ses compatriotes le nommaient le *Divin Raphaël*.

Il eut de nombreux amis, entre autres, le bon peintre Francia qui déjà, en 1508, dans un sonnet accompagnant le portrait que l'artiste bolonais envoyait à son jeune ami, le proclamait le *peintre des peintres*.

Nous avons vu qu'Albert Dürer avait pour lui une sorte de culte.

Michel-Ange marqua un jour la considération qu'il avait pour son brillant rival.

Un riche marchand ayant fait décorer sa maison par Sanzio, trouva beaucoup trop élevé le prix réclamé pour le travail; on décida, d'un commun accord, de s'en rapporter à l'arbitrage de Buonarroti.

— Une seule de ces peintures vaut dix fois le prix qui vous est demandé pour l'ensemble, prononça le grand Florentin.

Le marchand se hâta de payer, craignant, après un pareil arbitrage, que Sanzio ne lui demandât plus cher.

Raphaël forma de nombreux élèves, artistes de grands mérites, tels que Jules Romain, le Penni (dont il fit ses héritiers), Polidore de Caravage, Pierino del Vaga, Andrea Sabattini, qui lui portaient une telle vénération qu'ils ne consentirent à travailler pour leur compte qu'après sa mort.

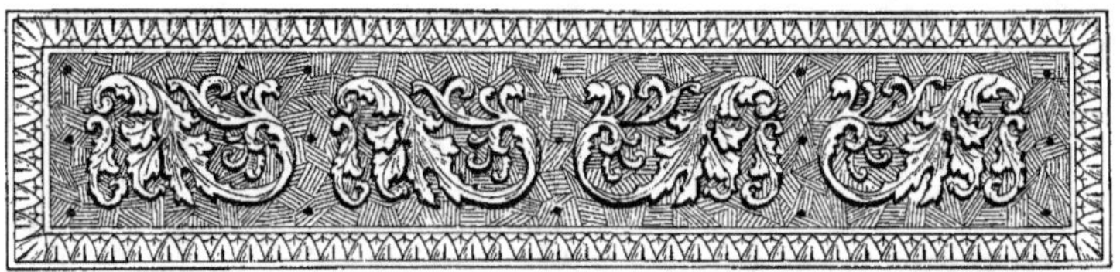

CHAPITRE IV

Maîtres Italiens

Jules Romain. — Giorgione. — Titien. — Tintoret. — Paul Véronèse. — Bernardino Luini. — André del Sarte. — Le Corrège. — Primatice. — Vasari. — Annibal Carrache. — Guido Reni.

A côté des astres de première grandeur dont nous venons de conter la vie, la Renaissance italienne produisit nombre de beaux et grands artistes dont la vie intéressera certainement.

Jules Romain, de son vrai nom Giulio Pippi de'Jannuzzi, l'élève favori de Raphaël, était entré à l'âge de dix ans dans l'atelier du maitre. Raphaël le prit en grande affection et le considérait comme un jeune frère. Il s'attacha particulièrement à son éducation.

A peine âgé de quinze ans, Pippi était jugé digne par Sanzio de venir prendre sa place aux côtés des anciens pour la décoration des loges du Vatican ; Pippi y exécuta plusieurs compositions. Raphaël l'employa encore à la Farnesine.

Jules Romain et le Penni, suivant la volonté exprimée par Sanzio, achevèrent les œuvres non terminées qu'il laissait.

Jules Romain, ce travail terminé, ouvrit une école où, bénéficiant du renom de Raphaël, il réunit un grand nombre d'élèves : B. Gatti, Nicolo del' Abate, Anselmi, le Primatice, furent ses élèves.

Comme l'avait fait Raphaël, plus encore même, il employa ses élèves dans ses décorations et dans ses peintures.

Il avait exécuté déjà un grand nombre de ces dernières et fait à Rome d'importants travaux d'architecture, lorsque le marquis Frédéric Gonzague le fit venir à Mantoue en qualité de peintre, d'architecte et d'ingénieur. Il justifia pleinement la confiance qui lui était faite et exécuta plusieurs décorations et embellit les constructions de la ville.

Deux ans après son arrivée, il fut annobli et nommé surintendant des

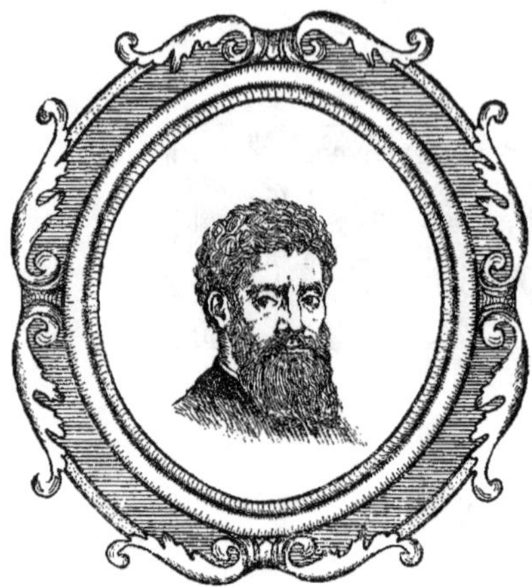

C. ROMAIN,
Peintre, architecte, ingénieur, né à Rome en 1499, mort en 1546.
(École romaine).

bâtiments. Il mourut d'une fièvre maligne, à l'âge de quarante-sept ans.

Le Musée du Louvre possède de lui plusieurs tableaux, qui furent pendant longtemps considérés presque à l'égal de ceux de Raphaël, auxquels ils sont très inférieurs. Le plus important, la *Nativité*, fut peint pour une chapelle de l'église de Saint-André de Mantoue.

L'École florentine avait atteint à son apogée avec les immenses artistes dont nous avons rapporté la vie. Parallèlement à cette superbe envolée, l'École vénitienne prenait un essor qui la plaçait presque au même rang que son illustre rivale.

Giovanni Bellini, vers la fin de sa longue carrière, formait deux élèves, le Giorgione et le Titien, qui devaient être bientôt maîtres parmi les plus grands maîtres.

Giorgio Barbarelli, dit Giorgione, naquit à Castelfranco. Sa famille était riche. Pendant sa première jeunesse, il montra un goût effréné pour le plaisir. Il était excellent musicien et passionné donneur de sérénades. Avec cela, fier des succès que lui valaient sa beauté mâle et énergique, batailleur et très hautain.

Il commença l'étude de la peinture relativement tard, et rencontra dans l'atelier de Bellini, Tiziano Vecellio, qui devait être son ami et son émule.

Barbarelli était admirateur passionné de la nature. Dédaignant la frigidité austère des marbres antiques, il ne travaillait que d'après le modèle vivant.

Les admirables femmes de Venise lui fournirent les types superbes de réalité qu'il mit dans ses œuvres. Artiste vraiment créateur, il ne voulut imiter personne, pas même son maître ; la nature, répétons-le, fut sa seule inspiratrice.

Giorgione créa le paysage moderne. Dans l'admirable tableau du Louvre, connu sous le titre de *Concert champêtre*. Ce ne sont pas seulement les figures d'une grandeur si fière, si vraie, qui nous charment, le milieu où se trouvent les deux jeunes femmes et les deux musiciens n'est pas moins réel. La campagne riante et paisible qu'a choisie l'artiste, ne le cède en rien comme beauté d'expression, aux œuvres les plus touchantes des grands paysagistes hollandais.

Vasari affirme que Barbarelli ayant vu

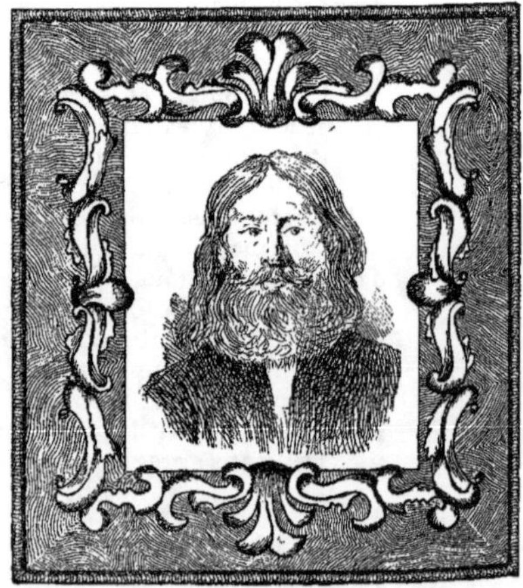

BARBARELLI (Giorgio),
né à Castelfranco en 1477, mort en 1511. (École vénitienne.)

des œuvres de Léonard de Vinci, fut profondément frappé par la puissance des ombres et des lumières, et qu'il adopta cette vision.

Giorgione était trop artiste pour ne pas savourer la forme du peintre de la *Joconde*, mais il est indéniable qu'il se créa un coloris personnel, chaud, puissant, éclatant, souvent imité depuis et jamais dépassé.

Barbarelli produisit beaucoup; malheureusement, la majeure partie de ses œuvres sont détruites.

Il travailla à Castelfranco, dans plusieurs endroits du Trévisan et surtout à Venise. Dans cette ville, suivant l'usage du temps, il décora à fresque des façades de maisons et peignit au palais ducal. Il fit aussi un grand nombre de peintures sur des coffres et des meubles.

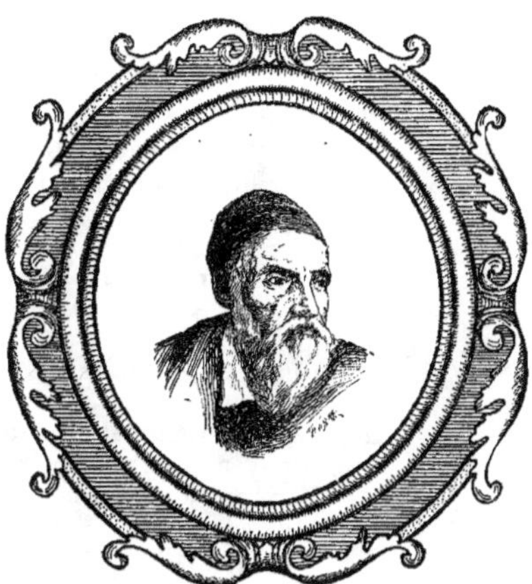

VECELLIO (Tiziano),
né au bourg de Pieve, près Venise, en 1477, mort de la peste en 1576.
(Ecole vénitienne.)

Il aimait peu les sujets religieux, et leur préférait des scènes de la vie ou des compositions allégoriques et mythologiques.

Les portraits qu'il exécuta sont admirables.

Ce superbe artiste, dont les réalistes modernes se sont souvent inspirés, mourut à trente-trois ans.

Le Titien bénéficia de l'œuvre de son illustre condisciple.

Suivant l'usage, il commença à apprendre le dessin vers l'âge de sept ans. Son premier maître fut un certain Antonio Rossi, peintre de son pays. Lorsqu'il eut dix ans, son père l'envoya à Venise chez un oncle, afin qu'il continuât ses études.

Titien fut d'abord l'élève de Sebastiano Zuccato, maître mosaïste; il entra ensuite à l'école de Gentile Bellini, puis à celle de Giovanni Bellini. Il demeura près de ce maître jusqu'à l'âge de vingt ans.

Il débuta en imitant la manière de son dernier maître, et exécuta dans cette forme, très terminée et peu sèche, un grand nombre de tableaux et de portraits.

Les œuvres de Giorgione l'impressionnèrent au point de changer radicalement sa facture. Son style s'élargit, ses œuvres se colorèrent, enfin il arriva à cette facture savoureuse qui donne un si grand charme à sa peinture.

Il exécuta, concurremment avec Barbarelli, des fresques sur la façade de Tedeschi, à Venise. Il alla ensuite à Vicence et à Padoue, où l'on admire encore les fresques qu'il peignit pour l'école de Saint-Antoine.

Lorsque Giorgione mourut, Titien fut appelé à Venise pour terminer les peintures que le grand artiste avait laissées inachevées, lui seul en était jugé digne.

Vecellio recueillit aussi une part de la succession artistique de son vieux maître : il fut mis en possession du bénéfice de 100 ducats de rente annuelle que Giovanni Bellini touchait pour peindre dans la salle du Grand Conseil la *Bataille des Vénitiens à Cadore.*

Ces travaux terminés, il se rendit à Ferrare, près du duc Alphonse Ier, puis revint à Venise, où il exécuta sa célèbre *Assomption*, de l'église de Frari.

Charles-Quint étant venu à Bologne, en 1530, pour recevoir des mains du pape Clément VII la couronne impériale, Titien, grâce à la recommandation de l'Arétin, son intime ami, fut appelé pour faire le portrait de l'Empereur.

Jusqu'alors, malgré ses immenses travaux, Vecellio était demeuré presque pauvre. La faveur impériale changea sa fortune. Du jour où il fut le peintre de l'Empereur, nommé chevalier, puis comte palatin, ses œuvres furent payées un grand prix.

Le départ de l'Empereur avait permis au Titien de revenir à Venise, où se trouvaient sa femme et ses enfants.

En 1532, il fut de nouveau appelé à Bologne par Charles-Quint et accompagna à Mantoue le marquis Frédéric de Gonzague. Il y rencontra Jules Romain.

Le pape Paul III étant à Ferrare, en 1543, fit venir Titien pour exécuter son portrait. Il l'engagea à venir à Rome. Titien, retenu par ses travaux à Venise, ne put accepter cette invitation que deux ans après. On lui fit une réception magnifique, et le grand Vénitien, alors âgé de soixante-huit ans, put enfin admirer les œuvres de Raphaël et de Michel-Ange. Il regagna Venise en passant par Florence.

Les années semblaient ne pas avoir de prise sur Vecellio. Il demeurait aussi fort, aussi alerte à soixante-dix ans qu'à quarante, peignant et dessinant sans cesse.

Appelé encore par Charles-Quint, il alla le rejoindre à Vienne et l'accompagna à Inspruck, pendant une session du Concile de Trente.

Nous avons au Louvre une peinture exécutée à cette époque et représentant une séance du Concile.

Après ce voyage, Titien ne quitta presque plus sa ville natale, peignant toujours et perfectionnant encore sa magistrale expression. Ce fut vers la fin de sa carrière qu'il peignit, pour Philippe II d'Espagne, la célèbre peinture *Jupiter et Antiope*, du Musée du Louvre, œuvre digne de Giorgione. Le roi Philippe III d'Espagne disait qu'il préférerait perdre tous ses autres tableaux que cette œuvre exquise.

Titien mourut à l'âge de quatre-vingt-dix-neuf ans de la peste, qui ravagea Venise en 1576. Son fils Orazio, charmant peintre, qui vivait près de lui, fut enlevé par la même épidémie.

Titien, quelque temps avant sa mort, disait qu'il commençait à comprendre ce que c'était que la peinture.

Le nombre des œuvres de ce grand maître est immense. Il aborda tous les genres et y réussit avec la même maîtrise. Ce fut, comme Giorgione, un superbe paysagiste et ses portraits peuvent se placer à côté de ceux de n'importe quel maître. Ses personnages vivent. Dans ses compositions religieuses, il atteignit à une impressionnante profondeur de sentiment.

Son influence sur ses nombreux élèves fut immense.

Il était d'une grande bonté, très accueillant, et nul artiste n'eut une probité professionnelle plus grande.

Une foule de jeunes et brillants artistes s'étaient groupés autour du grand Vénitien. Parmi ceux-ci Jacopo Robusti, dit il Tintoretto, mérite une mention spéciale.

Il était fils d'un teinturier, ce qui lui valut son surnom.

Il montra dès sa plus tendre enfance des dispositions extraordinaires pour le dessin. Son père le plaça dans l'atelier du Titien. Certains biographes ont prétendu qu'il fit de si extraordinaires progrès que Vecellio, craignant d'être dépassé par ce disciple, le congédia. Il paraît beaucoup plus probable, quand on connaît le caractère intraitable de Robusti, son indépendance d'esprit, qu'il fut congédié parce qu'il ne voulait pas se plier aux doctrines du maître, ou bien qu'il partit de son plein gré, décidé à poursuivre seul ses études.

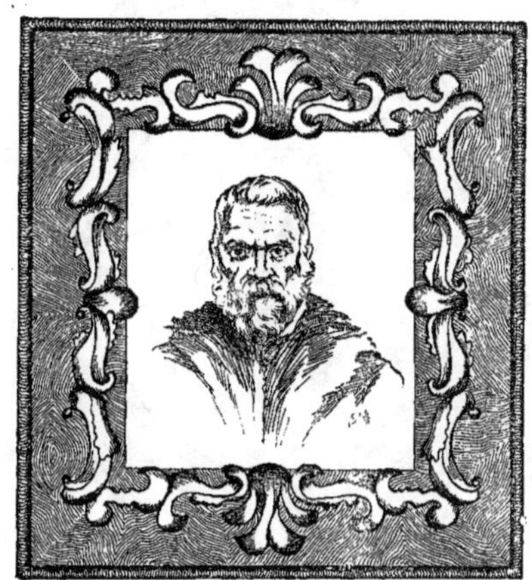

ROBUSTI (JACOPO), dit IL TINTORETTO,
Né à Venise en 1512, mort en 1594. (Ecole vénitienne).

Tintoret était un admirateur passionné de Michel-Ange, et on retrouve beaucoup plus dans ses œuvres l'influence du grand maître florentin que celle de Vecellio.

Il avait d'ailleurs écrit sur le mur de son atelier cette maxime qui résumait le but de ses études :

Le dessin de Michel-Ange et le coloris de Titien.

C'était un infatigable travailleur. Il avait placé dans son atelier un grand nombre de mannequins de grandeur naturelle, dans les positions les plus difficiles à traduire, figures ailées, anges descendant du ciel et il s'exerçait à les dessiner et à les peindre sous tous leurs aspects.

Comme Michel-Ange, il poussa très loin l'étude de l'anatomie.

Ce constant labeur l'amena à une exécution d'une incroyable rapidité, mais pas toujours parfaitement heureuse. Cependant, dans toutes ses œuvres se manifeste une égale probité.

Robusti fut passionné pour son art et son désintéressement fut complet.

Les religieux de l'Ecole de Saint-Antoine de Venise désirant faire décorer leur couvent, ouvrirent un concours. Robusti s'introduisit dans les bâtiments, et dans l'espace d'une nuit exécuta un fragment considérable de la décoration.

On fut stupéfait, le lendemain, du travail extraordinaire fait en un temps aussi court.

Les concurrents du Tintoret protestèrent violemment, demandant qu'il fut disqualifié pour être sorti des règles du concours. Mais comme il offrait de faire toute la décoration pour le seul prix des couleurs, et qu'il avait donné la marque de son savoir, le travail lui fut confié.

Sa réputation à Venise devint très grande et ne fut balancée que par celles de Titien et de Paul Véronèse. Il fut chargé d'importants travaux au palais ducal.

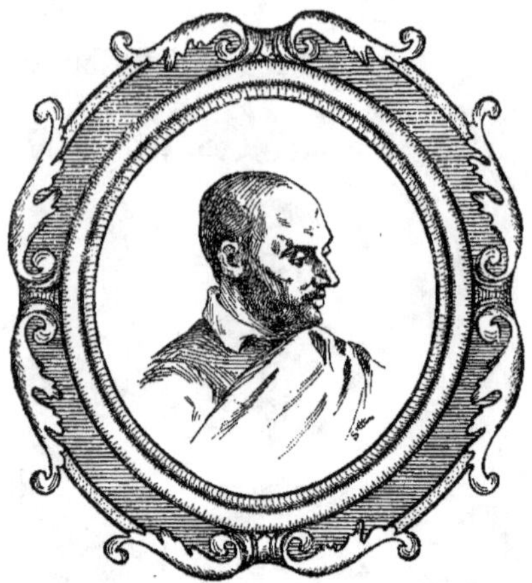

PAUL VÉRONÈSE, né à Vérone en 1528, mort en 1588.
(Ecole vénitienne.)

Tintoret se maria tard. Il eut deux enfants, sa fille Marietta et son fils Domenico. Tous deux furent peintres distingués. Il adorait sa fille et il l'éleva avec un soin jaloux. Il dirigea ses études et la fit se consacrer au portrait, ne voulant pas l'astreindre à l'obligation de dessiner le modèle vivant.

Philippe II d'Espagne, l'empereur Maximilien, lui firent les offres les plus brillantes pour qu'elle vînt s'établir à leur cour; elle refusa, ne voulant pas quitter son vieux père, dont elle faisait la joie.

Robusti eut la douleur de la voir mourir à peine âgée de trente ans.

Tintoret mérite une place considérable dans l'histoire par sa conscience artistique; s'il ne réalisa pas toujours son idéal, il le chercha ardemment et avec une admirable sincérité. Ce fut, dans un grand nombre d'œuvres, un superbe réaliste.

Paolo Caliari, dit Paul Véronèse, le jeune et brillant rival de Tintoret, naquit à Vérone d'un père sculpteur, qui le destina d'abord à sa profession. Paolo apprit à modeler. Mais ce charmant artiste avait trop développé en lui le sens de la couleur pour ne pas préférer l'expression colorée de la peinture à la monochromie des marbres.

Paolo manifestant son désir d'être peintre, on le mit dans l'atelier de son oncle, Antonio Badile. Il prit aussi des leçons de Giovanni Carotto, artiste renommé pour ses connaissances en perspective et en architecture. Véronèse n'oublia jamais ses leçons.

Ce jeune homme, merveilleusement organisé, n'ayant jamais vécu que dans un milieu artiste, apprit à dessiner et à peindre pour ainsi dire naturellement, comme il avait appris à parler.

Les gravures d'Albert Dürer, les dessins du Parmesan furent aussi des modèles qu'il étudia passionnément.

Il trouva aisément des travaux à Vérone. Son talent à la fois gracieux et distingué avait tout ce qu'il fallait pour plaire.

Ce fut le cas pour le cardinal de Gonzague, qui l'emmena à Mantoue avec Dominico Reccio, Battista dal Moro et Paolo Farinato, ses compatriotes, pour les employer à la décoration du dôme.

Les peintures de Caliari furent unanimement jugées supérieures à celles de ses compagnons.

Il revint à Vérone mais, malgré le succès qu'il venait d'obtenir, il ne trouva pas de travaux suffisamment importants et il partit pour Venise, où il s'établit.

Il avait vingt-sept ans quand on lui confia la décoration de la sacristie de l'église de Saint-Sébastien, qui lui valut d'être placé au rang des premiers artistes.

Une nouvelle occasion s'offrit au Véronèse d'affirmer sa supériorité : les

procurateurs de Saint Marc ouvrirent un concours pour la peinture du plafond de la bibliothèque ; Caliari y prit part, et ses rivaux eux-mêmes, lorsqu'ils virent son esquisse, lui décernèrent la chaîne d'or qui devait être la
récompense du vainqueur.

Caliari, après ce triomphe, éprouva le désir de revoir sa famille ; il fit
un séjour à Vérone, mais il ne tarda pas à revenir à Venise, où l'attendaient
d'autres travaux.

Le procurateur Girolamo Grimano ayant été envoyé en ambassade près
du Pape, emmena le Véronèse
avec lui.

Ce fut une révélation pour
le peintre, alors dans toute la
force de l'âge. L'étude des
chefs-d'œuvre de Michel-Ange,
de Raphaël, des statues antiques, eurent une influence
énorme sur le style de Caliari.
Sa forme s'agrandit, se sim-
plifia, sans rien perdre de ses
qualités de grâce et de noblesse.

On peut attribuer à cette
époque le beau tableau que
possède le Musée de Rennes,
représentant *Persée délivrant
Andromède*, dont on trou-
vera la reproduction dans ce
livre.

Son succès était plus grand
que jamais, et il avait peine à
suffire aux commandes qui lui
venaient de toutes parts, pour
les édifices publics et pour les
habitations particulières. Il ne

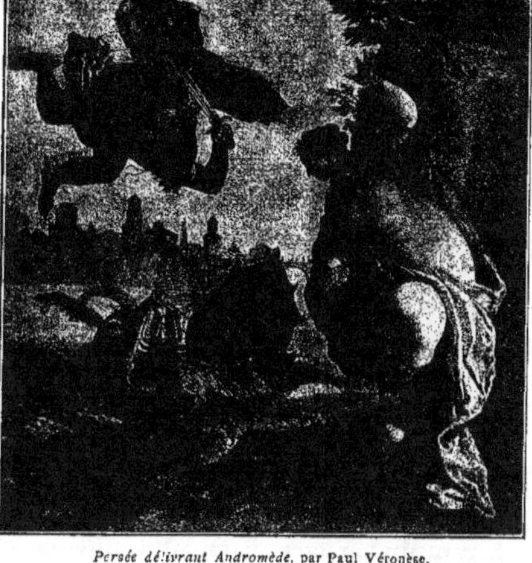

Persée délivrant Andromède, par Paul Véronèse.

fallait rien moins que son incroyable facilité et une santé de fer pour suffire
à cet écrasant labeur.

Il en était du reste assez mal payé, si l'on en juge par le prix de son
chef-d'œuvre, les *Noces de Cana*, la magistrale toile devant laquelle
s'émerveillent les visiteurs du Louvre, laquelle, d'après le contrat qui nous
a été conservé, lui valut 324 ducats d'argent, représentant à peine 6.000 fr.,
à la valeur actuelle de notre monnaie.

L'œuvre de Paul Véronèse est immense, et sa manière alla en se perfectionnant jusqu'à la fin de sa vie. Le beau tableau du Musée de Rouen, exécuté vers 1575, *Saint Barnabé guérissant les malades*, que nous reproduisons aussi, montre à quelle science de composition, à quelle largeur de
style ce beau peintre était arrivé.

Caliari se maria ayant dépassé la quarantaine ; il eut deux fils, Carlo et

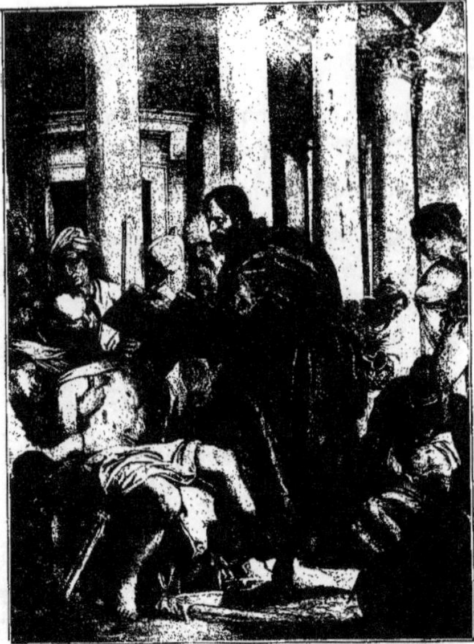

Saint Barnabé guérissant les malades, par Paul Véronèse
(Musée de Rouen).

Carletto Caliari qui, avec son jeune frère, Benedetto Caliari, furent des peintres distingués et aidèrent le grand Véronais durant sa vie et terminèrent les ouvrages qu'il laissa inachevés.

Nous avons vu les effets de l'influence de Michel-Ange et de Raphaël sur certains peintres, l'occasion se présente avec Bernardino Luini, de dire un mot de celle exercée par Léonard de Vinci sur la magnifique Ecole milanaise, qu'il créa.

Bernardino fut un des artistes qui, bien que formé et en possession d'un beau talent, vint écouter la parole féconde et pénétrante de l'auteur de la *Joconde*.

Les biographes sont muets sur la vie de Luini ; on dit cependant qu'il eut pour premier maître le Milanais Stéfano Scotto. Il entra à l'Académie fondée à Milan par François Sforza Ier, et qu'il avait placée sous la direction de Vinci.

Luini, s'il n'imita pas son maître, s'inspira de son idéal, mais il sut le faire en y ajoutant une si grande part de lui-même, que ses œuvres conservent un caractère particulier qui les fait reconnaître au premier examen.

Il ne s'éloigna guère de Milan, et les amateurs peuvent admirer de nombreuses fresques de lui à Lugano, à Saronno, à Pavie.

Sa décoration du Monasterio Maggiore, à Milan, datée de 1530, est absolument hors de pair.

Nous pouvons juger par les merveilleuses peintures léguées au Louvre par M. Duchatel, ce que fut ce grand et noble artiste. La grâce du dessin s'y allie à une couleur d'une fraîcheur exquise.

Le Louvre possède également plusieurs peintures à l'huile, qui placent Luini au

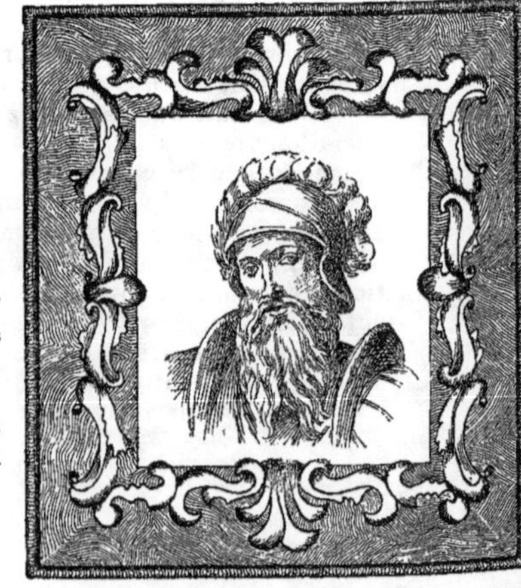

LUINI (BERNARDINO), né vers 1460 à Luino, vivait encore en 1540.
(École lombarde.)

rang des plus grands maîtres, la *Salomé, Fille d'Hérodiade, recevant la tête de saint Jean-Baptiste*, entre autres est considérée comme un de ses chefs-d'œuvre.

La légende rapporte que la vie de Bernardino fut très agitée, mêlée d'amours violentes et de meurtres. Ces suppositions s'appuient sur ses disparitions brusques, ses absences fréquentes, lorsque caché en quelque église, telle que celle de Saronno, il semblait, en créant des chefs-d'œuvre d'idéal, vouloir oublier et se faire oublier.

Le frère de Bernardino, Ambrogio Luini, fut peintre et imita la manière de son aîné. Luini eut aussi deux fils peintres, Aurelio et Evangelista, qui tinrent un rang distingué dans l'école milanaise.

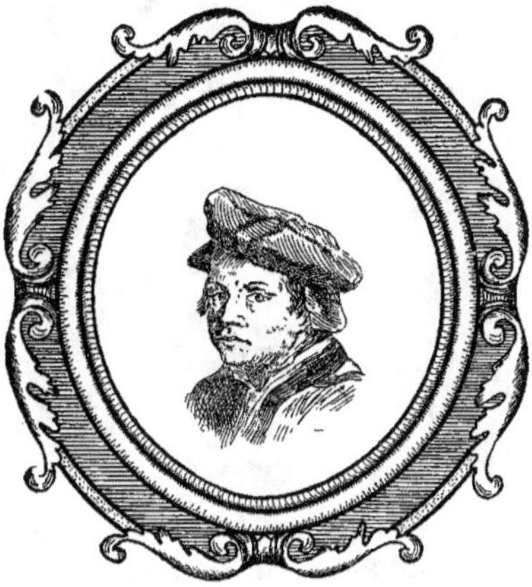

VANNUCCHI (Andrea), dit Andrea del Sarto, Né à Florence en 1488, mort à Florence en 1530. (Ecole florentine).

Andrea Vannucchi, surnommé del Sarto parce que son père était tailleur, fut placé à l'âge de dix-sept ans en apprentissage chez un orfèvre. Il n'y fit qu'un court séjour et entra dans l'atelier de Giovanni Barile, assez mauvais peintre, mais excellent sculpteur en bois. Après trois ans d'études chez ce maître, il le quitta pour suivre la direction de Pietro di Cosimo.

Mais ses véritables maîtres furent Léonard de Vinci et Michel-Ange, dont il étudia passionnément les cartons exposés dans la grande salle du Conseil.

Son éducation fut rapide, puisque à vingt-trois ans on le considérait à Florence comme un des peintres les plus habiles. Les dix fresques sur la *Vie de saint Jean-Baptiste*, qu'il fit pour la confrérie dello Scalzo, sont l'œuvre d'un maître.

Il exécuta également d'importantes peintures pour l'église San Gallo, dans le couvent des Servites, dans le monastère de San Salvi.

Des portraits, des tableaux complétèrent la réputation du jeune artiste.

Deux tableaux de lui ayant été apportés en France, François Ier, à qui ils furent montrés, s'enthousiasma pour l'artiste et l'invita à venir à sa cour.

Comme tous les magnifiques artistes de la Renaissance qui, lorsqu'ils n'étaient pas au service de quelque prince généreux, touchaient pour leurs chefs-d'œuvre un salaire d'ouvrier, Andrea n'était pas riche.

Il était marié à une femme qu'il adorait, et ses travaux suffisaient bien juste à assurer la vie du ménage.

André del Sarte accepta avec empressement les offres du roi de France ; c'était l'espérance de la fortune.

Il partit pour Paris, accompagné de son élève Andrea Sguazzela, au mois de mai 1518.

Une magnifique réception lui fut faite. François Ier lui fit de riches présents et lui assigna une pension considérable.

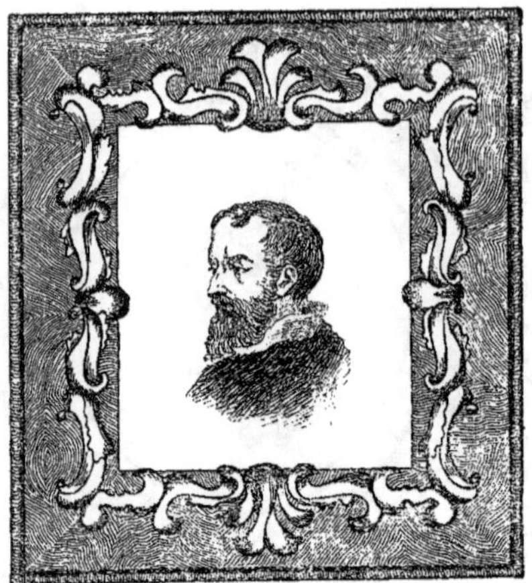

ALLEGRI (Antonio), dit il Correggio,
Né à Correggio (dans le duché de Modène), en 1494.
Mort dans la même ville en 1534. (École lombarde).

Vannucchi exécuta plusieurs tableaux en France, entre autres la *Charité*, et deux *Sainte Famille*, actuellement au Musée du Louvre. Ces œuvres, d'un incontestable mérite, sont loin de posséder la grandeur de pensée que l'on trouve dans certaines peintures antérieures. Elles furent payées royalement.

C'était bien la fortune rêvée.

Cependant, malgré ce succès, Andrea n'était pas heureux : son cœur était resté à Florence. Une lettre de sa femme fit déborder la coupe. Il demanda un congé au roi. François Ier n'était guère disposé à le lui accorder car, dans son désir d'augmenter le nombre d'œuvres d'art qu'il avait réunies, il estimait qu'Andrea lui en avait fournies bien peu.

Cependant, les instances de l'artiste, son serment sur l'évangile de revenir bientôt, modifièrent la décision royale. Vannucchi obtint son congé et François lui remit une somme considérable pour faire des acquisitions d'objets d'art à son retour.

Andrea, arrivé à Florence, dissipa en dépenses folles l'argent qui lui avait été confié et n'osa plus revenir à Paris.

La gêne ne tarda pas à venir l'assaillir, malgré les perfectionnements qu'il apportait à sa forme, perfectionnements si grands que ses compatriotes l'appelaient « le peintre sans défaut ».

Lorsque Florence se souleva contre les Médicis, André del Sarte prit une part active au mouvement. Cependant la ville ayant été obligée de capituler, l'armée assaillante y apporta la peste.

Le malheureux artiste fut atteint par l'épidémie. Abandonné par sa femme et par les médecins qu'effrayaient la contagion, il mourut à quarante-quatre ans, privé de tout secours.

André del Sarte fut un merveilleux dessinateur et un des plus brillants coloristes de l'école florentine.

Avec Antonio Allegri, dit il Correggio, nous revenons à l'école lombarde, si éminemment gracieuse et poétique.

Corrège, c'est, accentué, le sourire de Léonard de Vinci.

Il naquit à Correggio, dans le duché de Modène, d'une famille aimant les arts, car deux de ses oncles étaient peintres. Ce fut d'eux qu'il apprit les premières notions de dessin et de peinture. Il ne tarda pas à les quitter pour voyager et étudier les œuvres de Léonard de Vinci, de Michel-Ange, de Raphaël, de Giorgione et de Titien. Aux trois premiers il puisa la science du dessin et s'assimila la couleur des deux autres.

Mais ce que Corrège n'emprunta à personne, ce fut sa grâce, son charme pénétrant, qui lui étaient bien propres, et dont notre grand Prud'hon s'est si puissamment inspiré.

Allegri, fils d'un négociant aisé, eut toute latitude pour s'instruire à sa

guise et pour bénéficier de l'effort de ses devanciers.

Il profita de cette éducation intelligente
car, à vingt ans, en 1514, son savoir était assez
grand et sa réputation assez établie pour que
les religieux de Saint-François lui confiassent
l'exécution du tableau destiné à décorer le
maitre-autel de leur église. Ce tableau figure
aujourd'hui au Musée de Dresde et montre
quel était le mérite de ce débutant.

Un grand nombre de tableaux et de décorations suivirent jusqu'en 1520, où il fut
chargé de peindre la coupole de Saint-Jean des
Bénédictins, de Parme. Il représenta l'assomption du Christ. Ce travail lui demanda
quatre années d'efforts. Le maître a mis dans
cette œuvre toute son âme, toute son aspira-
tion vers la beauté idéale, et les raffinés d'art

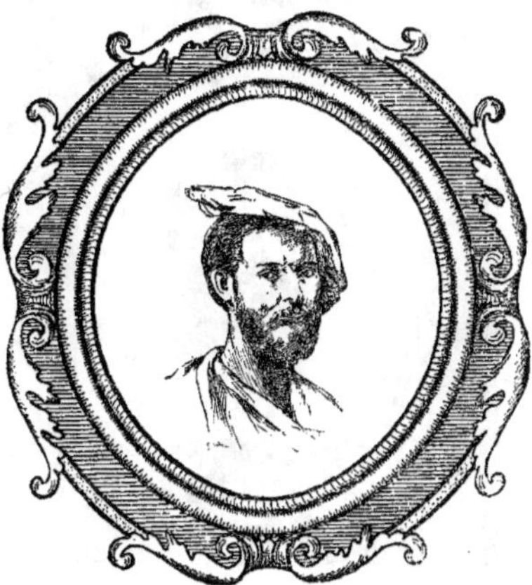

PRIMATICCIO (Francesco), peintre, sculpteur, architecte,
Né à Bologne en 1504, mort à Paris en 1570. (Ecole bolonaise).

ne peuvent se lasser de l'admirer. Il avait exécuté, entre temps, le fameux
tableau de *Saint Jérôme*, pour Briséis Colla, femme d'Orazio Bergonzi,
lequel lui fut payé 400 livres impériales. Détail charmant : il reçut à titre de
récompense deux charretées de fagots, quelques mesures de blé et un porc
gras. Il est vrai que Corrège avait une famille nombreuse. Il continua la
décoration de la coupole de Parme par l'*Assomption de la Vierge*, digne
pendant de la première composition. Cette œuvre, terminée en 1530, mit le
couronnement à sa gloire.

Corrège s'était marié jeune et avait, comme nous l'avons dit, une nombreuse famille.

Vasari prétend qu'il n'était pas riche et que l'effort qu'il fit, par économie, pour porter de Parme à Correggio 60 écus qui lui avaient été payés en
monnaie de cuivre, fut cause de sa mort.

Corrège mourut à trente-huit ans.

Le Louvre possède de lui deux tableaux de premier ordre : le *Sommeil
d'Antiope*, qu'il peignit pour le duc de Mantoue, et le *Mariage mystique de
sainte Catherine d'Alexandrie*, délicieuse composition que lui acheta le
docteur Gulenzoni, son grand ami.

Annibal Carrache a dit de lui :

« Seul entre tous il est original. Ses tableaux sont les enfants de sa pensée, de sa conception. Il a tout tiré de sa tête et inventé par lui-même, tandis
que les autres s'appuient sur quelque chose qui ne leur appartient pas,
celui-ci sur le modèle, celui-là sur les statues, ceux-ci enfin sur les estampes. »

Sans admettre d'une façon absolue ces affirmations, il était intéressant
de donner sur ce grand artiste l'appréciation d'un autre maitre.

Pomponio Allegri, fils d'Antonio, demeuré orphelin à l'âge de douze
ans, fut peintre et jouit d'une notable réputation.

Francesco Primaticcio mérite une place spéciale parmi nos peintres, en
raison de l'influence considérable qu'il exerça en France.

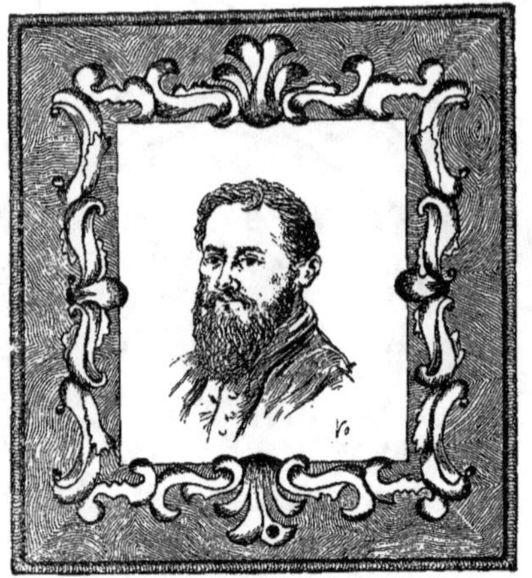

VASARI (Gioncio), peintre, architecte,
Né à Arezzo en 1512, mort à Florence en 1574. (Ecole florentine).

Ayant montré dès son enfance de grandes dispositions pour le dessin, on le mit dans l'atelier d'Innocenzio Francussi, peintre établi à Bologne. Il travailla ensuite avec Bartolomeo Ramenghi. Nous avons vu déjà qu'il alla à Mantoue près de Jules Romain, qui le payait plus cher que les autres peintres employés par lui.

Il vint à Paris en 1531, peu après l'arrivée du Rosso dans cette ville, et fut fort bien accueilli par François Ier.

Il exécuta plusieurs travaux de peinture et d'architecture à Paris, mais ce fut surtout à Fontainebleau qu'il consacra ses efforts.

Le roi de France l'envoya à Rome pour mouler les principales statues antiques et acheter des objets d'art. Il s'acquitta de sa mission avec tout le zèle désirable.

La mort du Rosso, en 1541, hâta son retour à Paris. Il fut désormais le chef incontesté des peintres que François Ier avait réunis à Fontainebleau pour la décoration de son palais.

Primatice eut de nombreuses querelles avec Benvenuto Cellini, pendant le séjour que le grand statuaire-ciseleur fit en France. Primatice, souple courtisan, avait pris parti pour la duchesse d'Etampes dans les persécutions dont cette maîtresse du roi ne cessa d'accabler Cellini, et qui finirent par le décider à quitter la France.

A la mort de François Ier, en 1547, Henri II voulut que le tombeau de son père fut dessiné par le Bolonais, et celui-ci en surveilla les travaux.

Sous les derniers Valois, sa faveur ne diminua pas. François II le nomma surintendant des bâtiments du roi, avec une allocation de 1.200 livres par an.

Primatice fit également le dessin du tombeau de Henri II.

Il mourut, comblé d'honneurs et de richesses, à l'âge de soixante-six ans.

L'œuvre picturale du peintre bolonais fut surtout exécutée à Fontainebleau. Malheureusement, il ne reste plus aujourd'hui que la Galerie d'Henri II, la Porte dorée et la chambre dite d'Alexandre.

C'était un dessinateur habile et élégant, possédant une forme gracieuse. Mais on ne trouve pas en lui le sentiment profond des vrais maîtres, et son expression tient plus de la formule apprise que d'une observation personnelle et sincère.

Si Giorgio Vasari ne fut pas un grand peintre, les arts plastiques lui doivent beaucoup pour le monument qu'il éleva à la gloire des grands artistes italiens. Son *Histoire des Peintres et Sculpteurs*, à la confection de laquelle il consacra un grand nombre d'années et beaucoup d'argent, ainsi qu'il le dit, est la source où ont puisé la plupart des biographes.

Grace aux renseignements qu'il put recueillir au cours de sa longue carrière, combien de beaux artistes ne sont pas enveloppés d'impénétrables voiles, combien d'œuvres ont pu être authentifiées à l'aide des descriptions si intéressantes contenues dans son ouvrage.

Il naquit à Arezzo et fut placé fort jeune dans l'atelier d'un peintre sur verre nommé Guillaume de Marseille.

Il était petit-cousin de Luca Signorelli, qu'il connut très âgé. Le bel et grand artiste s'intéressait aux premiers essais du bambin et lui répétait sans cesse :

— Dessine, mon enfant, dessine si tu veux être un artiste.

A douze ans, il alla à Florence et étudia le dessin près de Michel-Ange Buonarroti et d'André del Sarte.

Vasari commença par peindre à fresques pour des paysans.

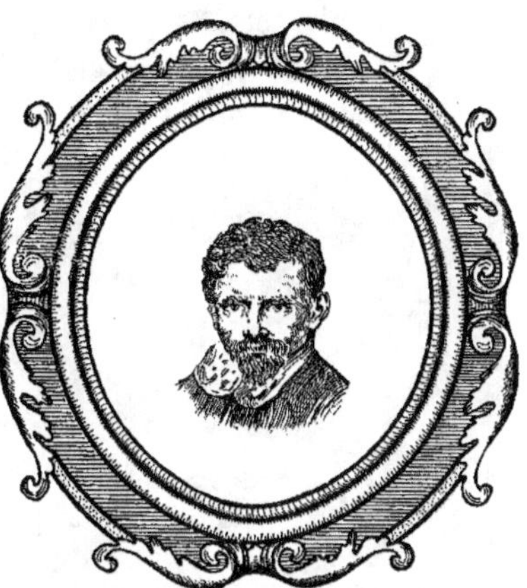

CARRACCI (Annibale), peintre, graveur,
Né à Bologne en 1560, mort à Rome en 1609. (Ecole bolonaise).

Le Rosso ayant vu un tableau de lui dans une église d'Arezzo, lui trouva des qualités et lui donna des conseils.

Vasari, après avoir visité Pise, Bologne, attira l'attention du cardinal Hippolyte de Médicis, qui le prit sous sa protection et l'emmena à Rome. Il dessina la voûte de la Chapelle Sixtine, l'œuvre grandiose de Michel-Ange, tous les ouvrages de Raphaël, de Polidore de Caravage et de Baldassare Peruzzi.

Son protecteur étant parti pour la Hongrie, Vasari retourna à Florence et entra au service d'Alexandre de Médicis.

Vasari fut plutôt un entrepreneur de décoration qu'un artiste véritable. Il exécuta une quantité considérable de travaux d'architecture et de peinture, menue monnaie des grands maîtres, pour les papes Clément VII, Paul III, Jules III, Pie V, Grégoire XIII, pour les Médicis et pour nombre de seigneurs et d'établissements religieux. Mais dans cet amas de peinture, pas une œuvre originale et personnelle n'est à signaler.

Avec Jules Romain, Zuccari, Cambiaso et tant d'autres peintres qui abusèrent des formules michelangesques et raphaéliques, il contribua à la décadence du grand art italien.

Vasari eut l'honneur d'être l'intime ami de Michel-Ange. Il avait pour son illustre maître autant d'affection que de vénération.

Devenu fort riche, il avait réuni une magnifique collection de dessins de maîtres; il en a sauvé un grand nombre de la destruction.

Les Carrache tentèrent de réagir contre la décadence artistique qui sévissait en Italie.

Annibale Carracci naquit à Bologne. Son père était tailleur et voulait lui faire embrasser sa profession, mais le neveu du tailleur, Ludovico Carracci, qui avait acquis une notable renommée comme peintre, prit le jeune Annibale chez lui et se chargea de son éducation artistique. Ludovico avait pour son jeune parent une affection très vive. Quand celui-ci fut en âge de voyager, il lui fournit les moyens d'aller étudier les grands maîtres. Annibale se

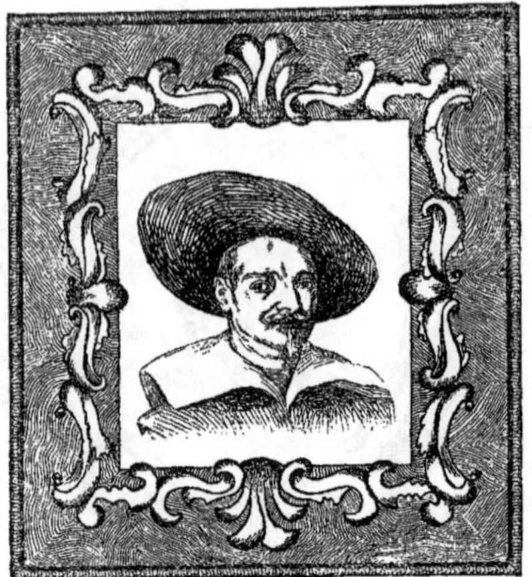

RENI (Guido), peintre, graveur,
Né à Calvenzano, près Bologne, en 1575, mort en 1642.
(Ecole bolonaise.)

rendit à Parme, où il copia les œuvres de Corrège, puis il alla à Venise où il fréquenta le Tintoret et Paul Véronèse, qui lui donnèrent des conseils.

Mais il chercha aussi à pénétrer tous les secrets de l'art vénitien en copiant assidûment Giorgione et Titien.

De retour à Bologne en 1589, il fonda avec son frère Agostino et son cousin Ludovico, une académie où l'on opposa à la manière expéditive et factice des principaux peintres en vogue, l'étude sérieuse du modèle vivant et des statues antiques. On pourrait dire qu'ils sont les fondateurs de l'enseignement classique actuel.

Le succès de l'académie fut très grand. Nombre d'élèves, dont plusieurs furent justement célèbres, et parmi lesquels il convient de citer le Dominiquin, le Guide, l'Albane vinrent y puiser un enseignement régénérateur.

Annibale fut appelé à Rome par le cardinal Odoardo Farnèse. Il s'agissait de décorer une galerie du palais de ce prélat.

Annibale consacra huit ans à ce travail, que Poussin considérait comme un chef-d'œuvre.

Le nombre d'études qu'il fit pour le réaliser est incalculable.

Lorsque tout fut terminé, le cardinal fit compter 800 écus à Carracci.

Malgré un désintéressement dont il avait donné de multiples preuves, l'artiste fut profondément blessé de cette méprisante rémunération. Il en conçut un chagrin dont il ne put se relever.

Ses amis cherchèrent vainement à le distraire. Il fit dans le même but un voyage à Naples, mais sa mélancolie était invincible. Il revint à Rome pour mourir à l'âge de quarante-neuf ans, et demanda à être enterré à côté de Raphaël.

Carrache avait beaucoup travaillé le paysage, s'inspirant des Vénitiens, et il se distingua dans ce genre. Son influence sur les artistes français du XVIIIᵉ siècle fut considérable.

Nous avons dit que Guido Reni avait été l'élève des Carrache, mais ce fut comme artiste formé qu'il vint à leur académie.

Son père, Daniele Reni, qui était musicien, le confia à un artiste flamand établi à Bologne, nommé Denis Calvaert.

Guido fit de tels progrès que son maître se reposa bientôt sur lui pour exécuter les modèles que les autres élèves devaient copier.

Calvaert était du reste un piètre dessinateur, et le jeune Reni s'empressa de le quitter dès qu'il le put.

Il s'engoua d'abord pour la manière puissante et vigoureuse de Michel-Ange Amérighi, mais cette expression, qui se basait sur la reproduction exacte de la nature, ne convenait pas au tempérament quelque peu mièvre du Guide. Il chercha une forme plus gracieuse et un fini d'exécution qui charmèrent les amateurs.

Reni obtint un si grand succès qu'il excita, dit-on, la jalousie de Carrache ; ce qui est indéniable, c'est qu'il quitta l'académie.

Etant allé à Rome, il copia Raphaël, tout en peignant un grand nombre de tableaux et de fresques.

On lui demanda d'aller à Naples, en 1622, pour décorer la chapelle de Saint-Janvier, mais il n'acheva pas ce travail, devant les menaces de Ribera et de Lanfranc.

Il revint à Bologne. Sa renommée était si grande et ses ouvrages si recherchés, qu'il ne pouvait suffire aux commandes.

Reni eut fait une brillante fortune si la passion du jeu ne lui eut pris une partie de son temps en lui faisant perdre des sommes considérables.

Ses ouvrages se démodèrent et, faute de ressources, il dut travailler à vil prix.

Il mourut dans une extrême pauvreté.

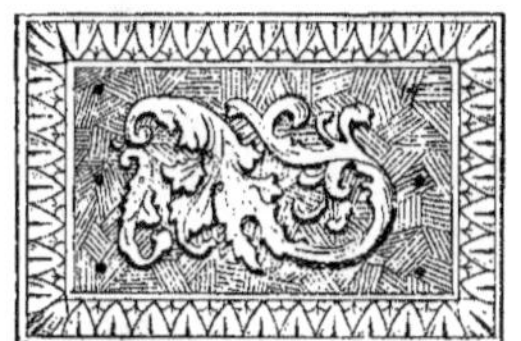

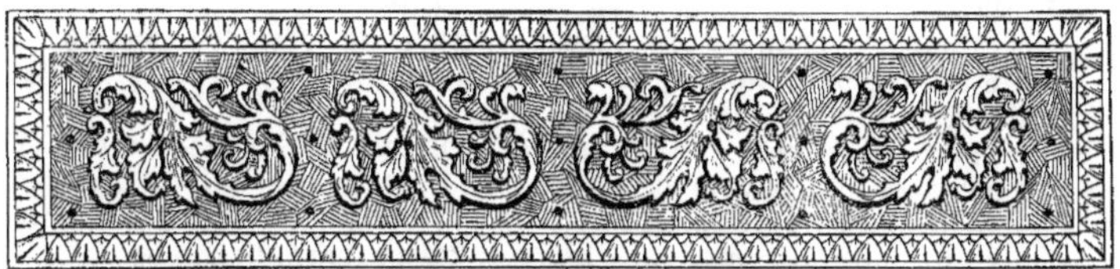

CHAPITRE V

Premiers Maîtres Français

Clouet. — Jean Cousin. — Etienne Du Monstier. — Daniel Du Monstier. — Martin Fréminet. — Jacques Callot. — Simon Vouet. — Les Le Nain. — Nicolas Poussin. — Claude Lorrain.

ALORS que les moindres peintres italiens ont leur place marquée, avec force détails dans l'histoire de l'art, les biographies font défaut, ou à peu près, pour les premiers maîtres français. Et cependant que de beaux et grands artistes parmi ces enlumineurs de Missel, ces exquis décorateurs d'églises dont la modestie s'enveloppa dans un mystérieux anonymat.

Les patientes recherches des Firmin Didot, des Chennevières, des Montaiglon ont ouvert la marche vers l'étude de nos peintres et l'authentification de leurs œuvres. Ils ont trouvé de nombreux imitateurs, et on ne peut que se féliciter de cet hommage rendu à des artistes qui incarnèrent si bien le génie de notre race.

Parlons de ceux que nous connaissons le mieux.

François Clouet était fils d'un peintre d'origine flamande nommé Jean Clouet, dit Jehannet, venu en France avant l'avènement de François Ier. Ce Jean Clouet, obtint de François la faveur d'acheter une charge de valet de chambre du roi, dont son fils hérita en 1541.

En récompense des services paternels et d'estime pour son talent personnel, François Clouet obtint de François Ier des lettres de

10

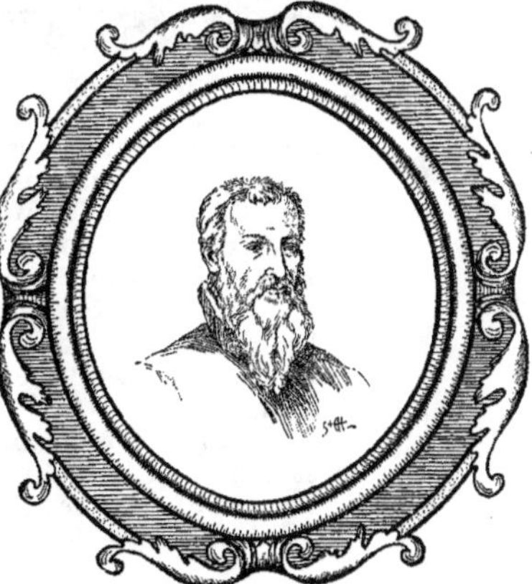

CLOUET (François).
Né à Tours vers 1500, mort vers 1572. (Ecole française).

naturalisation. Clouet était alors dans toute la force de son talent. Il était
l'ami de Clément Marot, de Rabelais, comme il fut plus tard l'ami de
Ronsard.

Malgré l'influence dominante de Primatice, de Nicolo del Abbate,
Clouet jouissait à la cour d'une grande considération. Il touchait pour sa
charge de peintre ordinaire du roi, une allocation trimestrielle de 600 livres.

Il fut chargé du moulage du visage et des mains de François Iᵉʳ, lors de
la mort de ce prince, pour l'effigie peinte et vêtue qui, suivant l'usage,
devait figurer aux funérailles. Il exé-
cuta également la peinture de décoration de l'église, des bannières, des
enseignes pour cette cérémonie.

Henri II lui avait conservé sa
charge de peintre du roi, et s'il lui
faisait peindre la décoration de ses
« chariots » en l'honneur de Diane
de Poitiers, il faisait aussi exécuter
plusieurs portraits de lui. Le Musée
du Puy conserve une peinture de ce
roi, dont on trouvera la reproduction
dans cette page, attribuée à François
Clouet par plusieurs éminents critiques.

Cette œuvre, très inférieure à
l'admirable portrait de Charles IX,
possédé par le Musée du Louvre, et
que nous reproduisons également,
possède cependant le caractère de vérité, la précision d'exécution qui caractérisent le grand peintre des Valois.

Comme pour François Iᵉʳ, Clouet
fut chargé de la décoration pour les
funérailles de Henri II.

Portrait de Henri II, par Clouet.

Nous ne possédons de cet artiste
que des portraits. Il fit cependant des tableaux d'histoire. Bailly, dans son
inventaire des tableaux du roi, dressé en 1709, mentionne plusieurs importantes peintures de lui, représentant des scènes historiques de son époque,
où figurait notamment la reine Catherine de Médicis. Ces peintures étaient
alors exposées au Luxembourg ; on ignore ce qu'elles sont devenues.

François Clouet avait groupé autour de lui de nombreux élèves, dont
les œuvres lui sont souvent attribuées. Aucun n'est arrivé à la souplesse
d'exécution, à la finesse du maître. Nous ne connaissons le nom d'aucun
d'eux.

Le *Bal à la Cour de Henri III*, possédé par le Musée du Louvre,
et dont nous donnons la reproduction plus loin, est très probablement
l'œuvre d'un de ces élèves, qui mêlait à la conception de Clouet, une part
du style italien, dominant à cette époque.

Il y a tout lieu de croire que François Clouet, comme la plupart des
grands artistes de son temps, fournit à Bernard Limosin des dessins pour ses
superbes émaux.

Notre peintre mourut riche, malgré l'incertitude des temps où il vécut.

Comme Clouet, Jean Cousin fut attaché à la cour de France. Il était
peintre-verrier et imagier du roi.

Comme Clouet, sa vie est enveloppée d obscurité. De ce grand peintre,
qui vécut près de quatre-vingt-dix ans
et qui travailla toute sa vie, quelques
œuvres seulement sont dûment authentifiées.

Cousin, que l'on peut à juste titre
considérer comme le plus grand peintre
français du xvie siècle, qui peut être
placé à côté des grands italiens, dont il
possédait l'esprit encyclopédique, tour
à tour peintre-verrier, peintre, sculpteur, architecte, mathématicien, écrivain, graveur, naquit au village de
Soucy, près de Sens, vers 1500.

Son père était orfèvre. Comme
Dürer, avec lequel il a du reste plus
d'un point de contact comme richesse
d'imagination, il commença à apprendre la profession paternelle. Une vocation invincible l'entraînait vers une
expression plus large de la forme plastique.

Il débuta par la peinture sur verre
et eut pour maître dans cet art Jacques
Hympe et Tassin Grassot qui, de 1512
à 1515, exécutèrent les beaux vitraux
du portail du midi de la cathédrale de
Sens.

Jean Cousin ne tarda pas à surpasser ses maîtres. Les vitraux de la cathédrale de Sens, représentant la légende

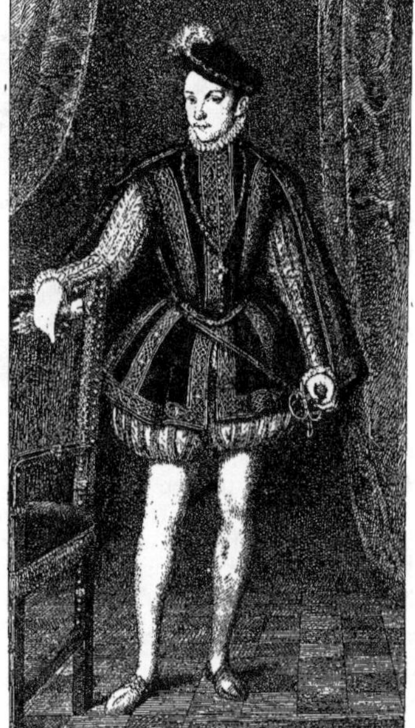

Portrait de Charles IX, par Clouet.

de saint Eutrope, datés de 1530, attestent sa supériorité. Il n'acquit pas de
suite une indépendance suffisante pour pouvoir se livrer entièrement aux
beaux-arts, puisqu'en 1526 on le trouve mentionné dans des actes comme
« géomètre-arpenteur ».

Cousin n'avait pas pour cela négligé la peinture proprement dite. Le
Musée de Mayence possède une *Descente de Croix*, datée de 1521, affirmant
les qualités d'un grand maître. Cette œuvre, où se retrouve l'influence des
maîtres flamands, marqua la première manière de cet artiste. Dans des
peintures exécutées ultérieurement, telles que le beau tableau de l'*Eva
prima pandora*, dont nous dirons tout à l'heure la curieuse découverte,

dans le *Jugement dernier*, exposé au Louvre, dans des portraits de famille que possédaient encore, il y a quelques années, les descendants du grand artiste sénonais, sa manière s'élargit, se particularise. Jean Cousin est un philosophe et dans ses œuvres picturales, qu'il semble avoir exécutées pour

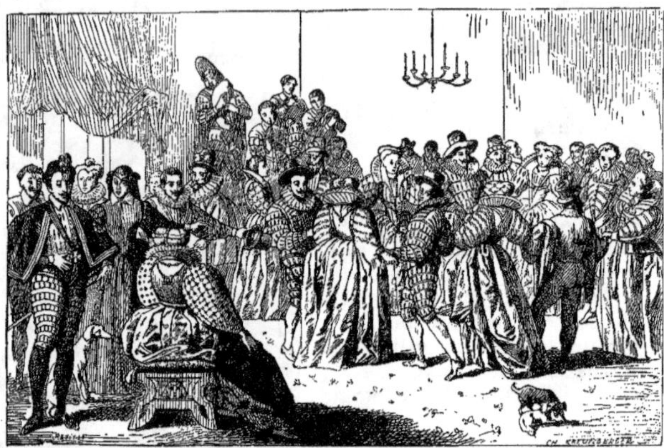

Bal à la Cour de Henri III, par inconnu.

lui ou les siens, comme une sorte de délassement des multiples travaux auxquels il se livrait, perce toujours quelque pensée profonde.

Cousin acquit très jeune une notable renommée, qui alla toujours grandissante jusqu'à la fin de sa vie. C'était lui qu'on chargeait de l'exécution des vitraux importants. Il exécuta les quatre compositions du chœur de Saint-Gervais, dont l'une, *Jésus et le Paralytique*, est une pure merveille d'arrangement, de dessin et de coloris. Cette œuvre magistrale date de 1551. Il fit encore en verrière, le *Jugement dernier*, de l'église Notre-Dame de Villeneuve-sur-Yonne. On cite encore des vitraux de lui dans l'église de Moret et dans la chapelle du château de Fleurigny, près de Sens.

De 1552 à 1560, le maître sénonais peignit en grisaille cinq vitraux pour le château que Henri II faisait construire à Anet pour Diane de Poitiers. Jean Cousin y travaillait en compagnie de Jean Goujon, avec qui il était lié d'amitié. Il est probable que le sénonais avait concouru comme peintre à l'embellissement de ce séjour féerique.

Le Musée de Rouen possède une admirable peinture de l'école française du XVIᵉ siè-

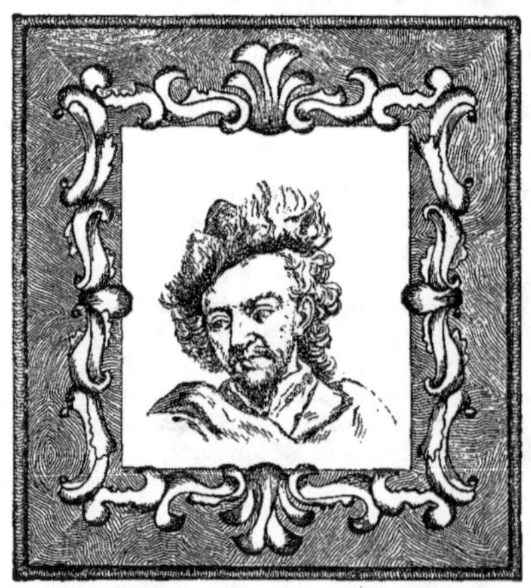

COUSIN (JEAN),
Peintre, sculpteur, architecte, mathématicien, écrivain,
né à Soucy. près Sens, vers 1500, mort vers 1589. (Ecole française.)

cle, représentant *Diane et ses compagnes*; on en verra avec grand intérêt la reproduction. Ce tableau, qui fit partie de la galerie du cardinal Fesch, où il passait pour représenter la duchesse de Valentinois, nous paraît plein du style cousinien, et il est fort possible qu'il ait été peint par Cousin pour le château d'Anet.

Le maître sénonais se rencontra encore avec Jean Goujon pour la décoration du château d'Ecouen.

Entre temps, notre peintre exécutait en vitraux, pour l'église des Cordeliers de Sens, un *Christ en croix* et le *Serpent d'airain*, gravé par Etienne Delanne.

Il travailla encore à l'église de Saint-Romain, de la même ville. Ces

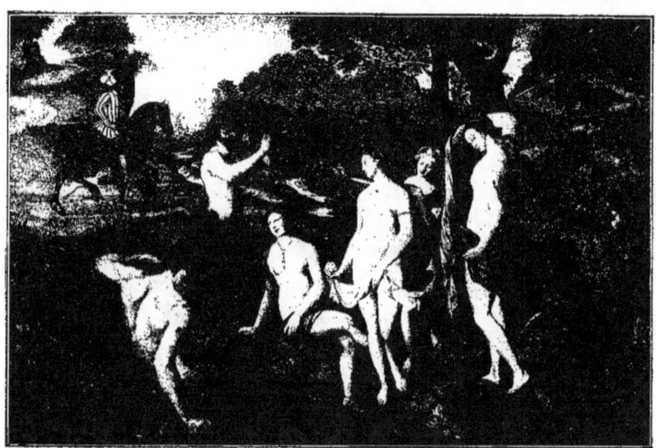

Diane et ses compagnes (Ecole française du XVIᵉ siècle).

œuvres furent malheureusement dispersées pendant la Révolution. Jean Cousin ne fut pas moins remarquable comme sculpteur.

La statue du monument de Philippe de Chabot, le compagnon d'infortune de François Iᵉʳ à la bataille de Pavie, est une œuvre digne des plus grands génies de cette époque féconde en génies.

On lui attribue également le monument funèbre de Louis de Brézé, placé dans la cathédrale de Rouen.

Le Sénonais, comme graveur, ne fut pas moins remarquable; il fit des eaux-fortes, mais les intéressantes et consciencieuses recherches de Firmin-Didot nous l'ont montré surtout comme graveur sur bois. Dans ce genre, il créa des merveilles.

Son *Livre de Pourtraicture*, où il est traité des proportions du corps et de la manière d'en exprimer les raccourcis par des procédés géométriques, est une œuvre d'une science profonde. Son traité de perspective n'est pas moins remarquable.

Jean Cousin était un indépendant. Nous n'en voulons pour preuve que ses rapports constants avec les imprimeurs de son temps. Ceux-ci, ne l'oublions pas, s'appelaient les Estienne, les Jean Dolet, les Jean Leclerc, les Le Royer. Cousin, le grand peintre, l'admirable sculpteur, l'incomparable verrier, ne dédaignait pas de faire pour eux des devises, des lettres ornées ou de dessiner sur le bois de merveilleuses compositions, comme dans la magnifique suite d'illustrations pour l'*Ancien* et le *Nouveau Testament*, que publia Jean Leclerc.

Lorsqu'il fit paraître son *Livre de Pourtraicture*, Cousin, contrairement à ce qu'eut pu faire un courtisan, ne le dédia pas au roi. Il s'en excuse dans l'Avant-Propos « sur ce, dit-il, que l'ouvrage n'est pas digne d'un prince ». Pour qui sait lire entre les lignes, on devine ce que cela veut dire.

S'il n'embrassa pas le calvinisme, comme son ami Jean Goujon, on peut dire qu'il appartenait à la phalange d'esprits éclairés qui applaudirent à l'esprit de la Réforme et à la chûte des Valois.

Jean Cousin se maria trois fois. Il épousa en première noces Marie Richer, fille de Christophe Richer, secrétaire de François Ier, et qui fut plus tard son ambassadeur en Danemark.

De son second mariage avec Christine Rousseau, fille du lieutenant-général du baillage de Sens, Cousin eut une fille, Marie Cousin, qui épousa Etienne Bouvier, dont les descendants existent encore en Touraine.

Enfin le grand peintre épousa, probablement âgé, la sœur de son gendre.

Jean Cousin eut un fils, on ne sait duquel de ses mariages, qui fut étudiant à l'Université de Paris et qui mourut fort jeune.

La fille de Jean Cousin étant devenue par son mariage châtelaine du château de Montbard, près Sens, le grand peintre y exécuta des peintures et des vitraux.

Les propriétaires qui suivirent prirent peu de soin pour la conservation de ces œuvres, puisqu'on découvrit, au xviie siècle, un tableau du maître, relégué *dans le réduit au charbon*. Ce tableau était l'*Eva prima pandora*, un des chefs-d'œuvre de Cousin, avec son *Jugement dernier*, du Musée du Louvre.

Malgré la somme énorme de travail qu'il avait fournie, le Sénonais, suivant l'expression pittoresque d'un de ses contemporains, mourut « plus riche de renommée que d'argent ».

Beaucoup moins indépendants se montrèrent les Du Monstier, cette « remarquable famille de peintres en pastel » qui, comme Clouet et Cousin, vécurent à la cour des Valois, et plus tard à celle d'Henri IV et de Louis XIII.

Etienne Du Monstier, le délicat portraitiste dont les œuvres incarnent si bien le génie français, fut peintre et valet de chambre des rois Henri II, François II, Charles IX, Henri III, Henri IV et particulièrement de Catherine de Médicis.

Un curieux dessin conservé au cabinet des estampes de la Bibliothèque Nationale, montre Etienne Du Monstier faisant office de valet de chambre et tendant la plume à la reine Catherine, qui se dispose à écrire. Le fils de

Du Monstier figure dans le même dessin en qualité de page de la reine.

Si l'on compare l'état de domesticité de ces artistes à la fière indépendance des peintres italiens, on s'explique la décadence où tomba l'art français.

Etienne Du Monstier naquit à Paris en 1520 et mourut en 1603 dans la même ville.

Pierre Du Monstier, fils du précédent, après avoir travaillé à la cour de France, voyagea en Flandre et en Italie. Il se maria à l'âge de quarante-cinq ans. Il mourut à Paris en 1656, âgé de près de quatre-vingt dix ans.

Daniel Du Monstier, neveu d'Etienne, est la figure la plus curieuse, nous dirions volontiers la plus amusante de cette célèbre famille.

Il naquit à Paris en 1574 et fut comme son oncle, peintre et valet de chambre du roi.

Il produisit un nombre énorme de portraits, dans lesquels il mettait en quelques traits de crayon une expression extraordinaire.

Il aimait passionnément les livres et la musique, parlait l'espagnol et l'italien, et était doué d'une si prodigieuse mémoire qu'il lui suffisait de lire un ouvrage pour le savoir par cœur.

Les gens de lettres de son temps, Malherbe et Mathurin Régnier, entre autres, se plaisaient à le consulter comme une bibliothèque vivante.

Il s'était fait une grande réputation d'esprit par ses réparties spirituelles et parfois d'une liberté outrée.

L'abbé de Marolles, le fin collectionneur, qui se plut à écrire en vers l'histoire des artistes de son temps, désigne ainsi Du Monstier :

> Daniel Du Monstier eut une âme sincère,
> Travaillant en crayon, il s'en fit de l'honneur;
> En cela son scavoir fut rempli de bonheur,
> Sa parole était douce et sa piqueure amère.

Il était logé au Louvre et recevait de constantes visites d'amis et de personnes venues pour leur portrait.

Il laissait faire à ses modèles tout ce qu'ils voulaient, se contentant de leur dire de temps à autre : « Troussez-vous un moment..., ne bougez pas ».

Quand on lui reprochait d'embellir ses modèles, il répondait :

« Laissez-donc; ils sont assez sots pour se croire tels que je les fais et m'en paient mieux. »

Malherbe, dans une de ses lettres, dit qu'il fit son portrait.

Le même auteur parle également d'un portrait de Henri IV, d'une extraordinaire ressemblance.

Il se maria deux fois, la dernière avec sa servante, et eut de nombreux enfants.

Daniel Du Monstier mourut à Paris en 1646.

Le Musée du Louvre possède de nombreux portraits de Du Monstier qui font l'admiration des amateurs.

Martin Fréminet ou Fréminel, né à Paris le 24 septembre 1567, mérite également une place parmi les peintres français.

Son père, peintre médiocre, qui fit surtout des modèles de tapisseries, fit son éducation artistique. Martin, après avoir exécuté quelques tableaux à Paris, partit pour l'Italie à l'âge de vingt-cinq ans.

À son arrivée à Rome, il trouva le monde artiste en révolution par suite de la querelle des partisans du Josépin et ceux du Caravage.

Le chevalier Josépin représentait, avec un charme particulier, la tradition anémiée de l'école de Raphaël. Michel-Ange Amerighi, dit il Caravagio, superbe réaliste qui forma des artistes tels que Ribera, le Guerchin et notre beau peintre français Valentin de Boulogne, prétendait ne prendre que la nature pour modèle. Chaque jour éclataient des querelles et des rixes. Amerighi, terrible batailleur, avait provoqué en duel son rival Josépin et Guido Reni qui, après avoir été l'imitateur d'Amerighi ainsi que nous l'avons dit, s'était prononcé en faveur de Josépin. Amerighi, d'ailleurs, dût s'enfuir de Rome à la suite d'un meurtre qu'il avait commis, et le calme se fit dans Rome.

Ce fut dans ce milieu troublé que débuta le jeune Parisien.

Un fait assez curieux se produisit : Fréminet se sentait entraîné vers l'exécution vigoureuse et puissante du Caravage et le préférait à son rival ; mais le hasard lui ayant fait rencontrer Josépin, il se lia d'une étroite amitié avec lui et ne fréquenta pas Amerighi.

Après un séjour de quelques années à Rome, pendant lesquelles il étudia surtout les œuvres de Michel-Ange Buonarroti et du Parmesan, il revint en France.

En 1603, Henri IV le nomma son premier peintre en remplacement de Pierre Du Monstier et lui permit d'acheter une charge de valet de chambre du roi aux gages de 100 livres tournois. Il le chargea de la décoration de la chapelle de Fontainebleau, travail important commencé en 1608, interrompu par l'assassinat de Henri IV, continué sous Louis XIII, et pour lequel Marie de Médicis lui donna le cordon de chevalier de Saint Michel.

Fréminet avait une manière de travailler assez particulière, et que M. Luc Olivier-Merson a reprise depuis dans son enseignement ; soit qu'il exécutât un portrait ou une figure entière, il peignait partie par partie, sans dessiner ou sans ébaucher l'ensemble.

Il ne reste plus des grands travaux de Fréminet, que la décoration de la chapelle de la Sainte-Trinité à Fontainebleau, exécutée à l'huile, sur plâtre.

Il fut l'ami de Mathurin Régnier, qui lui dédia sa dixième satire.

Il mourut à Paris en 1619.

Fréminet eut un fils peintre de talent.

Son dessin ne manque pas de charme et on y trouve parfois de très réelle beauté, mais il n'est pas toujours d'une correction parfaite.

Jacques Callot, qui naquit à Nancy en 1593, est une des figures les plus intéressantes de notre art national. Avec lui nous revenons à une conception artistique de premier ordre.

Il appartenait à une famille de militaires au service des ducs de Lorraine et son grand-père, Claude Callot, avait été annobli. Son père, Jean Callot, était héraut d'armes du prince.

Jacques montra de bonne heure un goût extraordinaire pour le dessin ; il manifesta à différentes reprises son désir de devenir peintre. Mais ses parents avaient d'autres vues sur lui. Certains biographes prétendent qu'ils voulaient en faire un pâtissier; d'autres disent qu'ils le destinaient au cloître. Ce qui est certain, c'est que les dispositions du futur grand artiste étaient sérieusement contrariées, puisqu'il se résolut, à l'âge de douze ans, à fuir le logis paternel, afin de suivre sa vocation.

Un beau matin il partit décidé à aller apprendre à Rome et à Florence, les règles de l'art auquel il ambitionnait de se vouer.

Son voyage tient du roman.

Jacques avait souvent entendu vanter par son grand-père les beautés de la capitale de la Toscane, visitée à plusieurs reprises par le vieux soldat, et ces descriptions avaient littéralement mis à l'envers sa jeune cervelle. Voir Florence et ses trésors artistiques était son rêve.

Mais comment atteindre la grande cité italienne, seul, sans argent, avec ses pauvres petites jambes enfantines, ignorant de la route à suivre?...

Le hasard le servit. Il fut pris ou se joignit à une troupe de bohémiens traversant l'est de la France, en route pour l'Italie.

Le séjour qu'il fit parmi ces romanichels, tour à tour voleurs, escrocs, saltimbanques, comédiens, gagne-petit, mendiants, laissa dans l'esprit de Callot une trace profonde.

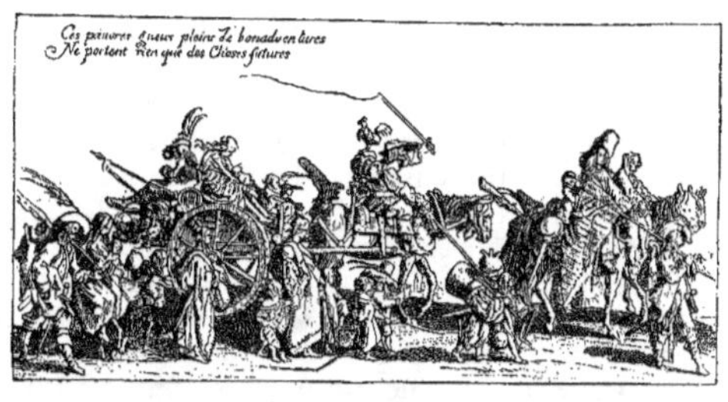

Bohémiens en voyage, par Callot.

Plus tard, cette impression se traduisit dans l'amusante et si pittoresque gravure dont nous donnons la reproduction.

Enfin, après avoir traversé Lyon, où la troupe fit un assez long séjour, après avoir escaladé les Alpes et parcouru le nord de l'Italie, la pitoyable caravane atteignit Florence.

On peut se figurer dans quelles conditions se trouvait notre futur peintre pour se présenter dans le monde artistique de la ville?

Le premier soin de Callot fut de fausser compagnie aux romanichels.

Il entra dans Florence sans un sou en poche, couvert de guenilles.

Le hasard voulut qu'il s'adressât, peut-être pour lui demander l'aumône, à un officier florentin parlant le français. Certains biographes prétendent que ce fut pour lui demander le chemin du Musée de peinture.

Le fait est que le petit voyageur conta son histoire et que sa gentillesse, la vive intelligence qu'on devinait en lui, lui firent trouver un protecteur.

Il fut placé chez un peintre nommé Cantagallina.

Callot travaillait depuis deux ans dans l'atelier de ce maître, quand son père, qui l'avait fait rechercher partout, étant parvenu à découvrir sa retraite, le fit ramener à Nancy.

L'enfant prodigue fut fort bien accueilli par ses parents, mais on refusa de lui laisser continuer ses études. Jacques avait trop bien montré sa résolution d'être artiste pour accepter la décision paternelle. Il se décida à quitter une seconde fois le toit familial.

Mais ce n'était plus le pauvre gamin partant à l'aventure pour obéir à une irrésistible vocation. Il avait quatorze ans, son séjour parmi les étrangers avait mûri son esprit et trempé son caractère.

Il se mit en route pour aller à Rome, bien muni d'argent.

On courut après lui et il fut ramené à son père ; mais il montra une si irréductible résolution de se vouer aux arts, qu'on finit par lui céder.

Durant son séjour à Florence, Callot avait souvent entendu vanter le talent d'un dessinateur français nommé Jules le Parisien, établi à Rome. Ce fut à ce maître que Jacques alla demander de nouveaux conseils.

Il se livra également à l'étude de la gravure sous la direction de Philippe Thomassin, et ne tarda pas à surpasser son maître dans cet art.

La première gravure qu'il livra au public fut un *Ecce Homo*, qui obtint un énorme succès. On en admira le trait à la fois souple et énergique, qui est la caractéristique du talent de Callot.

Il alla de nouveau à Florence où, bien qu'il n'eut pas seize ans, la renommée l'avait précédé. Le grand-duc Cosme II de Médicis, le reçut de la façon la plus flatteuse et l'attacha à sa personne.

Callot grava pour lui la série des *Batailles des Médicis*.

A la mort de ce prince, les demandes de souverains l'appelant près d'eux affluèrent chez Callot. C'était le pape Paul V, c'était l'empereur d'Allemagne Rodolphe II, mais le jeune graveur détestait l'étiquette des cours ; il avait horreur des besognes de commande.

Il était du peuple et aimait le peuple. Il lui fallait son franc parler.

La liberté était indispensable à l'expression de sa merveilleuse fantaisie.

Callot vint à Paris. Dédaigneux de ce que l'école d'alors appelait la noblesse des sujets, il se plut à représenter les déshérités de la fortune avec une extraordinaire intensité de vérité et de caractère. Il publia des suites de gravures intitulées : les *Gueux*, les *Misérables gueux*, les *Hideux*, admirables documents nous montrant ce qu'étaient les pauvres gens au commencement du XVIIe siècle. Ce fut ensuite les *Misères de la Guerre*, terribles et tragiques tableaux, dont nos lecteurs seront heureux de trouver ici les fidèles reproductions.

Son talent s'exerça aussi dans des productions d'un genre moins effrayant, il grava d'intéressantes suites, les *Danses grotesques*, les *Arlequins*, les *Seigneurs et Grandes dames*, les *Bohémiens*.

Ces productions, pour la vente desquelles Jacques Callot s'était adjoint son compatriote Israël Henriet, habile graveur lui-même, eurent un succès colossal. Les grands seigneurs, non-seulement les recherchaient, mais ils aimaient aussi à faire eux-mêmes des dessins dans le genre de Callot, *à la noble plume*, comme on disait volontiers à cette époque.

Louis XIII, qui avait pris des leçons de pastel avec Simon Vouet, dessinait à la plume avec Callot et Israël Henriet.

Le grand artiste montra sa puissance d'imagination dans une pièce capitale : la *Tentation de saint Antoine*, œuvre dont la verve et la fantaisie

MISÈRES DE LA GUERRE, par Callot.

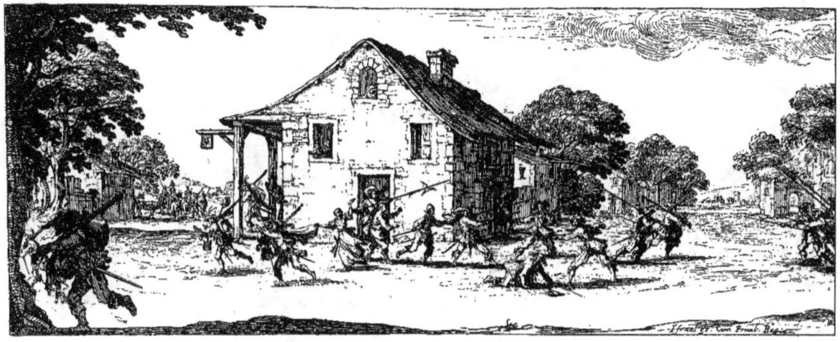

Ces courageux brutaux dans les hôtelleries
Du beau nom de butin couvrent leurs voleries,
Ils querellent exprès, ennemis du repos,
Pour ne payer leur hôte et prennent jusqu'aux pots.
Ainsi du bien d'autrui leur humeur s'accommode
Quand on les a grisés et servis à leur mode.

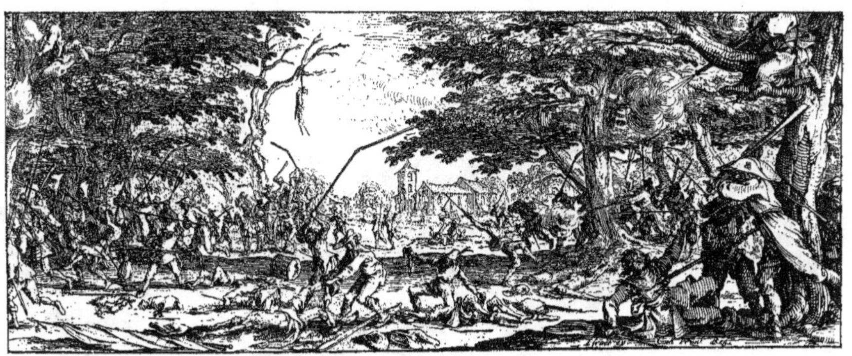

Après plusieurs dégâts, par les soldats commis,
A la fin les paysans qu'ils ont pour ennemis
Les guettent à l'écart, et, par une surprise,
Les ayant mis à mort, les mettent en chemise
Et se vengent ainsi contre ces malheureux,
Des pertes de leurs biens qui ne viennnent que d'eux.

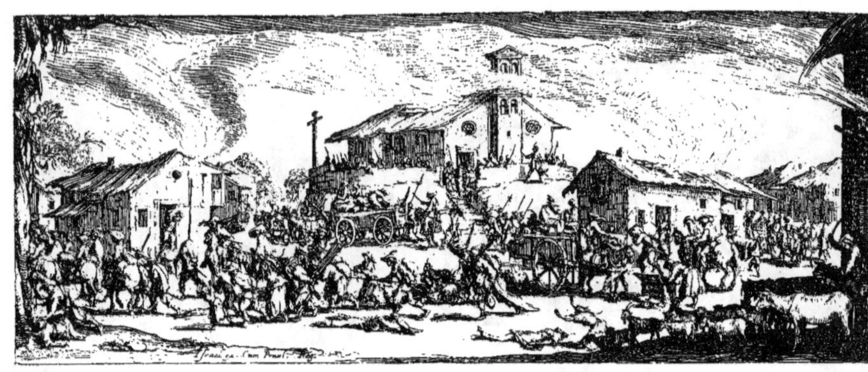

Ceux que Mars entretient de ses actes méchants
Accommodent ainsi les pauvres gens des champs.
Ils les font prisonniers, ils brûlent leurs villages,
Et, sur le bétail même, exercent leurs ravages
Sans que la peur des lois, non plus que le devoir,
Ni les pleurs et les cris, les puissent émouvoir.

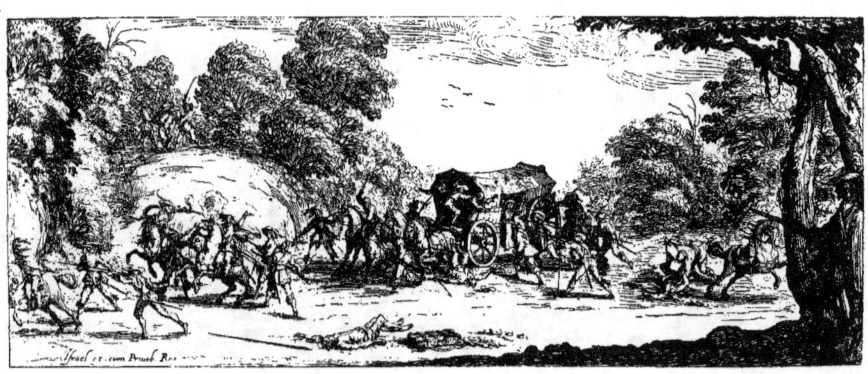

A l'écart des forêts et des lieux solitaires,
Bien loin de l'exercice et des soings militaires,
Ces infâmes voleurs viennent en assassins
Et leur bras tout sanglant ne se plaît qu'aux larcins
Tant ils sont possédés d'une cruelle envie
D'ôter aux voyageurs et leurs biens et la vie.

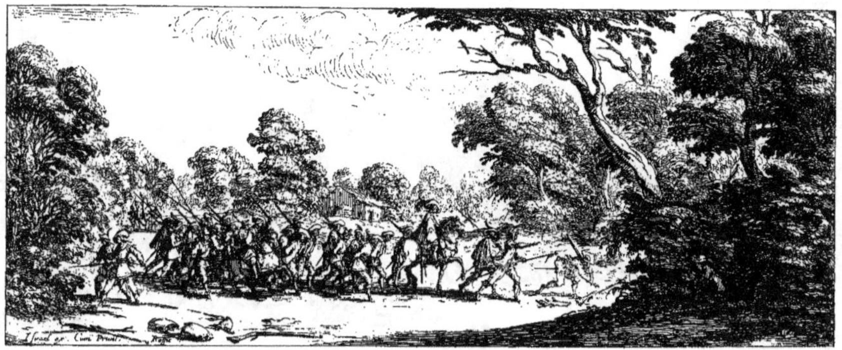

Après plusieurs excès indignement commis
Par ces gens de néant, de la gloire ennemis,
On les cherche partout avec beaucoup de peine
Et le prévost des camps au quartier les ramène
Afin de recevoir, comme ils l'ont mérité,
Un châtiment conforme à leur témérité.

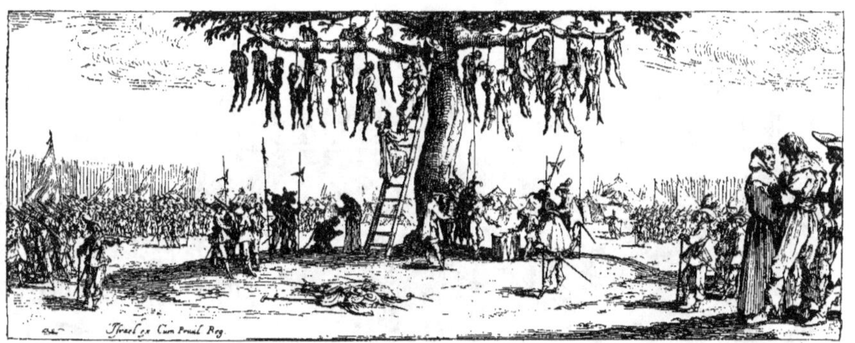

A la fin, ces voleurs infâmes et perdus,
Comme fruits malheureux à ces arbres pendus,
Montrent bien que le crime, horrible et noire engeance,
Est lui-même instrument de honte et de vengeance,
Et que c'est le destin des hommes vicieux,
D'éprouver tôt ou tard la justice des cieux.

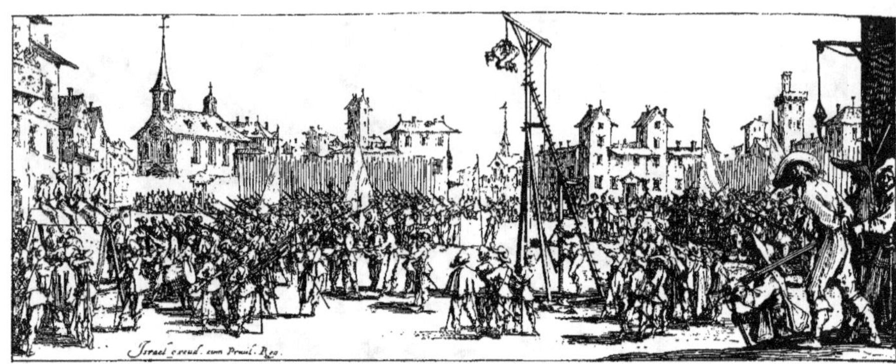

Ce n'est pas sans raison que les grands capitaines,
Hommes bien avisés, ont inventé ces peines
Contre les fainéants et les blasphémateurs,
Traîtres à leurs devoirs, querelleurs et menteurs,
De qui les actions, par le vice aveuglées,
Rendent celles d'autrui lâches et déréglées.

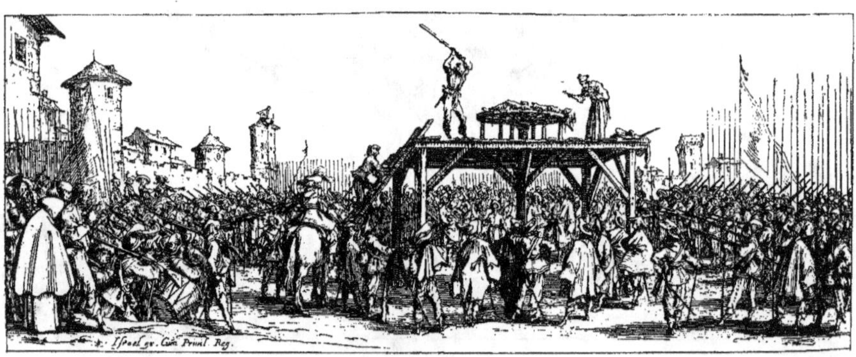

L'œil toujours surveillant de la divine Astrée
Bannit entièrement le deuil d'une contrée,
Lorsque tenant l'épée et la balance en main
Elle juge et punit le voleur inhumain
Qui guette les passants, les meurtrit et s'en joue,
Puis, lui-même, devient le jouet d'une roue.

n'ont jamais été dépassées. Il fit également deux *Vues de Paris*, la Seine vue en amont et en aval, avec le vieux Louvre et la tour de Nesle.

Callot grava encore la *Vue du Siège de la Rochelle*, l'*Attaque de l'Ile de Ré* et celle de *Bréda*.

Louis XIII ayant pris Nancy, demanda à notre artiste d'exécuter une gravure perpétuant le souvenir de cette conquête. Comme il insistait, Callot lui fit cette fière réponse :

— Je me couperais le pouce, plutôt que de faire quelque chose de contraire à l'honneur de mon prince et de ma patrie.

Le roi de France secoua la tête, murmurant :

— Le duc de Lorraine est bien heureux d'avoir des sujets aussi fidèles.

A peu de temps de là il offrit à Callot une pension de 3.000 livres s'il voulait entrer à son service; l'artiste refusa.

Jacques Callot avait épousé Marguerite Paffinger, qu'il aimait tendrement.

Il mourut à Nancy et fut enterré dans le cloître des Cordeliers. Sa veuve lui fit un magnifique monument, sur lequel une main inconnue écrivit les quatre vers qui suivent :

> En vain tu ferais des volumes
> Sur les louanges de Callot.
> Pour moi je n'en dirai qu'un mot :
> Son burin vaut mieux que nos plumes.

L'influence qu'eut Simon Vouet sur la peinture française, le nombre d'élèves célèbres qu'il forma lui mériteraient, à défaut d'autre mérite, une place dans ce livre.

Il naquit à Paris le 9 janvier 1590. Son père, Laurent Vouet, peintre lui-même, fut son premier maître.

A l'âge de quatorze ans c'était déjà un habile portraitiste. Sa réputation était assez bien établie pour qu'il fut chargé, malgré son jeune âge, d'aller faire en Angleterre le portrait d'une dame de qualité réfugiée dans ce pays.

Il obtint beaucoup de succès à la cour de Jacques Ier. Ce souverain montrait pour la peinture un peu du goût que son fils Charles Ier devait porter à un si haut point. Le roi d'Angleterre chercha à fixer le jeune peintre français près de lui, mais après quelques années, Vouet revint en France.

Il avait vingt et un ans quand il fut chargé d'accompagner le baron de Sancy dans son ambassade à Constantinople. Il assista à l'audience donnée à l'ambassadeur par Achmet Ier et peignit de mémoire le sultan, qu'il n'avait vu qu'une fois.

Après un séjour d'une année à Constantinople, Vouet s'embarqua pour Venise. Il y copia pendant une année les ouvrages du Titien, et plus particulièrement ceux de Paul Véronèse, dont il utilisa plus tard les procédés techniques.

Il se rendit ensuite à Rome, où les ouvrages d'Amerighi et de Valentin de Boulogne furent d'abord ses modèles préférés. Il copia également Guido Reni.

Après avoir exécuté avec succès quelques tableaux à Rome, il alla passer deux ans à Gênes pour décorer le palais des Doria. Vouet revint à Rome en 1622. Le cardinal Barberini se déclara son protecteur et lui fit exécuter de nombreux travaux.

Simon jouissait dans la ville éternelle d'une grande considération. Les peintres l'avaient élu prince de l'Académie de Saint-Luc.

Il épousa Virginie de Vezzo Vellatrano, peintre elle-même, et dont il eut un fils.

Louis XIII, qui lui faisait une pension, le rappela en France, en 1627.

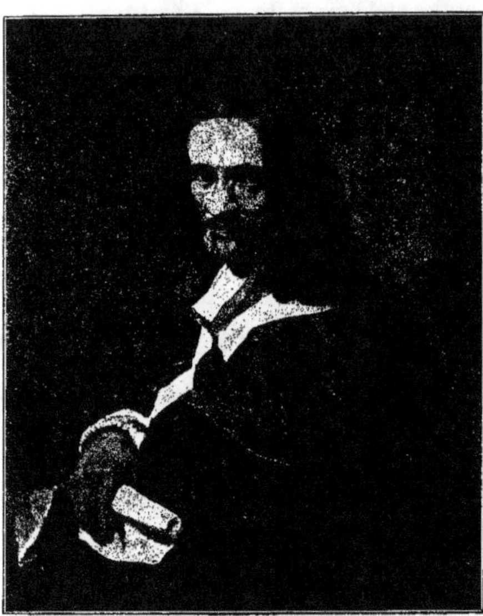

Portrait de Jacques Stella, attribué à Simon Vouet.

Le talent facile de Simon Vouet s'était assimilé les formules brillantes des Italiens. Son succès fut considérable. Le roi le nomma son premier peintre, lui donna une grosse pension et un logement au Louvre.

Il fut chargé de fournir les dessins pour les tapisseries de la Couronne. On lui confia également la décoration du Louvre, du Luxembourg. Il fit aussi des peintures pour le château de Saint-Germain-en-Laye.

Il devint, comme nous l'avons dit, le maitre de dessin de Louis XIII et lui apprit à exécuter au pastel des portraits ressemblants.

Comme si ces travaux n'eussent pas dû suffire à occuper un artiste. Richelieu l'employait à décorer le Palais-Royal et le château de Rueil.

Il peignit encore la galerie de l'hôtel de Bullion, celle du château du maréchal d'Effiat, à Clichy, celle de l'hôtel du duc d'Aumont, la chapelle Séguier, un plafond à l'hôtel Bretonvilliers.

La plupart des églises de Paris reçurent de ses ouvrages.

Cette énorme production amena Vouet aux procédés qui avaient eu des conséquences si désastreuses pour les successeurs de Raphaël. Vouet, malgré son extrême facilité, ne put bientôt plus suffire seul aux commandes; il fit exécuter les peintures par ses élèves sur des dessins qu'il leur fournissait. Souvent il lui arriva de ne pas pouvoir donner la dernière touche aux ouvrages.

Cependant, Simon Vouet pouvait faire de bonne peinture, solide et forte, à en juger par le beau portrait du peintre Jacques Stella, son ami, que possède le Musée de Lyon, dont nous donnons la reproduction, et qui lui est attribué.

Simon Vouet forma les plus célèbres peintres du XVIIe siècle, Eustache Le Sueur, François Perrier, Pierre Mignard, Charles Le Brun, Dorigny, J.-B. Mola, Nicolas Chaperon et bien d'autres, vinrent s'instruire à l'école qu'il avait ouverte. Il contribua puissamment à vulgariser en France les conceptions de l'esthétique italienne, qui prirent une place si grande dans l'art officiel, au détriment de notre caractère propre.

Il mourut le 30 juin 1649.

Bien différents de Vouet, et essentiellement français, furent les trois

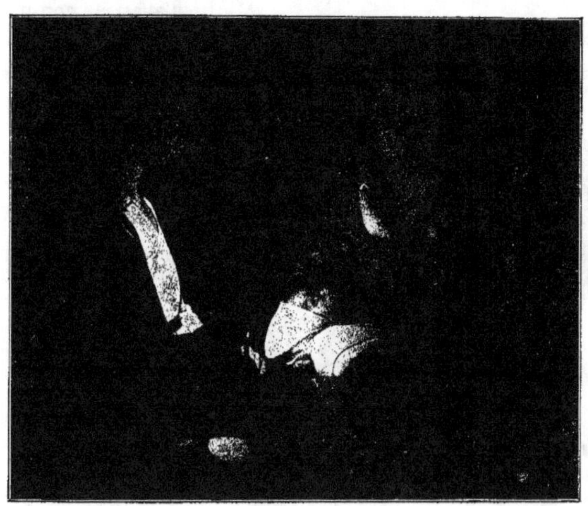

La *Nativité*, par Le Nain.

frères Le Nain, ces merveilleux peintres en qui rayonnent toutes les fortes qualités de notre génie : puissance d'expression, profondeur de sentiment, grandeur dans la simplicité.

Tout cela ne se trouve-t-il pas dans le chef-d'œuvre exposé au Musée de Rennes sous le titre de la *Nativité?* Qu'on en juge par notre reproduction.

En étudiant cette œuvre, on pense à Rembrandt.

Et cependant de tels artistes n'attirèrent pas l'attention des biographes de leur époque, puisque nous ne savons rien ou presque rien de leur vie.

Les trois frères, Louis, Antoine et Mathieu naquirent à Laon. Louis, l'aîné, vers 1593, les deux autres quelques années plus tard.

Ils étaient un peu du pays de notre grand La Fontaine. Comme lui ils se plurent à peindre les humbles, et l'on retrouve en eux beaucoup de son génie.

Ils étudièrent la peinture pendant deux années dans leur ville natale, avec un peintre étranger, probablement un flamand et vinrent à Paris pour s'y perfectionner.

L'union entre eux était parfaite; ils habitaient et travaillaient ensemble, tous trois étant demeurés célibataires.

Il est présumable que certains de leurs tableaux furent exécutés en collaboration.

On dit qu'Antoine fut reçu peintre le 16 mars 1629. Il excellait dans la miniature et dans les portraits de petite dimension. Le Musée du Puy possède un très intéressant portrait qu'on lui attribue et que nous donnons ici.

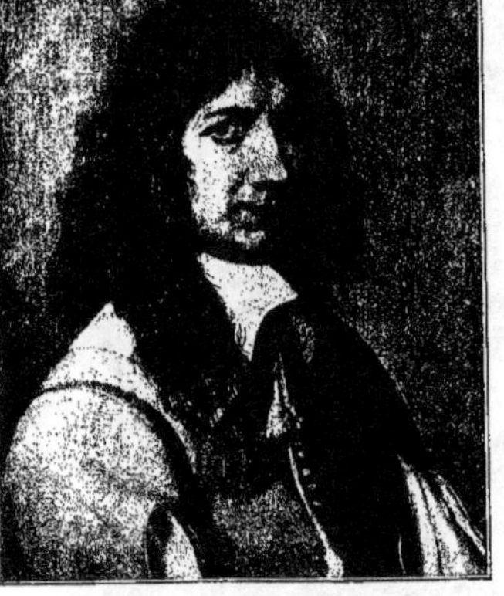

Portrait présumé d'Antoine Le Nain, par lui-même.

Mathieu avait été nommé peintre de la ville de Paris le 22 août 1633. Il servit dans la garde bourgeoise en qualité de lieutenant.

Les trois frères Le Nain furent reçus à l'Académie royale de peinture en 1648, un mois après sa formation.

Les deux aînés moururent quelques jours après leur admission dans l'illustre compagnie et à deux jours d'intervalle. Mathieu leur survécut pendant de longues années, pour mourir le 20 août 1677.

Les œuvres des Le Nain possèdent un style particulier qui les fait aisément reconnaître, mais, malgré toutes les recherches auxquelles se sont livrés les critiques les plus éminents, on n'a pas pu déterminer les peintures appartenant en propre à chacun des trois frères dans leur œuvre collective.

Les recherches auxquelles ces œuvres ont donné lieu, ont amené l'authentification d'un certain nombre de tableaux de ces superbes artistes classés aux inconnus ou attribués à d'autres peintres. De ce nombre est l'exquise peinture du Musée de Montpellier, la *Leçon de dessin*, dont on trouvera ici la reproduction.

Dans les décorations des églises parisiennes, on cite la peinture de la voûte de la chapelle de la Vierge, à l'église Saint-Germain-des-Prés.

La Normandie s'honore d'avoir vu naître, à une douzaine d'années d'intervalle, deux grands hommes présentant bien des points de ressemblance par le caractère et le génie : Nicolas Poussin et Pierre Corneille.

Félibien, dans ses *Entretiens sur les peintres*, dit que Jean Poussin, père du célèbre peintre, gentilhomme ruiné par les guerres civiles, servit dans le régiment de Tavannes sous les règnes de Charles IX, Henri III et Henri IV. Cette allégation paraît infirmée par des actes signés par Jean Poussin, où ne figurent pas les formules usitées à cette époque. Mais il est indéniable que, à défaut de parchemins nobiliaires, Nicolas Poussin possédait la vraie noblesse du cœur et de l'esprit. Peu de caractères se sont montrés plus dignes du titre d'artiste véritable. Nicolas naquit aux Andelys. Son père le plaça chez un maître pour apprendre le latin, mais, ainsi qu'on le constate pour la plupart des peintres, il prenait beaucoup plus de plaisir à couvrir ses cahiers de dessins qu'à l'étude des déclinaisons.

Ses croquis ayant été montrés à Quentin Varin, peintre de talent établi aux Andelys, il les déclara très remarquables. C'en était plus qu'il ne fallait pour décider de la carrière du jeune homme. A force d'instances il obtint de son père la permission de se consacrer à l'étude des beaux-arts.

Poussin entra chez Varin et s'instruisit près de lui jusqu'à l'âge de dix-huit ans. ·

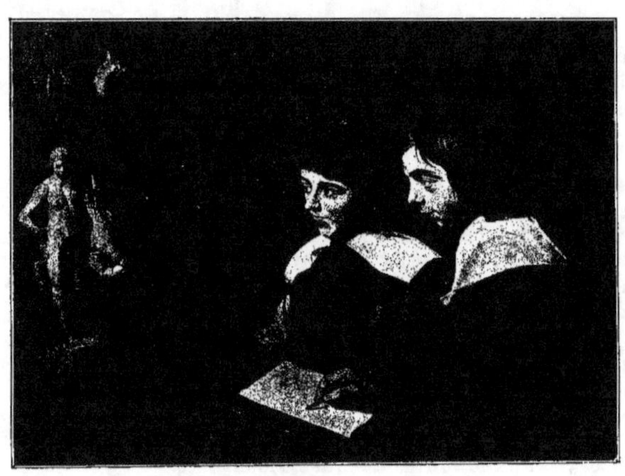

La *Leçon de dessin,* par Le Nain.

Il fallait un champ plus vaste pour une organisation artistique de l'envergure de Nicolas; il se décida à partir pour Paris. Mais il fallait vaincre bien des difficultés pour s'y rendre et surtout pour y vivre : sa famille n'était pas riche.

Ce fut donc presque sans argent, sans espoir de protection, que le jeune homme se mit en route, peignant en chemin des trumeaux et des dessus de portes pour se procurer les moyens de pouvoir continuer son chemin.

Son pécule ne s'était pas sensiblement augmenté quand il arriva à Paris. Cependant il put prendre des leçons d'un portraitiste estimé alors, Ferdinand Elle, flamand d'origine.

Les peintres renommés de cette époque résidant à Paris se nommaient Porbus le Jeune, bel artiste flamand dont la gloire n'est pas ternie; Fréminet, dont nous avons conté la vie et Bunel, artiste blaisois, qui avait peint quinze fresques à Fontainebleau et exécuté, avec Du Breuil, la décoration de la Galerie des Rois, détruite lors de l'incendie du 12 février 1661, et que la Galerie d'Apollon remplace aujourd'hui.

Poussin était d'un naturel plutôt farouche et réservé ; cependant l'admiration que lui inspirait le talent de Porbus le décida à triompher de sa timidité ; il rendit visite au maître.

Celui-ci le reçut fort bien, lui donna des conseils et l'engagea à poursuivre ses études. Et ce fut tout.

Poussin entra alors dans l'atelier de l'Allemand, artiste lorrain, dont l'école jouissait d'une grande renommée, mais sa situation n'en demeurait pas moins extrêmement difficile et voisine de la misère. Une circonstance heureuse la modifia : il fit la connaissance d'un jeune gentilhomme poitevin, qui, l'ayant pris en amitié, lui prêta de l'argent et le présenta à ses amis.

De ce nombre était Courtois, mathématicien du roi, grand amateur d'œuvres d'art, qui possédait une importante collection de gravures et de dessins. Charmé par le talent de Nicolas, il mit ses portefeuilles à sa disposition. Raphaël et Jules Romain furent les maîtres que Poussin copia le plus souvent.

Il dut, à son grand regret, interrompre ses études, son protecteur quittant Paris et lui demandant de l'accompagner. Poussin partit pour le Poitou. Une cruelle désillusion l'y attendait. La mère de son ami et protecteur n'avait pas pour les artistes la même considération que son fils. Cette châtelaine provinciale eut la prétention de traiter notre peintre comme un domestique : Poussin ne le lui permit pas. Il fit ses adieux et, son sac sur le dos, son bâton à la main, reprit la route de Paris.

L'histoire a enregistré quelques-unes des œuvres qu'il exécuta en chemin pour subvenir à ses frais de voyage. Ce sont des paysages pour le château de Clisson, une *Bacchanale*, datée de 1616, peinte dans une galerie ouverte des deux côtés, près du château de Cheverny ; un *Saint François* et un *Saint Charles Borromée*, pour le chœur des Capucins de Blois.

Ces travaux le retinrent plusieurs années.

De retour à Paris, vers 1620, Poussin tomba malade. Dès qu'il put quitter l'hôpital, il partit pour les Andelys se refaire au milieu des siens en respirant l'air natal. Son séjour en Normandie dura un an.

Poussin avait pour les grands maîtres italiens une admiration trop profonde pour ne pas éprouver le brûlant désir d'aller les voir et les étudier chez eux. Il forma le projet d'aller à Rome.

La fortune ne lui ayant pas souri encore, son voyage devait se faire comme les précédents, à la force du pinceau, c'est-à-dire en trouvant sur sa route assez de travaux pour vivre et aller plus loin.

Malgré son talent, son bon vouloir, son ardeur au travail, il ne put pas dépasser Florence. Force lui fut de revenir à Paris.

Ce fut à cette époque qu'il connut Philippe de Champaigne, avec qui il se lia d'une étroite amitié. Les deux artistes avaient travaillé avec le même maître, ils avaient le même caractère sérieux, la même sévérité de mœurs. Ils logèrent ensemble.

Duchesne, mauvais peintre flamand qui, par ses intrigues beaucoup plus que par son talent, avait obtenu la direction des travaux du Luxembourg, les employa. Lassé de la direction inintelligente qu'il devait subir dans des travaux sans intérêt, Nicolas reprit son projet d'aller à Rome.

Ce voyage fut encore plus court que le précédent, il dut s'arrêter à Lyon et séjourner dans cette ville jusqu'à ce qu'il eut amassé une somme suffisante pour regagner Paris.

Une occasion, enfin, lui permit de se mettre en lumière.

Les Jésuites, désireux de célébrer la canonisation d'Ignace de Loyola et celle de saint François-Xavier par la décoration de leur collège de Paris, firent appel aux artistes. Poussin prit part au concours qu'ils organisèrent. Dans l'espace d'une semaine il peignit six grands tableaux en détrempe qui, de l'avis unanime, l'emportèrent sur les productions des autres concurrents.

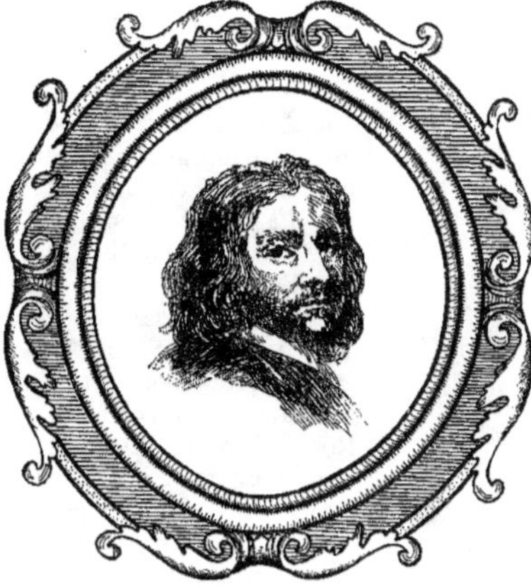

POUSSIN (NICOLAS),
né aux Andelys (en Normandie) en 1594, mort à Rome en 1665.
(Ecole française.)

Le cavalier Marini fut, en cette circonstance, un des plus chauds admirateurs du grand peintre normand. Il le prit chez lui, lui fit faire des dessins pour son poème d'Adonis, et se déclara son protecteur.

Il semblait que les difficultés que Poussin avait eues à surmonter depuis près de dix ans qu'il était à Paris allaient enfin disparaître. La fortune lui souriait. La corporation des orfèvres de Paris lui avait commandé le tableau votif que, chaque année, elle offrait le 1er mai à l'église Notre-Dame. D'autres peintures lui étaient commandées. Le cavalier Marini, à la veille de partir pour Rome, lui offrait de l'emmener. Poussin, malgré son vif désir de voir la ville éternelle et ses chefs-d'œuvre, ne voulut partir que lorsqu'il eut complètement achevé ses travaux.

Il rejoignit Marini au printemps de 1624, et celui-ci le fit recommander au cardinal Barberini, neveu du pape Urbain VIII.

Poussin n'avait sans doute pas la souplesse, l'esprit d'intrigue nécessaires pour réussir à la cour papale.

Le cardinal ayant quitté Rome, Nicolas, qui n'avait pas su se créer d'autres relations, se trouva bientôt dénué de toutes ressources et réduit à vendre ses œuvres coûte que coûte. C'est ainsi qu'il céda une *Bataille* pour 14 écus et un *Prophète* pour 2 écus.

La connaissance qu'il fit du sculpteur flamand François Duquesnoy et près de qui il trouva une aide amicale, lui permit de se remettre sérieusement au travail. Il étudia assidûment la perspective, l'architecture, l'anatomie.

Dans de constantes et sérieuses lectures des grands écrivains, il cherchait les sujets propres à exprimer le caractère moral et les affections de l'âme, la force de l'expression lui paraissant une des qualités les plus nécessaires à l'artiste.

Poussin fut un jour attaqué par des soldats près de Monte-Cavallo et reçut un coup de sabre à la main. Il prit le costume romain à partir de cette date et ne le quitta plus.

A peu de temps de là il fut atteint d'une maladie grave, qui mit ses jours en danger. Son ami et compatriote, Jacques Dughet, le recueillit et le soigna avec un grand dévouement.

Le grand artiste, sous des dehors froids et réservés, avait une âme tendre, une extrême sensibilité. Sa fidélité à ses amis, sa reconnaissance pour ceux qui l'aidèrent furent admirables. Les soins dont la famille Dughet l'avait entouré lui donnèrent de s'allier à ces braves gens pour leur témoigner sa gratitude. Il épousa Anna-Maria Dughet en 1629.

Nicolas Poussin s'établit sur le Monte-Pincio, près de Claude Lorrain, récemment arrivé à Rome, et où devait venir les rejoindre plus tard Salvator Rosa. Cette réunion de ces trois beaux artistes, l'intimité qui ne cessa de régner entre eux, influèrent certainement sur les œuvres qu'ils produisirent alors.

Le talent de Poussin devait s'imposer au public, comme il l'était depuis longtemps chez les artistes.

Un amateur éminent, le commandeur Cassiano del Pozzo, devint un de ses plus zélés protecteurs. Il lui ouvrit son cabinet d'antiquités et lui commanda divers travaux, entre autres une suite des *Sept Sacrements*, qui obtint un immense succès.

Désormais les commandes affluèrent chez le peintre normand.

Le cardinal Barberini, à son retour à Rome, lui demanda plusieurs tableaux.

Puis ce fut le marquis del Pozzo, la duchesse d'Aiguillon, le maréchal de Créqui.

En 1635, il avait fait la connaissance de Paul Fréart de Chantelou, maître d'hôtel de Louis XIII, qui devint son intime ami et avec qui il correspondit jusqu'à la fin de sa vie. Scarron accompagnait Chantelou lors de ce voyage.

Poussin avait peu de sympathie et peu d'estime pour l'auteur du *Roman comique*. Il fallut les pressantes instances du maître d'hôtel du roi pour que Nicolas consentit à recevoir le poète comique.

Les tableaux de Poussin envoyés en France lui valurent une grande renommée et, en 1639, M. des Noyers, secrétaire d'Etat, surintendant des bâtiments, écrivit au grand peintre pour l'inviter à venir s'établir en France.

Mais Poussin ne voulait pas quitter Rome. Il s'y était créé une existence paisible et toute de travail; le souvenir des intrigues qu'il avait vu se produire à Paris était encore présent à son esprit.

Une seconde lettre du ministre, à laquelle était jointe une lettre de Louis XIII, décida Nicolas à accepter. Cependant une année s'écoula avant qu'il ne mit sa promesse à exécution.

M. de Chantelou se décida à venir le chercher. Poussin partit pour Paris emmenant son beau-frère, Gaspard Dughet, qu'il avait adopté et dont il avait fait un peintre de talent.

Nicolas Poussin fut reçu à la cour avec une grande considération. On le logea aux Tuileries et il fut présenté au cardinal et à Louis XIII. Le 20 mars 1641, il reçut le brevet de premier peintre ordinaire du roi.

Pendant les deux années qu'il passa à Paris, le peintre des Andelys produisit une quantité énorme de travaux.

Outre des tableaux pour les chapelles de Saint-Germain et de Fontainebleau, il exécuta les compositions des *Travaux d'Hercule,* destinées à la décoration de la grande galerie du Louvre. Il fit encore huit cartons de sujets de l'*Ancien Testament* pour des tapisseries. Le cardinal de Richelieu lui commanda plusieurs peintures. On lui demanda encore des frontispices de livres, des dessins d'ornements pour les meubles.

Ce grand et légitime succès ne pouvait se produire sans exciter l'envie.

Simon Vouet, de Feuquières, les peintres officiels, se liguèrent à l'architecte Mercier pour chercher à diminuer et la gloire qui s'attachait à Poussin et la situation qu'elle lui valait. Il opposa un dédain méprisant aux basses manœuvres dont il était l'objet. Il lui eut été facile, étant donné ses relations avec le conseiller d'Etat des Noyers, de faire imposer silence à ses envieux. Peut-être ne fut-il pas mécontent de trouver un prétexte pour retourner à Rome. En septembre 1642 il demanda un congé et partit pour l'Italie avec Dughet.

Il ne revint pas en France.

Pendant les vingt-trois dernières années de sa vie, Nicolas Poussin produisit

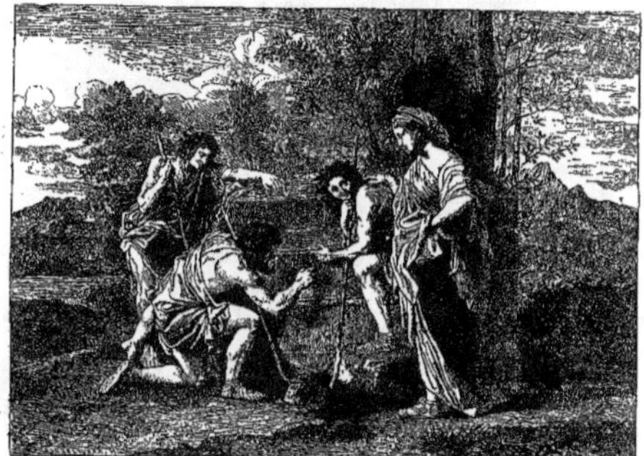

Les *Bergers d'Arcadie,* par Poussin.

encore un grand nombre d'œuvres et ce sont ses chefs-d'œuvre. Sa manière s'était agrandie, simplifiée. Mieux que jamais il réalisait son rêve de marquer l'action par le geste. De cette époque date le beau tableau que possède le Louvre, les *Bergers d'Arcadie*, dont nous donnons la reproduction.

La maison de Poussin pouvait être considérée un peu comme l'Académie de France à Rome, avant que celle-ci n'eut été fondée par Colbert, en 1666, un an après la mort de notre peintre. Tous les artistes y étaient accueillis et y recevaient des conseils et des encouragements. Mais si la parole du maître était généralement bonne et bienveillante, elle devenait parfois singulièrement sévère et le maître savait prouver à l'occasion qu'il avait la dent dure.

Errard, peintre du roi, membre de l'Académie de peinture, que Poussin avait autrefois fort bien traité et qui, à Paris, se considérait comme le représentant des doctrines poussiniennes, s'étant permis de modifier sans le consulter un dessin du maître, en le reproduisant dans un traité de peinture, Poussin écrivit à Abraham Bosse, alors en grande discussion, avec Errard, au sein de l'Académie :

« Les gaufes païsages qui sont au derrière des figurines humaines de la copie que M. de Chambray a fait imprimer, y ont été ajous par un certain Errard, sans que j'en aie rien sceu. »

Un *certain Errard!* Etre traité de la sorte alors qu'on se jugeait au *summum* de la gloire!... Le mot fit fureur.

Poussin montrait autant de scrupuleuse conscience dans l'exécution de ses œuvres, qu'il ne voulait livrer que faites et parachevées, qu'il était modeste et accommodant pour leur prix. Ayant terminé le tableau *Jésus-Christ instituant le Sacrement de l'Eucharistie*, que Louis XIII lui avait commandé pour la chapelle de Saint-Germain (cette peinture est maintenant exposée au Louvre), l'œuvre obtint un énorme succès et le roi fit

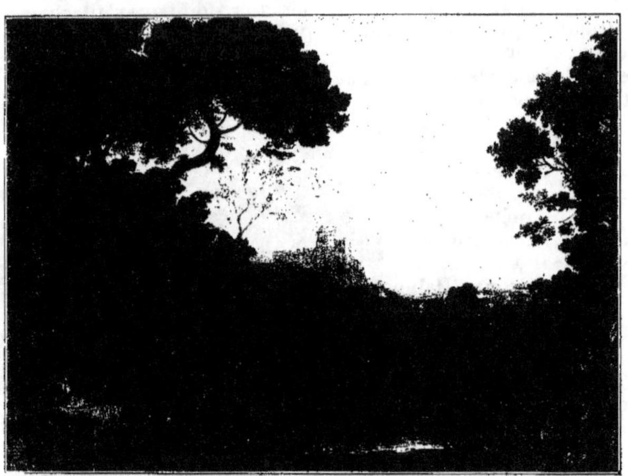

Vue des Environs de Rome, par Claude Lorrain.

demander à l'artiste ce qu'il lui devait. Poussin écrivit à son ami Chantelou en le chargeant du règlement :

« Puisqu'il plaît à Monseigneur de savoir ce que je désire pour le tableau de la chapelle de Saint-Germain, je vous supplie, après que je l'aurai dit, d'en retrancher ce qui semblera de trop. Si l'on ne m'en veut donner huit cents écus, je me contenterai de six ou de cinq, car je serai toujours satisfait. »

Ce désintéressement explique comment, après un labeur ininterrompu de près de cinquante-cinq ans, malgré son grand succès, malgré son existence simple et économe, Poussin en mourant ne laissa qu'un avoir de dix mille écus.

Mais il laissait aussi une gloire impérissable, et il avait toujours préféré cette fortune-là à l'autre.

En étudiant la reproduction de la superbe peinture de Claude Lorrain, *Vue des Environs de Rome*, qui figure au Musée d'Epinal, dont on trouvera la reproduction dans ce livre, on conviendra qu'il ne le cédait en rien à

Poussin son ami, en largeur de style, en puissance d'expression. C'est bien là encore un Français, un grand et magnifique Français, réalisant la beauté de la nature dans toute sa splendeur tranquille, dans toute sa puissante simplicité.

Claude Gelée, dit Le Lorrain, naquit au château de Chamagne, près de Toul.

On prétend que dans son enfance, c'était le modèle des mauvais écoliers ; il ne voulait rien apprendre. Certains biographes prétendent que, en désespoir de cause, ses parents le mirent en apprentissage chez un pâtissier. D'autres contestent le fait.

D'après les notes fournies à Baldinucci par le neveu du Lorrain, Claude, le troisième des cinq fils de Jean Gelée, perdit son père et sa mère alors qu'il n'avait que douze ans. On

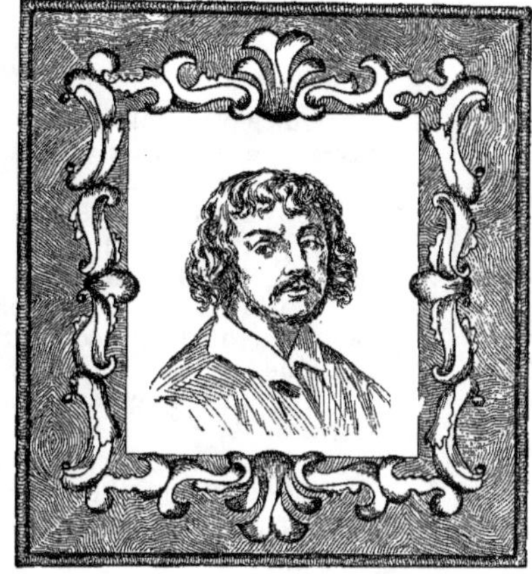

GELÉE (CLAUDE), dit LE LORRAIN, peintre, graveur,
Né en 1606 au château de Chamagne, près de Toul,
Mort à Rome en 1688. (Ecole française).

l'envoya près de son frère aîné, habile graveur sur bois établi à Fribourg, qui commença son éducation artistique en lui faisant exécuter sur ses bois des ornements et des arabesques.

Claude manifestant le désir de se livrer à une forme plus élevée de l'art, son frère le confia à un parent, négociant en dentelles, qui partait pour Rome.

Le jeune artiste se livrait à l'étude avec une ardeur extrême, quand un fait terrible se produisit : les subsides qu'il recevait de sa famille lui manquèrent totalement par suite des guerres avec la Suisse.

Claude se trouva complètement abandonné à Rome et, ne pouvant s'y créer de ressources, il alla chercher fortune ailleurs. Naples fut le but de ce voyage.

Un hasard heureux lui fit rencontrer dans cette ville un peintre de Cologne, Geoffroy Walls, qui le prit en amitié et l'admit dans son atelier. Gelée y apprit la perspective, l'architecture et commença à peindre le paysage.

Le Lorrain conserva toute sa vie le souvenir des études qu'il fit à cette époque. Aucun artiste n'eut plus que lui la mémoire de l'œil, ne posséda la faculté de retenir complètes les formes et les aspects de la nature frappant sa vue. Plus tard, lorsqu'il exécuta ses merveilleux couchers de soleil sur la mer, ces fins de jour baignées d'or du genre de *Un port au soleil couchant*, peint à Rome en 1639, ou du *Débarquement de Cléopâtre à Tarse*, tableaux dont notre Musée du Louvre est si justement fier, ce furent ses impressions de jeunesse, ses longues contemplations de la baie de Naples qui lui inspirèrent ces chefs-d'œuvre.

Après avoir passé deux années en compagnie de Walls, Claude Gelée revint à Rome. Cette fois ce fut à Agostino Tassi, un excellent élève de Paul Bril, qu'il alla demander des conseils. Tassi, charmé de la merveilleuse nature qui se devinait déjà dans ses ouvrages, le traita beaucoup plus en ami qu'en élève. Il le logea dans sa maison, ne cessa de lui témoigner une vive amitié et lui donna d'excellents conseils.

A vingt-cinq ans, Claude Gelée était en pleine possession de sa forme ; il éprouva le désir de revoir sa famille.

Il quitta Rome et, prenant le chemin des écoliers, visita Lorette, Venise, le Tyrol et la Bavière.

Après un court séjour près des siens, Le Lorrain se rendit à Nancy où un de ses parents lui fit connaître Charles Dervent, peintre du duc Henri de Lorraine.

Le peintre nancéen décorait à cette époque la voûte de la chapelle des Carmes ; il offrit à Gelée de l'employer, et pendant un an lui fit peindre les motifs d'architecture dans ses compositions.

Le caractère facile et conciliant du Lorrain, qui lui attirait les sympathies de tous ceux qui l'approchaient, lui eut fait sans doute prolonger son séjour en Lorraine, mais un événement le décida à retourner en Italie. Il était occupé à peindre sur un échafaud en compagnie de plusieurs ouvriers, lorsque un de ceux-ci, un doreur, ayant fait un faux mouvement tomba dans le vide et se blessa grièvement.

Cet accident, qui pouvait se produire pour Gelée, le dégoûta du métier de décorateur.

Il prit le chemin de Rome, passa à Lyon et à Marseille. Dans cette dernière ville il fit la rencontre de Charles Errard, jeune peintre français qui, comme Gelée, retournait pour la seconde fois dans la ville éternelle.

Les deux artistes achevèrent le voyage de compagnie et leur connaissance se changea en une solide amitié. Ils arrivèrent à Rome au mois d'octobre 1627.

Claude Lorrain obtint immédiatement un succès énorme, qui se maintint pendant plus de cinquante ans. Deux paysages exécutés pour le cardinal Bentivoglio, le mirent en lumière et lui assurèrent la protection du pape Urbain VIII.

Sa renommée provoqua la fabrication de nombreux pastiches et de faux.

D'indélicats artistes, abusant de son accueil bienveillant, s'emparaient de ses compositions, les exécutaient dans sa manière et les vendaient comme œuvres de lui avant que les tableaux plagiés fussent terminés.

Ces procédés indélicats le dégoûtèrent et développèrent son goût pour la solitude.

A part quelques amitiés comme celles de Poussin, devenu son voisin ainsi que nous l'avons dit, ou de Salvator Rosa, Gelée évitait le monde et s'absorbait dans le travail.

Chaque jour il sortait pour de longues promenades et, de retour à l'atelier, exécutait de mémoire les dessins et les peintures dont nous admirons l'intense vérité.

Claude, pour conserver le souvenir de ses compositions, avait eu l'idée d'un recueil unique, qu'il appelait *Libro di verita*, composé du dessin exact de chacune de ses peintures. Il y ajoutait la date d'exécution et le nom du possesseur.

On a prétendu qu'il avait fait ce livre pour déjouer les manœuvres des plagiaires. Son but était beaucoup plus noble : Gelée mettait trop de son âme dans ses œuvres pour ne pas les aimer, pour ne pas désirer en conserver une part.

Le *Livre de Vérité* se composait de quatre cahiers, formant un ensemble de 200 dessins. Claude Lorrain avait dit dans son testament qu'ils devraient être conservés dans sa famille.

Pendant longtemps cette volonté fut pieusement observée, et les petits-fils du peintre refusèrent la somme considérable que leur offrait le cardinal d'Estrées plutôt que de s'en dessaisir. D'autres héritiers moins scrupuleux les vendirent pour 200 écus à un joaillier hollandais. Trois de ces cahiers appartiennent au roi d'Angleterre et sont considérés comme un des joyaux de sa collection particulière. Le quatrième cahier fut, croit-on, emporté en Espagne, où les dessins le composant auraient été dispersés.

Le Lorrain n'aimait pas à peindre les figures qu'on remarque dans ses paysages ; il les faisait exécuter généralement par des peintres de ses amis. Francesco Allegrini, Filippo Lauri, Jacques Courtois, Jean Miel, furent ceux qu'il employa le plus souvent.

Gelée avait pris pour domestique un très jeune garçon nommé Giovanni Domenico. L'intelligence dont il faisait preuve, son désir d'apprendre la peinture firent que le bon Claude lui donna des leçons et en fit un peintre habile.

Giovanni Domenico avait pris servilement la manière du maître. Des marchands, des envieux de la gloire du Lorrain lui attribuèrent les œuvres de son ancien domestique. Giovanni en conçut un tel orgueil qu'il quitta son vieux maître. Mieux encore, il lui réclama des gages pour les vingt-cinq années pendant lesquelles Gelée l'avait traité beaucoup plus en fils qu'en serviteur ou qu'en élève. Il parlait même d'intenter un procès. Claude avait été profondément touché de cette ingratitude, mais il ne voulut pas de contestation : il fit payer la somme réclamée.

Sa mauvaise action profita peu à Giovanni Domenico ; il mourut peu après.

Gelée ne voulut plus prendre d'élève.

Bien que souffrant de la goutte, il travailla jusqu'à la fin de sa longue carrière, et son œuvre est immense. Le roi d'Angleterre possède un dessin qu'il exécuta à l'âge de quatre-vingt-deux ans, c'est-à-dire peu de temps avant sa mort.

Claude fut non seulement un magnifique peintre, un superbe dessinateur, mais ses eaux-fortes, exquises de forme et d'expression, font la joie des amateurs.

Il mourut entouré de tous les respects et fut enterré à l'église de la Trinité-du-Mont.

Avec Jean Cousin et Nicolas Poussin, Gelée avait placé l'école française au premier rang.

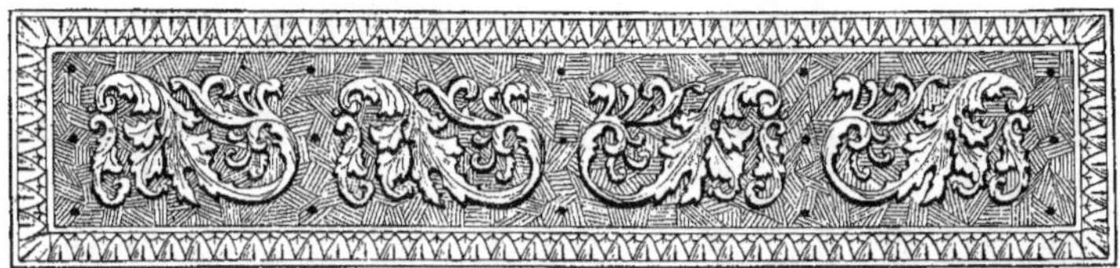

CHAPITRE VI

Flamands et Hollandais

Moor. — Rubens. — Jordaens. — Frans Hals. — Brauwer. — Cracsbeecke. — Van Dyck. — David de Ham. — Cuyp. — Philippe de Champaigne. — Rembrandt. — Gérard Dov. — Terburg. — Adrian Van Ostade. — David Teniers. — Metsu. — Paul Potter. — Ruisdaël. — Hobbema. — Berghem. — Jan Van Steen.

LES peintres hollandais et flamands dont nous allons nous occuper, ont porté l'art de peindre à son plus haut période. Si l'Italie a le droit de dire qu'elle a inspiré l'école classique de peinture moderne avec ses grands maîtres de la Renaissance, les Pays-Bas peuvent revendiquer l'honneur d'être la source où sont venus puiser les maîtres de l'école romantique, les réalistes et les plus grands maîtres de l'école de Barbizon. Eugène Delacroix procède de Rubens, Jean-François Millet de Rembrandt, Troyon de Paul Potter, Théodore Rousseau de Ruisdaël et d'Hobbema.

Les maîtres peintres des Pays-Bas ont également puissamment contribué au développement de la grande école espagnole, dont nous aurons l'occasion de parler bientôt.

Flamands et Hollandais ont cela de particulier que, dans leurs conceptions idéales les plus pures, ils ne perdent jamais le souci de la réalité.

Anthonie de Moor tient un rang honorable parmi ces maîtres.

Après avoir travaillé avec un peintre peu connu du monde, Jean Schoreel, il partit

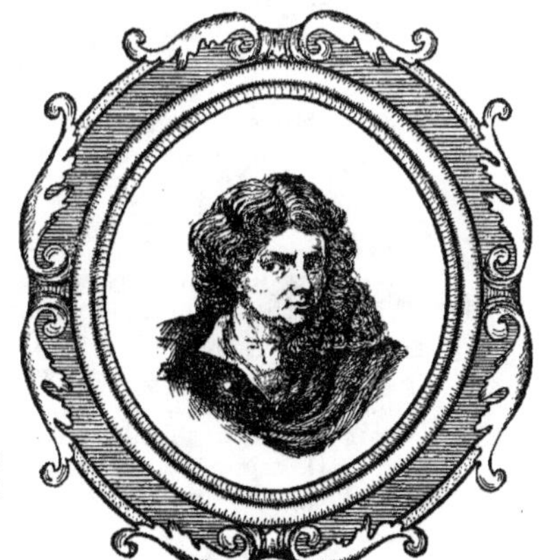

MOOR (Anthonie de),
Né à Utrecht en 1525, mort à Anvers en 1581. (École hollandaise.)

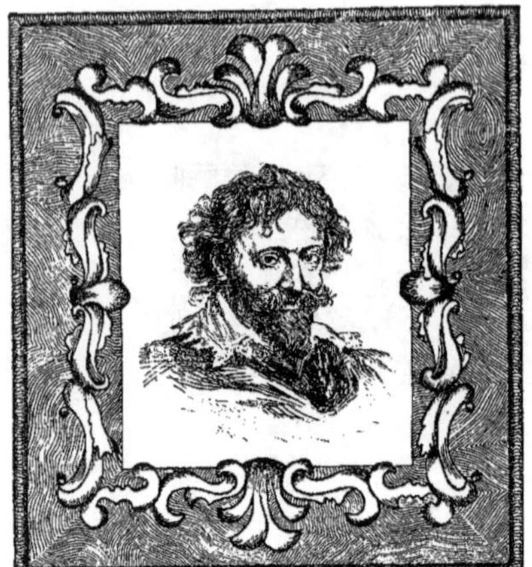

RUBENS (Pierre-Paul),
Né à Sieghen en 1577, mort à Anvers en 1640. (École flamande.)

pour l'Italie fort jeune et y demeura pendant plusieurs années, se livrant à l'étude des grands maîtres. Mais s'il leur demanda les connaissances du dessin et de la technique picturale, il n'abdiqua en rien sa conception personnelle et l'esthétique flamande.

Ses premières peintures obtinrent un grand succès et lui valurent la protection du cardinal Granvelle, qui le recommanda à l'empereur Charles-Quint.

C'en était assez pour assurer la fortune du jeune flamand. Il fut chargé par le monarque d'exécuter plusieurs copies du Titien.

Charles-Quint ne ménageait pas sa faveur aux artistes; il emmena Anthonie en Espagne et lui assura une riche pension.

Peu après, Moor était envoyé à la cour de Portugal pour y exécuter les portraits du roi Jean III, de la reine Catherine et de leur fille Marie, qui fut la première femme de Philippe II.

Cet artiste possédait un très remarquable talent de portraitiste. On peut s'en rendre compte par les deux remarquables portraits de lui que possède le Louvre. Celui du Nain de Charles-Quint, entre autre, est une œuvre de premier mérite.

Son succès à Lisbonne fut très grand et il reçut de magnifiques présents des souverains.

De retour à Madrid, l'empereur lui fit exécuter plusieurs décorations et des tableaux d'histoire.

Anthonie de Moor fut chargé aussi d'aller en Angleterre faire le portrait de la reine Marie Tudor, fille d'Henri VIII, qui devint la femme de Philippe II en 1554.

Il avait reçu de la reine d'Angleterre un accueil si flatteur qu'il demeura à Londres tant que dura le règne de cette princesse.

La mort de Marie, survenue en 1558, le décida à retourner en Espagne.

La faveur que Philippe lui témoigna ne tarda pas à éveiller des jalousies. Moor fut averti que les inquisiteurs méditaient de le faire arrêter. Il jugea prudent de partir, obtint son congé du roi et se retira à Anvers. Il s'y maria.

Le roi d'Espagne ne tarda pas à le rappeler avec les plus vives instances, ce fut en vain, Moor avait trouvé dans le duc d'Albe, le féroce gouverneur des Pays-Bas, un protecteur qui le comblait de biens; il préféra ne pas s'exposer encore aux coups des ennemis qu'il avait laissés à Madrid.

Il mourut riche et titulaire de plusieurs emplois fructueux.

Pierre-Paul Rubens est, avec Van Eick, la personnalité la plus brillante de l'école flamande, et l'on pourrait comparer l'influence qu'il exerça sur les peintres de son pays à celle de Raphaël en Italie.

Il était de bonne famille bourgeoise. Son père, Johann Rubens, docteur ès-lois, échevin d'Anvers, dut s'exiler à la suite des guerres de religion.

Il se réfugia à Cologne où il mourut, alors que notre artiste était âgé de dix ans. La veuve ne demeura qu'une année encore loin de sa patrie; elle revint à Anvers avec ses enfants, en 1588.

Rubens, bien qu'il n'eut que onze ans, était remarquablement grand et fort; il était non moins remarquablement bel enfant.

Sa mère le plaça comme page au service de Marguerite de Ligne, veuve du comte de Lalaing.

Malgré la bienveillance dont il était l'objet de la part de la grande dame, cette condition déplaisait au jeune Rubens. Il avait la hantise des beaux-arts; son ambition était d'être peintre.

Il dut prier, supplier sa mère de le laisser suivre sa vocation. Enfin il lui fut permis d'abandonner sa noble maîtresse pour entrer dans l'atelier d'Adam Van Noort.

Rubens resta peu de temps sous la direction de ce maître et alla se placer chez Otto Van Veen, artiste habile.

Pierre-Paul fit d'énormes et rapides progrès, et à vingt et un ans, en 1598, il fut reçu franc-maître de l'Académie de Saint-Luc.

Pendant deux ans, il travailla à Anvers, mais pour cette nature puissante et fougueuse, le besoin de voir d'autres cieux s'imposait; son vieux maître lui conseillait fort d'aller en Italie. Rubens décida d'entreprendre ce voyage. Il quitta Anvers le 19 mai 1600, bien pourvu d'argent et accompagné d'un domestique, voyageant à cheval, comme le faisaient en ce temps-là les gens riches. Ce fut dans cet équipage qu'il traversa la France et les Alpes.

Ce fut à Venise que se fixa le jeune flamand; il y copia assidûment les œuvres de Titien et de Paul Véronèse. Ce dernier maître surtout réalisait son idéal, autant pour la composition que pour le dessin.

Tandis qu'il se livrait à ces travaux, il fit la connaissance d'un jeune gentilhomme qui le présenta au duc de Mantoue, Vincent Ier.

Ce prince fut autant séduit par le charme de la personne de Rubens que par son immense mérite. Pierre-Paul était fort instruit, et son enfance, presque constamment passée dans la société des grands, lui avait permis d'acquérir d'excellentes manières.

Le duc de Mantoue s'attacha Rubens, le nomma gentilhomme, peintre de sa cour et le conserva huit ans près de lui, non sans lui permettre de fréquents voyages à Rome et surtout à Venise, où le jeune flamand ne pouvait se lasser d'étudier ses maîtres favoris.

Pendant ce temps, Pierre-Paul ne négligeait aucune occasion d'acheter des peintures et des dessins de maîtres, des objets d'art; sa fortune personnelle et son gain lui permettaient ce luxe.

En 1608, Rubens fut chargé par Vincent Ier d'une mission diplomatique auprès du roi Philippe III d'Espagne, ce qui marque en quelle estime il était tenu par le duc.

Ce fut son début dans la carrière diplomatique.

Il fut reçu à Madrid avec toute la considération désirable, aussi bien comme artiste que comme ambassadeur. Le temps que ne lui prenaient pas les négociations, il l'employait à copier les chefs-d'œuvre du Titien et à peindre des portraits. De retour à Mantoue, il obtint du duc de reprendre sa liberté.

Rubens avait alors trente et un ans. Son talent était dans toute sa force. A un dessin plein de verve, à une extraordinaire puissance de composition, il joignait un coloris d'une exquise fraîcheur et d'un merveilleux éclat.

Si la remarquable reproduction du tableau, *Saint Grégoire*, qu'on trouvera dans ce livre, ne donne pas la superbe couleur de Rubens, elle permettra à nos lecteurs de juger l'ampleur de son style.

Pierre-Paul s'établit à Rome. Les commandes affluèrent à son atelier

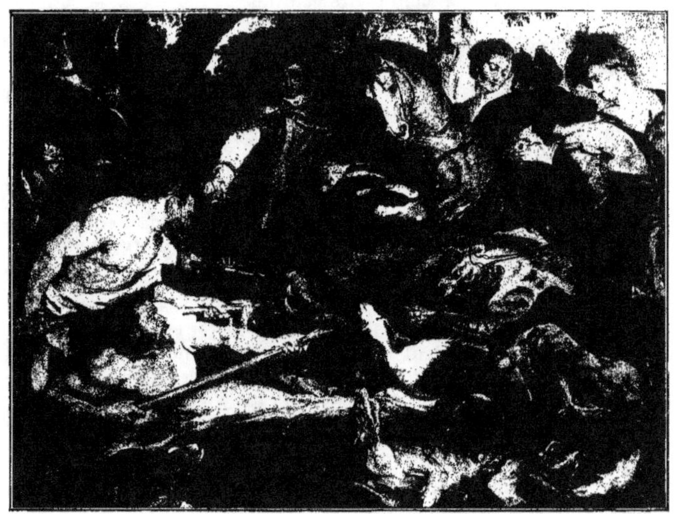

Chasse au sanglier, par Rubens.

pendant le séjour qu'il y fit et il exécuta les meilleurs ouvrages de sa première manière.

Il visita ensuite Florence, Bologne, Venise encore, Milan et Gênes. Continuant son étude des maîtres et produisant un nombre considérable d'ouvrages dans tous les genres. Il excellait dans le paysage, les scènes familières, les sujets de chasse, comme la remarquable *Chasse au sanglier* que possède le Musée de Marseille et que nous donnons ici.

Il ne montrait pas moins de talent dans l'exécution des grandes compositions historiques et le portrait.

Tandis qu'il résidait à Gênes, la nouvelle lui parvint que sa mère était gravement malade.

Pierre-Paul l'aimait tendrement. Il partit de suite, faisant toute diligence mais, au cours de son voyage; il apprit que sa mère était déjà morte

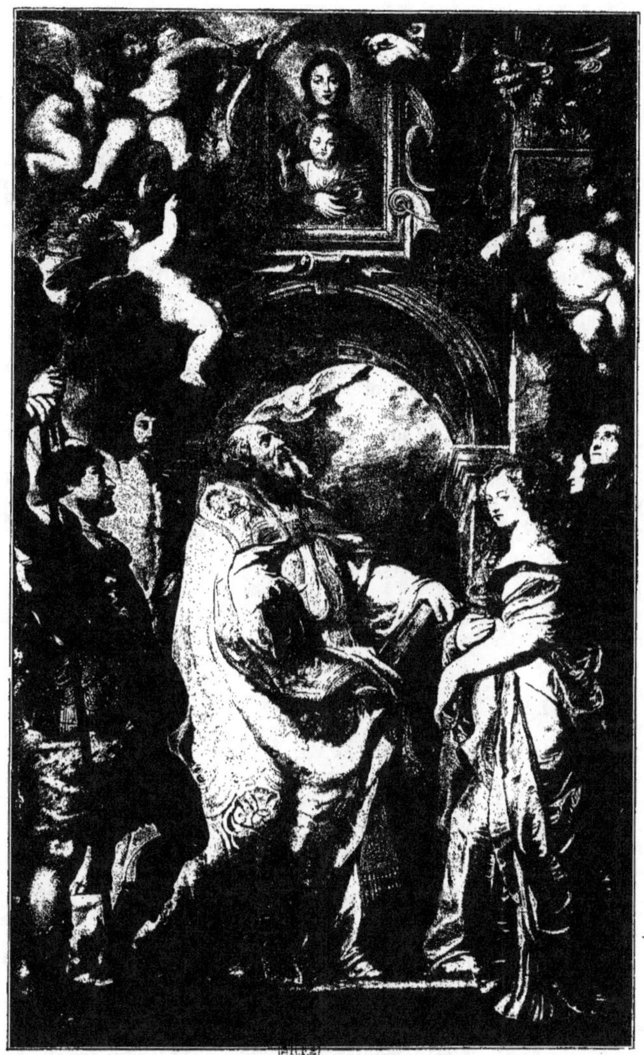

Saint Grégoire, par Rubens.

lorsque la nouvelle de sa maladie lui était parvenue. Rubens en ressentit un vif chagrin.

Après un court séjour en Belgique, il se disposait à retourner en Italie pour distraire sa douleur, lorsque l'archiduc Albert et l'infante Isabelle l'engagèrent vivement à rester près d'eux, promettant de lui faire une situation enviable. Rubens accepta.

Il fut nommé chambellan et une pension considérable lui fut allouée. Il s'installa magnifiquement à Anvers pour exécuter les travaux qui lui venaient de toutes parts.

De nombreux élèves vinrent demander au jeune maître ses premiers conseils.

Sa situation de fortune, sa famille lui permettaient d'aspirer aux alliances les plus considérables. En effet, au commencement de 1610, il épousait Isabelle Brandt, fille de Jean Brandt, secrétaire de la ville d'Anvers.

Cette union fut heureuse pendant les seize années qu'elle dura, et Rubens eut deux fils de ce premier mariage.

Une circonstance particulière fournit à Rubens l'occasion de déployer en France la puissance de son talent. Marie de Médicis ayant conclu, en 1620, un accord avec son fils Louis XIII, était revenue à Paris et voulait faire décorer une galerie de son charmant palais du Luxembourg. Le baron de Vicq, ambassadeur de l'archiduc Albert et de l'infante Isabelle et grand ami de Rubens, le proposa pour ce travail; il déploya tant de zèle que l'affaire fut décidée.

Il fut chargé de retracer les principaux événements de l'histoire de la reine-mère.

Les vingt et un tableaux que produisit le maître flamand sont maintenant une des perles du Musée du Louvre, tout au moins au point de vue de la décoration.

Rubens, malgré ses multiples travaux, ne mit pas quatre ans à exécuter cet immense labeur, pour lequel il se fit du reste aider par ses élèves. Mais les élèves de Rubens s'appelaient Van Dyck, Van Egmont, Jordaens, Van Mol, Simon de Vos, Suyders, Lucas Van Uden, Momper, Wildens, c'est-à-dire, pour la plupart, des artistes de premier ordre.

Il vint à Paris et exécuta en grisaille, pour les soumettre à la reine-mère, les sujets de sa décoration.

Ces esquisses sont aujourd'hui à la galerie de Munich.

Le Musée du Louvre possède un curieux dessin représentant le portrait de Marie de Médicis, fait d'après nature à cette époque et saisissant de réalité. L'artiste a indiqué par un léger trait de sanguine les modifications qu'il juge nécessaires pour enlever au visage sa vulgarité.

La galerie était décorée et les tableaux mis en place au début de l'année 1625. Le succès de l'artiste fut immense.

Cependant, on ne mit pas à le payer autant d'empressement qu'il en avait apporté à exécuter l'œuvre. Rubens, en effet, se plaignit amèrement de ce qu'on le fit languir pour ses honoraires et qu'on ne lui eut pas accordé une récompense exceptionnelle.

Marie de Médicis avait décidé de faire décorer la deuxième galerie du Luxembourg par la représentation des hauts faits de Henri IV. Rubens fut chargé de ce second travail, malgré l'opposition du cardinal de Richelieu qui, tout en flattant Rubens et lui commandant des tableaux, cherchait à obtenir la commande au profit du mièvre Josépin.

Pierre-Paul fit pour cet autre travail un certain nombre d'esquisses, mais l'exil de la mère de Louis XIII ne lui permit pas d'en pousser plus loin l'exécution.

Au cours de ses voyages à Paris, Rubens s'était lié d'une vive amitié avec le duc de Buckingham. Ce ministre de Charles Ier lui dit le désir qu'avait le roi d'Angleterre de voir cesser ses différends avec l'Espagne. Rubens, de retour à Anvers, fit part de cette communication à l'infante Isabelle et celle-ci lui confia le soin de conduire cette importante négociation.

Rubens arriva à la cour d'Espagne en 1628. Ses brillantes qualités y exercèrent leur effet habituel : le roi Philippe IV le prit en grande amitié. Quand il revint à Bruxelles, en 1629, il portait le titre de membre du Conseil privé de sa Majesté Catholique.

Ce fut lors de ce voyage, qu'il fit à Madrid la connaissance de Velasquez, dont il apprécia grandement le talent.

Il passait, la même année, en Angleterre et réussissait à faire conclure la paix entre Charles Ier et Philippe IV.

Le roi d'Angleterre le créa chevalier en récompense de ses services et lui fit des présents d'une valeur considérable.

Après quatre ans de veuvage, Rubens, le 6 décembre 1630, épousa en secondes noces Hélène Fourment, dont notre Musée national possède le portrait de la main du maître.

De ce second mariage, il eut trois filles et deux fils.

Rubens chercha également à amener un rapprochement entre l'infante Isabelle et les Etats des Provinces-Unies. A cet effet, il voyagea en Hollande une partie de l'année 1633.

La mort du prince Maurice de Nassau coupa court à ce projet.

Ce n'était pas une existence ordinaire que celle menée par le maître, et à juger par son luxe, on eût plutôt dit un prince qu'un artiste vivant de son pinceau.

Les personnes de marque visitant Anvers ne manquaient pas de se munir d'une lettre de recommandation pour le grand peintre. On était tout d'abord émerveillé de la beauté de sa demeure, située dans le plus beau quartier de la ville.

Au milieu de magnifiques jardins dessinés à l'italienne s'élevaient un amoncellement de portiques, de pavillons, de rotondes, de pilastres, de bustes, de bas-reliefs. Sur les murs se voyaient de superbes fresques.

De nombreux valets s'empressaient autour du visiteur, bientôt introduit dans un vaste salon tendu de cuir verdâtre orné de dessins dorés, meublé de dressoirs de chêne aux riches sculptures, de tableaux de maîtres, de tapis d'Orient, d'objets précieux.

C'était le salon d'attente.

Le maître pouvait-il recevoir la visite, on vous conduisait dans une haute pièce, largement éclairée : c'était l'atelier.

Rubens, la palette au pouce, s'avançait poliment vers le visiteur et lui faisait un compliment de bon accueil dans son idiome national — il parlait presque toutes les langues de l'Europe, sans compter le latin, — puis demandait la permission d'achever quelques occupations pressantes. Alors il se mettait à peindre et reprenait la dictée à son secrétaire de quelque lettre diplomatique ou ayant trait à ses affaires, et cela tout en continuant la conversation avec son hôte.

La lettre finie, le maître du logis posait sa palette et menait le visiteur voir ses collections. Elles étaient renfermées dans un vaste bâtiment de forme ronde, éclairé comme le Panthéon de Rome. Pierres précieuses, marbres antiques, tableaux de maîtres, enfin l'ensemble de ses achats en Italie, les cadeaux qu'il recevait à chaque instant et ce qu'il achetait. Une bibliothèque renfermant les livres les plus rares y attenait.

On remarquait encore dans le jardin le vaste bâtiment où travaillaient ses élèves, puis la ménagerie, où se trouvaient les lions, tigres et autres animaux que le maître se plaisait à peindre.

Ce fut dans ce logis royal qu'il offrit l'hospitalité à Marie de Médicis, exilée par son fils Louis XIII.

Rubens se sentait fatigué et de fréquentes attaques de goutte le tenaient souvent éloigné de la cour ; il la quitta tout à fait à partir de 1635 et se consacra entièrement à la peinture, abandonnant les grandes compositions où s'était déployée son admirable verve, pour des tableaux de chevalet de petite dimension.

Le grand peintre flamand mourut entouré d'affection et de respect.

Sa vie avait toujours été d'une régularité parfaite et c'est ce qui lui permit, tout en produisant plus de treize cents tableaux et un nombre incalculable de dessins, de s'occuper de politique, de sciences et de lettres.

Rubens appartient à la catégorie des rares artistes qui tirèrent tout le profit de leur génie.

Il était fort riche. Outre sa maison de Wapper, il en possédait sept autres à Anvers, des propriétés à la campagne, entre autres le château de Steen, près de Malines, qu'il paya 53.000 florins, c'est-à-dire 600.000 francs de notre époque, et qui comprenait des fermes, des bois, des étangs, un château-fort à herse et à pont-levis.

On peut lui reprocher d'avoir grandement utilisé l'aide de ses élèves pour l'exécution de ses commandes ; mais, ainsi que nous l'avons dit, ces élèves étaient des maîtres, et aucune œuvre ne sortait de son atelier avant qu'il y mit la dernière touche.

Il convient d'ajouter, à l'honneur de notre peintre, que dans bien des cas il considéra les artistes avec qui il travaillait, plus en collaborateurs qu'en aides. Avec Breughel de Velours, par exemple, à qui il faisait souvent peindre des fleurs et des paysages, Rubens, malgré son immense notoriété, n'hésitait pas à peindre en retour des figures dans les tableaux de son ami. Le Musée du Louvre possède un tableau intitulé la *Vierge, l'Enfant-Jésus et un ange au milieu d'une guirlande de fleurs*. Cette toile est l'œuvre de Rubens pour les personnages et de Breughel de Velours pour les fleurs; or, le grand maître flamand la conserva dans son atelier jusqu'à sa mort. Ne peut-on voir dans la conservation de ce tableau, lorsque l'on connaît le caractère affectueux et bienveillant de Pierre-Paul, un hommage rendu à l'amitié qui unissait les deux peintres.

Avec ses élèves, avec les graveurs célèbres qui travaillaient dans son atelier il agissait plus en père et en frère aîné qu'en maître.

Parmi les meilleurs élèves et collaborateurs de Rubens, Jakob Jordaens mérite une mention spéciale. Si Anton Van Dyck éleva la conception idéale de la forme plastique de Rubens, Jordaens rapprocha celle-ci de la réalité.

Qu'on en juge par l'admirable étude de tête d'apôtre, dont nous donnons la reproduction ci-dessous. Jamais aucun réaliste n'a fait une œuvre plus près de la vie.

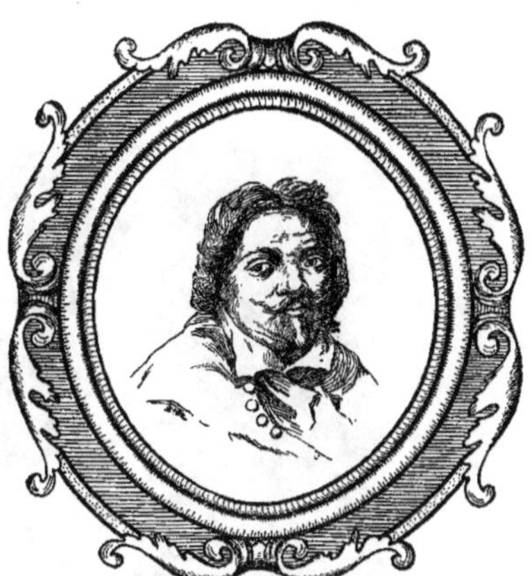

JORDAENS (Jakob).
Peintre, graveur, né à Anvers en 1593, mort à Anvers en 1678.
(Ecole flamande.)

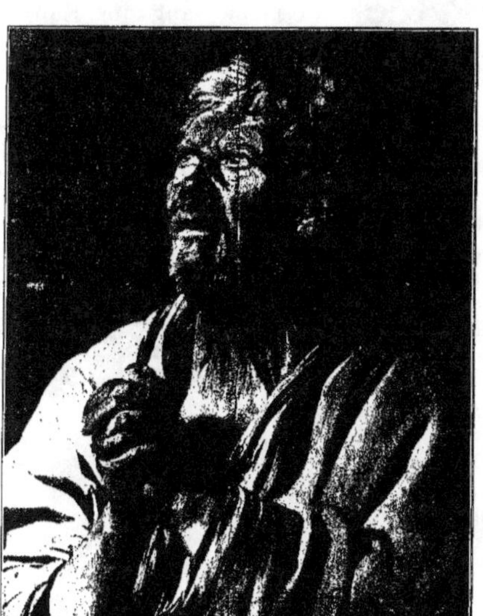

Etude d'Apôtre, par Jordaens.

Jordaens appartenait à la catégorie des artistes bons enfants, ennemi des troubles et des soucis.

Il entra à l'âge de quatorze ans à l'atelier d'Adam Van Noort.

A vingt-deux ans il était admis à la maîtrise dans la confrérie de Saint-Luc, à Anvers.

Un an plus tard il épousait Catherine Van Noort, la fille de son maître. Peu après son mariage, et obéissant à l'influence de son beau-père, Jakob adhérait au culte réformé.

Jordaens s'était lié d'une vive amitié avec Rubens. En maintes circonstances il l'aida dans ses travaux. On pourrait même dire qu'il écouta trop les conseils que lui donna son illustre ami, et que son originalité en souffrit.

Jordaens ne voulut ja-

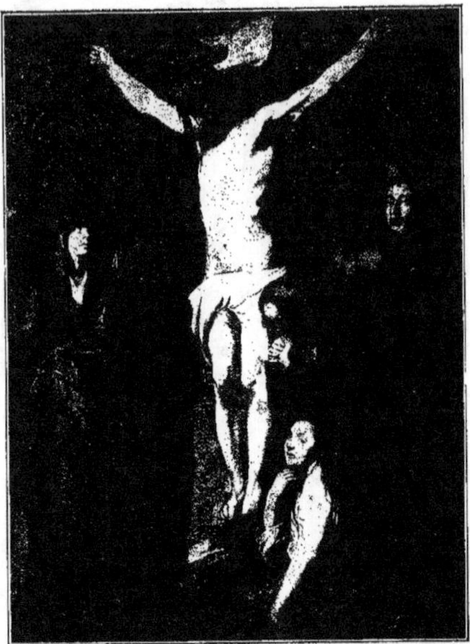

La *Crucifixion*, par Jordaens.

mais quitter sa ville natale. Sa vie s'y écoula paisiblement, sa réputation grandissant chaque jour.

Il acquit ainsi une fortune importante.

Son œuvre est considérable et comprend un grand nombre de tableaux religieux, genre dans lequel il excellait, ainsi qu'on pourra en juger par la remarquable *Crucifixion*, dont nous donnons la reproduction ici.

Parmi les figures les plus intéressantes des grands artistes qui, au commencement du XVIIe siècle, donnèrent un si grand éclat à l'école flamande, Franz Hals a droit de se placer au même rang que Rubens. Par certains côtés nous dirons même qu'il nous paraît supérieur au maître anversois. Le Musée de Dijon possède une toile de lui, l'*Enfant rieur*, marquant l'extraordinaire puissance d'expression que possédait ce magnifique artiste.

Velasquez n'eut pas fait mieux.

On remarque également, à la salle Lacaze, au Louvre, une *Tête de bohémienne* non moins remarquable.

Malheureusement son caractère répondait peu à son génie, et l'histoire nous le montre plutôt comme un triste sire.

Il fut l'élève de Karel van Mander, et ne tarda pas à devenir célèbre comme peintre de portraits.

C'était un buveur terrible, passant beaucoup plus de temps au cabaret qu'à son atelier. Il était du reste peu délicat sur les moyens de se procurer de l'argent.

Hals s'était établi à Harlem. Il remarqua un jour les dessins d'un jeune garçon, fils d'une pauvre brodeuse. L'enfant exécutait pour sa mère des modèles à la plume absolument remarquables. Cet enfant se nommait Adriaan Brauwer. Hals offrit de

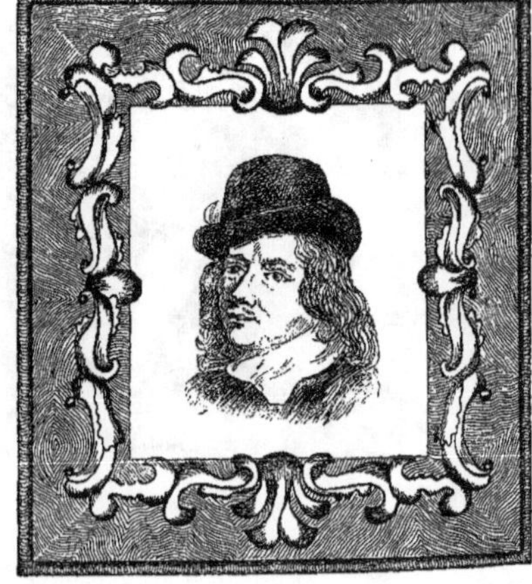

HALS (FRANZ),
Né à Malines en 1584, mort à Harlem en 1666. (École flamande.)

se charger de son éducation et le prit chez
lui.

Brauwer devint bientôt d'une extrême
habileté. Il possédait une verve endiablée
et le génie comique si remarquable des
Hollandais. Il produisait de délicieux petits tableautins représentant des scènes
familières. Hals s'en emparait et les vendait fort cher.

Le jeune élève eut peut-être accepté
sans trop récriminer cette soustraction de
ses œuvres, mais le maître ne s'en tenait
pas là et le rouait de coups.

Un beau jour, l'élève prit la fuite et
Franz Hals ne le revit plus.

Son intempérance fut funeste à notre
artiste.

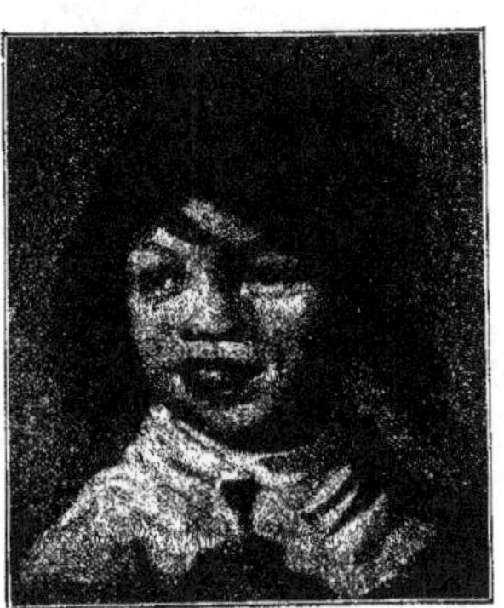

L'*Enfant rieur*, par Franz Hals.

Malgré son immense talent, il fut ré-
duit, à la fin de sa vie, à une extrême misère : son boulanger lui refusait le pain.

Il s'était marié et eut plusieurs fils qui furent peintres, mais aucun
n'arriva à la renommée paternelle.

Van Dyck avait une grande admiration pour les portraits de Hals.

Indépendamment du merveilleux *Enfant rieur* dont nous avons
parlé, le Musée de Dijon offre aux amateurs de belle peinture, un *Portrait
d'homme*, que nous reproduisons,
et dans laquelle on admirera la vérité d'expression, la vie que le peintre savait donner à ses ouvrages.

Adriaan Brauwer, en quittant
son maître, se rendit à Amsterdam,
puis à Anvers et à Paris.

Son habileté, la vivacité de son
imagination lui permettaient d'exécuter très vite ces étonnants intérieurs de cabarets, ces scènes villageoises, ces corps de garde, ces
joueurs qui devaient inspirer son
élève David Teniers, et qui font aujourd'hui la joie des amateurs.

Il avait pris à son maître la
note savoureuse, l'expression de
vérité.

Brauwer se contentant d'un prix
modique, trouvait facilement des
acheteurs, mais soit qu'il eut pris
chez son maître des habitudes d'intempérance, soit qu'il crut bon

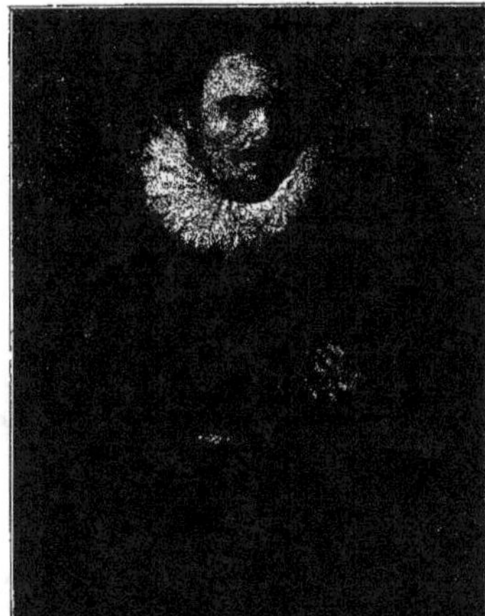

Portrait d'homme, attribué à Franz Hals.

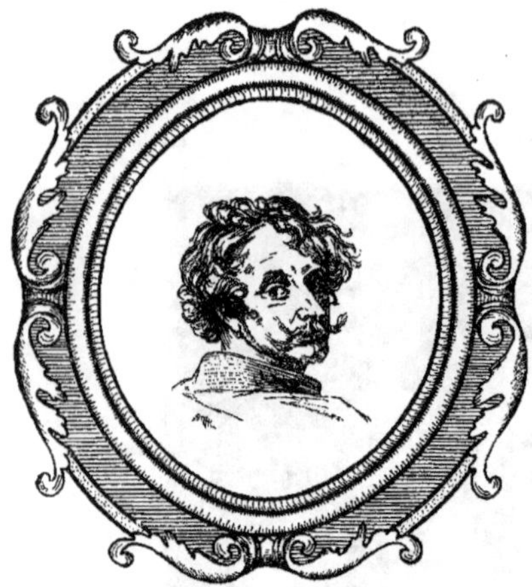

DYCK (Anton Van),
Peintre, graveur, né à Anvers en 1599, mort à Londres en 1641.
(Ecole flamande.)

d'imiter Hals jusque dans ses défauts, il quittait peu le cabaret, tant qu'il avait de l'argent.

Il revint à Anvers, où son succès fut très grand.

Brauwer s'était logé chez un boulanger bruxellois du nom de Craesbeke qui, par suite de sa mauvaise conduite, était venu s'établir à Anvers. Bientôt l'intimité fut grande entre le locataire et le logeur, la conformité de leur goût pour la débauche étant parfaite. Mais il se produisit ce phénomène assez remarquable : A voir travailler Brauwer, le boulanger sentit s'éveiller en lui une âme de peintre ; il abandonna le pétrin pour le crayon et la palette et, sous la direction de son ami, devint bientôt un artiste d'un grand talent.

La vie de dissipation que menait Brauwer eut des conséquences désastreuses : il tomba malade et mourut à l'hôpital, à peine âgé de trente-deux ans.

On l'enterra au cimetière des pestiférés.

Le bon Rubens, qui estimait grandement l'artiste tout en déplorant ses erreurs, apprenant cette triste fin, fit transporter le corps de Brauwer dans l'église des Carmes. Il voulut même, dans la suite, faire élever un magnifique monument au grand peintre mort pauvre ; il en fit le dessin. La mort l'empêcha de mettre ce projet à exécution, mais on est heureux de le rappeler, car il fait le plus grand honneur au caractère de l'homme qui le conçut.

Craesbeke ne survécut qu'un an à Brauwer.

Anton Van Dyck nous ramène à l'école flamande.

Van Dyck, c'est le Raphaël flamand. Il prit à son maître Rubens la force du mouvement, l'éclat du coloris en y ajoutant l'exquise délicatesse qui lui était personnelle, une distinction de sentiment et d'élégance que peu de peintres ont possédée.

Comme son maître, Van Dyck fut un heureux. Son talent gracieux et aimable le fit apprécier partout.

Comme Rubens, il était beau, mais il ne sut pas, comme Rubens, vivre surtout pour son art ; il s'abandonna aux plaisirs faciles et mourut trop jeune.

Son père, Franz Van Dyck, était peintre sur verre. Il plaça Anton, à l'âge de onze ans, chez Van Balen.

Après deux années d'études sous ce premier maître, le jeune Van Dyck entrait chez Rubens. Il avait trouvé sa voie véritable.

Ainsi que Sanzio s'était pris d'une vive amitié pour Jules Romain, Rubens vit bientôt dans Van Dyck son élève favori. Les progrès du jeune homme furent si rapides, que bientôt il fut admis à collaborer aux immenses travaux qui s'exécutaient dans l'atelier du maître. Il n'avait pas dix-neuf ans quand il fut reçu franc-maître de la confrérie de Saint-Luc, à Anvers.

Il jouissait déjà d'une réputation bien établie dans sa ville natale, et depuis ce moment jusqu'à son départ pour l'Italie, qui eut lieu deux ans plus tard, en 1621, Van Dyck produisit un grand nombre de tableaux, indépendamment de sa collaboration constante dans l'atelier de Rubens.

Le maître lui conseillait vivement de visiter l'Italie, et ce conseil était trop de nature à toucher l'âme d'un peintre pour n'être pas suivi.

Ce fut par Gênes que le jeune artiste commença son séjour sur la terre classique des arts. Il y peignit un certain nombre de portraits qui le classèrent parmi les maîtres du genre.

Le *Portrait de Marie de Médicis,* que nos lecteurs trouveront dans ce livre, leur fera voir combien ce succès était mérité. La largeur de style, le cachet d'élégance dont nous parlions plus haut s'y affirment.

Après quelques mois passés à Gênes il se rendit à Rome, où il copia les œuvres capitales de Michel-Ange, de Raphaël et du Vinci.

Florence et Bologne le retinrent un certain temps, mais ce fut surtout à Venise qu'il travailla avec le plus

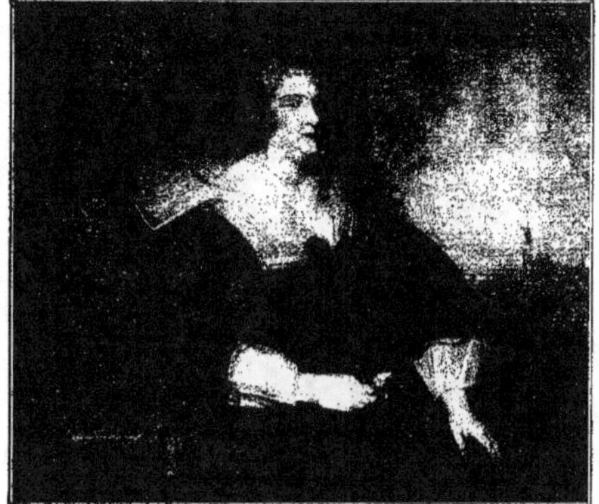

Marie de Médicis, par Van Dyck.

d'ardeur, cherchant, en copiant leurs œuvres, les secrets de la technique des grands coloristes : Giorgione, Titien, Véronèse.

Le renom du jeune peintre l'avait précédé à Mantoue, où il fit un court séjour avant de revenir à Rome, puis à Gênes.

Le prince Emmanuel-Albert de Savoie, vice-roi de Sicile, l'appela à Palerme. Il y aurait fait un séjour plus long, car de nombreuses commandes lui avaient été faites, mais la peste s'étant déclarée dans la ville, Van Dyck revint à Gênes.

Après un séjour en Italie de près de trois ans et demi, au cours duquel Van Dyck produisit un nombre considérable de tableaux et d'admirables portraits, il s'embarqua pour Marseille, où il arriva au mois de juillet 1625.

Il vint à Paris, mais il n'y demeura pas longtemps, soit qu'il ne reçut pas un accueil aussi flatteur que celui des princes et amateurs italiens, soit que le désir de revoir son pays et ses amis l'incitât à abréger son séjour.

Il était de retour à Anvers au mois de septembre de la même année.

Van Dyck y fut reçu en triomphateur, particulièrement par Rubens, justement fier de son élève. Les travaux vinrent nombreux au jeune peintre.

Cependant, le désir des voyages le hantait.

Il partit pour l'Angleterre à la fin de 1627. Le goût que le roi Charles Ier montrait pour la peinture, faisait espérer à Van Dyck de prendre une place importante à la cour de ce prince.

Cet espoir fut déçu.

Il ne put être présenté au roi, trouva peu d'occasions de produire son talent et, devant cet insuccès relatif, il ne jugea pas à propos de prolonger son séjour à Londres.

De retour à Anvers, il retrouva et ses amis et ses succès.

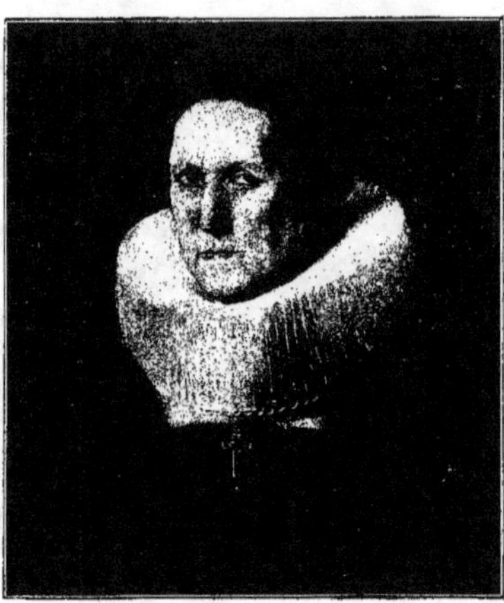

Portrait de Femme, par Van Dyck.

Pendant six années Van Dyck produisit dans les Pays-Bas un grand nombre d'œuvres. C'est de cette période que date le curieux portrait dont nous donnons la reproduction à nos lecteurs.

Sa réputation devint universelle, non-seulement comme peintre, mais comme graveur.

Charles Ier ayant eu l'occasion de voir de ses peintures, en fut enthousiasmé. Ce que Van Dyck avait cherché vainement se produisit de soi : le roi appela le jeune maître près de lui.

Jamais artiste ne fut plus fêté, plus choyé que Van Dyck à la cour du roi d'Angleterre; jamais notre peintre n'avait donné autant de preuves de son merveilleux talent. Non-seulement il était le protégé, l'ami du roi, mais les plus grands seigneurs recherchaient sa société.

Une pension considérable lui avait été attribuée dès son arrivée à Londres; quelques mois plus tard, il était créé chevalier. Il fut nommé premier peintre du roi l'année suivante.

En 1635, il peignit l'admirable *Portrait de Charles Ier*, modèle du genre, une des merveilles possédées par le Louvre.

Van Dyck fit un court voyage à Anvers en 1634. Ses confrères de l'Académie de Saint-Luc, fiers de ses succès et de son génie, le nommèrent doyen.

Il convient d'ajouter aux nombreux titres de gloire de Van Dyck, celui d'avoir puissamment contribué au développement du talent du grand émailleur Jean Petitot.

Celui-ci, venu à Londres un peu après Van Dyck, avait été fort bien accueilli par Charles Ier. Ce prince, grand amateur des choses d'art, ainsi que nous l'avons dit, rêvait d'émaux d'un genre nouveau et reproduisant les tout puissants de la peinture. Turquet de Mayerne, médecin du roi, célèbre chimiste, et Van Dyck, son premier peintre, s'unirent à l'émailleur pour réaliser le désir royal.

Van Dyck prodigua ses conseils, sa science du coloris, pour amener Petitot à produire, dans ses portraits émaillés, dans ses reproductions de tableaux, les diverses teintes de chair, la perfection d'exécution de la peinture à l'huile.

Les résultats furent les superbes portraits du célèbre émailleur.

Le charmant artiste dont nous contons la vie ne sut pas résister aux tentations du succès.

Une maladie de langueur, due aux excès de travail et de plaisirs, se déclara chez lui,

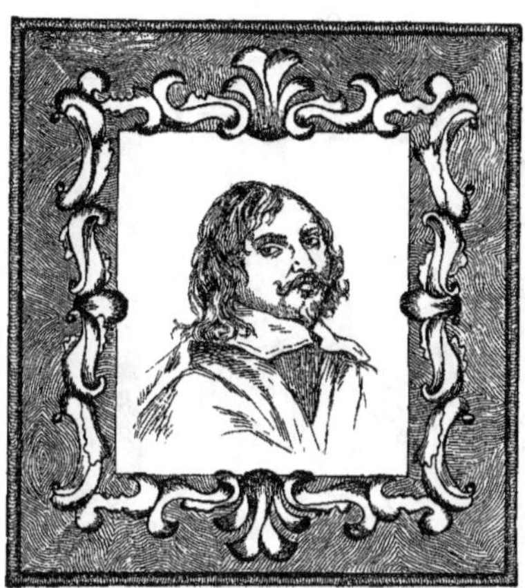

HAM (Jean-David de),
Né à Utrech en 1600, mort à Anvers en 1674 (École hollandaise.)

et il succomba n'ayant pas encore quarante-deux ans. Ce fut une grande perte pour l'art.

Avec David de Ham, nous revenons à l'école hollandaise. Il fut l'élève de son père, dont il portait le prénom, et acquit une réputation considérable en peignant des fleurs, des fruits, des natures mortes.

Il était d'une extrême habileté et avait acquis une réputation considérable en Hollande. Les malheurs des guerres ayant compromis sa fortune, il vint s'établir à Anvers avec sa famille.

Il eut deux fils, Kornelis et Jan, tous deux peintres de talent, et qui l'aidèrent souvent dans ses travaux.

David de Ham fut le maître du grand peintre de fleurs Abraham Mignon. Souvent dans l'histoire de l'art on est forcé de constater que les artistes les plus sincères, ceux surtout qui cherchèrent à s'éloigner des formules reçues pour se rapprocher de la vérité, furent peu compris et souvent dédaignés. De ce nombre fut Aalbert Cuyp, magnifique peintre, précurseur du grand Paul Potter.

Cuyp peignit avec le même souci de vérité, des animaux, des paysages, des portraits, des fleurs. Son exécution large et puissante traçait la voie que suivirent depuis les grands réalistes modernes. Cependant il vécut péniblement de son pinceau, et près d'un siècle après sa mort ses œuvres se vendaient un prix dérisoire.

Il fut l'élève de Jakob-Gerritsz Cuyp, son père, peintre habile, et l'un des fondateurs de la confrérie de Saint-Luc, à Dordrecht.

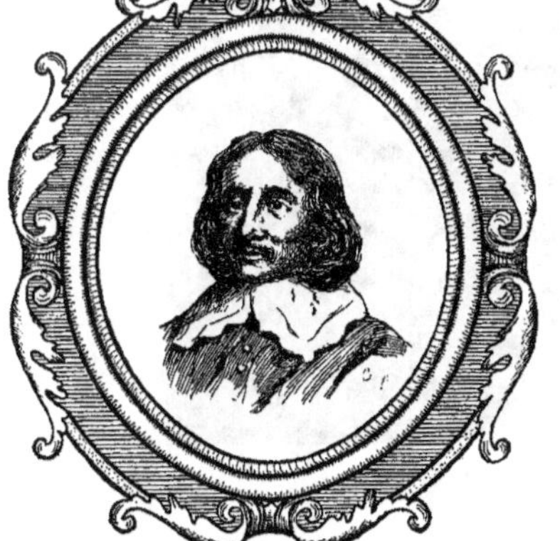

CUYP (Aalbert),
Peintre, graveur, né à Dordrecht en 1605. Il vivait encore en 1672.
(Ecole hollandaise.)

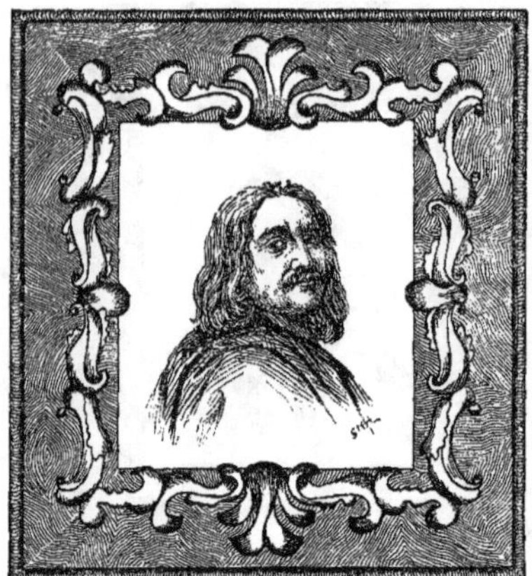

CHAMPAIGNE (Philippe de),
Né à Bruxelles en 1602, mort à Paris en 1674. (École flamande.)

Aalbert se débarrassa promptement des conventions étroites de l'école, pour ne s'inspirer que de la nature.

Il se heurta aux préjugés de la mode ; on déclara que ses ouvrages n'étaient pas suffisamment finis, que ses compositions étaient trop simples, enfin on lui reprocha, comme des défauts, ses plus belles qualités.

Cuyp ne voulut pas se plier au goût du jour, il continua à faire de bonne peinture et mourut pauvre.

Ce ne fut que dans la deuxième moitié du xviiie siècle que les amateurs français et anglais recherchèrent ses œuvres. Depuis ce moment elles ne cessèrent de suivre un mouvement ascensionnel. On n'a pas de détails sur la vie de ce grand artiste.

Nous avons eu l'occasion de parler déjà de Philippe de Champaigne.

Ce célèbre artiste, que par sa forme sévère et forte, par sa conception artistique, on pourrait classer parmi les maîtres français, appartient par sa naissance à l'école flamande.

Il commença ses études artistiques à Bruxelles dans l'atelier de Bouillon, puis travailla avec Michel de Bourdeaux et Fouquière.

Champaigne vint à Paris à l'âge de dix-neuf ans et entra dans l'atelier de l'Allemand, chez qui Poussin avait travaillé.

Philippe, ainsi que nous l'avons dit, se lia d'une étroite amitié avec le grand peintre normand.

Ils logeaient ensemble, travaillaient ensemble, et Poussin, qui revenait d'Italie, donna

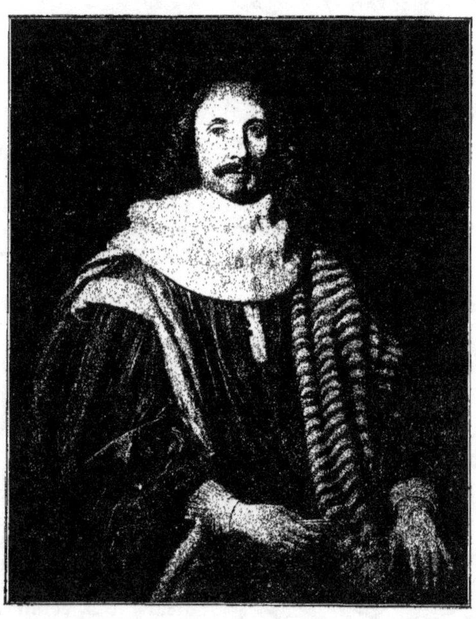

Pompone de Bellièvre, par Ph. de Champaigne.

d'excellents conseils à son jeune ami ; il eut sur le développement de son sens artistique, l'influence la plus heureuse.

Philippe de Champaigne était comme Nicolas, un studieux, et tout son effort tendait vers l'art pur.

Il avait commencé à faire des paysages et des portraits qui obtinrent un succès légitime. On peut en juger par le *Portrait de Pompone de Bellièvre*, que nous donnons dans ce livre.

Le premier peintre de la reine Anne d'Autriche, Du Chesne, ayant eu la commande d'importantes décorations au Luxembourg, engagea Champaigne et Poussin pour l'y aider.

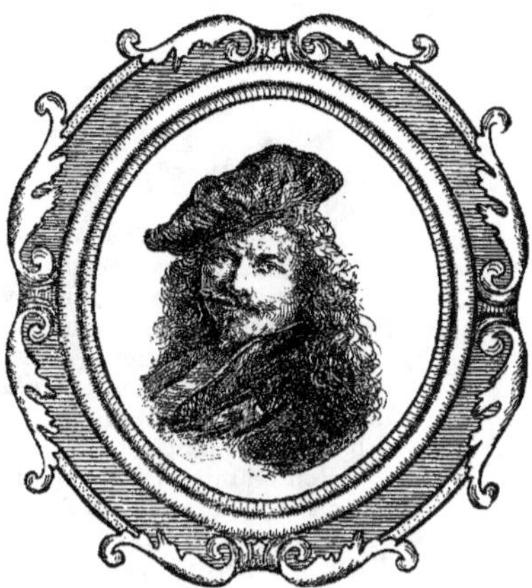

REMBRANDT (Van Ryn),
Peintre, graveur, né près de Leyde en 1606, mort à Amsterdam en 1669.
(École hollandaise.)

On a vu que Nicolas, rebuté par l'insignifiance des travaux qui lui étaient confiés,

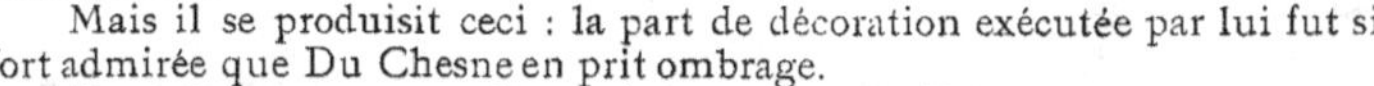

avait renoncé à la tàche ; Champaigne, plus persévérant et mieux partagé, resta à Paris.

Mais il se produisit ceci : la part de décoration exécutée par lui fut si fort admirée que Du Chesne en prit ombrage.

Il suscita toutes sortes d'ennuis à son jeune collaborateur.

Champaigne, nous l'avons dit, était une nature paisible, droite et fière ; il lui répugna de répondre par l'intrigue aux mauvais procédés dont il était l'objet. Il se sépara de Du Chesne et partit pour Bruxelles. Son intention était d'y réunir les premiers fonds nécessaires à un voyage en Italie.

Tandis qu'il faisait ses préparatifs, avis lui parvint que la reine de France le rappelait. Son départ avait fait du bruit à Paris, on en avait parlé à la cour, et Du Chesne étant mort sur ces entrefaites, on lui offrait sa place.

Philippe de Champaigne se hàta d'accepter.

Il fut dès lors le peintre officiel de la cour et des grands seigneurs.

Anne d'Autriche lui fit exécuter des peintures pour un grand nombre d'églises de Paris, entre autres pour le Val-de-Gràce, le *Repas chez Simon le pharisien*, le *Christ mort couché sur son linceul*, destiné à l'église de Notre-Dame, deux toiles représentant *Saint Gervais*, pour l'église du même nom, œuvres exposées actuellement au Musée du Louvre.

Le cardinal de Richelieu le chargea également d'une partie de la décoration de son palais.

Champaigne fut de l'Académie de peinture.

Le côté sérieux de son esprit l'avait fait rechercher la société des solitaires de Port-Royal-des-Champs, Antoine Le Maitre, Le Maitre de Sacy, Arnaud d'Andilly, Blaise Pascal ; il les fréquentait assidûment. Il exécuta du reste plusieurs tableaux pour ce monastère.

Plus tard sa fille y prit le voile.

Philippe de Champaigne, malgré les immenses travaux qu'il exécuta, fut toujours d'une probité artistique absolue et ne sacrifia rien de son exécution.

Il eut pour élève son neveu Jean-Baptiste de Champaigne, qui imita sa manière, mais sans l'égaler.

Ainsi qu'Homère, Eschyle, Shakespeare dans le domaine littéraire, Rembrandt atteint au summum de la plastique. Créateur génial d'une esthétique pour laquelle, dédaigneux de toute convention, de toute formule, il n'a fait appel qu'à son cerveau et à son cœur, il traduit le grand livre de la nature, et nul autant que lui n'a su associer plus de réalité aux envolées sublimes vers l'au-delà.

Rembrandt a la vision des prophètes. Penseur profond, il transmet à son œuvre sa profondeur de pensée; il lui donne une âme.

Mieux que Zeuxis, il a travaillé pour l'immortalité, et sa noble fierté d'artiste a sacrifié la fortune à son culte de l'art.

Les plus ineptes calomnies ont été formulées contre lui par ses contemporains. On l'a représenté comme une sorte de fou, comme un avare assoiffé par l'amour de l'or, usant de procédés frisant l'escroquerie pour obtenir un prix plus élevé de ses merveilleuses eaux-fortes. Ces accusations, transmises d'age en âge, se retrouvent même dans l'*Histoire des Peintres*, de Charles Blanc, où l'auteur, malgré l'admiration que lui inspire cet artiste, les rapporte en détail et termine en disant que Rembrandt mourut laissant d'immenses richesses à son fils Titus. Or, Titus mourut un an avant son père et l'admirable peintre hollandais, réduit à la plus profonde misère, dut son cercueil à la charité.

Les savantes recherches des critiques du monde entier, ont fait justice de ces inexactitudes et nous ont montré Rembrandt tel qu'il fut : un grand, noble et pur artiste.

Il était fils d'un meunier d'origine juive nommé Harmen Gerritsz et surnommé Van Ryn, c'est-à-dire *du Rhin*, parce que son moulin était situé sur un bras de ce fleuve, près de Leyde, entre les villages de Leyendrop et de Koukerch. Sa mère, Cornélie Van Zuitbroeck, le mit au monde le 15 juin 1606. (Certains biographes donnent la date de 1608, mais la première est plus généralement adoptée).

Il reçut au baptême le nom de Rembrandt, qu'il devait immortaliser.

Ses parents étaient aisés, presque riches, puisqu'ils possédaient plusieurs maisons à Leyde et un moulin à drêche, le fils faisait preuve d'une vive intelligence : on le destina à une carrière libérale et il fut envoyé à l'Université de Leyde.

Mais les études classiques n'avaient aucun attrait pour le jeune Rembrandt; il manifestait une vocation marquée pour le dessin; il voulait être peintre.

Les parents ne s'opposèrent pas à ce désir.

Il quitta l'Université pour entrer chez son parent, Jacob Van Swenenburch, peintre médiocre, chez qui il demeura trois ans. Il se rendit ensuite à Amsterdam pour prendre des leçons de Pieter Lastman. Après avoir reçu pendant environ six mois les leçons de ce maître, il devint, pendant le même laps de temps, l'élève de Jacob Pinas. Certains biographes affirment

qu'il reçut aussi des conseils du peintre George Schooten. Il se jugea suffisamment préparé pour poursuivre seul ses études, et revint au moulin
paternel pour travailler avec la nature. Il avait alors environ vingt ans.
C'était un grand et robuste garçon, aux yeux vifs et intelligents.

Rembrandt, qui paraît avoir été l'enfant chéri, installa son atelier à sa
guise et se mit au travail avec une ardeur extraordinaire, en compagnie de
son ami Jan Liévenz, comme lui né à Leyde et qu'il avait retrouvé dans
l'atelier de Pieter Lastman.

Deux préoccupations dominaient les études de Rembrandt : la lumière,
l'expression. Exprimer la pensée, l'âme de ses modèles ; les placer dans
l'air ambiant, au milieu de rayons lumineux, n'est-ce pas leur donner
la vie ?

D'autres condisciples, des amis venaient rendre visite à Rembrandt ;
sa réputation s'établissait, sa fière confiance dans son génie s'imposait à son
entourage. A Leyde on le considérait si bien comme un futur grand homme,
que le père de Gérard Dov n'hésitait pas à envoyer celui-ci, en 1628,
prendre les conseils du jeune maître, bien que Gérard fut plus âgé de huit
ans que son professeur.

Rembrandt multipliait les peintures, les dessins, les eaux-fortes, mais
sans aucune préoccupation d'en tirer parti. Cependant, un de ses tableaux
ayant obtenu un succès exceptionnel dans son groupe d'intimes, on lui
conseilla d'aller montrer cette œuvre à un riche amateur de La Haye, protecteur éclairé des jeunes artistes.

L'accueil que reçut Rembrandt fut des plus favorables ; il eut même
grand peine à contenir sa surprise : l'amateur lui offrait 100 florins de son
œuvre.

Il avait entrepris son voyage à pied. Dans sa joie de voir tant d'argent
en sa possession, grâce à ses pinceaux, il sauta dans la voiture de poste pour
porter plus tôt l'heureuse nouvelle à son père.

Ici se place une amusante anecdote.

La voiture dans laquelle le jeune peintre avait pris place étant arrivée
à l'auberge où l'on devait manger, voyageurs et conducteur descendirent, à
l'exception de Rembrandt ; l'émotion lui avait peut-être coupé l'appétit ;
peut-être voulait-il garder intact son trésor.

Cependant, le garçon d'écurie ayant retiré l'auge portative dans
laquelle il avait donné l'avoine aux chevaux et ne les ayant ni dételés ni
attachés, ils continuèrent la route, laissant derrière eux et leur conducteur
et les voyageurs, et ne s'arrêtèrent qu'à Leyde, dans l'auberge où se trouvait leur écurie. Rembrandt sauta de voiture et courut au moulin paternel.

Cette première vente, en lui donnant la mesure de ce qu'il pouvait
tirer de son talent, l'engagea à aller s'établir à Amsterdam.

Son succès y fut considérable.

En 1630, à peine âgé de vingt-quatre ans, Rembrandt était déjà célèbre
non-seulement comme peintre, mais encore comme graveur.

Pour montrer sa science du portrait, genre dans lequel il fut ini-
mitable, ainsi qu'on peut en juger par la gravure que nous reproduisons, il en exécuta un grand nombre de lui, tant en peinture qu'en

eaux-fortes. Peu après il ouvrit une école où affluèrent de nombreux élèves. Certains, comme Gérard Dov, étaient déjà sous sa direction au moulin paternel.

En cette circonstance, Rembrandt donna la marque de la puissante originalité faisant le fond de sa nature. Le local fut divisé en de nombreuses cellules, où chaque élève devait séparément étudier le modèle vivant. Il ne voulait pas que l'étude en commun diminuât l'originalité de chacun.

De ces cellules sortirent des peintres tels que Gérard Dov, Van Eckout, Van Hoogstraeten, Govaert Flinck, Léonard Bramer, Ferdinand Bol, Nicolas Maas, Salomon et Philips Koning et bien d'autres.

Les personnages les plus riches, les plus considérés, tenaient à honneur de lui confier leur fils.

Au milieu de ces disciples pour lesquels il semblait un demi-dieu, Rembrandt se livrait au travail avec plus d'ardeur que jamais.

Un de ses premiers protecteurs, lors de son arrivée à Amsterdam, avait été le médecin Tulp, professeur d'anatomie; le merveilleux artiste lui marqua sa reconnaissance en l'immortalisant dans son tableau de la *Leçon d'anatomie*, qui fait aujourd'hui l'orgueil du Musée de La Haye.

Il gagnait un argent fou, mais bien loin d'être l'avare qu'on a voulu faire de lui, il dépensait son gain en riches vêtements, en bijoux, en armes anciennes, et surtout en œuvres d'art.

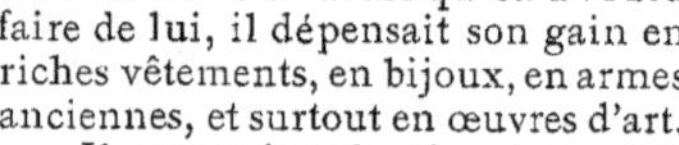

Portrait de Femme, attribué à Rembrandt.

Il montrait volontiers à ses visiteurs ses épées rouillées, ses hallebardes, ses turbans d'étoffes précieuses, disant en plaisantant :

« Voilà mes antiques. »

Mais son atelier contenait aussi les moulages des plus beaux marbres antiques.

« Ce sauvage ignorant du dessin », ainsi qu'on l'a appelé pendant des siècles, possédait dans son atelier des tableaux de Raphaël, de Giorgione, de Palma le Vieux. Il achetait à prix d'or les œuvres complètes de Mantegna et de Marc-Antoine en superbes épreuves. Il avait encore, d'après le catalogue de sa vente, où nous trouvons ces précieux détails, quatre gros portefeuilles de dessins des plus grands maîtres de toutes les époques et de tous les pays.

Rembrandt admirait tout et n'imitait rien.

Quatre ans environ après son installation à Amsterdam, l'illustre maître rencontrait une charmante jeune fille, Saskia Uylenburg, du village de Ransdorp en Waterland, et il l'épousait le 22 juin 1634.

Nous donnons ici la reproduction d'un des portraits que l'artiste fit d'après elle.

Ce mariage augmenta sa vogue.

Rembrandt était rien moins que mondain ; il tenait trop à sa liberté, il aimait trop son travail pour se plier aux conventions de la société élégante. Il se souciait fort peu de plaire à ses concitoyens.

La jeune femme, gracieuse, aimable, atténua pendant un certain temps le mauvais effet produit par les bizarreries de son mari.

La grande mode était alors de faire faire son portrait par Rembrandt, mais la chose n'était pas aussi aisée qu'on pourrait le croire.

Souvent l'artiste refusait si le modèle ne lui convenait pas.

Acceptait-il ; ne travaillant pas pour ses clients mais pour lui-même, avec l'unique souci de produire une œuvre, il imposait souvent à ses modèles des attitudes, des accoutrements, des effets de lumière qui leur déplaisaient.

Le croirait-on, la production d'un de ses plus immortels chefs-d'œuvre : la *Ronde de nuit*, lui causa un énorme préjudice et lui créa un grand nombre d'ennemis.

Ce tableau lui avait été commandé pour le lieu de réunion de la corporation des couleuvriniers d'Amsterdam, et devait lui être payé, suivant l'usage,

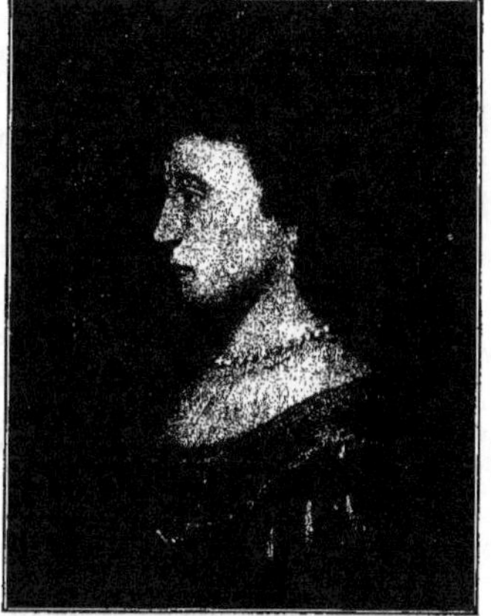

Portrait de Saskia, par Rembrandt.

par tous les membres affiliés de la corporation. Sans se soucier de l'usage qui, dans ces sortes de tableaux, faisait placer les personnages en rang sous un jour égal et facilement reconnaissables, Rembrandt ne songea qu'à faire un tableau. Mais quel tableau !

Le mérite artistique disparut devant les vanités blessées. Rembrandt avait mis en lumière les chefs surtout ; les autres, moins favorisés, se jugeant frustrés, jetèrent les hauts cris. Rembrandt n'était pas homme à écouter leurs récriminations.

Un autre fait vint fournir aux ennemis de Rembrandt un argument qui accentua la désaffection du public. Abandonnant l'exécution très finie qui avait contribué à son immense succès, il élargissait sa manière, la rendait plus libre, se lançant dans des recherches de clair-obscur qui déroutèrent. On ne comprit pas cette forme définitive du hardi novateur.

Les commandes se firent plus rares.

Mais Rembrandt triomphait toujours avec ses eaux-fortes.

Ces merveilleuses estampes, dont le nombre s'élève à 376, et qui furent exécutées de 1628 à 1661, non-seulement Rembrandt les gravait, mais il les imprimait lui-même. Seul dans son atelier, il quittait la pointe pour prendre le tampon et les chiffons du taille-doucier. Alors avec une science, un goût que pouvait seul avoir le créateur de l'œuvre, il imprimait ces épreuves, dont certaines, aujourd'hui, atteignent le prix fabuleux de 125.000 francs.

Ces épreuves, il n'en faisait pas une semblable. Variant chaque fois la quantité d'encre laissée sur la planche, il en changeait chaque fois l'aspect. Qui n'a pas vu une de ces épreuves, ne peut juger le génie de Rembrandt graveur.

Les amateurs se les disputaient, et cela se conçoit, chacune d'elles constituant en quelque sorte une œuvre unique.

Rembrandt les vendait fort chères, ainsi que le prouve l'anecdote qui suit :

Un jour, un marchand étant venu lui proposer de superbes épreuves de Marc-Antoine, dont il était grand amateur, il refusa d'acheter étant momentanément dépourvu d'argent. Le marchand lui proposa de lui prendre en échange quelques eaux-fortes. Rembrandt venait de faire son admirable gravure de *Jésus guérissant les malades*. Il montra une épreuve qui provoqua l'enthousiasme des assistants. Le maitre l'estima cent florins, prix que le marchand s'empressa d'accepter.

Depuis ce temps cette gravure est souvent désignée sous le nom de la *Pièce aux cent florins*.

Rembrandt aimait les riches étoffes, les bijoux, les fourrures, non pour en tirer vanité, mais pour leur beauté propre, pour leur éclat. Il aimait, dans l'intimité, à s'en parer et à en parer sa femme.

Sa vie était d'une simplicité monacale et il se contentait pour ses repas d'un hareng salé ou d'un morceau de fromage. Beaucoup y virent la crainte de la dépense. Rembrandt était un simple.

Il aimait profondément le peuple et se plaisait en compagnie des humbles. Comme on le lui reprochait un jour, il répondit :

— Quand je veux me délasser de mes travaux, je ne cherche pas les grandeurs qui me gênent, mais la liberté.

Cela ne l'empêchait pas d'avoir d'excellents amis parmi les personnalités les plus marquantes de la ville : le professeur Tulp, Renier Anslo, ministre anabaptiste; le vieux Haaring, le grand amateur d'estampes Abraham France, le fameux orfèvre Janus Lutma, le calligraphe Coppenole, et enfin son plus intime, le bourgmestre Six. Il fut également l'ami de Spinosa, dont le vaste esprit l'avait séduit.

Au commencement de 1639, Rembrandt acheta une maison, sur le prix de laquelle il ne versa qu'une faible somme. Bien que ses ressources diminuassent sensiblement, le maître continuait à contenter sa passion pour les œuvres d'art et les achetait sans compter.

Il n'avait que trente-trois ans; il avait été proclamé le plus grand peintre de son pays; la vogue devait revenir. Il n'hésita pas à contracter des emprunts onéreux et accepta, avec la facilité de l'artiste inconscient des chiffres, des engagements ruineux. Ce fut le commencement de ses malheurs.

La santé de la femme qu'il adorait vint bientôt lui causer de terribles inquiétudes. La naissance d'un fils que, en souvenir d'une belle-sœur morte, Rembrandt avait nommé Titus, l'avait terrassée ; elle languit quelques mois et s'éteignit le 19 juin 1642.

De même qu'il avait associé sa femme à ses joies en la gravant, en la dessinant, en la peignant seule ou à ses côtés, il exprima sa douleur et ses angoisses dans d'admirables eaux-fortes, où la jeune femme, alitée, amaigrie, n'était plus que l'ombre d'elle-même.

Saskia avait marqué son amour pour son mari en lui léguant sa fortune, 41.000 florins, disant dans son testament que s'il se remariait il devrait en verser moitié à leur fils Titus.

Pendant quelque temps, la grande maison où n'était plus la chère disparue, lui sembla insupportable.

Il en laissa le soin à la nourrice de son fils et passa une grande partie de son temps en de longues promenades à la campagne.

Une évolution se produisit dans son talent.

Jusqu'alors Rembrandt dans ses paysages s'était tenu, en les magnifiant, aux formules classiques. A partir de la mort de sa femme, ce brusque et fréquent contact avec la nature, l'émut. Il traduisit cette émotion en des dessins, en des eaux-fortes qui atteignent au sublime.

La rencontre qu'il fit d'une jeune paysanne, Hendrikje Stoffels, qui fut près de lui le modèle des servantes et des amies, aussi dévouée au maître que tendre pour son enfant, fut une atténuation à son chagrin.

L'isolement dans lequel l'avait fait s'enfermer son deuil avait eu un contre-coup terrible sur sa situation.

Les intérêts des emprunts n'étant pas payés, les créanciers le harcelaient ; le sachant gêné d'argent, les amateurs refusaient de payer peintures et eaux-fortes aux prix d'autrefois.

Enfin la catastrophe se produisit : il fut déclaré en faillite et sa maison inventoriée les 15 et 16 juillet 1656.

Il dut quitter tous ces chers objets, ces belles choses qui causaient sa ruine. Pendant quelque temps il vécut dans des gîtes de hasard, vivant au jour le jour des bribes qu'il parvenait à vendre.

En décembre 1657, la vente publique eut lieu, dirigée par Haring le Jeune, dont Rembrandt avait fait le portrait. Les trésors réunis par le grand artiste, les merveilles qui lui avaient coûté des sommes folles furent dispersées à vil prix puisque, avec la maison, elles ne produisirent que 11.500 florins.

On intenta un procès aux créanciers, revendiquant pour Titus ses droits de priorité sur l'héritage maternel. Ce procès dura neuf ans et fut gagné par le fils de Rembrandt. La ruine du grand homme fut donc causée en pure perte, et simplement pour la satisfaction d'une basse vengeance.

Rembrandt cependant était toujours à la merci de ses créanciers.

Ce fut sa servante Hendrikje qui le sauva.

Elle trouva pour lui un atelier dans le Roosgracht (canal aux roses), un

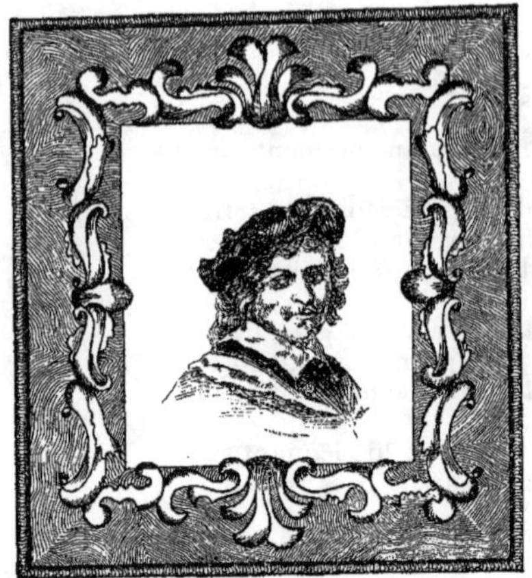

DOV (GÉRARD),
Né à Leyde en 1598, mort en 1680. (École hollandaise.)

des quartiers les plus pauvres d'Amsterdam, et organisa avec Titus une association pour la vente des œuvres d'art. L'association servait une rente de 1.750 florins à Rembrandt en échange de la totalité des ouvrages qu'il produirait.

Plus que jamais le travail fut la consolation du grand artiste. Les commandes se faisant toujours plus rares, ce fut pour lui, parmi ses proches, qu'il chercha ses modèles. Ce fut d'après eux qu'il exécuta ses œuvres les plus extraordinaires.

En 1661, les syndics des drapiers se firent peindre par lui. Il produisit la merveille d'expression et de vie que l'on admire au Rysks-Museum, mais ce fut une dernière commande officielle.

Deux amis lui étaient demeurés fidèles : le bourgmestre Six et le calligraphe Coppenol, cependant leurs visites se firent plus rares.

En 1662 Hendrikje mourait, perte irréparable pour Rembrandt.

Cependant il eut encore la joie de voir son fils chéri se marier, joie trop courte puisque Titus mourait quelques mois plus tard. Une fille posthume naquit de cette union; le grand-père put l'embrasser avant de mourir le mardi 8 octobre 1669.

Cet homme, un des plus grands artistes qui aient jamais existé, le plus grand peintre, peut-être, dut à la charité publique les 15 florins que coûta son enterrement.

Certains points caractérisent cette admirable figure. Il eut toute sa vie un profond amour pour les humbles. C'est parmi eux qu'il cherchait de préférence ses modèles. Dans ses tableaux religieux, on le voit constamment s'inspirer des doctrines évangéliques pures pour flageller les mauvais riches et rehausser les pauvres.

Répétons-le : ce merveilleux créateur de richesses mourut seul, abandonné, dénué de tout.

Et ses eaux-fortes valent des millions, ses dessins valent des millions, et ses peintures plus de millions encore.

Nous avons dit que Gérard Dov avait été l'élève de Rembrandt, mais avant de venir au moulin où le grand hollandais s'était installé, Gérard avait déjà fait des études.

Son père était vitrier à Leyde. Il le mit d'abord chez Bartholomé Dolendo, graveur, pour lui faire apprendre le dessin, puis le fit passer chez Peter Kouwhoorn, peintre sur verre.

Le jeune Dov eut bientôt dépassé son maître; il l'abandonna pour se livrer à l'étude de la peinture à l'huile.

Il y obtint un énorme succès.

Lorsque Rembrandt abandonna sa première manière finie, Dov bénéficia grandement du discrédit qui frappa le grand artiste. Son exécution précieuse ravissait le public. Dov mettait un temps considérable pour exécuter ses tableaux et cependant il en a produit un grand nombre. Il les vendait un prix énorme.

L'électeur palatin lui acheta son tableau de la *Femme hydropique*, actuellement au Louvre, 30.000 florins, presque trois fois ce que représenta l'actif de Rembrandt.

Dov, dans la crainte de la poussière, s'était fait construire un atelier dans lequel on accédait de l'étage supérieur, par une trappe et une échelle.

On n'a pas de détails sur sa vie, mais on sait qu'il mourut très vieux et fort riche.

C'est un peintre recommandable, mais sa peinture est froide et dénuée de sentiment.

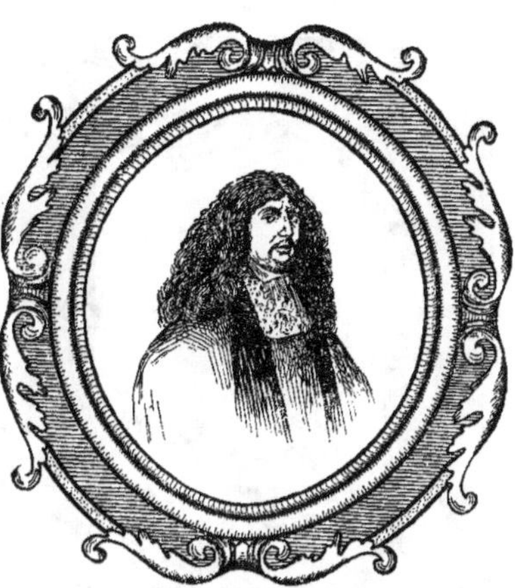

TERBURG (Gérard),
Né à Zwolle en 1608, mort à Deventer en 1681. (École hollandaise.)

Parmi ses élèves les plus distingués on remarque surtout Schalcken, Franz Miéris et Gabriel Metsu.

Beaucoup plus vivant et plus intéressant fut Gérard Terburg qui, tout en conservant les qualités d'exécution de l'école hollandaise, ne sombra pas dans l'exécution un peu mesquine et sèche des petits maîtres.

Son père, peintre d'histoire, qui avait longtemps habité Rome, fut son premier maître. L'étude des maîtres hollandais qui, à cette époque, travaillaient à Harlem, lui permit de se perfectionner.

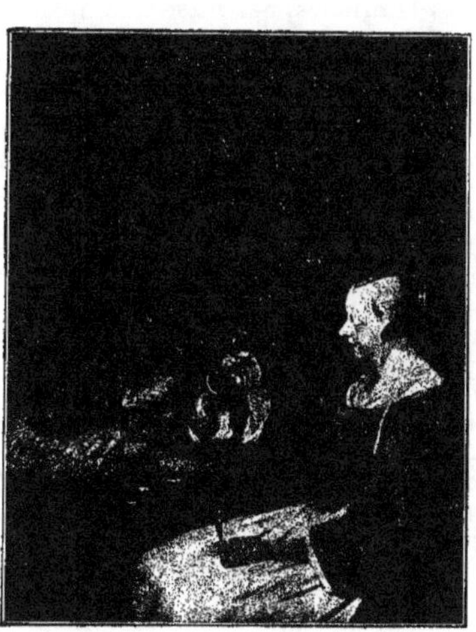

La *Servante hollandaise*, par Terburg.

Excellent dessinateur, peintre alerte et brillant, il partit en quête de la fortune. Il visita l'Allemagne et l'Italie, perfectionnant son talent.

En 1648, se trouvant au congrès de Munster, il peignit une composition dans laquelle il représenta les ministres plénipotentiaires qui s'y trouvaient. Cet ouvrage obtint un énorme succès.

Le ministre d'Espagne, charmé du talent de l'artiste, l'engagea, à la suite du congrès, à le suivre à Madrid.

Terburg accepta.

Son succès en Espagne fut considérable. Il fit le portrait du roi, qui le créa chevalier et le paya royalement.

Il passa ensuite en Angleterre, puis en France, et regagna enfin les Pays-Bas.

Il possédait une fortune hono-

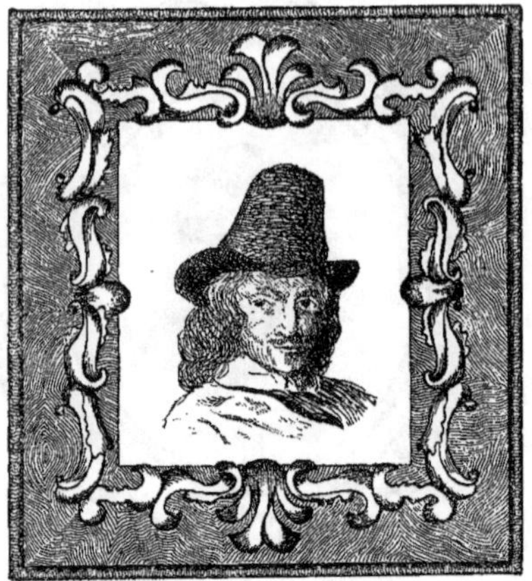

OSTADE (Adriaan Van).
Peintre, graveur, né à Lubeck en 1610, mort à Amsterdam en 1685.
(École hollandaise.)

rable. S'étant établi à Deventer, il fut nommé bourgmestre. Il acheva sa vie partageant son temps entre la peinture et ses fonctions administratives, s'occupant avec autant de zèle de l'une que de l'autre.

Terburg se plaisait dans l'exécution des scènes de genre, comme celle que nous reproduisons.

Le Musée du Louvre possède plusieurs tableaux de lui, que l'on revoit toujours avec plaisir.

Adriaan Van Ostade quitta fort jeune sa ville natale pour aller se placer, à Harlem, sous la direction du terrible Franz Hals.

Il rencontra dans l'atelier de ce maître Adriaan Brauwer, dont il devint l'intime ami.

Les deux jeunes artistes étaient faits pour se comprendre, tout au moins au point de vue artistique, car Ostade n'avait nullement les goûts de plaisir qui causèrent la perte de son ami et condisciple.

Ayant fini ses études, Ostade s'établit à Harlem. Après les rudes épreuves qui trop souvent marquent le début de la carrière artistique, il finit par y gagner sa vie honorablement.

Il aimait à représenter des scènes familières, des intérieurs, mais il savait y introduire un sentiment de vérité naïve pleine de charme.

Ce bel artiste possédait au plus haut point les vertus familiales ; il s'était marié jeune et une nombreuse lignée lui était venue. Dans un remarquable tableau que possède le Louvre, Adriaan s'est représenté aux côtés de sa femme, avec leur fils et leurs cinq filles. Indépendamment de ses enfants, il eut encore à sa charge son jeune frère Isack, dont il fit l'éducation artistique.

En 1666, la crainte que provoqua chez lui l'approche des troupes françaises fut telle qu'il vendit tout ce qu'il possédait à Harlem, afin de partir pour Lubeck. Arrivé à Amsterdam, comme il allait s'embarquer, un amateur de ses amis, Constantin Senneport, l'engagea à ne pas céder à une telle panique. Il lui offrit sa maison pendant quelque temps.

Les nombreux amateurs qu'Ostade eut l'occasion d'y voir, lui persuadèrent qu'il avait tout intérêt à demeurer dans une ville où ses œuvres étaient fort appréciées et recherchées.

Les commandes lui vinrent si nombreuses que, malgré sa grande habileté et son extrême assiduité au travail, il ne parvenait pas à satisfaire les amateurs désireux de posséder de ses œuvres.

Adriaan Van Ostade, indépendamment de son grand talent de peintre, fut aussi un remarquable graveur.

Cornelis Bega et Cornelis Dusart furent ses élèves.

David Teniers, le Jeune nous ramène à l'école flamande.

Il fut d'abord élève de son père, David Teniers, le Vieux, excellent peintre qui s'était formé à l'école de Rubens et avait longtemps vécu en Italie.

Le jeune David prit ensuite des leçons du joyeux Adriaan Brauwer et l'on peut dire que celui-ci fut son véritable maître.

Le passage qu'il fit dans l'atelier de Rubens influa moins sensiblement sur son talent.

Il fut reçu maître peintre en 1622.

Ses débuts ne furent pas heureux ; il plaçait difficilement ses ouvrages, auxquels on préférait ceux de Van Thilborg, de Van Artois et de Van Heil, qui bénéficiaient d'une mode dont le temps devait faire bonne justice.

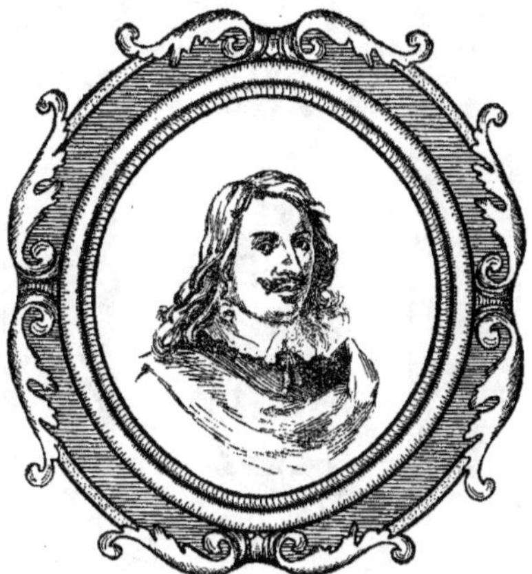

TENIERS, LE JEUNE (DAVID),
Né à Anvers en 1610, mort à son château de Perk en 1694.
(École flamande.)

Une circonstance heureuse changea subitement et heureusement la situation de David : l'archiduc Léopold ayant vu un de ses tableaux, le fit appeler. Il fut si charmé, non-seulement du talent de l'artiste, mais aussi de son caractère, qu'il se déclara son protecteur, le nomma peintre de la cour, chambellan et directeur de sa galerie de tableaux.

Mieux encore : il envoya des ouvrages de son protégé dans les différentes cours d'Europe.

Avec des œuvres aussi intéressantes, aussi curieuses et une semblable protection, il est aisé de deviner le résultat.

Ce ne fut pas un succès, ce fut un triomphe.

Le roi d'Espagne s'enthousiasma si fort pour David, qu'il fit construire une galerie destinée à recevoir uniquement de ses peintures.

Les temps étaient bien changés ; maintenant le brillant peintre ne pouvait suffire aux commandes.

La reine Christine de Suède obtint de lui quelques tableaux, le paya magnifiquement ajoutant, comme récompense, son portrait et une chaîne d'or.

Maintenant, Teniers était l'ami des princes.

Don Juan d'Autriche, qui était son élève, voulut faire le portrait du fils de l'artiste, et le lui laissa en souvenir des leçons qu'il avait reçues.

Ce formidable succès fut, au point de vue de l'art, un malheur pour Teniers. Il dut, pour satisfaire aux incessantes demandes des grands seigneurs et des amateurs, abuser de sa facilité. Il lui arrivait souvent de commencer et de finir un tableau dans une journée.

Dans de pareilles conditions, malgré tout son talent, Teniers devait souvent se contenter d'une exécution quelque peu factice et superficielle, de formules qui le faisaient tomber dans des répétitions.

Il a cependant donné, dans un certain nombre d'œuvres, la mesure du mérite qui le place, avec Hals, Rubens et Van Dyck, au premier rang des

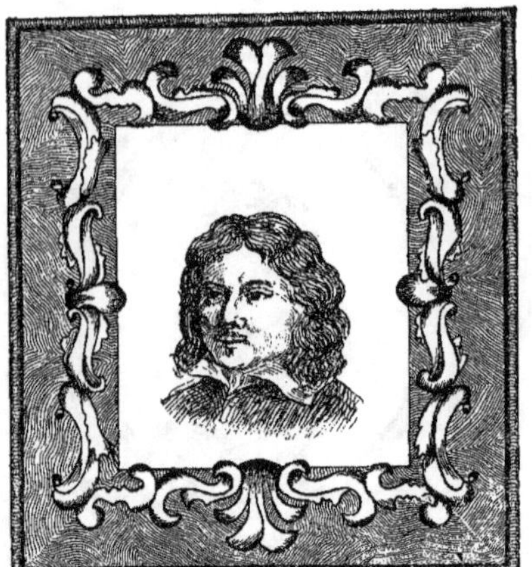

METSU (Gabriel),
Né à Leyde en 1615, mort à Amsterdam en 1658. (École hollandaise).

maîtres flamands. Notre grand Musée national possède entre autres de Teniers des tableaux comme l'*Enfant prodigue avec des courtisans*, les *Œuvres de Miséricorde*, qui certainement ne sont pas des improvisations, et qu'on ne se lasse pas d'admirer.

David Teniers ne tarda pas à acquérir une grande fortune. Il se fit bâtir à Perk, un château peu éloigné de celui que son ami et ancien maître Rubens possédait près de Malines. Ce château devint bientôt le rendez-vous de tout ce que la Belgique comptait d'hommes distingués dans la noblesse, les arts et les lettres.

Teniers fut doyen de l'Académie de Saint-Luc, pour la période de 1644 à 1645.

Le nombre de ses ouvrages est immense.

David Teniers avait un frère ainé, Abraham Teniers, qui fut aussi l'élève de Teniers le Vieux. Il peignit des kermesses, des sujets de genre comme son jeune frère, mais avec moins de talent.

Quelques grands hollandais nous retiendront encore; Gabriel Metsu est du nombre.

On a fort peu de détails sur ce délicat artiste. On ne connaît même pas son premier maître.

Il était pauvre. Jugeant qu'il ne pourrait suffisamment se perfectionner à Leyde, il quitta fort jeune sa ville natale et vint s'installer à Amsterdam. Il y étudia les œuvres de Gérard Dov.

Metsu ne tarda pas à se faire un nom honorable parmi les beaux peintres qui vivaient à cette époque à Amsterdam. Il fit des portraits, mais c'est surtout dans des scènes de genre comme le *Marché aux herbes d'Amsterdam*, que l'on voit au Louvre, ou la *Leçon de musique*, au même Musée, qu'il donna la marque de son talent.

Il mourut à peine âgé de quarante-cinq ans.

Ses œuvres se vendent un prix considérable.

Paul Potter était digne de prendre rang aux côtés de Rembrandt, dans cette magnifique école hollandaise, si complète, si variée, qui devançait de près de deux siècles la vision réaliste des modernes.

Peu d'artistes ont montré autant de sincérité profonde dans l'expression de la nature. En voyant certaines peintures de ce bel artiste, par exemple, la *Prairie*,

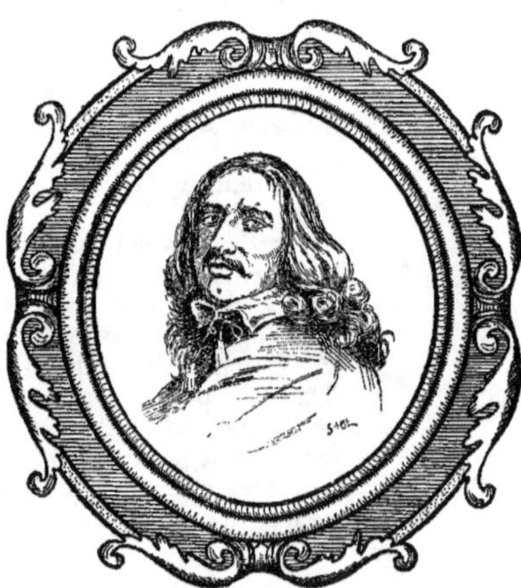

POTTER (Paul),
Peintre, graveur, né à Enckhu zen en 1625, mort à Amsterdam en 1654
(École hollandaise.)

exposée au Musée du Louvre, et si l'on songe qu'il mourut à vingt-sept ans, on est en droit de se demander quelles œuvres il aurait pu produire si la mort ne l'avait pas arraché si prématurément à l'art.

Il fut l'élève de Pieter Potter, son père, peintre sans grand mérite. Paul avait la peinture dans le sang : à quatorze ans ce n'était plus un élève, mais un artiste accompli.

C'était une nature fine, délicate, d'une extrême sensibilité.

Il quitta Amsterdam, malgré le grand succès qu'il y obtenait et alla s'établir à La Haye.

Son succès fut plus grand encore. Les princes, les plus grands amateurs se disputèrent ses œuvres.

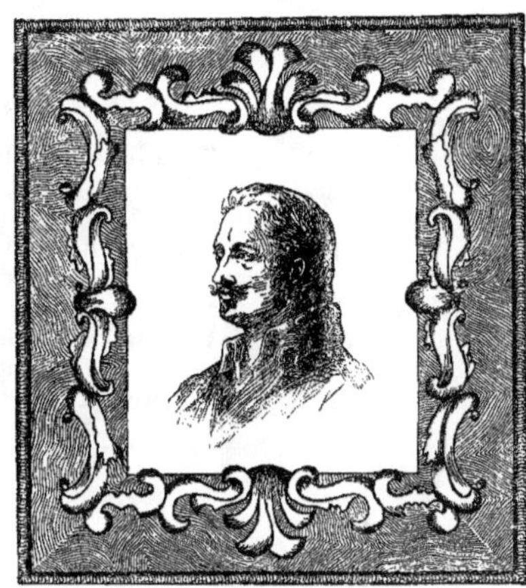

RUISDAEL (Jakob),
Peintre, graveur, né à Harlem vers 1630, mort dans la même ville en 1681. (Ecole hollandaise.)

A vingt-cinq ans, il épousa la fille du riche architecte Balkenende.

Cependant les amateurs d'Amsterdam réclamaient la présence de leur grand peintre. Le bourgmestre Tulp fut leur interprète, et ses sollicitations décidèrent Potter à revenir dans la capitale artistique de la Hollande. Tulp lui fit exécuter un assez grand nombre de tableaux.

Les excès de travail auquel il dut se livrer eurent raison de sa faible santé ; il tomba en éthisie et mourut n'ayant pas encore vingt-neuf ans accomplis.

Il eut pour élève Jan Le Ducq et, parmi ses imitateurs, on cite Karel du Jardin, Herman Zachtleven et Albert Klomp.

Les peintres français de l'école de 1830 lui ont beaucoup emprunté.

De même qu'à Potter, les paysagistes modernes se sont grandement inspirés des œuvres de Jakob Ruisdaël.

Ce grand artiste était, lui aussi, profondément ému devant les grands spectacles de la nature, et il mit toute son âme à traduire cette émotion sur la toile.

On jugera avec quel sentiment il savait représenter la campagne par la gravure que nous reproduisons.

Ruisdaël est le peintre de la forêt ; les chênes centenaires le touchent comme de vénérables ancêtres et il les salue.

Il était fils d'un ébéniste de Harlem qui le destina à la médecine.

Tout en faisant ses études classiques il ne négligeait ni le dessin ni la peinture. A l'âge de douze ans il produisit des tableaux qui étonnèrent les artistes et les amateurs. On a de lui des tableaux datés de 1645, c'est-à-dire alors qu'il avait environ quinze ans, qui sont d'un artiste consommé.

On ignore quel fut son maître, mais il n'est pas difficile de deviner que ce jeune homme, passionnément épris d'art, fréquentant tous les peintres, devait apprendre en les voyant travailler, et qu'il en recevait des conseils. Dans tous les cas, son intimité avec Nicolas Berghem, met hors de doute qu'il travailla à ses côtés. Everdingen l'inspira également, car on trouve dans les premières œuvres de Ruisdaël l'influence évidente de ce peintre.

Cependant, il poussa jusqu'au bout ses études médicales et, reçu docteur, il exerça la profession de médecin avec beaucoup de succès.

Mais ce n'était pas sa vocation : l'art le réclamait.

Il se voua complètement à la peinture et bientôt ses œuvres furent recherchées. A l'occasion, Berghem y peignait les figures.

On prétend que Ruisdaël ne quitta jamais les environs de Harlem et d'Amsterdam ; un fait contredit cette assertion. Il existe de l'artiste des

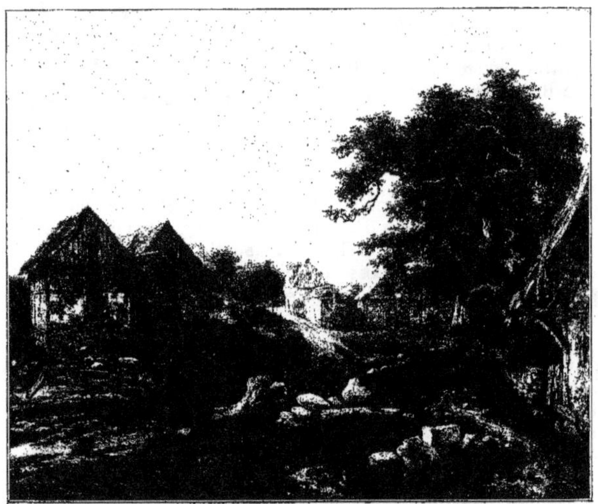

Paysage, par Ruisdaël.

vues de Suisse et d'Allemagne qui semblent établir qu'il a visité ces deux pays.

Jakob Ruisdaël eut un frère, Salomon Ruisdaël, de vingt ans plus âgé, qui étudia la peinture avec Jan Van Goyen, et imita la manière de son frère cadet, tout en lui étant très inférieur.

Ruisdaël avait pour ami un original, médecin et peintre comme lui, mais qui, continuant à exercer la médecine, peignait en amateur.

Cet amateur se nommait Meindert Hobbema ; c'était un des plus grands artistes de son époque.

Meindert, entre ses visites, produisait des chefs-d'œuvre, mais il ne les vendait pas, il en faisait présent à ses amis.

Il possédait une fortune honorable et sa maison était le rendez-vous des artistes les plus estimés, Adriaan Van de Velde, Philips et Peter Wouverman, Berghem, Lingelbach, Storck, qui se chargeaient souvent de peindre les figures de ses tableaux étaient, avec Ruisdaël, ses hôtes habituels.

Il vécut pendant de longues années sans que les écrivains artistiques s'occupassent de lui.

Après sa mort, comme les tableaux de Ruisdaël se vendaient un prix fort élevé, alors que les peintures d'Hobbema, malgré leur perfection, ne trouvaient pas d'amateur, les marchands effacèrent sa signature pour y substituer celle de Ruisdaël. Ce ne fut que vers le commencement du XIXᵉ siècle que la personnalité de Meindert ayant été mise en lumière, on recherche ses œuvres et, vu leur rareté, elles atteignirent bientôt des prix extraordinaires : il n'est pas rare de voir un

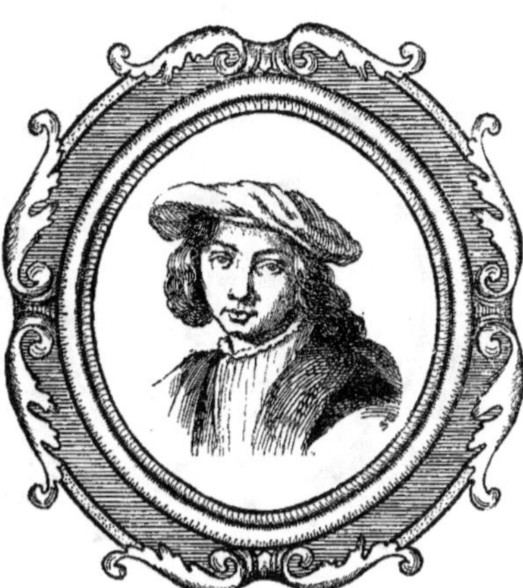

HOBBEMA (Meindert),
Florissait en 1663, la dernière date de ses ouvrages est celle de 1669.
(Ecole hollandaise.)

paysage de cet artiste dépasser en vente publique la somme respectable de 100.000 francs.

Nicolas Berghem est l'élégant parmi les paysagistes hollandais, comme il en est le moins sincère. Les artistes français du XVIIIᵉ siècle, François Boucher particulièrement, ont beaucoup emprunté à ses pastorales.

Comme pour beaucoup d'artistes hollandais, on ne sait presque rien de la vie de Berghem.

On nous dit bien que son père, Pieter Claasz, peintre de natures mortes, après lui avoir enseigné les premiers éléments du dessin, le confia au maître Van Goyen, puis à Majaert et à J.-B. Wienix.

Il dut son surnom à une circonstance assez curieuse. Le vieux Pieter

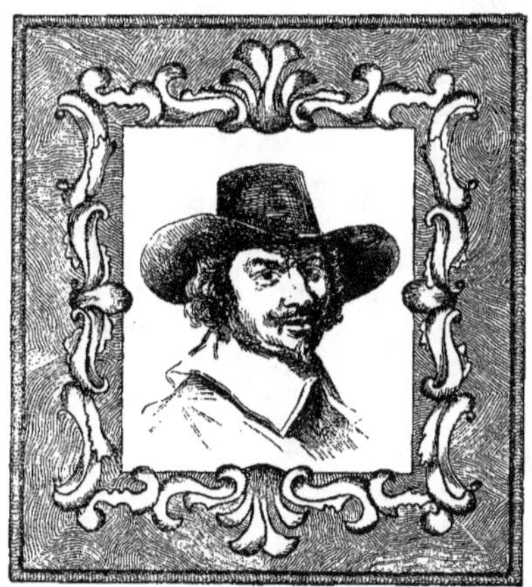

BERGHEM (Nicolas),
Peintre, graveur, né à Harlem en 1624, mort dans la même ville
en 1683. (Ecole hollandaise.)

Claasz était fort brutal et maltraitait cruellement son fils. Il arriva un jour dans l'atelier de Van Goyen, un bâton à la main, dans l'intention bien arrêtée d'infliger une maîtresse correction à sa progéniture. Le maître, qui aimait fort le petit, cria aux autres élèves :

— *Berg-hem !* (sauvez-le) !

Le surnom resta à Nicolas. Van Goyen, sans s'en douter, avait déchu le vieux Claasz de la puissance paternelle.

Berghem a fait un grand nombre de tableaux, très soignés, et qui se vendent fort cher.

Ses nombreuses eaux-fortes, dans lesquelles il traite également des sujets champêtres, ne sont pas moins recherchées.

Terminons ce chapitre par quelques

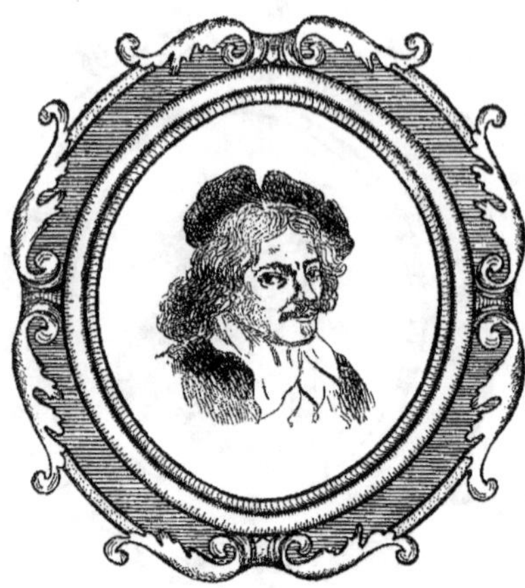

STEEN (JAN VAN),
Né à Leyde en 1636, mort à Delft en 1689. (École hollandaise.)

détails sur un charmant artiste, Jan Van Steen.

Son père, qui était brasseur, remarquant ses dispositions pour le dessin, l'envoya à Utrecht, chez Knupfer, puis chez Adriaan Brauwer, et enfin chez Van Goyen ; Jan épousa la fille de ce célèbre peintre.

Cependant, craignant les difficultés de la carrière artistique, il s'établit brasseur après son mariage.

On dit que cette union fut malheureuse, que Steen, ivrogne et débauché, mangea en peu de temps son avoir et la dot de sa femme et qu'il ouvrit un cabaret.

Mais il ne cessa pas de faire de la peinture, et c'est ce qui nous intéresse aujourd'hui. Aucun peintre de genre hollandais n'a su mieux que lui donner la vie à ses personnages. Il fut l'intime ami de Brauwer, d'Ostade, de Terburg, de Miéris, de Metsu.

Sa première femme étant morte, il eut un fils d'un second mariage, qui fut un peintre habile.

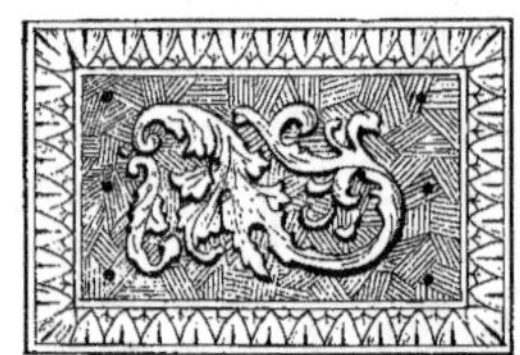

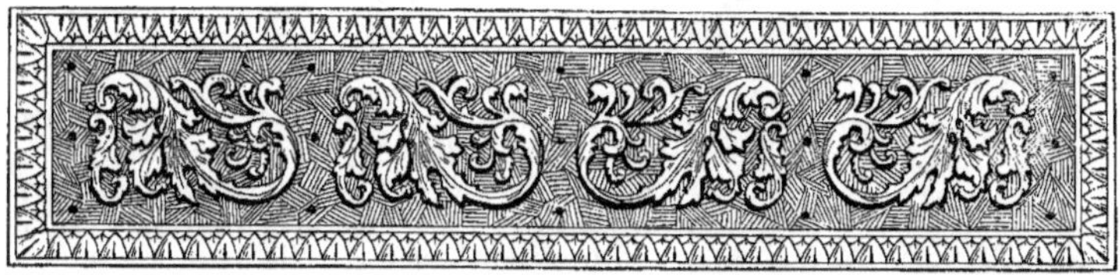

CHAPITRE VII

Maîtres Espagnols

Morales. — Ribera. — Herrera. — Zurbaran. — Collantes. — Velasquez. — Murillo. — Goya.

L'école espagnole, si elle se compose d'un petit nombre de maîtres, possède des astres de première grandeur. L'engouement dont jouissaient les peintures italiennes a fait trop longtemps négliger les œuvres d'artistes tels que Velasquez, Ribera, Goya ; on est revenu de cette injustice. Malheureusement nous ne sommes pas les seuls, et le temps des bonnes occasions de se procurer des toiles de ces maîtres à des conditions abordables est passé.

Luis de Morales, dit *el divino*, qui représente l'Espagne pendant le xvie siècle, naquit à Badajoz vers 1509.

On croit qu'il reçut des leçons de Pietro Campana, mais il était peintre avant de connaître le maître italien, qui ne vint en Espagne que vers 1548.

Les Espagnols lui ont donné le surnom de *divino* parce qu'il peignit surtout des sujets de sainteté, entre autres le *Christ mort dans les bras de la Vierge*, des *Notre-Dame-des-Douleurs*, etc.

Peu d'artistes ont mis dans ce genre plus de profondeur de sentiment et, sur ce point, le maitre espagnol égale les grands primitifs.

Les œuvres de Morales sont extrêmement rares. Le Louvre possède un tableau de lui : *Jésus-Christ portant sa croix.*

Avec José Ribera, l'école espagnole a le droit de prendre place au premier rang. Force et puissance du dessin, grandeur de sentiment, largeur d'expression, beauté du coloris, ce grand peintre est le précurseur des modernes réalistes. Le superbe tableau de *Saint Jérôme*, du Musée de Lille, que nous reproduisons, en donnera une idée.

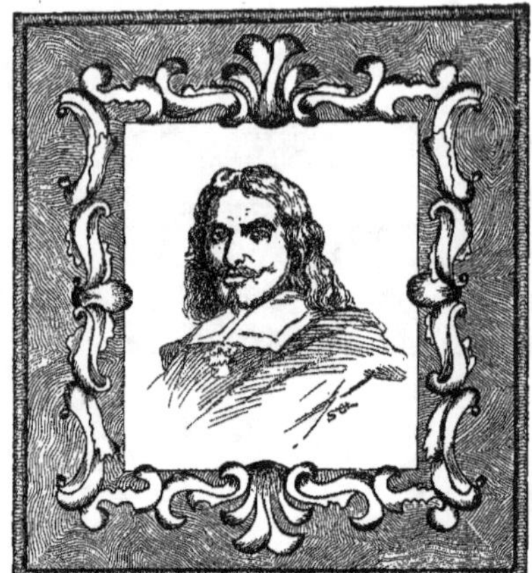

RIBERA (Le chevalier JOSEF), dit l'ESPAGNOLET,
Peintre et graveur, né à San-Felipe en 1588, mort à Naples en 1656.
(Ecole espagnole.)

LA VIE ET L'ŒUVRE

Il naquit à San-Felipe, près de Valence, le 12 janvier 1588.

Il commença ses études en Espagne avec Francisco Ribalta, puis il se rendit à Rome et devint l'élève de Michel-Ange Amerighi. La nature puissante du Caravage était de nature à enthousiasmer le jeune Espagnol : le fait se produisit.

Nous avons déjà dit la rivalité existant entre Amerighi et le Josépin ; fréquemment les partisans des deux peintres en venaient aux mains. Bien qu'il fut extrêmement jeune, Ribera ne se montrait pas le moins ardent et le moins batailleur dans ces luttes quotidiennes.

Caravage ayant dû fuir de Rome après un meurtre, Ribera se rendit à Parme pour copier les ouvrages du Corrège.

De retour à Rome, il exécuta un certain nombre d'ouvrages dans une manière plus douce, où se sentait l'influence de l'Allegri. Ces productions n'obtenant aucun succès, il revint à la manière vigoureuse de son premier maître, à l'étude sévère de la nature qui faisait le fond de l'enseignement d'Amerighi.

Las de lutter à Rome contre la mauvaise fortune, il partit pour Naples.

Une circonstance heureuse lui permit de sortir de l'état d'indigence dans lequel il se trouvait : il s'éprit de la fille d'un marchand de tableaux de la ville, fit sa cour et parvint à lui plaire. Le mariage fut décidé.

Ce fut pour le jeune Espagnol une chance inespérée, son beau-père se chargeant de le faire connaitre.

Bientôt de nombreuses commandes lui parvinrent, non-seulement de Naples, mais de toute l'Italie.

L'Espagnolet, ainsi que l'on surnommait notre artiste, excellait dans les tableaux religieux. Nos lecteurs en jugeront par le magnifique tableau dont nous donnons la reproduction.

C'est bien là l'œuvre d'un grand maître.

Saint Jérôme, par Ribera.

La fortune était venue.

Le vice-roi, qui était Espagnol, avait été heureux d'accorder sa faveur à un compatriote d'un aussi grand mérite.

Ribera fut comblé d'honneurs et de distinctions.

L'Académie de Saint-Luc, à Rome, le reçut au nombre de ses membres.

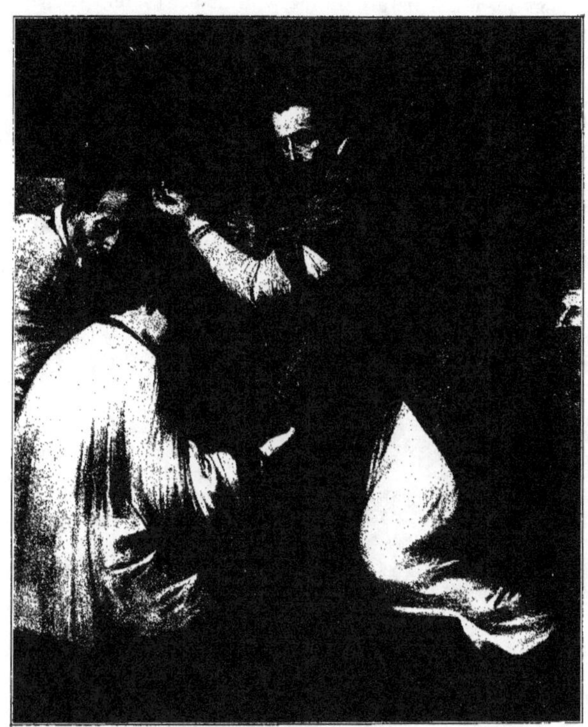

La *Messe*, par Ribera.

Le pape le décora de l'Ordre du Christ.

Ribera avait été chargé d'une partie de la décoration du dôme de Saint-Janvier, tandis qu'un appel était adressé à tous les peintres d'Italie.

Il vit d'un très mauvais œil d'anciens compagnons de jeunesse tels que Guido Reni et le Dominiquin, qu'il jugeait susceptibles de lui disputer peut-être la place de premier peintre de Naples, venir travailler à ses côtés.

Il se mit, en compagnie de Laufranc, à la tête d'une cabale organisée par les peintres napolitains contre les artistes étrangers à la ville. Toutes les tracasseries leur furent suscitées et, fait plus grave, on leur cherchait querelle.

Le Guide, Josépin, le Gassi abandonnèrent bientôt la partie. Le Dominiquin, bien que d'une nature timide, voulut persévérer; les persécutions redoublèrent au point qu'il tomba malade et mourut.

Sa femme, qui était venue vivre avec lui, prétendit qu'on l'avait empoisonné.

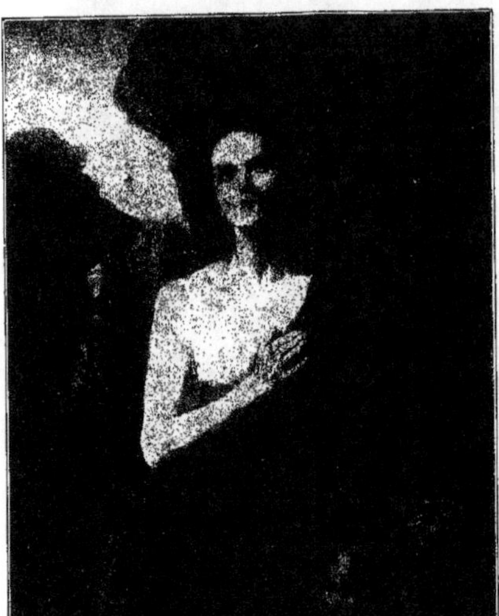

Sainte Marie l'Egyptienne, par Ribera.

Cette grave accusation, alors même qu'elle eut été fondée, ne saurait atteindre Ribera. S'il se montra, en cette circonstance, inhospitalier et jaloux, sa situation et son caractère le rendaient incapable d'un crime.

Certains biographes ont prétendu que Don Juan d'Autriche s'étant épris de la fille de l'Espagnolet l'enleva; que le père, furieux, se mit à la poursuite des fugitifs et qu'on ne sut jamais ce qu'était devenu le célèbre peintre.

Les faits démentent cette romanesque assertion. La fille unique de Ribera épousa un gentilhomme espagnol qui devint ministre du vice-roi de Naples. Quant au grand peintre, il mourut à Naples, à l'âge de soixante-huit ans, fort riche et entouré d'honneurs.

Un grand nombre d'élèves s'étaient groupés autour de lui. Luca Giordano fut le plus célèbre, mais bien qu'il jouit de son temps d'une renommée immense, il fut très inférieur à son maître.

L'œuvre de Ribera est considérable, malgré le soin extrême qu'il apportait à ses peintures. Il figure dans presque tous les grands musées d'Europe.

Le Louvre possède de lui une admirable toile, l'*Adoration des bergers*, œuvre portant la date de 1650, c'est-à-dire alors qu'il était dans toute la force de son talent. C'est un des chefs-d'œuvre de notre Musée national.

Moins importante certes, mais non moins intéressante, cette merveilleuse toile de *Sainte Marie l'Egyptienne*, que l'on admire au Musée de Montpellier; on nous saura gré de la donner ici.

De pareilles productions classent Ribera au premier rang des peintres naturalistes de tous les temps.

Ribera exécuta également un certain nombre de gravures à l'eau forte, qui font la joie des amateurs.

Francisco de Herrera dit *el Viejo* (le Vieux), peut être considéré comme le fondateur de l'école espagnole vraiment nationale.

Ce grand artiste, aussi curieux par l'étrangeté de son caractère que par la puissance de son talent, naquit à Séville en 1576.

Il fut l'élève de Luis Fernandez. Devenu maître à son tour, il montra un caractère si exécrable, il fit preuve de tant de violence, que ses élèves désertèrent un à un son atelier.

Sa méchante humeur n'eut pas des conséquences moins fâcheuses dans sa famille : son fils aîné Herrera, *el Rubio* (le Blond), mourut fort jeune; le cadet, Herrera, *il Mozzo* (le Jeune), s'enfuit de la maison familiale après avoir volé son père. Il gagna Rome, y devint peintre de fleurs, et ne revint à Séville qu'après la mort du vieux Herrera. Enfin sa fille le quitta pour entrer au couvent.

Le maître demeura seul dans sa maison en compagnie d'une vieille servante qu'il battait comme plâtre.

Non content du service de la maison, elle devait aider son patron dans ses travaux, bien qu'elle n'eut aucune notion de peinture. Armée d'énormes brosses, elle étendait au hasard des couches de couleur sur la toile et Herrera, avec une adresse prestigieuse, avec une fougue extraordinaire, faisait sortir la vie de ce chaos, avant que la peinture ne fut sèche.

Les travaux ne lui faisaient pas défaut; on cite de lui, indépendamment de ses peintures à l'huile, de nombreuses productions à fresque et en détrempe.

Outre ses remarquables compositions historiques, parmi lesquelles on remarque à Séville une *Grande conception de la Vierge* au couvent de La Merci, un célèbre *Jugement dernier*, à San Bernardo, et à Madrid une série de *Scènes de la Vie de Saint Raymond*, exécutée en 1640 pour le cloître de la Marie-Chaussée, Herrera peignit des intérieurs, des scènes de corps de garde, de cabaret, des animaux, des fruits.

On lui doit aussi quelques eaux-fortes très remarquables.

Comme si cette diversité de travaux n'eut pas été suffisante, il cisela des médailles.

Ce dernier genre de travail faillit lui jouer un mauvais tour.

Herrera était fort avare, sa réputation était détestable, le nombre de ses ennemis très grand. Or, un beau jour, on trouva entre ses mains de la fausse monnaie; on l'accusa de l'avoir fabriquée.

C'était pour lui le risque de son cou.

Fondée ou non, Herrera n'attendit pas les effets de l'accusation; avant que les alguazils eussent pu s'assurer de sa personne, il courut se réfugier au monastère de San Hermenegildo, qui appartenait aux jésuites. Il y peignit, pour payer l'hospitalité qui lui était donnée, le tableau du maître-autel, représentant le saint tutélaire.

Il fut condamné par contumace.

Philippe IV passant à Séville et ayant admiré cette œuvre, fit grâce à son auteur.

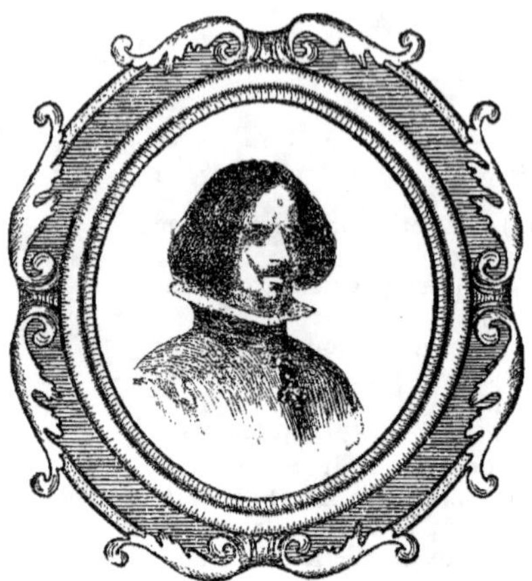

VELASQUEZ (Don Diego Rodriguez de Silva y),
Né à Séville en 1599, mort à Madrid en 1660. (Ecole espagnole.)

LA VIE ET L'ŒUVRE

Herrera décora aussi le palais archiépiscopal de Séville. Ayant terminé ce grand travail en 1650, il partit pour Madrid où, malgré ses soixante-quatorze ans, il fit de nombreuses peintures.

Il mourut en 1656.

Francisco Zurbaran est aussi un glorieux représentant de l'école espagnole. Il naquit le 7 septembre 1598 dans le bourg de la Fuente-de-Cantos, en Estramadure.

Il était fils d'un laboureur. Ses extraordinaires dispositions pour le dessin furent remarquées par Juan de las Roelas, qui le prit pour élève.

Zurbaran ne tarda pas à surpasser son maître.

Il s'était imposé la règle, dès le début de ses études, de ne rien représenter sans avoir la nature sous les yeux et, durant sa longue carrière, il ne s'en départit jamais.

C'était un travailleur acharné, patient et ne reculant devant aucune difficulté technique; sa volonté intelligente savait en triompher.

Cet ensemble de qualités donne à ses œuvres un caractère d'admirable vérité.

Les nombreux tableaux qu'il produisit lui valurent, fort jeune, une brillante réputation à Séville. Il travailla presque exclusivement pour les églises et les couvents de cette ville.

Il fut nommé peintre du roi.

Vers la fin de sa vie il se fixa à Madrid, où il mourut en 1662.

Le Musée du Louvre possède deux toiles de ce grand artiste : *Saint Pierre Nolasque et Saint Raymond de Pegnefort* et *Funérailles d'un évêque*. Ces deux œuvres, superbes de facture et de coloris, avaient été peintes par Zurbaran pour le couvent des Pères de la Mercy-Chaussés. Le maréchal Soult s'en empara pendant la campagne d'Espagne et, à sa mort, ses héritiers les vendirent au Musée.

Les amateurs de belle peinture seront heureux de les admirer.

La peinture espagnole devait atteindre l'apogée de sa gloire avec Velasquez.

Il fut d'abord l'élève de Herrera, le Vieux, mais les mauvais traitements que celui-ci infligeait à ses élèves, éloignèrent le jeune artiste.

Velasquez alla demander les conseils de Francisco Pacheco.

Les peintures italiennes et flamandes commençaient à parvenir à Séville; il en copia un grand nombre.

A vingt-trois ans il partit pour Madrid.

Les copies qu'il exécuta d'après les chefs-d'œuvre de l'Escurial le firent remarquer par le roi et, quelques mois après son arrivée, Philippe IV l'attachait à sa personne. Il le nomma successivement son peintre, huissier de sa chambre, grand maréchal-des-logis, et fixa ses appointements à

1.000 ducats, sans compter le prix de ses ouvrages.

Rubens étant à Madrid en 1628, fit à Velasquez l'accueil le plus amical. Il l'engagea
à ne pas se cantonner dans le genre du portrait, à aborder la peinture d'histoire et surtout d'aller visiter l'Italie.

En 1629, Velasquez s'embarquait pour
Venise et retrouvait, chez eux, les admirables
coloristes qu'il avait appris à connaître à l'Escurial. Il les étudia avec amour.

Il se rendit ensuite à Rome où il copia
une partie du *Jugement dernier*, de Michel-
Ange, l'*Ecole d'Athènes* et le *Parnasse*, de
Raphaël.

Naples et ses beaux peintres le fixèrent
pendant quelque temps.

Il était de retour à Madrid en 1631.

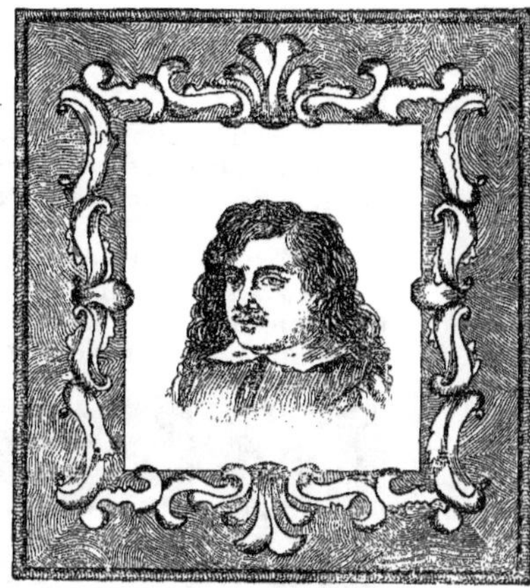

MURILLO (Bartolomé Esteban),
Né à Séville en 1618, mort à Séville en 1682. (Ecole espagnole.)

Sa manière souple et puissante à la fois s'était encore agrandie et il
arrivait à une liberté de facture, à une puissance d'expression que seul
Rembrandt peut-être a dépassée.

Velasquez était sans conteste considéré comme le plus grand peintre
espagnol et, pour une fois, les contemporains d'un artiste ne se trompaient
pas dans leur jugement.

La faveur royale s'était changée en une amicale familiarité.

A part deux voyages en Aragon, Velasquez, pendant dix-sept ans, ne
quitta pas Madrid.

Philippe IV, d'accord avec son peintre, ayant formé le projet de fonder
une Académie de peinture, ce fut, naturellement, Velasquez qui reçut la
mission d'aller en Italie acheter les objets d'art qui devaient l'orner.

Il profita de ce voyage pour visiter Bologne, Florence, Parme,
Gênes. Il fit un nouveau séjour à Rome et peignit le *Portrait du pape
Innocent X*, cette œuvre magnifique, d'une si extraordinaire expression,
merveille picturale qui peut être placée à côté de la *Joconde*, de Léonard
de Vinci.

Il se proposait d'aller à Paris lorsque la guerre éclatant entre la France
et l'Espagne l'obligea à renoncer à ce projet et à revenir directement à
Madrid.

Au mois de mars 1660, il accompagna à Irun Philippe IV et sa fille
l'infante Marie-Thérèse, à l'occasion du mariage de celle-ci avec Louis XIV.
Ce fut Velasquez qui prépara dans l'île des Faisans le pavillon où eut lieu
l'entrevue des deux rois. Il revint à Madrid et y mourut à 61 ans.

Velasquez fut un des plus grands peintres qu'ait jamais produit l'humanité, si l'on ne trouve pas dans ses œuvres la profondeur de pensée qui
magnifie celles de Rembrandt, il atteignit presque à la puissance d'expression du grand hollandais.

Murillo fut l'élève et le digne élève de Velasquez; il sut se faire une superbe et très personnelle place à ses côtés. Tour à tour brillant portraitiste, puissant réaliste et surtout remarquable peintre religieux, Murillo avait la foi ; il la traduit dans ses œuvres.

Bartolomé Esteban Murillo naquit à Séville en 1618. Il étudia d'abord dans l'atelier de Juan del Castillo, son parent.

Il avait vingt-cinq ans quand il vint à Madrid pour se placer sous la direction de Velasquez. Il ne tarda pas à devenir l'élève favori de celui-ci. Dans un ravissant tableau de Velasquez, que possède le Louvre, le maître représentant des artistes célèbres de son époque, plaçait Murillo à côté de lui.

Il eut, grâce à son professeur, toute facilité pour copier les chefs-d'œuvre de la Galerie royale. Titien, Rubens, Van Dyck, Ribera, Velasquez furent ses modèles favoris.

Après deux ans passés dans la capitale espagnole, il revint à Séville absolument maître de sa forme.

Murillo avait adopté trois manières très différentes, suivant les sujets qu'il traitait. Les Espagnols les ont désignées par les dénominations de froide, chaude, vaporeuse. A l'encontre de beaucoup d'artistes, dont les différences d'interprétation furent successives, Esteban les employa simultanément.

La réputation était venue et la fortune l'avait suivie. Des couvents et des églises arrivaient

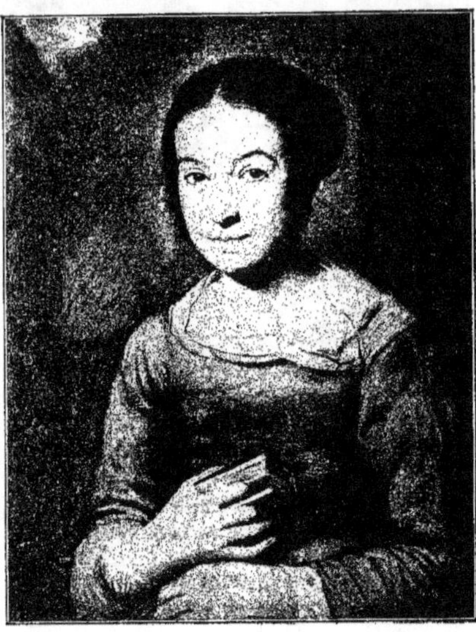

La *Conception de la Vierge*, par Murillo.

les commandes. Peu de peintres ont peint les scènes religieuses avec plus de sentiment. Nul mieux que lui n'y sut allier l'idéal à la réalité.

La reproduction de son tableau : la *Conception de la Vierge*, permettra d'apprécier ces remarquables qualités.

Murillo avait ouvert à Séville une Académie de dessins où affluèrent des élèves de toutes les parties de l'Espagne.

Appelé à Cadix en 1681 pour peindre au-dessus du maître-autel d'un couvent, il fit une chûte qui l'obligea à abandonner ce travail et à revenir chez lui.

Le grand artiste ne put se remettre de cet accident et il mourut de ses suites, quelques mois après, le 3 avril 1682.

L'éclat de l'école espagnole s'affaiblit après la disparition de Murillo. Des peintres très honorables se produisirent, tels que Antolinez,

Villavicencio, Alonso Miguel, Sébastien Go-
mez, Tobar, Dom Martinez, Lorenzo Qui-
ros. Ils eurent d'estimables talents, mais
aucun ne fit preuve de cette personnalité qui
est la marque du génie.

Il appartenait à Francisco José de Goya
y Lucientes, connu familièrement sous le
nom de Goya, de faire revivre cette gloire
artistique dans toute sa splendeur.

Parmi les existences les plus mouve-
mentées d'artistes, celle de Goya mérite une
place d'honneur.

A douze ans, Goya maniait déjà le pinceau de remarquable manière. Son père,
maitre doreur, possesseur d'une honnête aisance, était en rapports constants avec les
artistes. Il n'eut que l'embarras du choix
pour placer Francisco chez un peintre.

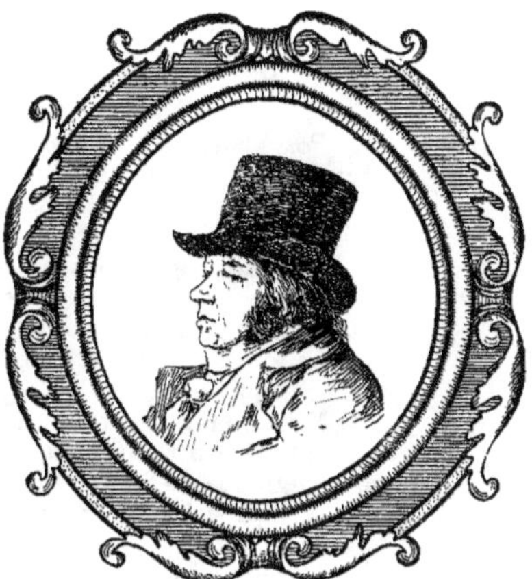

GOYA Y LUCIENTES (Francisco José de),
Né à Fuente de Todos (Aragon) en 1746, mort à Bordeaux en 1828.

Il était l'élève de José Martinez Lusan, peintre établi à Saragosse,
après des études assez complètes en Italie.

Goya était, malgré son jeune âge, le plus terrible batailleur qu'on put
voir, non contre les gamins de son âge, mais contre les autorités locales.
Une rixe se produisait-elle dans la rue, il courait y donner et y recevoir des
coups.

Encore adolescent, il se mêla avec tant d'énergie aux luttes qui éclataient à chaque instant entre les membres des différentes confréries et dis-
tribua tant de horions aux défenseurs de la Notre-Dame del Pilar, que
l'Inquisition s'en émut et le fit rechercher.

Cela devenait grave, car le jeune artiste, animé des idées libérales les
plus avancées, haïssait les prêtres et n'avait jamais caché ses sentiments.

Ses parents réussirent à le faire fuir à Madrid.

Il y retrouva son ancien condisciple Francisco Bayeu, qui le présenta à
Mengs.

Ce peintre allemand était alors l'homme en vogue à la cour d'Espagne.
Bien qu'essentiellement classique, Raphaël Mengs accueillit fort bien le
jeune artiste.

Un des ministres du roi Charles III, Florido Blanca, ayant vu des
œuvres de Goya, se déclara son protecteur.

Pendant quelque temps il mena à Madrid une existence de plaisir et de
dissipation, travaillant peu, mais observant beaucoup, ne dédaignant pas
de fréquenter le peuple, dont, de plus en plus il comprenait les aspirations
vers un changement d'ordre social.

Malgré sa faible production, sa réputation comme peintre habile commençait à s'établir.

Il était adoré par ses camarades étant un charmant compagnon, gai,
boute-en-train, grand donneur de sérénades, beau joueur de guitare, brillant
danseur et chanteur.

Possédant une force herculéenne, spirituel, railleur terrible et toujours prêt à mettre l'épée à la main, il semblait réaliser le type d'un de ces mousquetaires du temps de Louis XIII, que les romanciers se sont plu à introduire dans leurs romans.

On peut juger si un pareil homme devait avoir des ennemis.

Un matin, il fut ramassé dans une ruelle, mortellement blessé avec une *navaja* entre les deux épaules.

La force de son tempérament le fit triompher de cette épreuve et se rétablir promptement.

Mais il était incorrigible et si irrévérencieux pour tout ce qui touchait à la religion qu'il donna à ses ennemis une nouvelle occasion de se venger : on le dénonça au Saint-Office.

L'Inquisition s'occupa encore de lui, et comme son protecteur Florida Blanca ne put ou ne voulut intervenir en sa faveur, Goya, pour se cacher, s'engagea dans la *cuadrilla* d'un toréador qui quittait Madrid, se rendant en Italie.

Il voyagea en cette compagnie, étudiant les mœurs de ce monde spécial et curieux, qu'il mit en scène, plus tard, avec tant de puissance dans les eaux-fortes composant la *Tauromachia*.

Il arriva à Rome en haillons et totalement dépourvu d'argent, mais toujours de belle humeur.

Beaucoup d'Espagnols résidaient dans la ville éternelle, le brillant artiste trouva près d'eux un excellent accueil. Goya, avec la fierté proverbiale de sa race, n'accepta ni aide, ni secours. Il chercha des ressources dans son travail. Un second prix qu'il remporta à l'Académie de Parme lui fut d'un grand secours, non-seulement comme argent, mais parce que l'attention des amateurs fut attirée sur lui. On apprit le chemin de son atelier. On le présenta au pape Benoit XIV, dont il fit un portrait qui est encore au Vatican.

Goya, mettant en pratique la théorie de Poussin qui dit qu'on apprend plus à étudier les maîtres qu'à les copier, passait surtout son temps à analyser les chefs-d'œuvre de la ville immortelle. On le voyait demeurer des journées entières devant un tableau.

Parmi les personnes qu'il fréquentait se trouvaient son ami Bayeu, peintre de la cour d'Espagne, en ce moment à Rome et Louis David, le célèbre peintre, dont les idées avancées cadraient trop bien avec de Francisco pour qu'ils ne devinssent pas intimes.

Alors que la réputation de Goya prenait assez d'importance pour que des offres brillantes lui fussent faites par la cour de Russie, il donna encore la marque de son terrible caractère en tentant d'enlever d'un couvent une jeune fille qu'il avait remarquée.

Cette audacieuse tentative causa un énorme scandale; il fallut les efforts de l'ambassadeur d'Espagne et la promesse de Goya qu'il quitterait immédiatement l'Italie, pour que l'affaire fut étouffée.

De retour à Madrid en 1772, il exécuta son célèbre tableau du *Carnaval*, un *Combat de taureaux*, la *Flagellation*, une *Séance du Tribunal de l'Inquisition* et l'*Intérieur d'une Maison de fous*. Ces œuvres puissantes et d'une originalité extraordinaire produisirent un effet considérable. Elles ornent aujourd'hui la Galerie de San Fernando, à Madrid.

Raphaël Mengs en fut si frappé qu'il commanda à Goya une série de dessins pour la manufacture royale de tapisseries de Santa Barbara.

Ce travail le mit tout à fait en faveur à la cour.

Goya, trois ans après son retour à Madrid, épousait Josefa Bayeu, la fille de son ami. Il eut d'elle vingt enfants, presque tous morts en bas âge.

En 1780, il fut élu membre de l'Académie de San Fernando.

Son portrait du roi, la décoration de plusieurs églises le placèrent au premier rang des peintres de son époque.

Goya, bien qu'il aimât beaucoup sa femme, la rendait très malheureuse par la légèreté et la violence de son caractère. Ces dissentiments conjugaux le brouillèrent avec son beau-père.

Mais il n'avait cure de cela. A son tour il était l'homme à la mode, les princes et les princesses se faisaient peindre par lui.

Il n'était pas moins populaire parmi le peuple à cause de ses idées avancées, de son mépris de l'Inquisition, du talent avec lequel il traduisait les spectacles chers à la foule.

C'était le peintre national.

Goya disait :

« J'ai eu trois maîtres : la Nature, Velasquez et Rembrandt. »

Sa façon de travailler était assez curieuse pour mériter d'être rapportée.

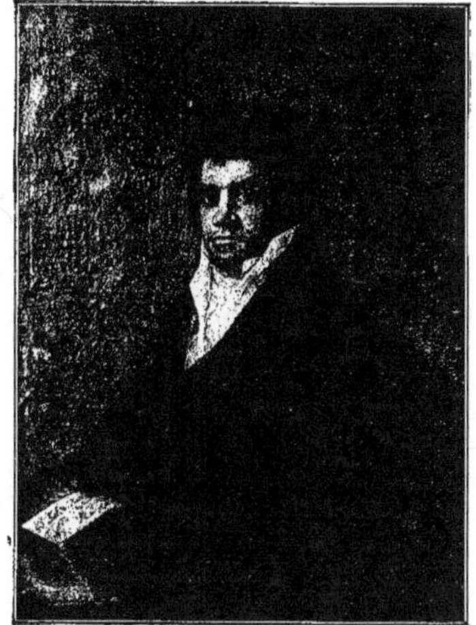

Portrait d'Homme, par Goya.

Il se tenait debout, silencieux devant son chevalet ; les amis intimes admis à assister à la séance, assis autour de lui, observaient un silence religieux. Le modèle, sous peine des plus terribles imprécations, devait conserver une immobilité complète. L'artiste, semblable à un fou frénétique, peignait avec une rapidité prestigieuse.

Souvent, délaissant brosses et pinceaux, il employait le premier objet venu pour poser ses couleurs sur la toile : une éponge, un chiffon, une cuillère ; il les étalait ensuite avec son pouce.

Les fonds et les ciels étaient indiqués en quelques touches légères.

En examinant la reproduction du superbe *Portrait* que possède le Musée de Castres, on aura une idée de la merveilleuse exécution de cet artiste.

Goya se plaisait à dire encore :

« Les couleurs n'existent pas dans la nature, il n'y a que de l'ombre et de la lumière. Donnez-moi du fusain, et je vais faire votre portrait. »

Il expliquait ainsi l'exécution sommaire à laquelle il s'arrêtait généralement :

« Un tableau qui rend bien l'intention est un tableau terminé. »

Malgré ses attaches à la cour d'Espagne, Goya ne cachait pas ses sympathies pour la Révolution française qui venait d'éclater, et il donnait libre
cours à sa verve contre les détracteurs de ce grand mouvement politique.

L'avènement de Charles IV n'avait rien changé à sa fortune. Cependant de nouvelles aventures galantes l'éloignèrent de la cour. Il y revint
après un an d'absence.

Durant ce voyage il était devenu sourd à la suite d'un rhume, et cette
infirmité le fit cruellement souffrir.

Jusqu'alors il avait été le triomphateur prêt à répondre vertement aux
critiques, aux attaques, d'où qu'elles vinssent ; maintenant ses ennemis
pouvaient prendre leur revanche.

S'il était moins expansif qu'autrefois, sa verve caustique demeurait la
même. Il en fit preuve dans les eaux-fortes qu'il publia à partir de 1796. Il
commença par les *Caprices*, série de quatre-vingts planches, extraordinaires compositions dans lesquelles il flagella les ridicules et les vices de son
temps. Il y ménagea si peu l'Inquisition qu'il fut question de le poursuivre.
Il détourna l'orage en proposant au roi cette série pour la chalcographie
royale, moyennant une rente de 12.000 réaux à son fils Xavier.

La *Tauromachia*, trente-trois planches, succéda à la première, puis ce
furent les *Malheurs de la Guerre*.

Joseph Bonaparte devenant roi d'Espagne, avait conservé à Goya sa
place de premier peintre de la cour, cependant Francisco aimait trop son
pays pour ne pas souffrir des horreurs dont il était le théâtre. En des pages
d'une effrayante réalité il mit en scène les exécutions sommaires, les incendies, les pillages, les massacres qui se produisaient chaque jour. Goya haïssait la guerre et lui jetait dans son œuvre sa malédiction.

La restauration de Ferdinand VII ne changea rien en apparence à sa
situation, mais en fait il était en butte aux persécutions sourdes des réac-
tionnaires qu'il avait si souvent attaqués et qu'il combattait encore, quoique
vieux et affaibli.

A un moment, sa situation ne devint plus tenable : à la cour on le
tenait ouvertement pour suspect.

Il sollicita un congé et vint à Bordeaux, où il s'éteignit à l'age de 82 ans.

L'influence de Goya a été considérable sur certains peintres français et
non des moindres. Eugène Delacroix disait que c'était en voyant un tableau
du grand Espagnol qu'il avait senti s'éveiller en lui sa vocation de peintre ;
Henri Regnault l'admirait particulièrement ; quant à Manet, nul ne saurait nier que Goya fut le maitre dont il s'inspira le plus.

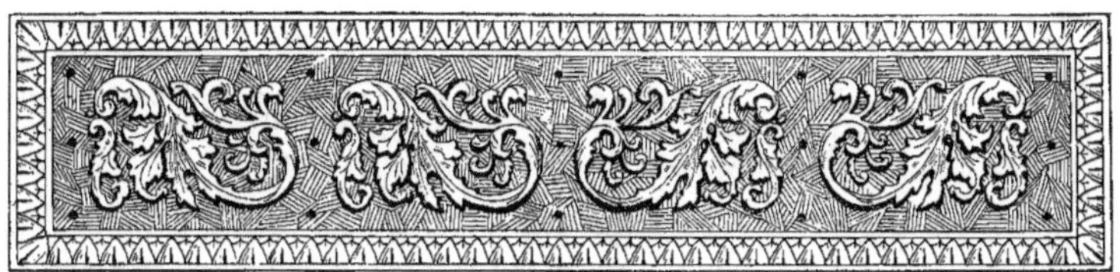

CHAPITRE VIII

Les Peintres de Louis XIV

Mignard. — Lesueur. — Charles Le Brun. — Jean Jouvenet. — Van der Meulen. — Nicolas
de Largillière. — Rigaud. — Antoine Coypel

VERSAILLES ! Le palais de Louis XIV ! Que de choses dans ces quelques mots ! Que de réflexions pourrait nous suggérer cette nécropole de la royauté absolue qu'est le palais du roi Soleil; mais nous risquerions de sortir de notre cadre. Parlons seulement des peintres de cette époque.

Ces peintres ont subi l'influence du milieu factice dans lequel ils ont évolué; leur esthétique porte perruque. Cependant, de même que le souverain pour lequel ils ont travaillé, ils tiennent dans l'histoire une place trop considérable pour qu'on ne s'en occupe pas longuement.

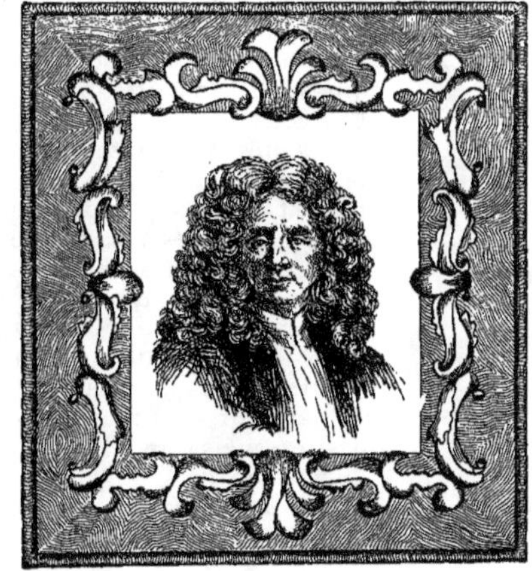

Pierre Mignard était d'origine anglaise. Son père se nommait Pierre More. Il vint en France, s'établit à Troyes et fut présenté à Henri IV avec ses six frères, tous de si bonne mine et d'un extérieur si avantageux que le roi leur donna le surnom de *Mignard*, qu'ils tinrent à conserver à l'exclusion de leur nom véritable.

Certains biographes contredisent cette assertion et prétendent que le père de notre artiste portait le nom de Mignard dès le commencement de la Ligue et bien avant que Henri IV vint à Troyes.

Quoi qu'il en soit, Pierre Mignard était

MIGNARD (-1695),
Né à Troyes en 1610, mort à Paris en 1695.

19

destiné à la médecine, son frère aîné Nicolas, ayant déjà embrassé la profession de peintre. Cependant le cadet montrait des dispositions si exceptionnelles pour le dessin et un désir si prononcé de se livrer aux beaux-arts que le père modifia ses projets.

Pierre fut envoyé, à l'âge de douze ans, chez un peintre nommé Boucher, établi à Bourges. Après un an d'études chez ce maître, il revint à Troyes, puis alla à Fontainebleau travailler d'après les peintures et les sculptures que contient le château.

Après deux ans, ses progrès étaient si extraordinaires que, revenu dans sa ville natale, on put le charger de la décoration de la chapelle du château de Coubert, qui appartenait au maréchal de Vitry.

Pierre Mignard avait quinze ans.

Le maréchal fut très satisfait du travail de son jeune artiste et le plaça chez Vouet.

Mignard compta bientôt parmi ses élèves favoris. Vouet le prit même en si grande amitié qu'il voulut lui donner sa fille en mariage.

L'offre était séduisante, étant donnée la fortune du premier peintre du roi et la situation considérable qu'il pouvait donner à son gendre.

Pierre préféra l'art à la fortune et se décida à partir pour l'Italie.

Il arriva à Rome au commencement de 1636, et y retrouva du Fresnoy, son ancien condisciple de l'atelier de Vouet.

Les deux jeunes peintres firent de sérieuses études d'après l'antique et d'après les maîtres.

Les premiers ouvrages que l'on vit de Mignard furent deux grands tableaux représentant, l'un la famille de M. Hugues de Lionne, alors plénipotentiaire de France près des princes d'Italie, et l'autre de M. M. Arnaud. Ces deux portraits obtinrent un si grand succès que le pape Urbain VIII se fit peindre par lui.

Mignard copia en huit mois les peintures de Carrache dans la galerie Farnèse pour le cardinal de Lyon, frère aîné de Richelieu, venu à Rome en 1644.

De nombreux portraits consolidèrent la réputation du jeune artiste, qui se décida à attaquer le genre historique. Il s'y inspira fortement de Carrache.

Après un court séjour à Venise, il dut se rendre à Modène où l'appelait le grand-duc. Mignard était le portraitiste à la mode, son expression correcte et quelque peu précieuse était bien *adequate* à la conception artistique de l'époque. Les Vierges, dont il produisit également un grand nombre et qui reçurent le surnom de *Mignardes* n'étaient pas moins faites pour plaire. Mais il convient de remarquer que ce succès était un peu factice, et les vrais connaisseurs ne s'y trompaient pas.

M. de Chantelou ayant demandé son portrait à Poussin, le grand peintre normand lui écrivait le 17 janvier 1648 :

« J'aurais fait faire mon portrait pour vous l'envoyer, puisque vous le désirez, mais il me fâche de dépenser une dizaine de pistoles pour une tête de la façon de M. Mignard, qui est celui qui les fait le mieux, quoiqu'elles soient froides, fardées, sans force ni vigueur. »

Le Musée de Nantes possède une *Sainte Famille* de cet artiste; la reproduction que nous en donnons permettra de juger sa conception artistique.

Mignard habitait Rome depuis près de vingt-deux ans, lorsque le roi le rappela en France. Il arriva à Marseille au mois d'octobre 1657, mais il y tomba si gravement malade qu'il dut s'arrêter à Avignon près de son frère Nicolas, qui y était établi.

Pierre, toujours souffrant, demeura près de huit mois dans la ville des papes, se livrant toujours à l'étude de ses maîtres favoris, les grands italiens.

Ce fut durant ce séjour, qu'il fit la connaissance de Molière, voyageant alors avec sa troupe comique. Les deux artistes se lièrent d'une amitié qui dura autant que leur vie.

La santé lui étant enfin revenue, Mignard reprit, sans se presser, la route de Paris, s'arrêtant à Lyon pour peindre quelques portraits. Il eut à peine le temps de les terminer, l'ordre lui parvenant de se rendre à Fontainebleau sans retard.

Il y fut reçu par M. de Lionne, qui le présenta au cardinal Mazarin. Celui-ci lui commanda de faire le portrait du roi destiné à être envoyé à l'infante Marie-Thérèse d'Espagne, que devait épouser Louis XIV.

Mignard ne mit que trois heures pour exécuter l'œuvre et, malgré le peu de temps qu'il y avait consacré, on le jugea tout à fait remarquable.

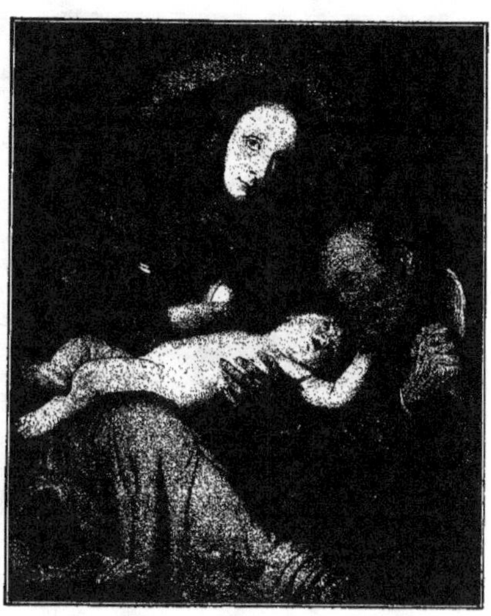

Sainte Famille, attribuée à Mignard.

C'était un début triomphal pour le talent facile de l'élève favori de Vouet.

Dès son arrivée à Paris, où il prit un logement en commun avec son ami du Fresnoy, les commandes affluèrent. Le duc d'Epernon lui fit faire son portrait, qu'il lui paya 1.000 écus et lui commanda la décoration d'une pièce de l'hôtel de Longueville, payée 40.000 livres à l'artiste, somme énorme pour le temps.

A partir de cette époque, la famille royale et tous les grands seigneurs voulurent avoir leurs portraits de sa main.

Le beau *Portrait de Mme de Montespan et de son fils,* que nous donnons plus loin, exécuté par Pierre Mignard dans toute la maturité de son talent, permet de juger ses qualités et ses défauts.

La reine Anne d'Autriche commanda à Mignard la décoration à fresque du dôme du Val-de-Gràce. Il y représenta le *Paradis*, y plaçant plus de deux cents personnages, au moins trois fois grands comme nature.

Cette œuvre n'est certainement pas sans valeur, mais c'est un des nombreux échantillons du triomphe de l'art officiel, froid et guindé, que l'on considérait comme la suprême expression du beau au xviie siècle. Tout y est conventionnel, aussi bien la composition générale que l'expression des figures. C'est l'ouvrage d'un fort en thème possédant ses auteurs, mais on y chercherait vainement le sentiment, l'originalité, conditions essentielles de l'œuvre d'art vraiment intéressante.

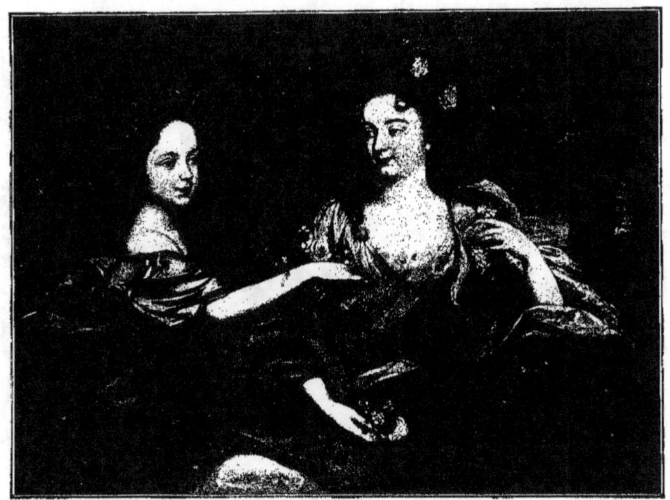

Madame de Montespan et son fils, par Pierre Mignard.

Cette décoration obtint cependant un succès considérable et eut la gloire d'être célébrée en vers par Molière.

Ces grands travaux terminés, Mignard éprouva le besoin d'aller se reposer près de son frère.

Il partit pour le Comtat-Venaissin.

A son retour, l'Académie de Saint-Luc le prit comme chef. Mignard ne voulant pas entrer à l'Académie royale, où il aurait dû se contenter d'un grade inférieur à Charles Le Brun, son rival, qui en était le directeur.

Mignard fut chargé par Monsieur de travaux importants à Saint-Cloud; il y décora le grand salon et peignit une *Descente de Croix* pour la chapelle. La part qui lui fut octroyée dans la décoration de Versailles fut beaucoup moins importante; il peignit la petite galerie détruite en 1736, les salons qui en dépendent, puis le cabinet de Monseigneur.

Une grande rivalité ne cessa de régner entre Mignard et Le Brun. Le premier était protégé par Louvois, le second par Colbert. Mignard, moins énergique et d'ailleurs d'un talent inférieur à son rival, rachetait son infériorité par un esprit d'intrigue plus développé. On l'accuse d'avoir suscité mille tracasseries à Le Brun et d'avoir hâté la fin de celui-ci lorsque Louvois arriva au pouvoir.

Mignard allait avoir quatre-vingts ans lorsque la mort de son rival lui laissa la place libre. Il fut nommé premier peintre du roi, directeur des manufactures et se fit octroyer les avantages et revenus dont jouissait son prédécesseur. L'Académie, la première fois qu'il s'y présenta, lui conféra dans la même séance les grades d'académicien, de professeur, de recteur, de directeur et de chancelier.

Ç'eut été une véritable apothéose, si le désir de faire leur cour au tout puissant ministre qu'était Louvois n'avait été la cause principale de MM. les Académiciens.

Le vieux peintre était d'ailleurs infatigable. Durant ses dernières années, il peignit Mme de Maintenon en sainte Françoise, Louis XIV, pour la dixième fois, la famille royale d'Angleterre, un *Saint Mathieu* pour Trianon et un *Saint Luc*, dans la composition duquel il se représenta. Ce fut son dernier tableau et il l'exécuta à l'âge de quatre-vingt-quatre ans.

Les années ne l'avaient pas fatigué. Louvois désirant faire décorer le dôme des Invalides, appela Mignard pour le consulter sur le choix de l'artiste à qui devrait être confié ce travail. A sa grande surprise, le peintre octogénaire demanda à en être chargé. Peu après, il apportait un grand dessin de la composition qu'il proposait ; le dessin fut agréé, mais la mort ne permit pas à Mignard d'en poursuivre l'exécution.

Mignard avait travaillé pendant soixante-treize ans ; il laissait une fortune considérable et Louis XIV l'avait annobli.

Il eut pour élève Laurent Fauchier, Sorlay, Nicolas Fouché, Carré, et son neveu Pierre Mignard.

Si l'on peut blàmer l'attitude de Mignard à l'égard de son rival Le Brun, on doit reconnaître qu'il fût admirable de dévouement pour ses amis.

Eustache Lesueur nous offre un caractère et un talent beaucoup plus intéressant. On peut regretter que, sous l'influence de son maître Simon Vouet, il ait trop aveuglément adopté la forme des maîtres italiens au détriment de sa propre personnalité, mais quel charmant artiste ! quel puissant dessinateur !

Lesueur possède la qualité que l'on aime à trouver dans les prêtres du beau : le sentiment. A ce point de vue, certaines de ses œuvres, notamment certains de ses dessins, sont de véritables chefs-d'œuvre.

Comme Molière, Eustache Lesueur naquit dans le cœur de Paris, près des Halles ; il fut inscrit sur les registres de baptêmes de l'église Saint-Eustache, le 19 novembre 1619.

Son père, venu de Montdidier, exerçait la profession de tourneur.

Le jeune Eustache, qui montrait des dispositions exceptionnelles pour le dessin, fut placé sous la direction de Vouet. Ses progrès furent rapides. A

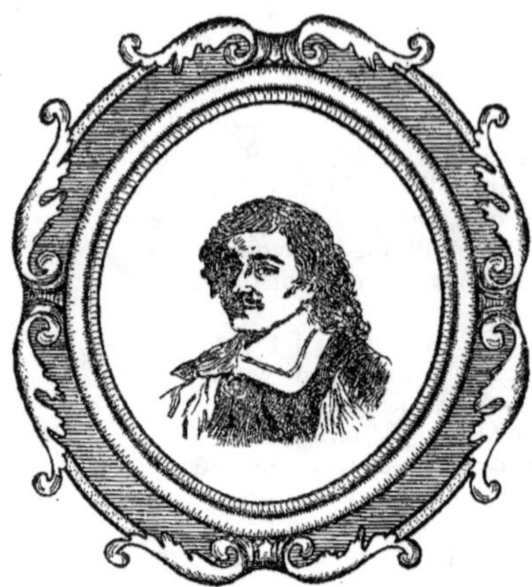

LESUEUR (Eustache),
Né à Paris en 1617, mort en 1655. (École française.)

plusieurs reprises il eut l'occasion d'aller en Italie, mais il refusa. Cependant, subissant la conception de son époque, il étudiait de préférence les œuvres des maîtres italiens.

Il fut bientôt admis dans la confrérie des maîtres peintres, pour laquelle il peignit *Saint Paul à Éphèse chassant les démons*.

Eustache à ce moment était complètement inféodé à l'esthétique de son maître, dont il imitait la manière.

C'était un grand et beau garçon, très doux, très affectueux et dévoué pour ses amis. Il est fort probable que la vénération qu'il professait pour Simon Vouet contribua à le retenir sous l'influence artistique de ce peintre.

Sa rencontre avec Le Poussin lors du séjour que le grand normand fit à Paris, en 1641, changea heureusement l'orientation de notre artiste. Poussin accueillit fort bien le jeune peintre. Certains biographes prétendent même qu'il lui donna des compositions. Le fait, contesté par d'autres, n'est pas prouvé, mais il est indéniable que, à partir de cette époque, Poussin et Raphaël furent les maîtres dont Lesueur ambitionna de se rapprocher.

Bien que son extrême modestie le fit vivre loin des intrigues, il avait trouvé de puissants protecteurs. Ainsi il exécuta huit tableaux qui furent reproduits en tapisseries aux Gobelins.

Quelque temps après, une occasion lui était fournie de donner la mesure de son beau talent. M. Lambert de Thorigny, président de la Cour des Comptes, qui avait fait construire par l'architecte Louis Levau, un hôtel à l'extrêmité de l'île Saint-Louis, hôtel qui existe encore, appela Lesueur à participer à sa décoration, concurremment avec François Perrier, Le Brun, Romanelli, Patel, Swanewelt, Francisque Millet, Baptiste Monnoyer. Trois pièces furent attribuées à Lesueur : le vestibule du rez-de-chaussée, que l'on désignait du nom poétique de *Cabinet de l'Amour*, la chambre de Mme Lambert de Thorigny, appelée *Chambre des Muses*, et le *Cabinet des Bains*.

Ce travail, que l'artiste dut interrompre à différentes reprises pour exécuter d'autres commandes, offre cette particularité que les peintures du *Cabinet de l'Amour* sont de la première manière de l'artiste, tandis que celles de la *Chambre des Muses* et du *Cabinet des Bains* appartiennent à sa dernière forme, c'est-à-dire à l'époque où Lesueur était en pleine maturité de son talent.

Melpomène, Erato et Polymnie, que représente la reproduction qu'on trouvera dans ce livre, faisait partie des peintures décorant la *Chambre des Muses*.

Ces peintures furent achetées par Louis XVI en 1776. Elles étaient peintes sur plâtre, au moins pour la plupart, et furent transportées sur toile par Haquin père. Elles figurent maintenant dans la collection du Louvre.

Anne d'Autriche avait pour le talent de Lesueur une estime particulière. Elle lui fit exécuter différents travaux dans ses appartements du Louvre et dans ceux du roi. Il exécuta également plusieurs peintures pour les églises de Saint-Etienne-du-Mont, de Saint-Germain-l'Auxerrois et de Saint-Gervais. En 1649, il peignit pour la corporation des orfèvres, le tableau du *Mai*, de Notre-Dame, représentant *Saint Paul à Ephèse*, que l'on admire au Louvre.

Notre Galerie nationale possède également de Lesueur une œuvre d'une importance considérable : les vingt-deux tableaux relatant la vie de saint Bruno, et qui décoraient le petit cloître des Chartreux, à Paris. Cet énorme travail, commencé en 1645, lui demanda trois années. Pendant trois ans, Lesueur vécut dans le couvent, s'inspirant de la nature par un nombre considérable d'études et de dessins, qu'il exécutait chaque jour. Le sujet peut ne pas plaire, mais on ne saurait contester la sincérité, la sensibilité dont l'artiste a fait preuve dans son exécution. On y retrouve dans maints endroits le sentiment intense, la piété profonde de nos grands primitifs français.

Ces tableaux furent également acquis par Louis XVI en 1776.

Ils étaient peints sur bois et furent transportés sur toile par

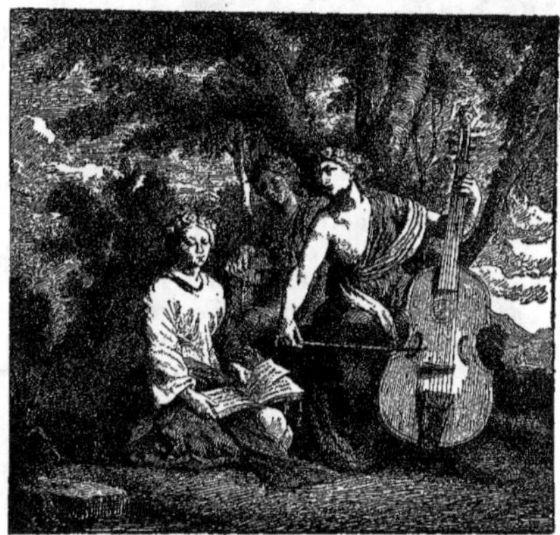

Muses, par Lesueur.

le même restaurateur de tableaux, à raison de 600 francs chaque toile.

En 1648, lors de la fondation de l'Académie de peinture, Lesueur fut du nombre des douze artistes qui prirent le nom d'*Anciens*, et exercèrent les fonctions de professeurs.

Malgré son labeur considérable et son talent, Eustache vivait dans une situation médiocre de fortune. Comme Nicolas Poussin, il ne possédait pas le *savoir faire* suffisant pour se faire valoir et obtenir les gros prix et les pensions, plus soucieux de l'œuvre elle-même que du profit qu'il pourrait en retirer.

Lesueur s'était marié avec la sœur d'un peintre de ses amis, Thomas Goussé. Il donna l'exemple des vertus familiales, eut six enfants, et l'on affirme que le chagrin qu'il éprouva de la perte de sa femme, contribua puissamment à hâter sa fin.

Il mourut à trente-huit ans et fut enterré à l'église Saint-Etienne-du-Mont.

Ce fut une grande perte pour l'art français, car on est en droit de sup-

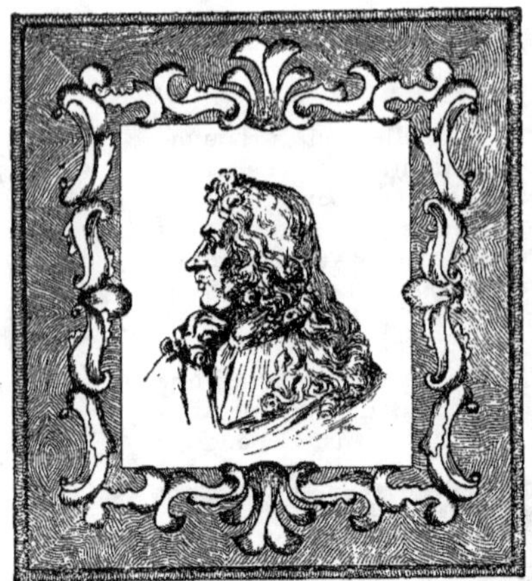

LE BRUN (Charles),
Peintre, graveur, architecte, né à Paris en 1619, mort à Paris en 1690.
(Ecole française.)

poser qu'un artiste aussi consciencieux eut encore affirmé son talent dans un âge plus mûr.

Eustache Lesueur eut trois frères, Pierre, Philippe et Antoine Lesueur, peintres comme lui et qui, ainsi que son beau-frère Thomas Goussé, l'aidèrent quelquefois dans ses travaux. Aucun d'eux n'a laissé d'œuvres connues.

Charles Le Brun, peintre officiel par excellence, vécut beaucoup plus avec la préoccupation de plaire aux puissants qui l'employaient, qu'à produire des œuvres véritables et sincères. Doué d'une facilité extraordinaire, il en profita pour s'assimiler les formules des successeurs de Raphaël et des Carrache.

Bien qu'il fut très heureusement doué, son talent est factice, superficiel. Il eut pu faire un peintre : sa préoccupation de tout faire, de tout inspirer, l'a ravalé au rôle de décorateur.

Il naquit le 12 février 1619, à Paris. Son père était sculpteur. Il le confia d'abord à François Perrier.

A onze ans, les dessins du jeune Charles ayant été vus par le chancelier Pierre Séguier, il le prit chez lui et le plaça dans l'atelier de Vouet. Le Brun fut ensuite envoyé à Fontainebleau copier les peintures appartenant à la Couronne.

A quinze ans, il exécuta plusieurs compositions pour le cardinal de Richelieu. Lorsque ces œuvres furent montrées au Poussin, quelques années plus tard, le grand artiste les estima fort intéressantes.

Vers la même époque, ce jeune homme peignit pour la confrérie des peintres et sculpteurs de Saint-Luc, un tableau représentant *Saint Jean plongé dans une chaudière d'huile bouillante*, dont il fit présent.

Le Brun était d'ailleurs un travailleur infatigable, sans cesse peignant, dessinant, modelant ou gravant à l'eau-forte.

Le chancelier Séguier, enchanté des progrès de son protégé, lui fournit les moyens d'aller à Rome, lui assignant une rente de 200 écus, et le confia à Nicolas Poussin qui retournait en Italie.

Le Brun avait alors vingt-trois ans.

Le cardinal Barberini, à qui il était chaudement recommandé, l'accueillit parfaitement et le présenta au pape Urbain VIII.

C'était l'introduction chez tous les grands seigneurs romains.

Il étudia l'antique, Raphaël et Jules Romain. Il peignit aussi quelques tableaux dans le goût du Poussin.

Après un séjour de quatre années à Rome, il revint à Paris, où ses amis et protecteurs lui avaient déjà fait la réputation d'un futur grand maître.

Artiste mondain, ennemi de l'effort et des études austères qui, si elles sont indispensables aux œuvres fortes et durables, retardent et entravent la production, Le Brun se trouvait dans les conditions les plus favorables pour réussir.

Il obtint dès lors un succès immense, mais sur lequel la postérité devait sensiblement revenir.

Il fut, en 1648, un des fondateurs de l'Académie de peinture.

Le Président Lambert lui confia la décoration de la galerie de son hôtel, pour y peindre l'*Histoire d'Hercule;* le surintendant Fouquet lui fit une pension de 12.000 livres et lui confia les peintures du château de Vaux.

Ce fut chez ce ministre que Le Brun rencontra Mazarin, qui le présenta au roi.

La reine Anne d'Autriche ayant vu en songe un Christ sur la croix, où les anges venaient l'adorer, rapporta ce rêve en présence de Le Brun. Le peintre, en adroit courtisan, s'empressa de fixer cette idée sur la toile. Il y ajouta la couronne de France posée au pied de la croix sur un coussin de velours bleu fleurdelisé, et présenta ce tableau à la reine.

Anne d'Autriche en fut si satisfaite, qu'elle donna à l'habile peintre son portrait dans une boîte enrichie de diamants, et voulut le lui attacher elle-même.

Ce tableau contribua puissamment à son succès à la cour.

Le Brun avait su gagner la protection de Colbert. En 1660, le grand ministre le nomma directeur des manufactures royales établies aux Gobelins, où se trouvaient les ateliers de tapisseries, de meubles, de pièces d'orfèvrerie, de mosaïque, de serrurerie, de marqueterie. Le Brun donnait les dessins de tous ces objets et en surveillait l'exécution.

Comme Le Brun avait suivi la cour à Fontainebleau, Louis XIV lui commanda de peindre quelques sujets de la vie d'Alexandre le Grand pour être reproduits en tapisseries. Il était trop adroit courtisan pour ne pas s'empresser de se mettre immédiatement à l'œuvre.

L'atelier de Le Brun était situé près des appartements royaux et Louis XIV s'amusait souvent à l'aller voir peindre. Comme l'artiste exécutait le tableau représentant la *Tente de Darius*, le roi lui demanda de peindre la tête de Parysatis, ce que Le Brun fit sur-le-champ, l'exécutant du premier coup. Ce tour d'adresse émerveilla le souverain et fit plus pour la fortune de l'artiste que tout ce qu'il avait produit jusqu'alors.

Louis XIV témoigna sa satisfaction en offrant au peintre son portrait enrichi de diamants, en le nommant son premier peintre aux appointements de 12.000 livres par an. Peu après, il lui donnait des lettres de noblesse et le nommait à la garde de ses tableaux, en l'autorisant à acheter les peintures, sculptures et dessins qu'il jugerait dignes d'enrichir la collection royale.

L'*Entrée d'Alexandre à Babylone*, que nos lecteurs trouveront dans ce livre, appartient à cette série de tableaux.

Après l'incendie qui détruisit, en 1661, la galerie du Louvre, on chargea Le Brun de faire un plan de restauration. L'histoire du dieu qu'il y traita allégoriquement et par allusion à la devise du roi, valut à cette galerie le nom de *Galerie d'Apollon*, qu'elle a conservé depuis. Le Brun fit les dessins des peintures, des sculptures, des ornements, mais il n'exécuta que

quatre tableaux de sa main. La création de Versailles vint lui donner des
occupations nouvelles. Il était insatiable. Non content de diriger la décoration générale du nouveau palais, de peindre pour Colbert le château,
les pavillons, l'église de Sceaux, de donner les dessins des fontaines et
des statues du parc, de faire des tableaux pour le roi, de décorer l'escalier
de Versailles, de peindre les façades des pavillons de Marly, il entreprit, en
1679, la peinture et l'ornementation de la grande galerie de Versailles,
longue de 80 mètres sur une largeur de 12 mètres. Il y travailla pendant
quatre ans et représenta, dans vingt et un tableaux et six bas reliefs peints,
des sujets tirés de la vie du roi. Il peignit encore les salons de la Paix et

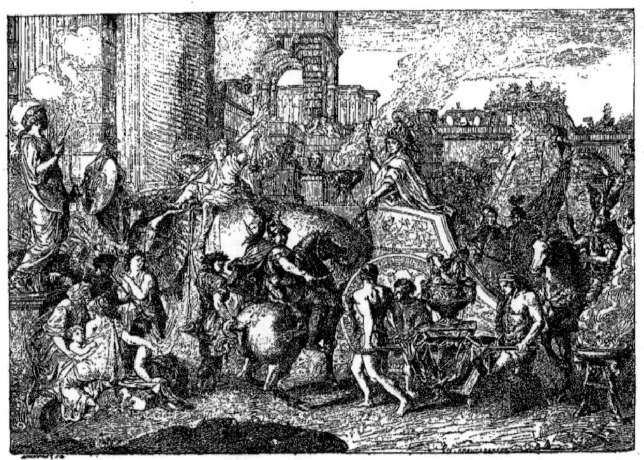

Entrée d'Alexandre à Babylone, par Le Brun.

celui de la Guerre, qui terminent chaque extrêmité de cette galerie.

Possédant la faveur du roi et celle de Colbert, Le Brun exerçait sur l'art
un pouvoir despotique. Peintres, sculpteurs, décorateurs devaient travailler
sur ses dessins ou d'après ses avis. De là la froideur, l'uniformité des manifestations artistiques de cette époque. Que les œuvres soient de Charles de
Lafosse, de Houasse, de Bosc Boulogne, de Vernansal, de Girardon, des
Coustou, c'est toujours du Le Brun, avec, souvent, la verve du maître en
moins.

Un seul artiste, parmi ceux fréquentant la cour, refusait de se soumettre
au triomphateur : Pierre Mignard.

Pierre Mignard du reste était fortement appuyé par les ennemis de
Colbert et ces ennemis étaient nombreux. On se servait de lui pour attaquer
indirectement le grand ministre dans son peintre officiel.

La mort de Colbert, le 6 septembre 1683, fut le point de départ du
déclin du pouvoir absolu de Le Brun.

Louvois fut appelé à la surintendance des Bâtiments royaux.

La haine que lui inspirait son prédécesseur durant sa vie s'étendait aux protégés de celui-ci et lui avait fait constamment opposer Mignard à Le Brun. Quand il fut le maître, les intrigues, les tracasseries se firent plus belles.

On vit, par exemple, le marquis de Seignelay, pour faire sa cour au nouveau premier ministre, s'unir à MM. de Lorraine pour faire pièce à Le Brun.

Le fils de Colbert, de concert avec ces personnages, commanda à Mignard le *Portement de Croix*, que possède le Louvre, et l'offrit au roi.

Le mot d'ordre fut donné à la cour d'exalter ce tableau, en réalité assez médiocre, comme le chef-d'œuvre le plus parfait qui eut jamais été produit; excellent procédé pour rabaisser la gloire de Le Brun.

Celui-ci souffrait cruellement de ces attaques déguisées.

Louis XIV prit son parti. Appelant son premier peintre en particulier, il lui conseilla de faire un tableau pour l'opposer à l'œuvre de son rival.

Trois mois plus tard Le Brun présentait au roi *Jésus élevé en croix*. Le souverain avait combiné la scène de façon à ce que le tableau lui fut remis tandis qu'il tiendrait son conseil. Il dit à ses ministres qu'on venait de lui apporter un tableau méritant qu'ils se levassent pour l'admirer.

Louis XIV prodigua les éloges à son premier peintre et tous les courtisans renchérirent sur le mérite de l'œuvre.

Mais à la cour, on se chuchota à l'oreille que c'était la jalousie que lui inspirait Mignard qui avait amené Le Brun à faire un ouvrage très supérieur à ceux produits par lui jusqu'alors.

Aujourd'hui, les deux tableaux sont au Louvre, et les amateurs qui les étudient peuvent constater que si ils sont d'un dessin et d'une exécution supérieure, ils ne valent guère mieux comme sentiment et comme sincérité, que les pâles productions de l'art religieux purement commercial.

Au mois de janvier 1687, Le Brun allant lui souhaiter la bonne année, proposa à Louvois de faire peindre par Houasse et Verdier, ses élèves, le dôme des quatre nations. Le ministre ne répondit pas. Le peintre lui offrit le tableau représentant la *Chûte des anges rebelles*, qu'il comptait peindre en grand dans la chapelle de Versailles; Louvois refusa le tableau, engageant l'artiste à le porter au roi.

C'était la disgrâce.

Il cessa d'aller à la cour, tomba dans une sombre mélancolie, qui dégénéra en maladie de langueur. On le rapporta expirant de sa maison de Montmorency aux Gobelins, où il mourut.

Il fut enterré à l'église de Saint-Nicolas-du-Chardonneret, dans la chapelle de Saint-Charles, qu'il avait décorée.

Le Brun a joué un rôle considérable sur l'art plastique français du XVIIe siècle, il lui a imposé sa domination, substituant, plus encore que ne l'avaient fait ses prédécesseurs, la convention italienne au génie national. On est en droit de juger sévèrement son coloris rouge et sombre, la lourdeur de son dessin, son manque de sentiment; cependant il a puissamment contribué à créer, dans la décoration et l'ameublement, le style Louis XIV, dont on ne peut méconnaître la valeur. Parmi les artistes qui contribuèrent avec Le Brun à la décoration de Versailles, Jean Jouvenet mérite une mention spéciale.

Il naquit à Rouen en 1644.

D'origine italienne, sa famille se composait presque exclusivement de peintres. Son grand-père, Noël Jouvenet, avait donné les premières leçons de dessin au Poussin.

Son père, Laurent Jouvenet, lui ayant donné les premiers éléments de son art, l'envoya à Paris à l'âge de dix-sept ans. Il travailla d'abord chez des maîtres peu connus, et acquit rapidement une grande habileté.

Poussin était son maître de prédilection et il l'étudia beaucoup.

Le Brun ayant vu son premier tableau, représentant le *Frappement du rocher*, l'employa aux travaux de Versailles. Ce fut le commencement de la réputation du jeune peintre.

En 1668, la corporation des orfèvres le chargeait de l'exécution du tableau votif qu'elle offrait chaque année à l'église de Notre-Dame. Le sujet représentait la *Guérison du Paralytique*.

En 1674, Le Brun le fit agréer à l'Académie et il y fut reçu aux applaudissements unanimes.

C'était justice.

L'œuvre de Jouvenet est considérable. Parmi ses ouvrages les plus importants il convient de citer : les plafonds de l'hôtel de Saint-Pouanges, quatre tableaux pour Saint-Martin-des-Champs et le plafond de la salle du Parlement de Bretagne, à Rennes.

Cet ouvrage lui valut une pension de 1.200 livres.

Il fit aussi des travaux aux Invalides et peignit dans la chapelle de Versailles le dessus de la tribune royale, ce qui lui valut une augmentation de pension de 500 livres.

Louis XIV apprenant qu'il n'avait pas vu l'Italie, voulut lui faire faire le voyage, prenant à sa charge tous les frais ; un accès de goutte ne lui permit pas de profiter de cet avantage.

Un accident terrible lui arriva en 1713. A la suite d'une attaque d'apoplexie, il resta paralysé de la main droite. Il se rendit aux eaux de Bourbonne, espérant la guérison du traitement qui lui avait réussi vingt ans avant. Ce fut une déception cruelle : il revint sans qu'aucune amélioration se fut produite dans son état.

Un jour qu'il voulut corriger une peinture qu'exécutait son neveu Jean Restout, il prit un pinceau de sa main paralytique, gâta l'ouvrage et tenta, de la main gauche, de réparer sa maladresse ; il y réussit relativement. Ce résultat l'encouragea à exercer sa main gauche, et bientôt il lui donna l'habileté qu'avait autrefois la main malade. Il lui fut possible d'achever les travaux qu'il avait abandonnés sans espoir.

Il en entreprit même à nouveau, entre autres le plafond du Parlement de Normandie et une *Visitation*, son dernier ouvrage, destinée à l'église de Notre-Dame. Pour dessiner, il se servait encore de sa main droite, mais en la guidant avec la gauche.

Van der Meulen, bien que de nationalité flamande, nous a paru devoir être rangé parmi les peintres de Louis XIV ; ce fut le peintre de batailles, le narrateur, s'il est permis d'employer cette expression, des fêtes galantes, des voyages, des cérémonies champêtres de la cour du grand roi.

Il fut l'élève de Peter Snayers, et avant même de sortir de l'école, ses tableaux de paysages et de batailles égalaient ceux de son maitre. Il y faisait preuve d'une habileté remarquable.

Le Brun ayant vu des peintures de Van der Meulen, conseilla à Colbert de les acheter, ajoutant qu'il serait avantageux de faire venir l'artiste en France et de l'attacher au service du roi.

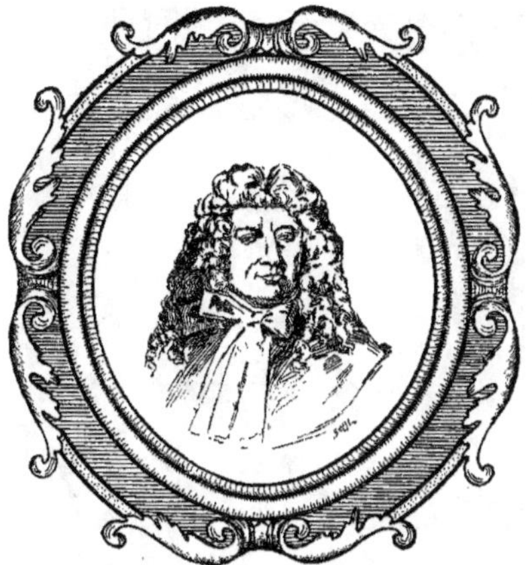

MEULEN (Anton-Franz Van der),
Né à Bruxelles en 1634, mort à Paris en 1690. (École flamande.)

Ce conseil fut suivi ; des offres superbes furent faites au jeune flamand : une pension de 6.000 livres, indépendamment du prix de ses ouvrages et un logement aux Gobelins.

Il suivait le roi dans toutes ses campagnes, dessinait sur les lieux mêmes les villes fortifiées, leurs environs, les marches d'armées, les campements, les sièges, les prises des villes.

Bien que certains critiques estiment que l'histoire militaire du siècle de Louis XIV se trouve ainsi relatée avec une extrême fidélité, on nous permettra de dire que cette histoire-là ressemble fort à celle des historiographes que le grand roi avait attaché à sa personne, c'est-à-dire qu'elle est beaucoup trop officielle pour être réelle.

Les tableaux de Van der Meulen, indépendamment de leur valeur picturale, présentent cependant un sérieux intérêt au point de vue du costume et des nombreux portraits de personnages célèbres qu'il y introduisit.

Le roi le combla de faveurs et de richesses, et Le Brun, qui souvent collabora avec lui en peignant des figures dans ses toiles, lui fit épouser sa nièce.

Il fut reçu de l'Académie le 15 mai 1673 et mourut à l'âge de cinquante-six ans.

Ce fut un habile paysagiste et sa couleur était fort agréable.

Nicolas de Largillière fut un des fameux portraitistes du siècle de Louis XIV. Bien qu'il fréquentât peu la cour et peignit surtout la haute bourgeoisie, on ne saurait l'exclure du nombre des peintres célèbres de cette époque.

Son père, négociant à Anvers, le fit venir près de lui à l'âge de trois ans puis, lorsque le petit Nicolas eut atteint sa neuvième année, il l'envoya à Londres. Il y demeura près de deux ans, passant tout son temps à dessiner, si bien que, lorsqu'il revint à Anvers, on fut frappé de la façon extraordinaire dont il maniait le crayon.

Largillière fut placé chez Antoine Goubeau, peintre flamand, qui fai-

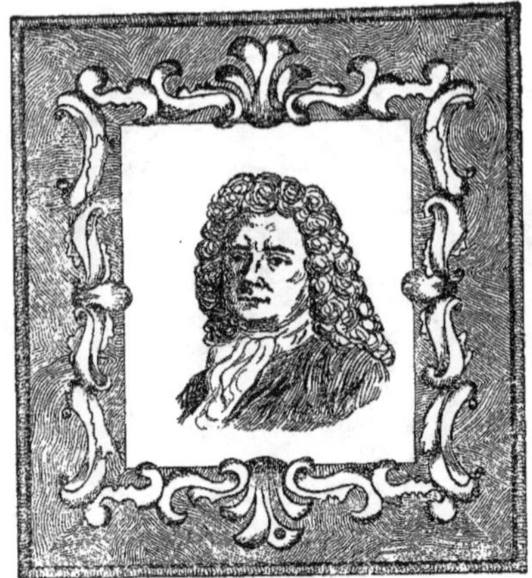

LARGILLIÈRE (Nicolas de),
Né à Paris en 1656, mort en 1746. (École française.)

sait des paysages, des foires, des marchés. Le jeune Largillière se montra si bon élève qu'il put bientôt aider son maître dans les tableaux dans lesquels l'exécution des fleurs, des fruits, des poissons lui était confiée.

Il avait dix-huit ans quand il quitta Goubeau pour se rendre en Angleterre.

Son père était riche, il possédait à Londres de nombreuses relations ; Largillière arriva dans cette ville avec d'excellentes recommandations.

Il y fut fort bien accueilli, notamment par Pierre Lely, premier peintre de Charles II, qui le fit occuper par le surintendant des Bâtiments à la restauration de tableaux de maîtres que l'on voulait placer dans les appartements royaux, à Windsor.

Une restauration d'un amour endormi attira l'attention de Charles II ; il désira voir l'artiste qui s'était si bien acquitté de cette besogne. Largillière fut présenté et le roi d'Angleterre lui demanda de lui peindre quelques toiles. Nicolas en exécuta trois, qui obtinrent l'approbation royale.

Une carrière brillante s'ouvrait pour Largillière à la cour d'Angleterre ; mais c'était un caractère tranquille et pacifique, et les avanies, les persécutions dont souffraient les catholiques à ce moment, le décidèrent à revenir en France.

Largillière possédait le talent facile qui séduit les foules, c'était un *habile* dans toute l'acception du mot ; il ne tarda pas à prendre à Paris une place importante.

Un *Portrait de Van der Meulen* lui valut l'amitié de ce peintre et celle de Le Brun ; il fut sacré grand peintre. Le *Portrait de Pupil de Craponne*, que l'on trouve dans cette page, donnera une idée des qualités picturales de Largillière.

Cependant, ce brillant succès avait eu un écho à la cour d'Angleterre ; on regretta d'avoir laissé partir l'artiste : des offres brillantes lui furent faites. Le roi lui proposait une grosse pension et le poste de conservateur de ses tableaux.

Largillière refusa.

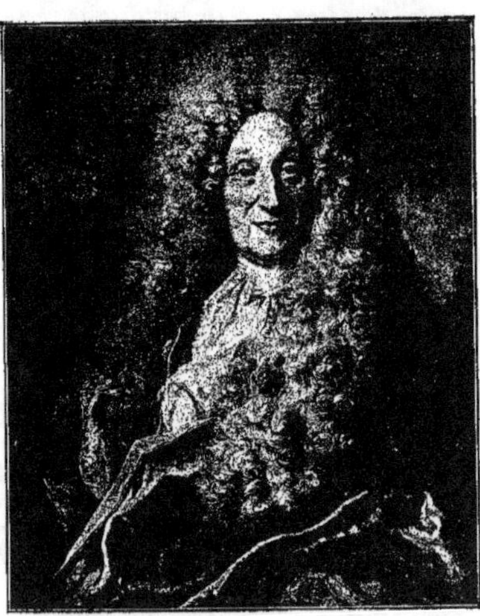

Pupil de Craponne, par Largillière.

Il avait trop souffert des tiraillements résultant des rivalités religieuses; peut-être même avait-il conscience du peu de stabilité de la dynastie des Stuart.

Il n'eut pas à se repentir de sa résolution. Sans renoncer à la peinture des sujets historiques, des fleurs, des animaux, Largillière s'adonnait de plus en plus au genre du portrait, et sa réputation s'affirmait encore.

L'Académie lui ouvrit ses portes le 30 mars 1686, sur le *Portrait de Le Brun*, que l'on peut voir au Louvre.

A l'avènement de Jacques II au trône d'Angleterre, Largillière se rendit à Londres pour faire le portrait du roi et de la reine, mais il refusa encore de se fixer en Angleterre, si pressantes que fussent les instances du souverain.

Rentré en France, il n'en sortit plus.

Il s'était marié et avait eu une fille.

Dans la magnifique collection léguée au Louvre par l'exquis amateur d'art que fut M. Louis La Caze, figure un superbe portrait de Largillière, de sa femme et de sa fille, par lui-même. Indépendamment de son mérite artistique, cette œuvre, une des bonnes toiles du peintre, montre dans quelles conditions d'existence il vivait. C'est bien plutôt la famille de quelque riche seigneur que celle d'un artiste.

Du reste, Largillière était devenu fort riche.

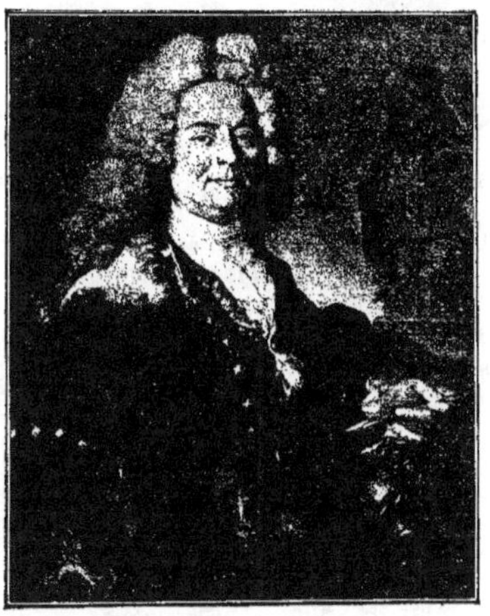
Jean Thierry, par Largillière.

Sa renommée ne fut pas diminuée par les changements de souverains; il sut se plier aux modes de la Régence comme à celles du règne de Louis XV. De ces époques date le *Portrait de Jean Thierry*, possédé par le Musée de Lyon.

Largillière vécut près de quatre-vingt-dix ans, toujours alerte et travailleur. Il était d'une extrême bienveillance.

Le bon graveur Georges Wille raconte dans les précieux mémoires manuscrits que possède la Bibliothèque nationale, la façon charmante avec laquelle il fut accueilli par Nicolas Largillière alors que, inconnu à Paris, sans aucune recommandation, il alla lui rendre visite dans le somptueux hôtel qu'il habitait. Non-seulement l'académicien fameux montra au jeune artiste qui venait lui demander ses conseils ses œuvres d'art, mais il lui prêta un de ses tableaux afin qu'il put le copier.

Largillière fut un des premiers peintres français qui réagirent contre le coloris noir et sourd des peintres du XVIIᵉ siècle.

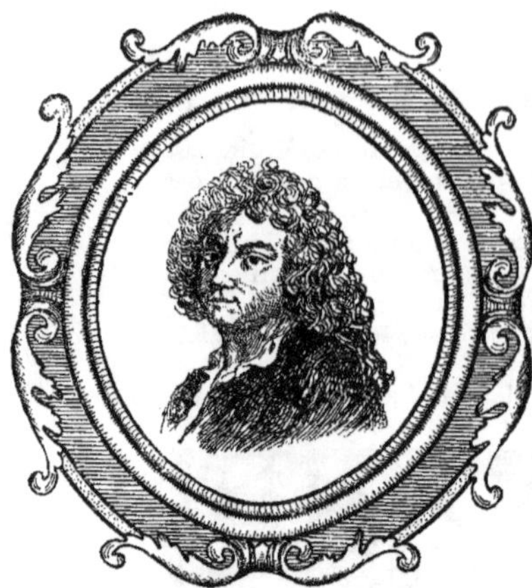

RIGAUD (Hyacinthe).
Né à Perpignan en 1659, mort à Paris en 1743. (École française.)

Largillière avait été le peintre de la haute bourgeoisie, de la noblesse de robe du siècle de Louis XIV, Hyacinthe Rigaud fut celui des princes et des grands.

Il était fils et petit-fils de peintres. Bien qu'il eut perdu son père alors qu'il n'avait que huit ans, il fut toujours convenu qu'il suivrait la carrière artistique.

A quatorze ans, sa mère qui l'adorait, l'envoya à Montpellier chez Pezet, peintre médiocre, mais grand amateur de bonne peinture. Il possédait un certain nombre de beaux tableaux. Ce fut en les copiant, beaucoup plus que d'après les conseils de son maître, que Rigaud commença son éducation artistique.

Il s'était lié avec le fils d'un peintre de la ville, Jean Ranc. L'artiste s'intéressa aux essais d'Hyacinthe, en qui il devinait un véritable tempérament de peintre, et lui donna d'utiles conseils.

Rigaud, après un court séjour à Lyon, vint à Paris, où il fréquenta les cours de l'Académie.

Après un an d'études, il y remporta le premier prix.

Ces études académiques que Rigaud poursuivait avec une grande régularité, ne l'empêchaient pas d'exécuter un grand nombre de portraits. Dans la seule année 1681, il en peignit trente-trois, entre autres celui de de Lafosse. Le Brun qui vit cela, conseilla à l'auteur de renoncer à la pension de Rome pour se livrer exclusivement à ce genre.

Le *Portrait de Girardon*, que possède le Musée de Dijon, montrera mieux qu'une description la verve que possédait cet artiste.

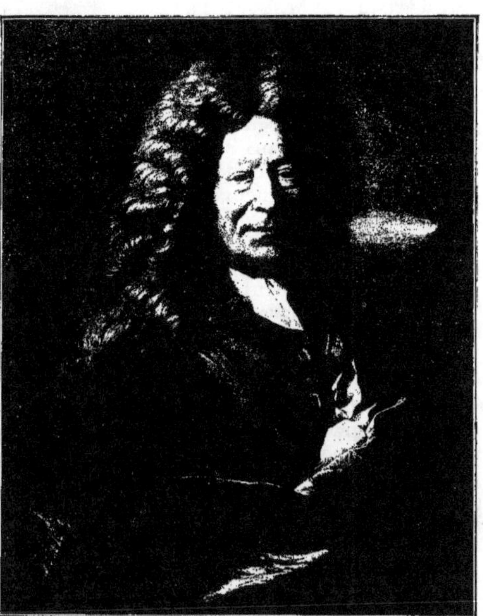

François Girardon, par Rigaud.

Rigaud se rendit à cet avis. L'amitié de Largillière et de de Troy, qui possédaient déjà une renommée considérable, facilita son entrée dans le monde.

Le *Portrait de Bossuet*, actuellement au Louvre et qu'il exécuta en 1699, celui de Philippe V, roi d'Espagne et surtout celui de Louis XIV,

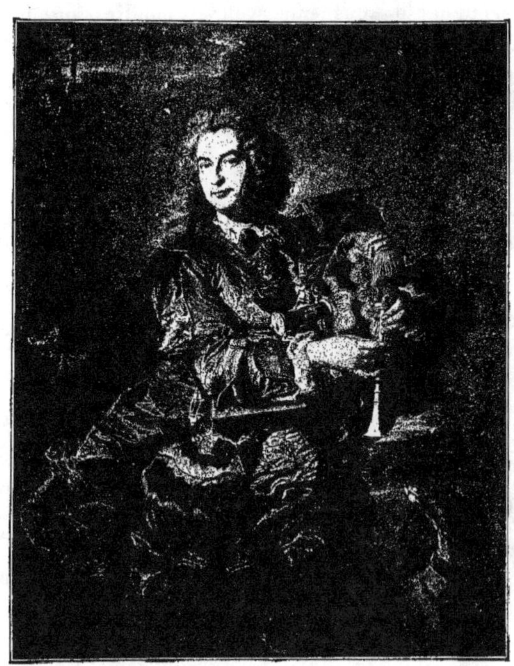

Gaspard de Gueidan jouant de la Musette, par Rigaud.

datés le premier de 1700, le dernier de 1701, le placèrent au premier rang des artistes de l'époque.

Il avait été nommé membre de l'Académie en 1687 ; après ces éclatants succès, il fut admis comme peintre d'histoire.

Rigaud, comme son ami Largillière, sut se plier à l'évolution artistique qui suivit la mort de Louis XIV. Dans les *Portraits de Gaspard de Gueidan* et dans celui du *Maréchal de Belle-Isle*, on trouve la conception qui va prendre son complet développement avec la brillante phalange des peintres, des maîtres du XVIIIe siècle proprement dit.

Terminons ce chapitre en disant quelques mots d'Antoine Coypel qui,

comme Largillière et Rigaud, marque le passage de l'art froid et guindé de
Le Brun au gracieux, spirituel et beaucoup plus français art du xviiie siècle.

Il était fils et élève de Noël Coypel, peintre estimable qui, ayant été
nommé directeur de l'école de Rome, l'emmena avec lui, bien qu'il n'eut
que onze ans.

Antoine, qui dès son plus jeune âge avait montré beaucoup de goût et
de dispositions pour les beaux-arts, se consacra pendant trois ans à l'étude
de Michel-Ange, de Raphaël
et d'Annibal Carrache.

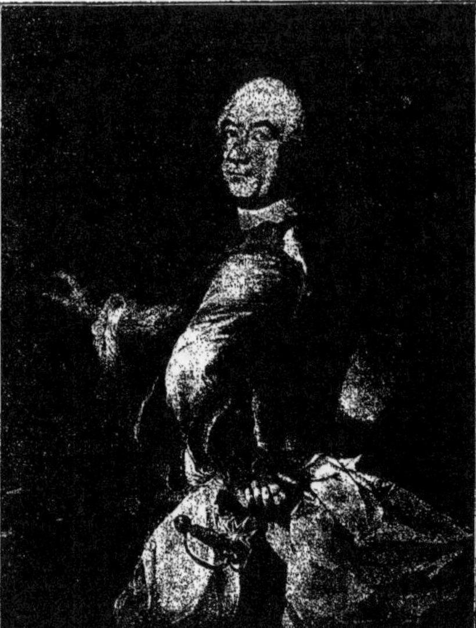

Il n'avait pas quatorze
ans quand il remporta un
prix à l'Académie de Saint-
Luc, succès qui lui valut
l'amitié du chevalier Bernini
et de Carle Maratte.

Après avoir passé trois
années à Rome, il revint en
France pour suivre les cours
de l'Académie. Il y obtenait
un deuxième prix en 1676.

A dix-huit ans, Coypel
était le produit parfait de
l'enseignement officiel, froid,
convenu, conventionnel, mais
parfaitement correct, et il obtenait des commandes de
l'Etat. Ce fut ainsi qu'il
exécuta deux tableaux pour
l'ancienne paroisse de Versailles, puis fut employé par
Le Brun pour la décoration
du palais.

Les travaux qu'il exécuta
pour le château de Choisy et
différentes églises lui valu-

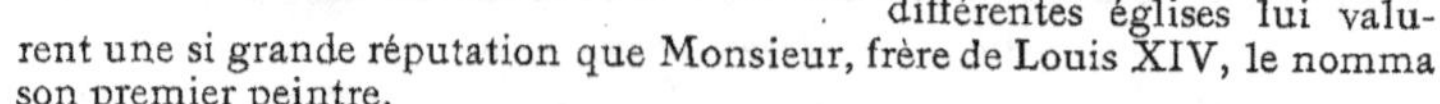

Le *Maréchal de Belle-Isle*, par Rigaud.

rent une si grande réputation que Monsieur, frère de Louis XIV, le nomma
son premier peintre.

Il fut reçu à l'Académie en 1681, à peine âgé de vingt ans.

En 1709 il peignait la voûte de la chapelle de Versailles, travail qu'avait
ambitionné Le Brun, et exécutait de nombreuses peintures destinées à être
reproduites en tapisserie.

Enfin, en 1710, le roi le nomma directeur des tableaux et des dessins de
la Couronne.

Dans ce poste, Coypel rendit des services sérieux.

Louis XIV avait acheté l'incomparable collection du banquier Jabach,
comprenant plus de 5.000 dessins et 101 tableaux des plus grands maîtres.
On s'était peu occupé des premiers. Le nouveau directeur, dont le long

séjour en Italie avait affiné le goût et donné une connaissance assez approfondie des maitres de la Renaissance, commença le classement des trésors confiés à sa garde. Les plus beaux dessins de Raphaël, les Michel-Ange exposés aujourd'hui au Louvre, proviennent de cette collection.

Après la mort du grand roi, la faveur d'Antoine Coypel s'accrut encore.

Le duc d'Orléans, dont il était l'ami, étant devenu régent, le nomma son premier peintre et le chargea de décorer le Palais-Royal.

Coypel y peignit quatorze sujets tirés de l'*Enéide*.

Comme marque de sa satisfaction de ces travaux, Philippe d'Orléans donna à son peintre un magnifique carrosse, y ajoutant une pension de 1.500 livres pour l'entretien de cette voiture.

Il avait commencé une série de compositions tirées de l'*Iliade* et de l'Ecriture sainte, destinées à être reproduites en tapisseries. La mort l'empêcha de mettre ce projet à exécution.

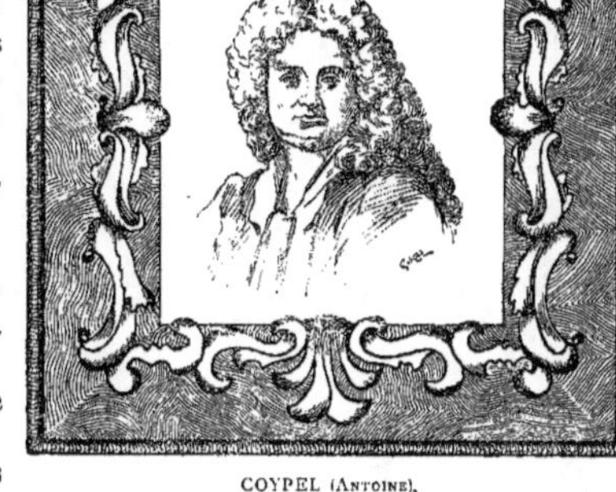

COYPEL (Antoine),
Peintre, graveur, né à Paris le 11 avril 1661, mort dans la même ville le 7 janvier 1722. (École française.)

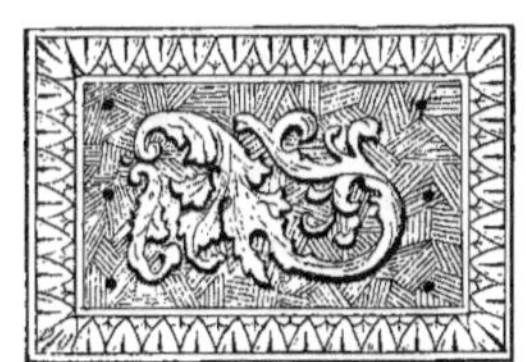

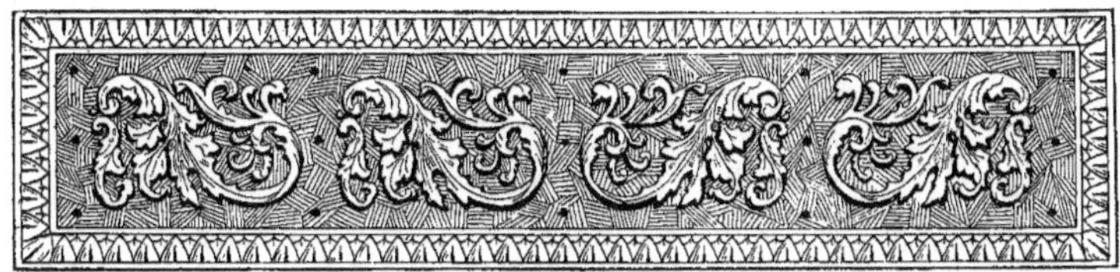

CHAPITRE IX

Les Maîtres du XVIIIᵉ siècle

Watteau. — Nattier. — Oudry. — Lancret. — Pater. — Chardin. — Boucher. — La Tour. Carle van Loo. — Joseph Vernet. — Greuze. — Honoré Fragonard.

LA mort de Louis XIV fut immédiatement suivie d'un mouvement intellectuel dont l'influence fut des plus heureuses pour l'art. L'esprit, comprimé sous l'influence néfaste de la prude Mᵐᵉ de Maintenon, prit une superbe envolée. La vie reprenait ses droits. L'esprit pouvait se manifester sans la crainte de la Bastille. Cette mentalité nouvelle se traduisait par les *Lettres persanes*, de Montesquieu. Ce fut une efflorescence de talents nouveaux, la verve française, la couleur, la lumière reparurent dans la peinture.

Antoine Watteau fut un des plus intéressants parmi ces artistes.

Watteau compte parmi les plus grands peintres français. C'est un créateur, un génie spontané. Il a toute la finesse, toute la joliesse, toute la distinction, tout l'esprit de notre race et il ajoute à ces précieuses qualités le charme pénétrant d'une mélancolique et exquise poésie.

Ce n'est pas seulement l'admiration qu'éveillent l'examen d'œuvres comme la *Conversation dans un parc*, dont on trouvera ici la reproduction et le *Voyage à Cythère*; une part d'émotion s'y mêle. L'émotion profonde éprouvée par l'artiste devant

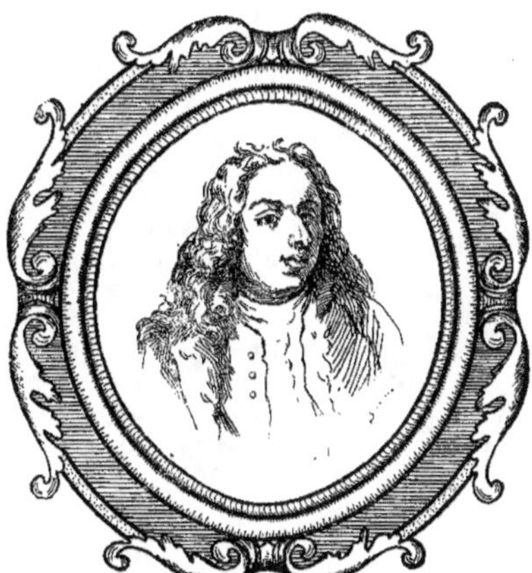

WATTEAU (Antoine),
Peintre, graveur, né à Valenciennes en 1684, mort à Nogent en 1721.
(École française.)

la nature, et qu'il a traduite sur la toile, trouve un écho en nous.
Antoine Watteau est notre Giorgione.

Ce beau et puissant artiste était d'origine pauvre ; ses débuts furent difficiles. Il ne bénéficia pas de l'enseignement officiel, et nous devons nous
en féliciter, car il conserva intactes sa vision, son expression personnelles.

Son père était maitre couvreur. Reconnaissant dans les dessins que le
jeune Antoine ne cessait de tracer, l'indice de dispositions artistiques, l'artisan le plaça chez un peintre de Valenciennes ; mais cette bienveillance
dura peu ; le père, lassé de subvenir aux dépenses de son fils, lui signifia
d'avoir à embrasser une autre profession, ou s'il voulait continuer à suivre
la carrière des arts, qu'il eut à faire face lui-même à ses besoins.

Watteau joignait à une âme éminemment tendre et aimante, une
grande indépendance de caractère, une susceptibi-
lité outrée qui parfois ren-
dait son humeur passable-
ment acariâtre. Peut-être
peut-on voir dans la rudesse
dont il était l'objet, dans
l'absence de tendresse familiale dont il souffrait,
le point de départ de la
mélancolie qui, durant son
existence trop courte pour
l'art, domina son caractère.

Le jeune artiste quitta
le logis paternel sans argent, sans autres vêtements
que ceux qu'il portait, et

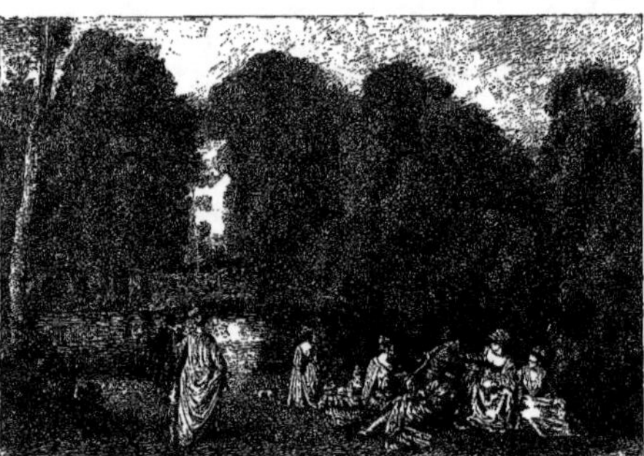

Conversation dans un parc, par Watteau.

partit de Valenciennes pour Paris. On peut deviner ce que fut ce
voyage.

Mais Antoine était jeune, il avait au cœur la foi ardente qui soutient
l'artiste pendant les plus cruelles épreuves pour la réalisation de son rêve de
beauté. Avec cela on va loin.

Arrivé à Paris, le hasard le conduisit chez un peintre médiocre du nom
de Métayer. Pendant quelque temps il trouva en l'aidant la pitance quoti-
dienne ; mais l'ouvrage venant à manquer, il fallut chercher ailleurs.

Faute de mieux, Watteau entra chez un fabricant de peinture de commerce.

Dans quelles conditions ! trois livres la semaine et la soupe par charité !

Cet entrepreneur artistique employait un grand nombre de pauvres
diables à la confection de tableaux religieux, qu'il écoulait par douzaines à
des marchands de province. Dans cet atelier, afin d'aller plus vite, l'un faisait les têtes, un autre les mains, à un troisième incombait la tâche de
peindre les ciels, son voisin avait la charge des draperies, si bien que lorsque
la toile arrivait au dernier ouvrier, l' « œuvre » était terminée. Le maître
était toujours satisfait de l'exécution quand elle avait été rapide.

Watteau fut dès le premier jour considéré comme « très fort » par ses camarades : il exécutait avec la même rapidité n'importe quelle partie de la besogne. Sa renommée eut bientôt une autre source parmi eux : personne comme lui ne réussissait les *Saint Nicolas*, et la représentation de ce personnage devint sa spécialité.

Malgré ce travail abrutissant, Watteau ne perdait pas courage. Tout son temps non occupé à l'atelier, il l'employait à dessiner, ainsi que les dimanches et fêtes, ne perdant pas une occasion de se mettre en contact avec la nature. Après de nombreuses démarches et en usant d'une diplomatie que lui suggérait son désir, il était parvenu à se mettre en bons termes avec un des concierges du Luxembourg, qui lui permettait de dessiner les grands arbres du parc. Ce fut par ce travail constant qu'il devint le grand et puissant paysagiste que l'on sait.

Antoine put enfin quitter la boutique où il perdait un temps si précieux et entra chez Gillot, peintre plein de fantaisie et d'esprit. Les deux jeunes gens s'étaient rencontrés. Gillot, de dix ans plus âgé qu'Antoine, apprenant la vie misérable qu'il devait subir, lui offrit de venir vivre chez lui. Ce fut à cet artiste qu'il prit le goût des scènes réalistes et fantaisistes dans lesquelles il allait de si haut dépasser son maître. Ce fut également à ce moment que Watteau affirma ses extraordinaires dispositions artistiques.

Le malheur et la misère n'avaient pas abattu la fierté de caractère du jeune peintre; il ne voulut pas plier devant son maître et ami et le quitta bientôt. Cependant il n'était pas ingrat, et bien qu'il fut demeuré brouillé avec Gillot, il se plaisait à reconnaître dans la suite, les grands services que celui-ci lui avait rendus.

Watteau était entré chez un décorateur du nom d'Audran, qui avait une entreprise assez importante au Luxembourg. Antoine ne tarda pas à avoir une habileté extraordinaire dans le tracé des camaïeux et des arabesques.

Il se délassait de ces travaux en peignant pour lui un petit tableau représentant des soldats en marche.

Nous avons fait des réserves sur le prétendu caractère de réalité des soldats de Van der Meulen, qui semblent beaucoup plus des troupes sortant du quartier pour défiler la parade ou passer une revue d'honneur que des hommes fatigués par les marches inséparables d'une action militaire. On n'en saurait dire autant des soldats de Watteau, ils ont tout le pittoresque de la vie de campagne, la vérité d'allure qu'on ne trouverait chez aucun autre peintre, sauf chez Callot.

Ce premier tableau terminé, Antoine le montra à Audran et lui demanda son avis.

Le maître surpris de l'esprit, de la charmante exécution de cette petite toile, sentit que son meilleur élève, son plus précieux ouvrier, allait lui échapper, il conseilla fortement à Watteau de renoncer à ce genre de peinture.

Cependant si, comme tous les vrais artistes, Watteau se montrait peu satisfait de ses œuvres, craignant de ne pas avoir réussi au gré de ses désirs, il n'était pas assez niais pour ne pas reconnaître le sentiment faisant agir son patron. Il se garda d'en rien laisser voir, mais résolut de quitter un homme justifiant si mal l'amitié et l'intérêt qu'il prétendait avoir pour lui.

Il prétexta le désir d'aller voir sa famille à Valenciennes.

Mais l'argent? Notre grand homme n'en avait guère.

Antoine s'adressa à un peintre de son pays nommé Sponde, qui lui fit acheter ce premier tableau au prix de 60 livres. Le marchand était si satisfait de son acquisition qu'il commanda le pendant séance tenante. Cette autre toile représentant une *Halte d'armée*, exécutée d'après nature, fut expédiée de Valenciennes à son acquéreur et payée 200 livres à l'artiste.

C'était la fin de la misère.

De retour à Paris, Watteau exécuta un certain nombre de petits tableaux du même genre, qu'il vendit aisément et qui lui valurent la connaissance du célèbre amateur Crozat, réputé à juste titre pour posséder la plus belle collection de tableaux et de dessins de grands maîtres.

Crozat lui offrit un logement dans son hôtel, lui alloua une pension et, ce qui était beaucoup plus précieux, mit à la disposition d'Antoine pour ses études, les trésors qu'il possédait.

La *Fête de Campagne*, par Watteau.

Rubens, Paul Véronèse, Titien, Giorgione furent ses maîtres favoris et, à leur contact, son talent prit une ampleur plus grande, sa couleur s'éclaira, devint plus chaude, sa touche prit plus de liberté, de souplesse, de hardiesse.

Sa réputation commençait à se faire, les amateurs recherchaient les charmantes compositions du genre de l'exquise *Fête de campagne*, exposée au Musée d'Angers. Mais Antoine ne faisait rien pour aider ce mouvement favorable. Nul n'était moins courtisan que lui, et il ne voulait fréquenter que des amis véritables. L'indépendance ombrageuse qui faisait le fond de son caractère lui fit même abandonner brusquement la situation paisible qu'il occupait chez Crozat.

Il se retira dans un petit logement où, s'abandonnant à sa mélancolie naturelle, à son amour du travail, il chercha à se soustraire aux recherches, des visiteurs.

Une préoccupation dominait sa vie : voir chez eux les magnifiques artistes qu'il avait appris à aimer chez Crozat. Mais pour aller à Venise il fallait de l'argent et le jeune artiste avait bien juste de quoi vivre au jour le jour.

Ce désir d'aller en Italie le décida à prendre part au concours de 1709, mais il n'y remporta que le deuxième prix.

Il eut l'idée de solliciter la pension du roi, et afin de donner plus de poids à la demande qu'il se proposait de faire, il fit porter son délicieux tableau de l'*Embarquement pour Cythère* et une autre toile, dans une des salles de passage de l'Académie. C'était un jour de séance. Les académiciens s'arrêtèrent devant les tableaux. L'un d'eux, Charles de Lafosse, s'y intéressa particulièrement. Quand il apprit que l'auteur était un jeune peintre sollicitant l'appui des académiciens pour obtenir la pension de Rome, il envoya chercher Watteau, le fit entrer dans la salle des séances, lui reprocha amicalement de se méfier de son beau talent. De Lafosse ajouta que l'Académie s'honorerait en le recevant.

En effet, Watteau fut agréé immédiatement et reçu le 28 août 1717.

Ce beau succès, qui fait autant d'honneur à de Lafosse qu'à Watteau lui-même, ne changea rien au genre d'existence de l'artiste. Il continua à vivre dans la retraite, ses œuvres subirent seulement une hausse considérable.

Mais en artiste vrai et sincère, il avait toutes les peines du monde à se laisser arracher ses toiles. Jamais il ne s'en montrait suffisamment satisfait, et il passait un temps considérable à effacer et à reprendre les parties lui paraissant faibles.

En 1720, il fit un voyage en Angleterre, mais le climat de Londres ne convenait pas à sa santé délicate. Il revint à Paris au commencement de 1721.

Ce fut alors qu'il peignit la célèbre enseigne de son ami Gersaint, le grand marchand de tableaux. Ce superbe travail, exécuté en huit jours, et dont toutes les figures avaient été faites d'après nature, eut un succès prodigieux. Ceux qui ont pu le voir au Petit Palais, lors de l'Exposition de 1900, peuvent apprécier combien ce succès était mérité.

Watteau dont l'état de santé s'aggravait, désira aller à la campagne. Un de ses amis lui fit obtenir un logement dans la maison que M. Lefebvre possédait à Nogent-sur-Marne. Il quitta la maison de Gersaint pour aller s'y installer et y mourut peu après, à peine âgé de trente-sept ans.

Il ne laissait pour toute fortune que 9.000 livres et une grande quantité de dessins, qu'il légua à ses quatre amis, Gersaint, l'abbé Haranger, chanoine de Saint-Germain-l'Auxerrois, M. de Julienne et M. Hénin.

Watteau avait eu une grande influence sur les jeunes peintres de son époque ; beaucoup l'imitèrent, entre autres Lancret et Potter. Ce dernier fut même son élève.

Il eut, après sa mort plus encore que durant sa vie, de fervents admirateurs parmi lesquels il convient de citer son ami de Julienne, délicat ama-

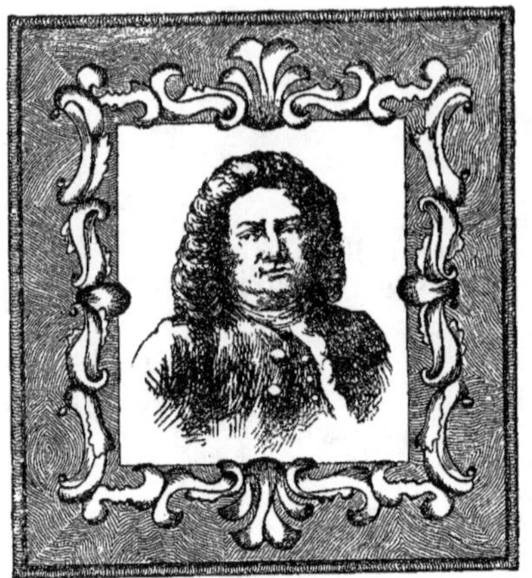

teur d'art, qui fit graver l'œuvre complet du grand peintre de Valenciennes. Un nombre important de ces estampes furent exécutées par François Boucher.

Jean-Marc Nattier, bien que présentant un intérêt moins grand que Watteau, tient une place marquante parmi les peintres du XVIIIe siècle.

Il était fils de Marc Nattier, peintre de portrait et membre de l'Académie. Sa voie était toute tracée.

A l'âge de quinze ans il remporta le premier prix de dessin à l'Académie. Jean Jouvenet, son parrain, voulut lui faire obtenir une place vacante à l'école de Rome, mais le jeune Nattier refusa. Il avait obtenu du roi de dessiner, pour les faire reproduire par la gravure, les Rubens de la galerie du Luxembourg et, malgré son jeune âge, Jean-Marc montrait déjà le sentiment commercial qui devait être la règle de sa vie.

En 1713, il fut agréé à l'Académie de peinture.

Après la mort de Louis XIV, M. Lefort, ministre de Pierre-le-Grand, décida l'artiste à le suivre à Amsterdam, où se trouvait le Tzar, Nattier peignit plusieurs personnes de la cour de Russie et un tableau représentant la *Bataille de Pultava*.

Il suivit la cour à La Haye et y commença le *Portrait de l'Impératrice Catherine*. Le jeune peintre revint à Paris, toujours à la suite du Tzar. Nattier exécuta également le *Portrait de Pierre le Grand*, et le souverain s'en montra si satisfait qu'il voulut emmener le jeune artiste avec lui. Malgré les offres séduisantes qui lui furent faites, il ne put se décider à quitter la France.

L'Académie le reçut comme peintre d'histoire le 29 octobre 1718.

Nattier aimait l'argent. Il engagea ce qu'il possédait dans les spéculations de Law, et quelque temps après il était complètement ruiné.

Il abandonna alors la peinture d'histoire et se voua exclusivement au genre du portrait afin de refaire promptement sa fortune. Le nombre qu'il en produisit est considérable.

Jean-Baptiste Oudry était fils d'un maître peintre, marchand de tableaux établi sur le pont Notre-Dame.

Après avoir reçu de son père les premiers éléments de son art, il entra à l'école de la maîtrise de Saint-Luc et y remporta de nombreux prix de dessin. Il travailla encore avec de Serre, peintre des galères du roi à Marseille, qui, charmé de ses dispositions, proposa de l'emmener avec lui.

Mais un enseignement plus précieux lui était réservé. Oudry père était lié avec Largillière; il lui demanda de prendre la direction des études du jeune Jean-Baptiste. Le célèbre peintre accepta.

Ce fut non-seulement un excellent maître, mais un ami.

C'est ainsi que, lorsqu'il peignait, Largillière appelait près de lui son jeune élève,
expliquant la théorie des procédés dont son
pinceau, en même temps, exposait la pratique.

On pense si un pareil mode d'enseignement devait activer les progrès d'un élève
bien organisé.

Oudry père, qui était directeur de l'Académie de Saint-Luc, fit admettre Jean-Baptiste à la maîtrise, ainsi que ses deux frères,
le 21 mai 1708.

Oudry peignit d'abord le portrait.

Des animaux, des fruits, qu'il se plaisait
à introduire dans ses œuvres et qu'il exécutait avec une habileté tout-à-fait remarquable, lui valurent de vifs éloges de son vieux
maître. Largillière lui conseilla même d'aban-

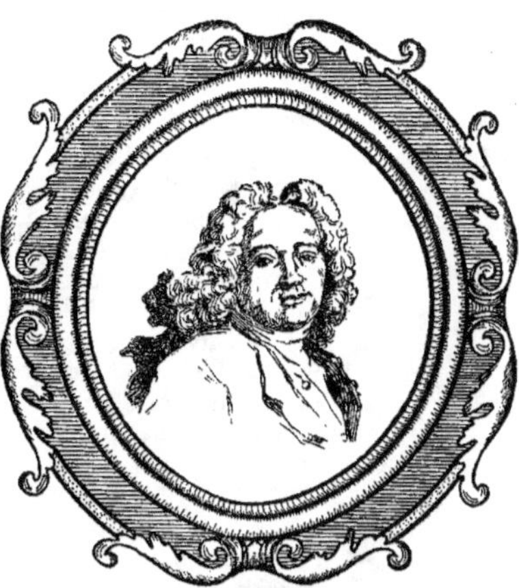

OUDRY (Jean-Baptiste),
Peintre, graveur, né à Paris en 1686, mort à Beauvais en 1755.
(Ecole française).

donner le genre qu'il avait adopté, pour se livrer exclusivement à la peinture des animaux et des natures mortes.

Bien qu'il sentit la justesse de ce conseil et qu'il fut décidé à le suivre,
comme il n'était pas riche, il dut accepter tous les travaux qui se présen-
taient. C'est ainsi qu'il fit à cette époque une *Nativité* et un *Saint Gilles*
pour le chœur de Saint-Leu, et une *Adoration des Mages* pour le chapitre de
Saint-Martin-des-Champs.

Le 26 juin 1717, il se présenta à l'Académie royale, qui l'agréa. Deux
ans plus tard, il fut reçu académicien comme peintre d'histoire.

Oudry fit aussi le *Portrait en pied de Pierre le Grand*. Le Tzar fut si
satisfait de cette peinture qu'il voulut emmener son peintre à Saint-Pétersbourg, ainsi qu'il l'avait fait pour Nattier. Le jeune artiste était disposé à
accepter, lorsque des amis intervinrent près du duc d'Antin, expliquant
que seule sa situation gênée le poussait à cette détermination. Le ministre
appela Oudry et lui commanda les tableaux d'une tenture des chasses du
roi.

L'intéressante reproduction que nous donnons plus loin, permettra
d'apprécier la façon alerte dont il traitait ces sortes de sujets.

Malgré ses débuts favorables et l'énorme somme de travail qu'il fournissait, pour lui les affaires étaient loin d'être brillantes. Une circonstance heureuse lui permit de prendre sa place parmi les artistes en
vogue.

Son ami Massé, miniaturiste habile, lui fit connaître le marquis de
Beringhen, premier écuyer du roi, qui le présenta à Louis XV. L'accueil du
souverain fut des plus favorables ; il lui commanda plusieurs ouvrages, lui
donna un atelier dans la cour des Princes, aux Tuileries, et plus tard un
logement au Louvre.

Fagon, intendant des finances, se déclara aussi le protecteur d'Oudry.
Il lui commanda d'importants travaux pour sa terre de Vauri et sa maison

de Fontenay-aux-Roses. La vogue de l'artiste augmentait de jour en jour. Souvent le roi l'appelait pour lui faire peindre, en sa présence, ses chiens favoris, ou bien encore il lui envoyait, pour les copier, les animaux rares qu'il recevait, avant de les faire porter au cabinet d'histoire naturelle.

Oudry suivait les chasses royales et faisait de constantes études dans les forêts, s'appliquant à donner à ses œuvres l'exactitude et la réalité.

Les souverains étrangers ne se montraient pas moins amateurs de ses tableaux. Le prince de Mecklembourg fit construire une galerie pour y placer ses peintures. Le roi de Danemark, sur l'éloge que lui en avait fait le comte de Tessin, envoyé extraordinaire du roi de Suède, lui fit les offres les

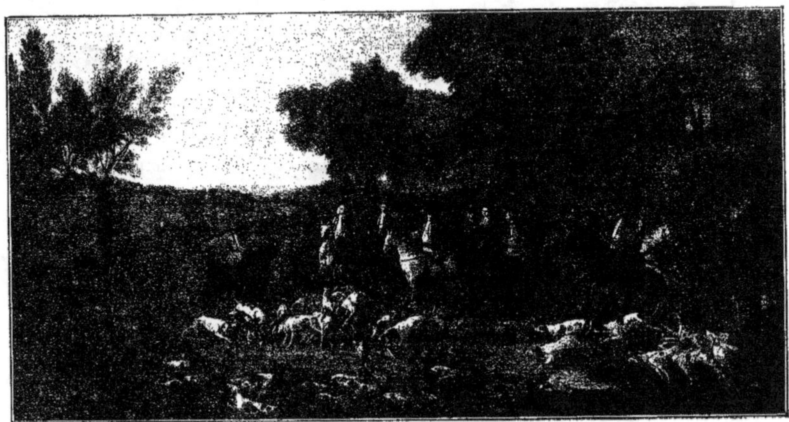

La *Prise du Cerf*, par Oudry.

plus avantageuses. Mais Oudry refusa. D'ailleurs il avait mieux à faire en France.

Une occasion exceptionnelle s'offrait de donner l'étendue de son imagination.

Son protecteur Fagon avait résolu de relever la manufacture de Beauvais fondée par Colbert, et qui était tombée dans un état de décadence lamentable. Il en proposait la direction à Oudry et celui-ci accepta.

Un bail de vingt années lui fut concédé avec une allocation annuelle de 4.000 livres pour l'entretien de la maison, 900 livres pour former des apprentis et 90.000 livres pour subvenir aux pertes qui pourraient se produire.

Il s'agissait en quelque sorte de créer à nouveau cet ancien établissement.

Oudry s'était associé à son ami Besnier pour mener à bien cette tâche difficile. Il y réussit grâce à l'énergie, à l'activité extraordinaire dont il fit preuve. Pendant longtemps il fit seul les modèles : sujets de chasse, verdure, amusements champêtres, comédies de Molière, fables de La Fontaine, sa verve s'ingéniait à trouver des créations nouvelles.

Son succès fut éclatant.

Loin de s'en contenter, Oudry fit alors appel à Boucher, à Natoire, qui lui fournirent aussi des dessins.

Le résultat obtenu par l'artiste décida M. de Tournehem à lui donner la surintendance des Gobelins, avec 2.000 livres d'appointements.

Malgré le labeur qu'exigeait la direction des deux manufactures, Oudry trouvait encore le temps de faire de nombreux tableaux et consacrer les dimanches et fêtes à des

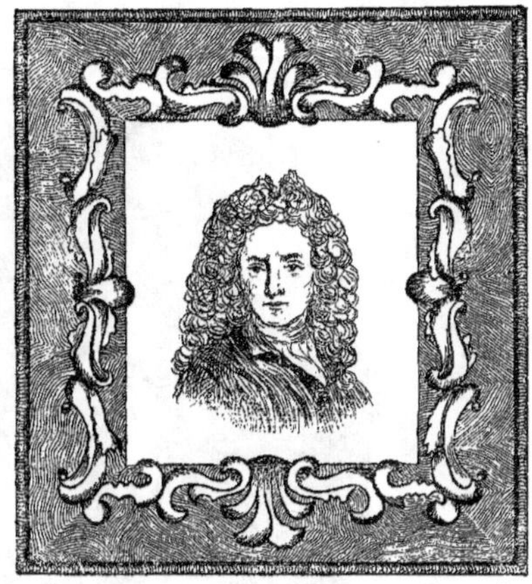

LANCRET (NICOLAS),
Né à Paris en 1690, mort à Paris en 1743. (École française).

études dans les forêts et les parcs des environs de Paris et de Beauvais.

Il peignait le jour et consacrait ses soirées à dessiner. C'est ainsi qu'il exécuta pendant les années 1729 et 1730, 275 dessins pour l'illustration des *Fables de La Fontaine*, pour l'édition dite « des fermiers généraux ».

Nous avons dit que Nicolas Lancret s'était inspiré de Watteau ; son esthétique est en effet entièrement prise au grand peintre de Valenciennes. Cependant, s'il n'a pas eu le mérite de créer le genre des fêtes galantes, dans lequel s'était illustré son devancier, ce n'en est pas moins un artiste spirituel et plein de verve.

Lancret est un enfant de Paris.

Ses parents l'avaient destiné à la profession de graveur en creux. On le mit chez un maître de dessin. Le jeune Nicolas ne tarda pas à avoir des visées plus hautes : il demanda à faire de la peinture.

On le plaça dans l'atelier de Dulin, professeur à l'Académie.

Mais Watteau le passionnait, et la vogue dont commençaient à jouir les œuvres de ce grand peintre l'encourageait à adopter son genre.

Ne pouvant prendre des leçons de Watteau lui-même, il jugea qu'il ne pouvait mieux faire que de prendre pour maitre Gillot, dont son peintre préféré avait été l'élève. Pendant plusieurs années il travaillla chez cet artiste.

Ayant rencontré Watteau, il se lia très intimement avec lui. Le grand peintre lui conseilla de quitter l'atelier de Gillot et de se livrer exclusivement à l'étude de la nature.

Adoptant cet avis, Lancret se mit à dessiner chaque jour quelque coin des environs de Paris, et depuis, il ne se départit jamais de cette règle. Tous les paysages qu'on trouve dans ses tableaux furent dessinés d'après nature.

Il composa dans ces conditions deux tableaux qui obtinrent l'approbation de Watteau ainsi que celle de l'Académie. Lancret fut admis au nombre des agréés.

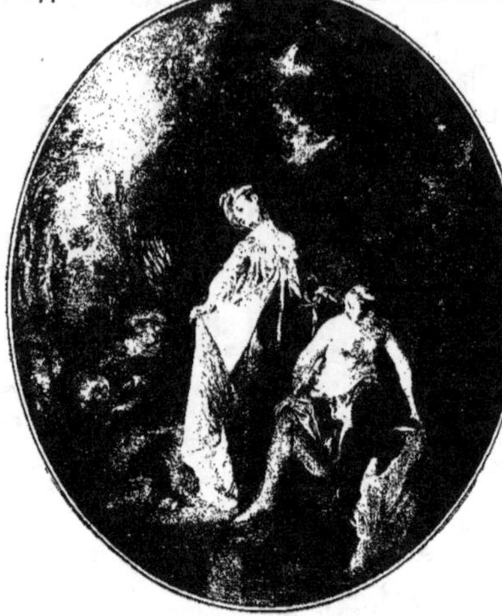

Les *Baigneuses*, par Lancret.

Ce succès encouragea le jeune artiste. Il redoubla d'efforts, ne distrayant pas une heure au travail et ses progrès furent remarquables.

Suivant l'usage d'alors, Lancret exposa place Dauphine, à l'octave de la Fête-Dieu, deux tableaux dans le genre de Watteau, et tellement inspirés par la manière du maître que beaucoup de gens crurent voir des œuvres de lui.

Ce succès commença sa réputation, mais il le brouilla avec son illustre ami. Watteau estima qu'il avait été pastiché et s'en montra très froissé.

Les *Baigneuses*, exposées au Musée de Rouen, appartiennent évidemment à cette première manière de Lancret.

Le 24 mars 1719, il fut nommé académicien comme peintre de fêtes galantes.

Lancret dessinait sans cesse ; l'été c'était à la campagne, l'hiver, bien qu'académicien, il allait étudier le modèle vivant avec les jeunes élèves. Ce ne fut qu'à la fin de sa vie que ses amis le décidèrent à renoncer à cette habitude.

Le nombre des tableaux qu'il a produits est considérable. Il se plaisait à représenter des fêtes villageoises du genre de la *Danse des Noces*, dont s'enorgueillit le Musée d'Angers, des foires.

Le Musée du Louvre possède un nombre important d'œuvres de ce peintre, notamment dans la magnifique collection léguée par M. La Caze.

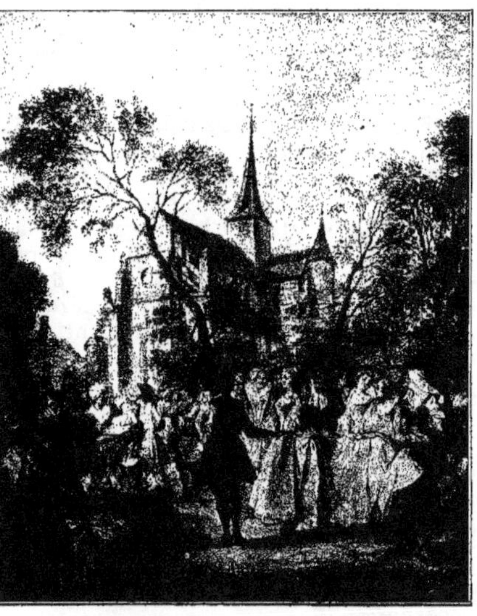

La *Danse des Noces*, par Lancret.

Lancret exécuta également un certain nombre de portraits. Le Musée de Nantes possède celui de la célèbre *Camargo dansant*, qui montre la forme originale qu'il donnait à ce genre de peinture.

Ne quittons pas les peintres de fêtes galantes sans dire un mot de Pater qui, plus encore que Lancret, imita Watteau.

Jean-Baptiste-Joseph Pater, naquit à Valenciennes en 1696.

Son père était sculpteur. Il l'envoya très jeune étudier la peinture à Paris et le confia à son compatriote Antoine Watteau.

Cependant l'élève et le maître ne s'entendirent pas longtemps ensemble.

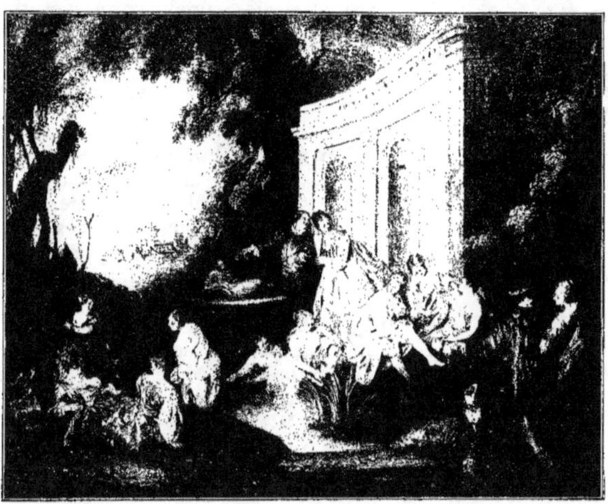

Les *Baigneuses*, par Pater.

Malgré sa bonté, Watteau était plutôt d'humeur difficile et modérait peu ses mouvements d'impatience. Un beau jour il mit Pater à la porte.

Le jeune homme se tira d'affaire grâce à son assiduité au travail.

Pater eut toute sa vie une préoccupation singulière et qui lui fut fatale : la crainte de devenir infirme avant d'avoir pu amasser une somme suffisante pour assurer le repos de sa vieillesse. Pour gagner davantage, il se mettait à peindre à la pointe du jour, consacrant ses soirées à ébaucher les toiles qu'il finissait le lendemain.

Dans les derniers moments de sa vie, Watteau regretta la sévérité dont il avait fait preuve à l'égard de son jeune émule; il l'appela près de lui et le fit travailler à ses côtés. Malheureusement pour Pater il ne put profiter que pendant un mois de ces précieuses leçons, les seules disait-il qu'il eut jamais reçues. Les jolies *Baigneuses* exposées au Musée d'Angers prouvent mieux qu'un long discours combien il sut profiter de ces conseils.

Pater fut nommé académicien le 31 décembre 1728.

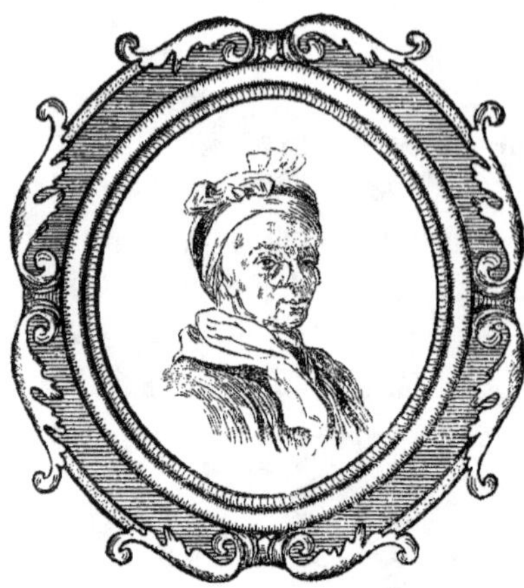

CHARDIN (Jean-Baptiste-Siméon).
Né à Paris le 2 novembre 1699, mort dans la même ville
le 6 décembre 1779. (École française).

Cependant l'extrême assiduité qu'il apportait au travail épuisa sa santé et il mourut le 26 juillet 1736, à peine âgé de quarante ans, sans avoir pu jouir de cette fortune qui avait été l'objectif de sa vie.

L'ordre chronologique que nous avons suivi autant que possible nous amène à Jean-Baptiste-Siméon Chardin, un des plus admirables artistes dont s'honore l'école française. Le xviiie siècle a produit trois peintres hors ligne : Watteau, Quentin de La Tour, Chardin ; le dernier est le plus grand. Il n'a certes pas l'ampleur du génie de Rembrandt et de Velasquez, mais il appartient à leur famille.

Son père, habile menuisier, appartenait à la phalange de merveilleux ouvriers rassemblés au Louvre dans les ateliers royaux et qui produisirent ces meubles recherchés aujourd'hui comme des trésors.

On sait le goût que le grand roi montrait pour le noble jeu de billard ; Chardin père fabriquait les billards de Louis XIV et désirait que son fils lui succédât.

Le jeune Jean-Baptiste ayant manifesté un vif désir d'être peintre, on le plaça chez Cazes. Chardin s'y montra mauvais élève et fit peu de progrès. Le professeur ne faisait pas travailler d'après le modèle vivant, se contentant de donner à copier ses froides et insipides « tartines » historiques.

Nous retrouvons ici la preuve d'un fait que l'on constatera dans la vie de tous les grands artistes; ce sont des copistes pitoyables. La force de leur nature transparaît à travers l'imitation. Seule la nature est la source où ils peuvent puiser avec fruit.

Modifiant son orientation, le jeune Chardin se mit à travailler seul d'après des modèles de son choix. N'étant pas assez riche pour payer des modèles vivants, il s'attacha à reproduire des natures mortes, et alors ce fut une révélation.

Noël-Nicolas Coypel, le frère d'Antoine Coypel, l'avait pris pour aide. Le premier objet qu'il lui fit peindre, fut un fusil dans un portrait de chasseur. Le soin que le jeune Chardin mit à exécuter cet objet, à le placer de la manière la plus convenable dans le milieu du tableau, à l'entourer d'atmosphère, le soumettant aux jeux de la lumière ambiante, dénota un artiste consommé, mais ne changea rien à sa situation modeste. Ce n'est pas sans peine que l'on habitue l'œil du public à renoncer aux formes conventionnelles; le jeune et puissant artiste devait en fournir la preuve.

Chardin donna à cette époque la preuve de son imagination. Un chirurgien ami de son père le chargea de peindre une enseigne destinée à être placée au-dessus de sa boutique, et d'y représenter les instruments de son art.

Des instruments de chirurgie ! Comme cela serait plastique ! Quel joli

sujet pour un peintre, alors qu'il avait l'occasion de couvrir une grande
surface de toile !

Il imagina tout autre chose.

L'enseigne représenta la boutique de son client au moment où on venait
d'y apporter un homme blessé d'un coup d'épée et que le médecin pansait,
entouré d'une foule de curieux.

L'ouvrage obtint un grand succès, mais si elle fit juger très favorable-
ment son auteur pour le naturel et l'expression de vérité qu'il avait su
donner à ses personnages, elle ne le sortit pas de la condition secondaire
dans laquelle il était placé.

Jean-Baptiste Van Loo ayant été chargé de restaurer une galerie à Fontainebleau, engagea pour l'aider les meilleurs élèves de l'Académie, et
Chardin fut du nombre.

Van Loo était grand amateur de peintures ; il possédait une superbe
collection. A l'exposition en plein vent que les artistes non agréés par l'Académie faisaient le jour de l'octave de la Fête-Dieu et qui ne durait que deux
heures, il fut frappé par une toile de Chardin, représentant un bas-relief et
il l'acheta. C'était le plus bel éloge, car Van Loo, fin connaisseur, n'avait
que des œuvres de maîtres.

La première nature morte exécutée par lui fut un lapin. La vérité d'exécution à laquelle il parvint lui valut de telles félicitations de la part de ses
amis, qu'il se décida à peindre toutes sortes d'objets immobiles, auxquels il
joignit plus tard des animaux vivants. Il produisit ainsi un nombre considérable de petits tableaux, pures merveilles de saveur, de science d'observation et de vérité de couleurs, qu'il vendait à un prix ridicule de bon marché.

Cependant il fut reçu dans la corporation des maîtres peintres de l'Académie de Saint-Luc.

Chardin avait vingt-neuf ans quand il songea à entrer à l'Académie. La
façon dont il posa sa candidature montre bien l'originalité qu'il aimait à
mettre en toutes choses et mérite d'être rapportée.

Il fit placer dans une des premières salles du local occupé par l'illustre
compagnie, une douzaine de ses toiles non signées. Ces ouvrages furent pris
par Largillière, Louis de Boulogne et Cazes pour des ouvrages de maîtres
flamands. Chardin, alors, en réclama la paternité et il fut agréé et reçu le
même jour, 25 septembre 1728.

Le père Chardin avait trouvé pour son fils un établissement avantageux
en lui choisissant pour femme une jeune personne possédant une certaine
fortune. Mais, avant le mariage, la future se trouva complètement ruinée.
Cet événement ne changea en rien les intentions du jeune peintre. Le
mariage eut lieu et Jean-Baptiste se montra le meilleur des époux.

Sa tendresse trouvait trop bien l'occasion de paraître dans son ménage ;
la santé de Mme Chardin était très délicate et la venue d'un fils la compromit
définitivement. Elle languit pendant quelque temps et mourut en 1735,
après quatre années de mariage. Ce furent quatre années de tristesse pour le
pauvre et grand artiste.

Pendant longtemps il se borna à peindre des natures mortes, mais
comme son ami Aved eut l'air de dire devant lui qu'il n'était pas capable

de peindre les figures, il releva le défi. C'est depuis ce temps qu'il exécuta les ravissantes petites toiles de genre, merveilles de sentiment, dans lesquelles il traduisit de façon si touchante des scènes de la vie bourgeoise. Sa première œuvre de cette catégorie fut une femme tirant de l'eau à une fontaine.

Au Salon de 1740, figuraient deux petits chefs-d'œuvre : le *Bénédicité* et la *Mère laborieuse*, actuellement tous deux au Louvre. Quelle simplicité vraie. Combien ces deux scènes renferment plus d'émotion véritable que tous les tableaux mélodramatiques de Greuze! plus de charme que toutes les bergerades de Boucher et de ses élèves!

Cependant, malgré son immense talent, malgré sa qualité d'académicien, Chardin n'arrivait pas à obtenir un prix rémunérateur de ses œuvres.

Wille nous apprend dans ses Mémoires qu'au mois d'août 1760 il achetait encore, moyennant 36 livres, deux petites natures mortes du maître.

« C'est bon marché, ajoute le bon graveur, car ils sont très bien faits. »

L'admirable artiste n'avait de clients que parmi les amateurs de la bourgeoisie et de la finance.

Une circonstance heureuse vint, en lui fournissant l'indépendance, lui apporter en même temps la quiétude et les joies d'un foyer de famille. Une aimable veuve d'à peu près son âge, Mme Marguerite Pouget, devint sa femme.

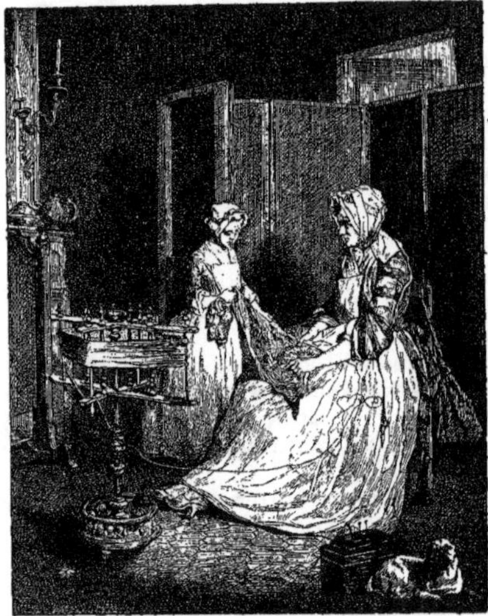
La *Mère laborieuse*, par Chardin.

C'était la compagne rêvée, bonne, spirituelle, aimante et qui devint une véritable mère pour l'enfant orphelin.

Ce fils, qui donnait les plus belles espérances et qui avait remporté le prix de Rome en 1754, mourut pendant son séjour en Italie, laissant au cœur de Chardin une blessure qui ne se guérit jamais.

La cour finit par rendre à Chardin un commencement de justice. En 1752 Louis XV lui alloua une pension de 800 livres, qui fut portée plus tard à 1.200. En 1757 il obtint un logement au Louvre.

Pendant vingt ans, il reçut mission de l'Académie de présider au placement des tableaux figurant à ses expositions.

Depuis 1755 il était revenu aux natures mortes ; ses amis l'accusaient de paresse. Une maladie terrible était venue troubler son travail : il souffrait de la pierre. Dans les dernières années de sa vie, Chardin s'esseya dans le pastel et y fit des merveilles. Au Salon de 1771 figurait l'admirable portrait que possède le Louvre; La Tour n'avait rien fait de mieux comme intensité d'expression et sa couleur ne possédait pas la puissance de celle de Chardin.

Les œuvres de Chardin, bien qu'elles n'appartinssent en rien au genre précieux du xviiie siècle et qu'elles fussent de celles, profondément imprégnées d'humanité, appartenant à toutes les époques, furent peut-être plus atteintes après le triomphe de l'école de David. Elles tombèrent à rien.

C'est ainsi que les splendides portraits de Chardin et de sa femme, exécutés au pastel en 1775, et qui atteindraient peut-être plus de 200.000 francs aujourd'hui, furent vendus 24 francs en 1810. Chardin, aujourd'hui, a repris sa place parmi les plus grands maitres de toutes les écoles.

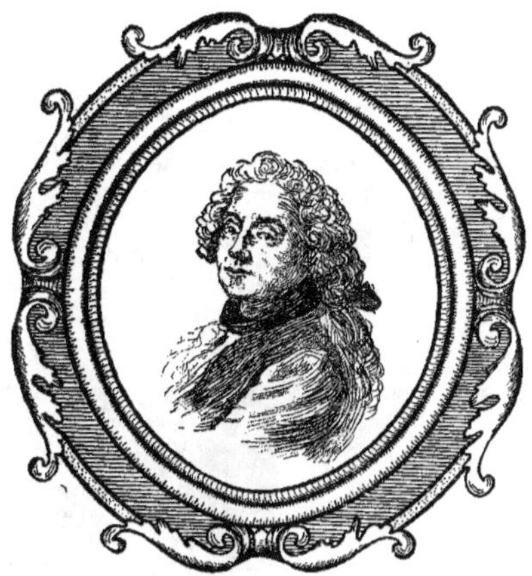

BOUCHER (François),
Peintre, graveur, né à Paris en 1704,
Mort au Louvre le 30 mai 1770. (Ecole française).

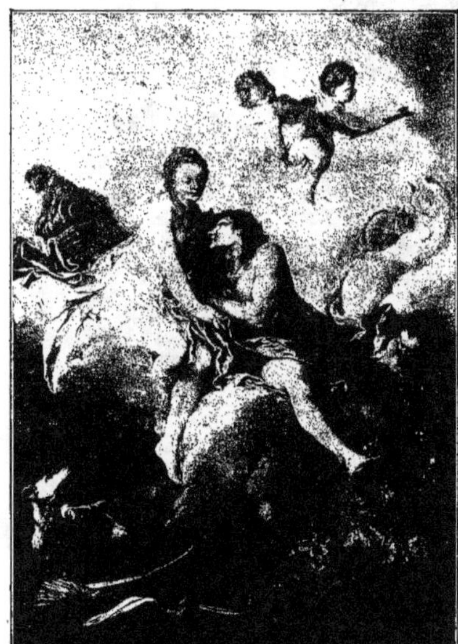

L'*Aurore et Céphale*, par Boucher.

François Boucher fut également frappé d'un injuste discrédit. David lui avait voué une haine implacable, tout en répétant aux détracteurs qui s'étaient formés à son école : « N'est pas Boucher qui veut ».

Cet artiste, il faut bien le reconnaitre, malgré un incontestable talent et des qualités exceptionnelles, avait ravalé l'art au degré de la basse courtisanerie. Comme ses élèves et ses imitateurs, il mit sa verve au service de l'esprit libertin de son siècle.

Cependant, quand on examine les compositions décoratives du genre de celles que possède le Musée d'Angers, les *Génies des Arts*, on est forcé, en admirant sa joliesse, de reconnaitre sa science du dessin et de la composition.

Boucher était fils d'un dessinateur en broderies. Il travailla d'abord près de son père, puis, désireux de faire des études plus sérieuses, il entra dans l'atelier de Le Moine. Bien que son séjour y fut de peu de durée, il adopta d'une façon complète l'esthétique de ce peintre et la fit sienne. Les tableaux du genre de l'*Aurore et Céphale*, que possède le Musée de Nancy, procèdent directement de Le Moine.

L'obligation de suffire à ses besoins fut, sans doute, la raison majeure qui l'obligea à quitter un milieu où il devait se plaire. Il entra chez de

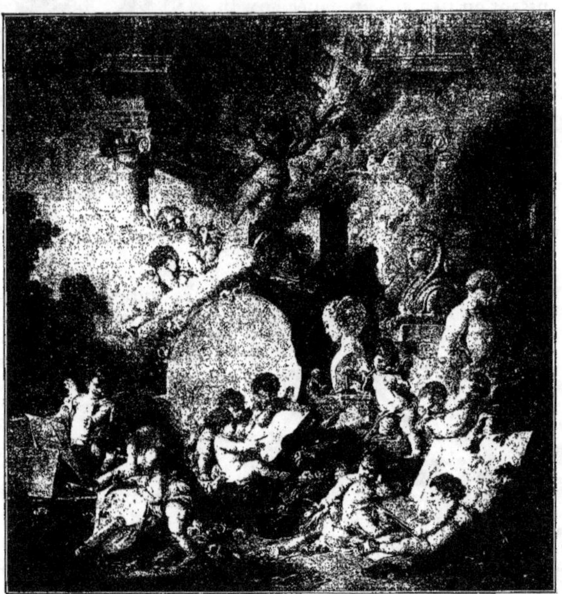

Les *Génies des Arts*, par Boucher.

Cars, graveur qui faisait le commerce de thèses. Celui-ci l'employa à faire des dessins qu'il faisait graver ensuite. Cars lui donnait la table, le logement et 60 livres par mois, ce que Boucher considérait comme la fortune.

Il convient de noter que le jeune artiste avait à peine dix-sept ans.

Boucher fit, entre autres, une importante suite de dessins pour l'illustration de l'*Histoire de France*, du père Daniel, qui parut en 1722.

Un travail plus agréable lui fut confié à la même époque. M. de Julienne, l'ami et l'admirateur de Watteau, avait décidé, ainsi que nous l'avons dit, de faire graver l'œuvre complet du grand artiste qui venait de mourir. Il en confia la direction à Laurent Cars et comme il avait fait chez ce graveur la connaissance de Boucher, il manifesta le désir qu'un certain nombre de planches lui fussent confiées. La façon dont le jeune artiste s'acquitta de cette tâche ne laissa rien à désirer. Les reproductions à l'eau-forte sont tracées d'une main alerte, interprétant parfaitement le créateur. On conçoit que Boucher, grand admirateur de Watteau, y ait mis tout ce dont il était capable.

Ce travail lui était d'ailleurs plus honorablement payé, M. de Julienne attribuant à l'artiste un salaire de 24 livres par jour.

Boucher n'abandonnait pas pour cela les études sérieuses, et il remporta le premier prix de peinture à l'Académie en 1725.

Ce succès lui donnait droit à la pension à Rome, mais il fallait pour qu'il en bénéficiât l'approbation du duc d'Antin, surintendant des Bâtiments royaux, qui lui fut refusée.

Boucher se désolait de n'être pas allé en Italie, lorsqu'un amateur qui admirait son talent lui offrit de faire ce voyage en sa compagnie et de lui fournir les moyens d'y poursuivre ses études.

Le jeune peintre se hâta de profiter de l'occasion. Carle Van Loo l'accompagnait.

Pendant dix-huit mois Boucher visita la terre classique des arts, mais il se garda des études sévères. Par tempérament, peut-être par intuition, ce furent les Italiens faciles, les Carrache, les Baroche, c'est-à-dire ceux réalisant le mieux les formules conventionnelles de l'école qui l'attirèrent.

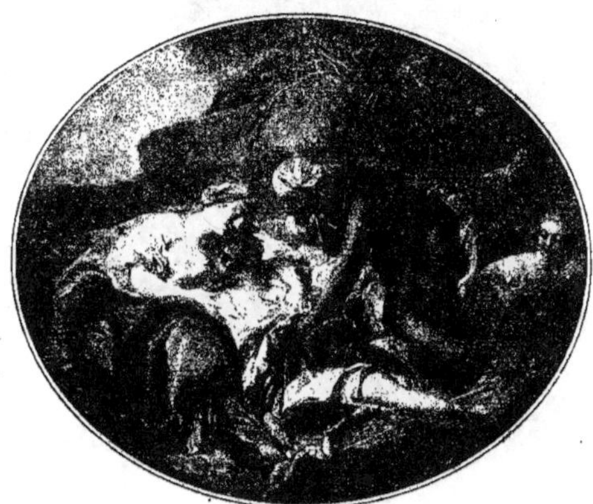

Amintas et Sylvie, par Boucher.

A son retour d'Italie, Boucher n'eut pas de peine à se créer une clientèle. Les financiers, les femmes à la mode, firent un accueil empressé à ses peintures. De nombreuses décorations lui furent confiées. Il devint de bon genre d'avoir des dessus de porte, des trumeaux peints par lui.

Amintas et Sylvie, que nous reproduisons, sont de ce genre. C'était le décor voulu pour les belles dames à paniers et au visage couvert de fard.

Il fit bientôt école.

L'Académie s'empressa de l'agréer en 1731, et il fut nommé académicien le 30 janvier 1734.

Mais une plus haute destinée l'attendait : il devint le peintre favori de Louis XV et de Mme de Pompadour. Celle-ci qui, à ses heures, se piquait de cultiver les beaux-arts, voulut qu'il lui donnât des leçons de gravure, et elle reproduisit à l'eau-forte quelques-unes de ses toiles.

Boucher partageait sa vie entre le travail et le plaisir. Régulièrement il peignait pendant dix heures chaque jour. Le soir il fréquentait les coulisses des théâtres, les soupers fins.

Il avait un atelier à Versailles, où Louis XV venait souvent le voir peindre le modèle vivant.

Boucher se maria et il eut trois enfants, un fils, qui fut dessinateur d'ornements, de meubles et architecte, et deux filles, qui épousèrent les peintres Deshayes et Baudouin, ses élèves.

A la mort de Carle Van Loo, il fut nommé premier peintre du roi aux appointements de 6.000 francs par an et il fut attaché à la manufacture de Beauvais.

Indépendamment de ce qu'il produisait lui-même, il employait un grand nombre d'élèves à exécuter des décorations sur ses dessins, peignant ou retouchant les figures.

Tous les genres lui étaient bons : sujets religieux, mythologiques et de fantaisie, paysages, animaux, décorations pour le théâtre de l'Opéra, dessus de portes, trumeaux, panneaux de voitures et modèles pour les tentures de tapisserie, dessins pour l'illustration des livres, entre autres ceux de la fameuse édition des œuvres de Molière, dite « des Fermiers généraux », il abusait de son incroyable facilité de composition et

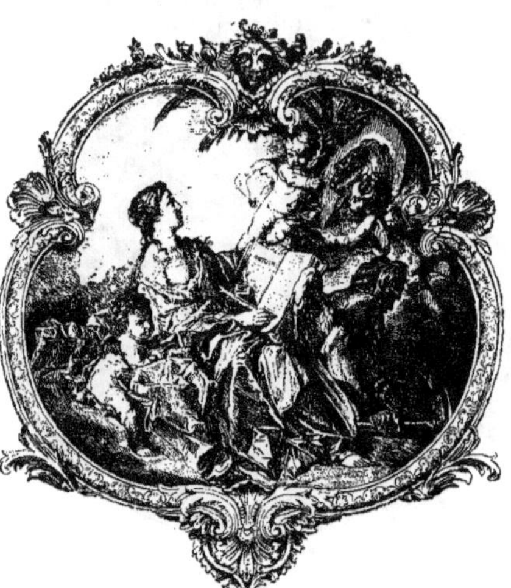

L'*Histoire* (allégorie), par Boucher.

d'exécution, transformant l'exercice de son art en une véritable exploitation commerciale.

Il déclarait souvent avoir fait plus de 10.000 dessins.

L'engouement très exagéré qui existe aujourd'hui pour les œuvres de ce peintre, et qui amène certains amateurs à payer plus de 10.000 francs un seul de ses dessins, permet d'évaluer la somme formidable que représente, au cours du jour, son œuvre complet.

Boucher habitait au Louvre et y avait réuni de superbes collections, non-seulement de tableaux, mais de bibelots et de curiosités de toutes sortes. La vente qui en eut lieu après sa mort produisit une somme considérable.

Grim, parlant de sa mort, s'exprime ainsi :

« Il avait depuis longtemps l'air d'un spectre, et toutes les infirmités inévitables d'une vie consumée dans le travail et le dérèglement des plaisirs. Il était doué d'une fécondité prodigieuse ; aussi ses productions sont innombrables... On l'appelait le peintre des Grâces ; mais ses grâces sont maniérées. C'était un maître bien dangereux pour les jeunes gens : le piquant et la volupté de ses tableaux les séduisaient et, en voulant l'imiter, ils devenaient détestables et faux. Plus d'un élève de l'Académie s'est perdu pour s'être livré à cette séduction. »

Avec Maurice Quentin de La Tour nous retrouvons un grand, vrai et pur artiste.

Le simple croquis au pastel que possède le Musée de Dijon a plus de valeur artistique réelle que l'œuvre de Boucher tout entier. On nous saura gré certainement d'avoir choisi cette merveille d'expression et de vérité pour retracer les traits de l'illustre maître dont nous allons rapporter la vie.

Il naquit à Saint-Quentin le 5 septembre 1704. Son père était chantre de la paroisse, mais cette pratique plus ou moins indirecte de la musique, ne le prédisposait pas en faveur des beaux-arts, car lorsque le jeune Maurice Quentin manifesta son désir de se livrer à l'étude du dessin, le père répondit par un refus formel.

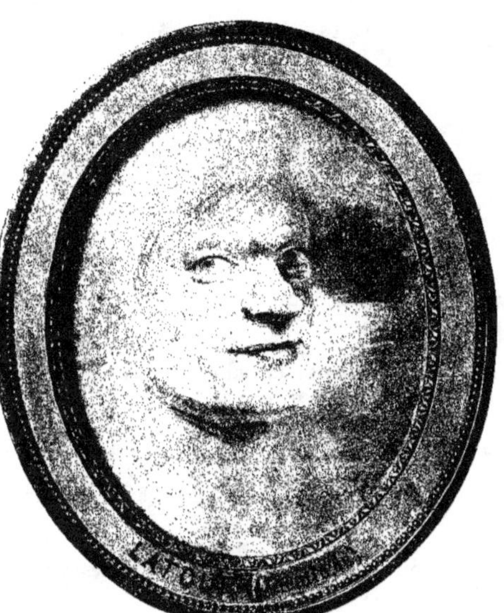

Masque de La Tour, par lui-même.

Cela ne découragea pas le jeune artiste. En présence des difficultés qu'on lui suscitait pour suivre sa vocation, La Tour, à bout de patience, fit son paquet un beau matin et partit pour Paris chercher fortune.

La vie s'ouvrait devant lui hérissée d'obstacles, pleine de difficultés, comme elle avait fait pour son illustre devancier Watteau.

Après avoir cherché vainement à entrer dans différents ateliers, le jeune artiste parvint à se faire admettre chez Spoede.

Ce peintre, que nous ne connaissons que de nom, était, paraît-il, fort médiocre, mais excellent homme : il aida son élève du mieux qu'il put. La Tour acquit chez lui les premiers éléments de la technique et se créa quelques relations.

On a peu de renseignements sur cette partie de la vie du grand artiste.

On sait seulement qu'il fit un séjour à Reims, un autre à Cambrai, qu'il renonça à la peinture à l'huile pour adopter exclusivement le genre du pastel. On sait enfin qu'il fit un voyage à Londres, lequel, très probablement, ne fut guère fructueux.

De retour à Paris, sa situation devint meilleure. Il s'annonça comme peintre de portraits; il était aimable, gai, spirituel, très soigneux de sa personne et de ses vêtements; il ne prenait pas cher; il eut bientôt un grand nombre de clients.

Mais il avait un but plus élevé en travaillant ainsi pour vivre : il voulait atteindre à la perfection dans son art, et il sut merveilleusement profiter des conseils que lui donnèrent Louis de Boulogne, Restout.

Vers 1737, estimant être en pleine possession de sa forme, il se présenta à l'Académie et y fut agréé.

Le premier Salon auquel La Tour prit part fut celui de cette même année 1737; il y envoya deux portraits au pastel : celui de Mme Boucher et le sien.

Ces œuvres firent grande sensation et ce mouvement d'admiration pour l'artiste ne fit que s'accroître à chaque nouveau Salon. On fut émerveillé du coloris frais et puissant, d'une si intense vérité, de la ressemblance frappante, des idées piquantes et ingénieuses que présentait chaque œuvre nouvelle.

L'artiste ne s'inspirait d'aucune école et s'en faisait gloire; il s'était adressé directement à la nature et l'avait prise pour seule guide. Jamais le pastel ne l'avait exprimée avec autant d'intensité.

Et rarement on avait su rendre aussi bien le caractère des gens. C'était du reste la grande préoccupation de l'artiste qui se plaisait à dire :

« Mes modèles croient que je ne saisis que les traits de leurs visages, mais je descends au fond d'eux-mêmes à leur insu et je les remporte tout entiers. »

Au Salon de 1750, l'enthousiasme, qui avait grandi d'année en année, avait atteint son apogée. Deux hommes s'y partageaient les ovations du public : La Tour et Joseph Vernet.

Aujourd'hui, en comparant les œuvres puissantes de La Tour aux tableautins de Vernet, on peut voir ce que valent les jugements de la mode.

La Tour fit plusieurs fois le portrait du roi, de la reine, du dauphin et de la dauphine. Le Musée du Louvre expose quatre de ces effigies.

Pour donner une idée de la ressemblance des portraits de La Tour, il suffira de rappeler que Van Loo, exécutant en 1747 le grand portrait de Marie Leczinska, consentit à peindre la tête d'après un pastel de La Tour.

Le grand pastelliste fut reçu académicien le 24 septembre 1746, et un brevet du 4 avril 1750 lui conféra le titre de peintre du roi,

La Tour avait toujours été indépendant et quelque peu frondeur; le succès développa cette disposition d'esprit. Il n'avait jamais montré beaucoup de bonne grâce à plier devant les gens qui lui déplaisaient. C'est ainsi qu'il refusait tout net de faire le portrait des personnes ne lui convenant pas, quel que fut le prix et le rang de ceux venant le solliciter. La moindre inexactitude du modèle faisait abandonner sans rémission l'œuvre commencée.

Maurice Quentin, esprit libéral et avancé, ne se gênait pas pour faire connaître ses sentiments et son opinion.

Un jour qu'il travaillait à son portrait, Louis XV lui demanda :

— Eh bien, M. de La Tour, que dit-on à Paris ?

— Sire, on critique fort la marine, répondit hardiment le peintre.

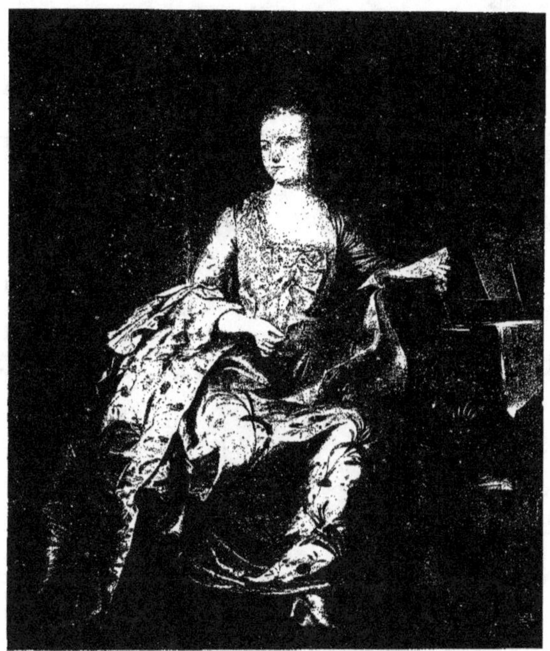

Madame de Pompadour, d'après le pastel de La Tour.

Le monarque fut si interloqué de la réponse qu'il ne desserra les dents de toute la séance.

Mais il n'en avait cure.

Cette liberté d'allure offusquait fort la valetaille artistique et littéraire prête aux pires platitudes, et pour qui le comble de l'art était celui d'obtenir des pensions.

On plaisantait les boutades du grand homme, qui osait s'occuper de politique, on le jugeait très mal élevé.

Disons-le à l'honneur de ses contemporains, cette opinion n'était pas unanime.

Le journal le *Mercure*, d'octobre 1753, contient au sujet de La Tour l'entrefilet suivant :

« Cet artiste, citoyen et philosophe, donne à l'Europe entière un spectacle dont il nous paraît qu'on n'est pas assez frappé; il préfère la consolation de faire le portrait des hommes illustres à l'avantage de faire celui des gens opulents. »

Le *Portrait de Mme de Pompadour, assise dans son appartement*, qui parut au Salon de 1755, est considéré comme un de ses chefs-d'œuvre. Il lui fut payé mille louis d'or (24.000 francs). La Tour, nullement ébloui par la somme, estimait, étant donné ses prix et l'effort qu'il y avait consacré, que l'œuvre aurait pu lui être payée le double.

Ces dispositions d'indépendance ne firent que se développer avec l'âge. Il lui vint aussi une manie plus dangereuse. Dans son désir de mieux faire, il reprit plusieurs de ses portraits et les gâta déplorablement. Il le reconnaissait du reste, avec la bonne foi qui faisait le fond de son caractère.

« Mieux que bien est terrible ! » dit-il dans une de ses lettres. « On ne se corrige pas ».

Le Salon de 1773 fut le dernier auquel il prit part. Il avait toujours eu une santé délicate, sa main, ses yeux, n'étaient plus ceux d'autrefois, mais son esprit était toujours aussi alerte, il comptait toujours parmi les militants du parti des philosophes.

Du reste, il prouvait son amour de l'humanité mieux que par des discours : les richesses qu'il avait amassées furent en grande partie distribuées de son vivant en bonnes œuvres.

Il fonda à l'Ecole des Beaux-Arts de Paris un prix que l'Académie décerne encore tous les ans. Il donna à la ville d'Amiens une somme de 10.000 livres, dont le revenu devait être versé à l'auteur de la plus belle action ou de la plus utile découverte en Picardie.

La ville natale du grand et noble artiste fut encore mieux partagée.

A différentes reprises il lui donna plus de cent mille livres. Ce fut d'abord la création d'une école de dessin ; l'artiste se souvenant de la difficulté de ses débuts, voulait faciliter ceux des enfants des générations futures. Un bureau de secours pour les infirmes et les femmes en couches suivit.

Lorsque à l'âge de quatre-vingts ans il se fit transporter dans sa ville natale, ses concitoyens lui firent une ovation enthousiaste et le reçurent au son des cloches. Les habitants avaient pris leurs habits de fête et, le soir, la ville fut illuminée. Le vieux peintre passa dans un doux repos les quatre dernières années de sa vie. Il mourut le 17 février 1788.

La ville de Saint-Quentin peut se montrer justement fière de son peintre; elle possède mieux que son souvenir : les études de l'admirable artiste qui se trouvaient dans son atelier au moment de sa mort, sont au Musée Saint-Quentinois et forment un ensemble dont s'enorgueillirait n'importe quelle capitale.

Carle Van Loo appartenait à une famille de peintres hollandais venus s'établir en France. Jakob Van Loo, peintre de portraits, né en 1614, naturalisé français, fit partie de l'Académie. Louis Van Loo, fils du précédent et père de notre artiste, était venu en France avant son père afin d'y faire ses

études. Il obtint le premier prix de peinture
à l'Académie et y serait entré si un duel ne
l'eut obligé de se retirer à Nice. Il s'y maria
en 1683 et eut deux fils, Jean-Baptiste et
Carle, qui tous deux furent peintres.

Charles-André, dit Carle Van Loo, fut
élève de son frère aîné, qui lui servit de père,
Louis Van Loo étant mort alors que le cadet
n'avait que huit ans.

Jean-Baptiste ayant été appelé à Turin
par le duc de Savoie, emmena son jeune
frère dans cette ville, puis ensuite à Rome, où
il le confia à Benedetto Luti, qui avait été
également son maître.

Carle passa ensuite dans l'atelier de Le
Gros, sculpteur, qui lui apprit à modeler et à
tailler la pierre et le bois.

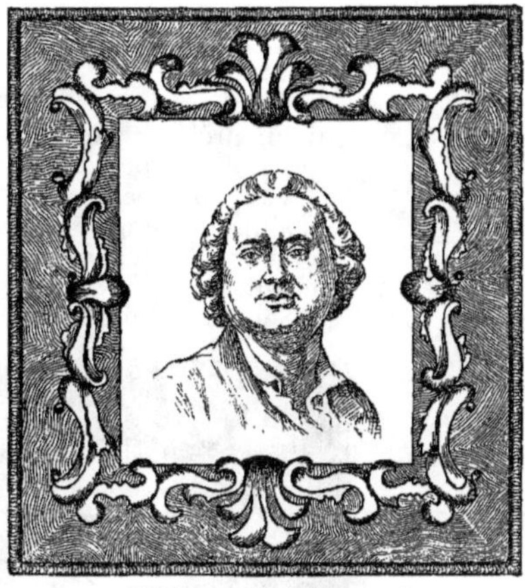

LOO (CHARLES-ANDRÉ, dit CARLE VAN),
Peintre, graveur, né à Nice en 1705, mort à Paris en 1765.
(Ecole française).

Après la mort de Le Gros, en 1719, il
revint à Turin et suivit son frère à Paris. Le prince de Carignan les prit sous
sa protection et leur donna un logement dans son hôtel.

Carle n'avait que quinze ans, mais ses études avaient été sérieuses. Il
avait beaucoup dessiné d'après l'antique et les maîtres.

En 1723, il obtint à l'Académie la première médaille de dessin, et son
frère aîné le jugea capable d'ébaucher ses tableaux, de peindre des draperies,
des accessoires et des parties de figures d'après nature. C'est ainsi qu'il l'employa à réparer la Galerie de François Ier, peinte par le Rosso, le Primatice,
dont le régent lui avait confié la restauration.

Le besoin de composer et de s'exercer sur de vastes espaces, l'amena à
travailler aux figures et aux décors de l'Opéra.

En 1724, il remporta le premier prix de peinture à l'Académie.

Avant de partir pour l'Italie, il exécuta une grande quantité de petits
portraits, souvent en pied, d'une grande ressemblance et qui étaient très
recherchés.

Le jeune artiste partit pour Rome en compagnie de ses deux neveux,
Louis et François Van Loo et de François Boucher.

Il réussit fort bien à Rome et peignit à fresque l'*Apothéose de Saint
Isidore* dans l'église consacrée à ce saint. Le pape le créa chevalier en
récompense de ces travaux.

Il revenait en France avec son neveu François lorsque celui-ci tomba
malade et mourut à Turin.

Van Loo était de retour à Paris en 1734 ; il fut agréé par l'Académie et
reçu académicien le 30 juillet 1735.

Peintre officiel par excellence, il obtint tous les honneurs. Louis XV le
nomma son premier peintre, aux appointements de 6.000 livres par an, lui
donna le cordon de l'Ordre de Saint-Michel et l'appela à la direction de
l'école royale des élèves protégés.

Ce peintre courtisan mourut de chagrin parce que Mme de Pompadour, qui lui préférait Boucher, critiqua fortement un tableau représentant les *Trois Grâces*, qu'il avait envoyé au Salon.

Van Loo a peint de nombreux portraits. Celui de *Diderot*, que nous reproduisons, montre ce qu'il était capable de faire dans ce genre.

Le xviii° siècle fut l'époque des dynasties d'artistes, Joseph Vernet en fonda une.

Son père, Antoine Vernet, décorateur habile, qui peignait des figures et des armoiries sur des panneaux de chaises à porteurs et de voitures, lui donna des leçons de dessin. A quatorze ans, Joseph exécutait les mêmes travaux que son père, y ajoutant des dessus de portes, des écrans, mais il avait une ambition plus haute et se sentait capable d'arriver à produire des œuvres plus intéressantes.

Il forma le projet de se rendre en Italie pour se livrer à des études sérieuses.

Son père lui ayant donné 200 livres pour entreprendre ce voyage, le jeune artiste partit pour Marseille.

Il avait dix-huit ans.

La vue de la mer lui causa une impression si profonde, son émotion fut si vive en la contemplant sous ses différents aspects, qu'il prit la résolution de devenir peintre de marine.

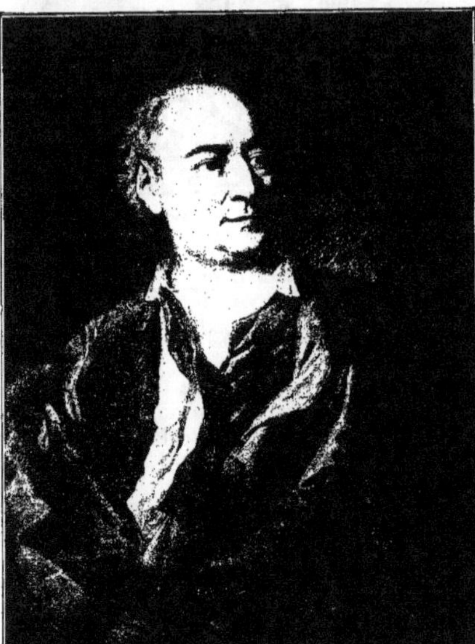

Portrait de Diderot, par Van Loo.

Il sentait que sa vocation était là. Durant la traversée, il ne cessa de s'absorber dans la contemplation de l'élément superbe qui venait de lui être révélé, et son enthousiasme était tel que, durant une violente tempête, il se fit attacher au sommet d'un mât afin de jouir du spectacle superbe de la chevauchée des vagues furieuses.

C'était bien agir en artiste véritable.

Arrivé à Rome, en 1732, Vernet entra dans l'atelier de Bernardino Fergioni, peintre de marine, qu'il ne tarda pas à surpasser. Le jeune artiste avait trouvé un maître beaucoup plus grand et réalisant mieux son idéal : Claude Lorrain, dont les œuvres l'inspirent fortement.

Cependant, malgré le mérite de ses tableaux il ne parvenait pas à trouver d'amateur, et il dut pour vivre les céder à vil prix.

Un tableau qu'il vendit à un cardinal moyennant quatre louis, commença sa réputation et sa fortune.

Vernet avait fait la connaissance de Panini et de Solimène; bientôt leur liaison devint une étroite amitié; constamment ils étudiaient ensemble. Les ruines, les paysages, les sites pittoresques de Rome et des environs étaient chaque jour l'objet de leurs études. Les costumes des gens du peuple les intéressaient aussi.

Notre peintre y ajoutait d'une façon particulière la recherche des effets fugitifs de la lumière, observations dont il avait puisé l'idée dans l'étude des œuvres de Claude Gellée.

Vernet, comme Corot le fit plus tard, prenait ses notes au moyen d'une espèce

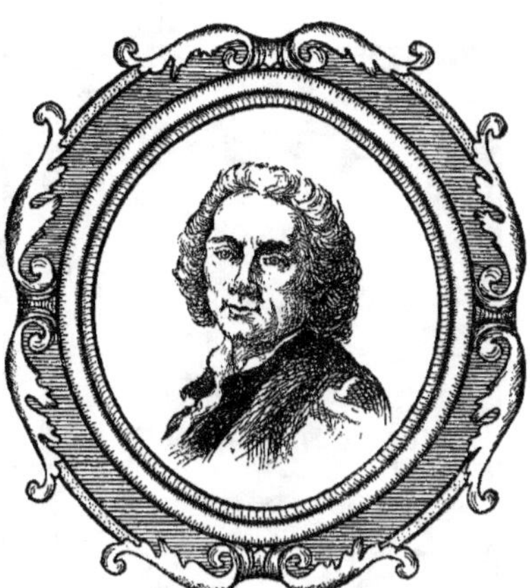

VERNET (Claude-Joseph),
Peintre, graveur, né à Avignon en 1714, mort à Paris en 1789.
(Ecole française).

d'échelle de tons et de teintes graduées. Son habileté lui permit de tirer parti brillamment de ces observations. Bientôt les *Calmes*, les *Coups de vent*, les *Clairs de lune*, les *Brouillards*, les *Heures du jour* de Vernet furent extrêmement recherchés.

Il faut bien le dire, malgré les efforts que l'artiste apportait à l'exécution de ses œuvres, combien il restait au-dessous de la nature ! combien il subissait la vision mièvre de son époque ! combien, croyant être sincère, il était plein de convention et de procédés ! Quand nous étudions ses œuvres aujourd'hui, nous devons reconnaître que si c'était un peintre, ce n'était pas un grand peintre.

D'importantes décorations lui furent commandées pour le palais Rondamini et la galerie Farnèse.

Vernet, bien qu'il n'eut pas quitté l'Italie, avait été agréé à l'Académie royale de Paris, le 6 août 1745. Il ne cessait d'envoyer aux Salons des ouvrages qui obtinrent un succès grandissant chaque année.

Ce succès décida M. de Marigny, surintendant des Bâtiments, à le rappeler en France.

Il y revint après une absence de vingt ans, et arriva à Paris en 1753.

Il fut nommé membre de l'Académie le 23 août de la même année.

Peu de temps après, Louis XV lui commanda de peindre la suite des ports de France au prix de 6.000 livres chaque. M. de Marigny en donna le détail. L'artiste y travailla pendant neuf ans, tout en produisant un nombre considérable d'autres œuvres. Cette suite, actuellement placée au Musée de la Marine, présente un intérêt au point de vue historique; l'intérêt artistique est moindre, car ces tableaux sont pour la plupart de détestables peintures.

Vernet peignit un grand nombre de tableaux pour les résidences royales.

Deux ans avant sa mort, il eut la satisfaction de voir son fils Carle Vernet, dont nous aurons bientôt l'occasion de parler avec plus de détails, prendre place à ses côtés à l'Académie.

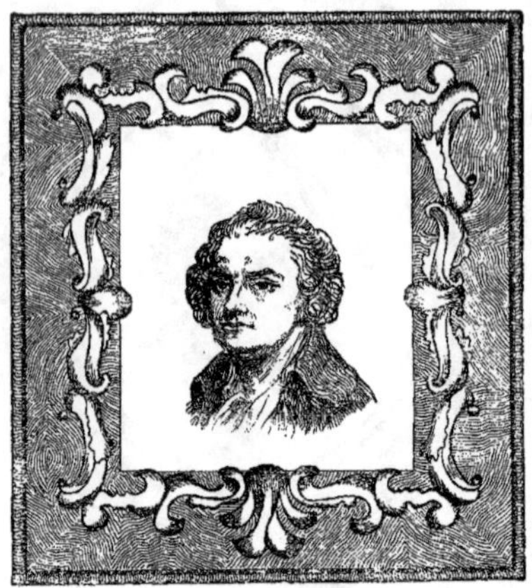

GREUZE (Jean-Baptiste),
Né à Tournus, près de Mâcon, le 21 août 1725, mort au Louvre
le 21 mars 1805. (École française)

LA VIE ET L'ŒUVRE

Jean-Baptiste Greuze mérite d'être classé parmi les figures artistiques intéressantes du XVIIIe siècle. Sa peinture, son esthétique, son dessin, prêtent à de nombreuses critiques, ses personnages manquent de naturel et de simplicité, il a mis dans ses toiles du genre de la *Mère bienfaisante*, que possède le Musée de Lyon, beaucoup plus les tragédies bourgeoises de son ami Diderot que la représentation de la vie ; sa peinture est superficielle et peu solide, mais il eut horreur des chemins battus, il voulut un genre nouveau et le créa ; son œuvre lui appartient en propre.

Il était de famille pauvre. Un peintre lyonnais nommé Grandon, père de Mme Gretry, frappé des dispositions du jeune Greuze pour le dessin, l'emmena à Lyon et lui donna gratuitement des leçons qui le mirent bientôt à même de peindre des portraits. On verra par celui de *M. de Saint-Morys enfant* que, si l'artiste prêtait à la critique pour la correction du dessin, il était fort intéressant comme expression.

Grandon emmena son élève à Paris.

Greuze alla travailler le modèle vivant à l'Académie.

Ici se place une anecdote amusante ayant trait à un dessin exécuté à cette époque et qui fait partie de la collection du Cabinet des estampes.

Le jeune artiste avait fait une académie fort intéressante et il avait eu l'idée originale et ingénieuse de cerner de sanguine son dessin à la pierre noire. Il donnait ainsi l'illusion de la lumière frisante.

Natoire, qui était professeur, venant corriger, dit à Greuze :

— Votre académie n'est pas mal, mon ami, mais pourquoi l'avez-vous estropiée.

— M. Natoire ! s'écria le jeune homme rouge d'indignation, vous ne seriez pas capable d'en faire autant !

Cela était dit avec un tel accent, que tout le monde éclata de rire..., y compris le professeur.

Son premier tableau du *Père de famille expliquant la Bible à ses enfants*, parut tellement au-dessus de ce qu'on pouvait attendre d'un jeune homme de son âge, qu'on refusa de l'en croire l'auteur. De nouvelles œuvres plus remarquables encore dissipèrent ces injustes soupçons et établirent sa réputation.

Il fit la connaissance du fameux amateur de La Live de Jully, fin connaisseur, un des premiers qui avait apprécié Chardin, lequel se déclara son protecteur.

Greuze, présenté par Pigale, fut agréé à l'Académie le 28 juin 1755.

Il partit pour l'Italie vers la fin de la même année, en compagnie de l'abbé Louis Gougenot, conseiller au Grand Conseil.

Avant son départ il lui était arrivé une aventure romanesque, qui eut une influence considérable sur sa vie. Passant sur le quai il aperçut, dans la boutique d'un libraire, une charmante jeune fille. C'était le type de la beauté féminine rêvée par lui. La jeune personne avait la joliesse, la grâce un peu mièvre que l'on trouve dans les œuvres du peintre.

L'impression qu'il en éprouva fut si vive, que ce jeune et gracieux visage demeura profondément gravé dans son esprit.

A son retour d'Italie, Greuze n'exposa que des sujets italiens et, loin de constater des progrès dans ces derniers ouvrages, on fut obligé de convenir,

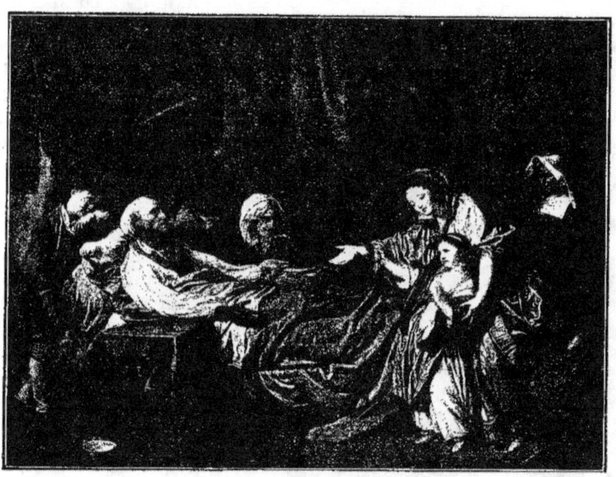

La *Mère bienfaisante*, par Greuze.

l'artiste tout le premier, que loin d'avoir été favorable, ce voyage avait faussé son talent : Il y avait perdu son originalité sans prendre aucune des qualités des maîtres qu'il était allé étudier. Il lui fallut de grands efforts pour secouer le joug de l'imitation et redevenir lui-même.

Mais il le fit avec d'autant plus d'empressement qu'il avait retrouvé la charmante jeune fille entrevue avant son départ, qu'il s'était fait présenter dans la famille, que la jeune personne possédait des qualités morales non moins intéressantes et que l'artiste, de plus en plus épris, avait fait sa demande en mariage et avait été agréé.

Il prit un appartement « rue de Sorbonne, la première porte cochère à gauche en venant de la rue des Mathurins », ainsi que nous l'apprend un document de l'époque.

Il eut deux filles. L'aînée avait été placée en nourrice à Champigny, chez une brave femme. Le jeune ménage allait fréquemment la voir et l'artiste puisa dans ces visites le sujet de bien des scènes familières.

Greuze, sans avoir de grandes commandes officielles, gagnait très largement sa vie. Ses portraits lui étaient payés vingt et vingt-cinq louis d'or, ses dessins s'enlevaient à cent et deux cents livres. Son grand ami Wille, qui lui en achetait un grand nombre et de ce fait jouissait de prix de faveur, payait 72 livres le dessin d'une tête d'étude pour le tableau de l'*Accordée de Village*. Ses toiles importantes se vendaient cinq et six mille livres.

Tout à son bonheur domestique, Greuze ne se pressait pas de présenter à l'Académie son tableau de réception. A maintes reprises il fut rappelé aux règlements ; enfin on ne lui permit plus de prendre part aux expositions. Il se décida alors à composer sa toile de : *Sévère reproche à Caracalla, son fils, d'avoir voulu l'assassiner.* Cette peinture est fort médiocre et on n'est pas surpris que les académiciens n'aient reçu Greuze que comme peintre de genre.

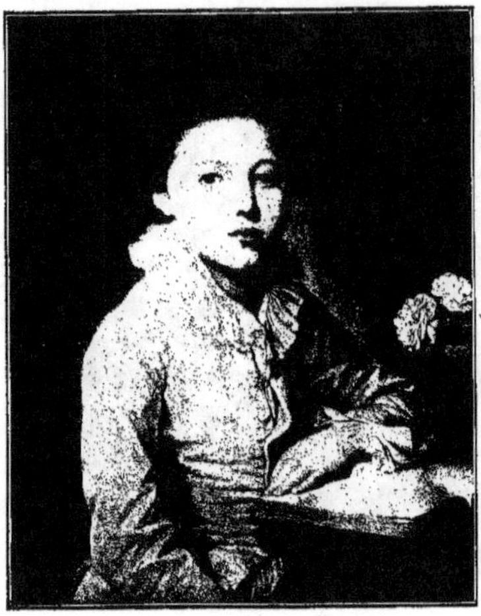

L'artiste fut vivement touché de cet échec, qui fit grand bruit à l'époque et donna lieu à de vives polémiques. Il n'accepta pas la sentence et cessa de prendre part aux expositions jusqu'au moment où la Révolution eut ouvert à tous les artistes les portes du Louvre.

Greuze continuait à faire avec succès des toiles du genre de *Gâteau des rois*, possédé par le Musée de Montpellier. Sa femme et ses filles étaient ses modèles favoris.

Il joignit bientôt à ses tableaux des têtes de jeunes filles, d'enfants qui font aujourd'hui la joie des amateurs.

M. de Saint-Morys enfant, par Greuze.

Il vécut ainsi d'une existence toute familiale jusqu'au moment de la Révolution.

Notre grande transformation politique eut des conséquences terribles pour lui ; plusieurs faillites se succédant brusquement lui firent perdre la fortune qu'il avait amassée. Greuze se trouva, à soixante-quinze ans, brusquement réduit à l'indigence.

Il chercha à travailler, mais une nouvelle école s'était formée et les scènes familières n'étaient plus à la mode. Il mourut fort pauvre.

Jean-Honoré Fragonard eut aussi à souffrir de la Révolution et plus encore peut-être que Greuze.

Cet artiste merveilleusement doué eut le malheur de subir l'influence délétère de son époque. A l'exemple de son maître François Boucher, sa préoccupation dominante fut le gain. Il sacrifia à l'argent une des organisations artistiques les plus intéressantes de son époque.

Frago, ainsi qu'il prenait plaisir à signer souvent, quitta la Provence avec sa famille, applée à Paris par un procès dont la perte la ruina.

Il fallait embrasser une profession. Il fut d'abord clerc de notaire, mais il montra si peu de dispositions pour cet état et un si vif désir de se livrer à l'étude des beaux-arts, que sa mère consentit à le présenter à François Boucher, leur parent éloigné. Celui-ci — ce jugement ne fait pas honneur à son sens artistique — ne le crut pas digne de figurer parmi ses élèves. Il désigna Chardin comme un professeur possible.

L'excellent peintre de natures mortes se montra moins difficile ; il

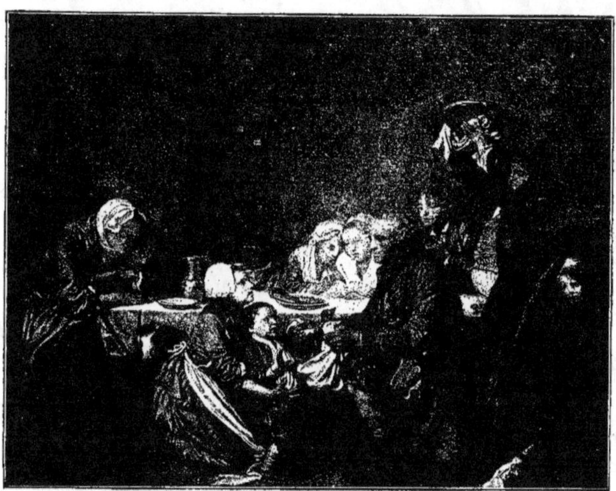

Le *Gâteau des Rois*, par Greuze.

accueillit fort bien Fragonard, lui mit dès le premier jour une palette à la main et lui fit copier la nature.

Les progrès du jeune Honoré furent si extraordinaires qu'au bout de six mois, Boucher reconnaissant franchement son erreur, prit Fragonard dans son atelier. Avant même d'être reçu à l'école du modèle à l'Académie, il concourut pour le prix de Rome et l'obtint, en 1752.

Il était question d'envoyer plusieurs élèves protégés à Rome ; il fut décidé que Fragonard serait du nombre. Boucher apprenant cela fit venir son élève :

— Mon garçon, **tu vas en Italie.** Souviens-toi que si tu t'amuses à étudier Raphaël et Michel-Ange, tu es perdu !

Fragonard admirait Boucher, sa conception artistique se rapprochait trop de celle de son maître pour ne pas suivre ce conseil.

Ce fut donc vers les Italiens du XVIIᵉ siècle : Baroche, Solimena, Pietro

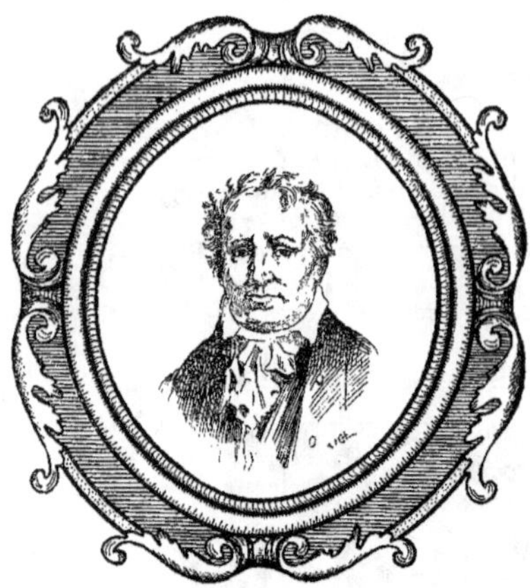

FRAGONARD (Jean-Honoré),
Peintre, graveur, né à Grasse en 1732, mort à Paris le 22 août 1806.
(École française.)

de Cortone et surtout Tiepolo qu'il porta ses efforts, et les prêtres d'un art facile, ennemis de toute recherche de pensées profondes et humbles serviteurs de la convention eurent une grande influence sur le jeune peintre.

Fragonard avait rencontré à Rome Hubert Robert, jeune peintre français, qui avait obtenu de ses parents de venir faire ses études dans la Ville éternelle. Ils furent bientôt inséparables et ils en étaient arrivés à avoir presque le même dessin.

L'abbé de Saint-Nom, amateur distingué, étant venu à Rome, se prit d'une grande amitié pour les deux jeunes peintres, il les emmena à Naples, puis en Sicile, dessinant les monuments, les antiquités et les vues des pays qu'ils visitaient.

Saint-Nom, graveur adroit, publia le résultat de ce voyage, dont il grava lui-même une grande partie.

Le premier tableau que Fragonard exécuta à son retour de Rome fut la *Callirhoé* que l'on voit au Musée du Louvre. Cette toile le fit agréer par l'Académie et figura au Salon de 1765. Ce fut un grand succès et M. de Marigny l'acheta pour le roi.

Mais l'auteur ayant eu de grandes difficultés pour se faire payer, résolut de ne plus travailler pour l'État.

Du reste, il avait grand'peine à contenter les amateurs qui venaient à chaque instant lui demander quelques toiles, quelques dessins sur des sujets gracieux ou légers.

La reproduction de son tableau des *Lavandières* permettra de juger avec quelle verve il exécutait ces petites compositions.

Comme Boucher, Fragonard était un homme de plaisir et il passait une grande partie de son temps dans les coulisses, mais cela ne le faisait pas transiger quant aux prix que l'on devait payer ses œuvres.

Ses démêlés avec Mlle Guimard, la célèbre danseuse de l'Opéra, furent pendant plusieurs mois la joie des salons parisiens de l'époque.

La Guimard s'était fait construire un magnifique hôtel. Les peintures devaient être de Fragonard, les plafonds de Taraval. Le salon devait contenir quatre grands panneaux décoratifs et le portrait de la déesse du lieu.

Les panneaux furent esquissés, le portrait fut peint. Restait à régler la question de prix et surtout son versement. Mais, là-dessus, la danseuse se montrait moins empressée que pour la commande.

Un beau matin, comme le peintre n'obtenait pas satisfaction, des mots très vifs furent échangés et Fragonard partit, déclarant qu'il n'achèverait pas ses peintures.

La Guimard, furieuse, pria son architecte de lui trouver un autre peintre et on lui présenta David, qui venait d'avoir le prix de Rome. On se mit d'accord pour le prix.

Cependant, loyal et correct comme il le fut toute sa vie, David subordonna son acceptation définitive à l'autorisation de Fragonard. Celui-ci la donna de suite; il avait imaginé sa vengeance.

Un jour, tandis que David s'était absenté pour prendre son repas, Fragonard s'introduisit dans le salon et, en moins d'un quart d'heure, il transforma la Guimard, qu'il avait peinte souriante et gracieuse, en une Guimard furieuse et vomissant l'injure.

La danseuse en fut malade de dépit.

Fragonard avait entrepris un second voyage en Italie en compagnie d'un financier de ses amis. Cet artiste exécuta, d'après des antiques et des peintures, un nombre immense de dessins d'une facture alerte et que les

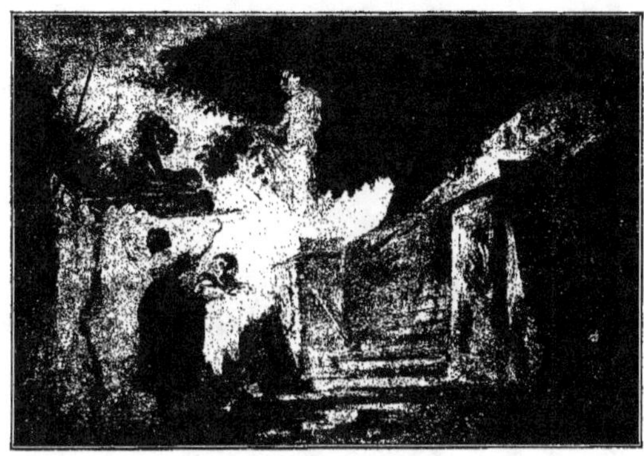

Les *Lavandières*, par Fragonard.

amateurs reconnaissent entre mille. Mais le plus curieux de l'histoire, c'est que le compagnon de voyage émit au retour la prétention de conserver cette intéressante moisson. On plaida et le financier fut condamné à restituer les dessins à l'artiste, ou à lui payer une somme de 30.000 livres, ce qu'il préféra faire.

Fragonard avait un logement au Louvre, où il s'était disposé un atelier en harmonie avec les sujets qu'il aimait peindre. Les murs étaient décorés de guirlandes de fleurs, d'arbustes, de jets d'eau, de balançoires, de riches draperies. Un jour spécial éclairait ce décor où il plaçait ses personnages, comme sur un théâtre.

C'était un travailleur infatigable, doué d'une prestigieuse adresse et comme les commandes affluaient, sa production était énorme. Il gagnait un argent fou.

Il essaya tous les genres : portraits, scènes familières, paysages qu'il traita d'une façon tout à fait remarquable, pastiches de grands maîtres, où il fit preuve d'une extrême habileté : miniatures, pastels, gouaches, aquarelles, dessins, gravures à l'eau-forte délicieuses ; il se montra toujours intéressant. On peut regretter qu'il se soit dépensé en cette charmante menue monnaie au lieu de consacrer son effort à quelques œuvres définitives.

La Révolution le ruina comme elle avait ruiné Greuze. La vogue qui s'attachait à l'école de David fit sombrer la sienne. Il tenta d'adopter la mode nouvelle et son œuvre contient quelques dessins dans cette forme, mais ils sont si inférieurs qu'on n'y peut reconnaître le peintre des élégances du XVIIIe siècle.

Honoré Fragonard eut un fils, Alexandre-Évariste Fragonard, qui n'hérita pas du talent paternel.

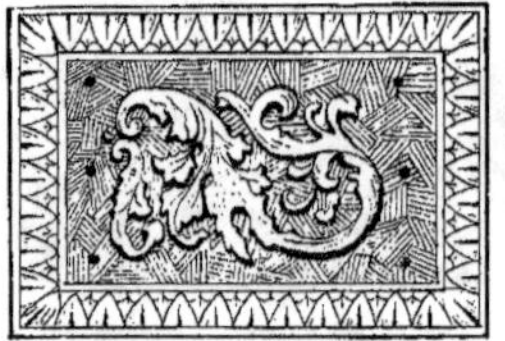

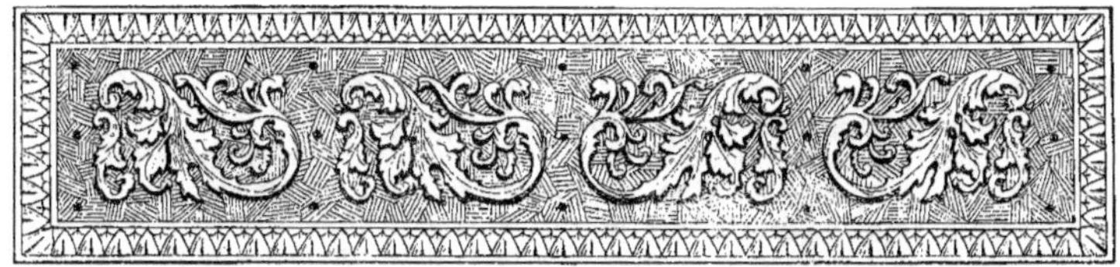

CHAPITRE X

Les Maîtres anglais

Hogarth. — Sir Josué Reynolds. — Gainsborough. — Sir Thomas Lawrence. — Joseph-Mallord-William Turner. — Constable. — Bonington.

PENDANT trop longtemps, sous l'influence d'une conception bornée et trop conventionnelle, le goût français se montra systématiquement hostile à l'école anglaise.

Rien n'était plus injuste que la dédaigneuse indifférence dans laquelle on la tenait. Le peuple qui a produit d'aussi merveilleux poètes que Shakespeare, Milton, Byron, Moore, d'aussi puissants conteurs fantaisistes et réalistes, que Swift, Fielding, Daniel de Foë, Walter Scott, Dickens, ne pouvait manquer d'avoir produit de grands et beaux peintres.

Lorsqu'une vision plus éclectique eut cessé de considérer la conception italienne comme le dogme absolu, on étudia la peinture anglaise, on reconnut sa beauté.

Aujourd'hui, en raison de la réaction que nous avons déjà remarquée pour d'autres écoles, les œuvres des maîtres anglais jouissent, au moins pour celles de certains d'entre eux, d'un engouement qui paraît plutôt être la conséquence de la mode que le fait de la valeur intrinsèque des tableaux.

William Hogarth est la première grande figure que nous présente l'école anglaise. Il possédait les puissantes qualités de la race anglo-saxonne : l'audace, la force d'ironie, l'originalité. Hogarth fut, au point de vue pictural, le satirique, le philosophe incisif et fantaisiste que se montrait Swift dans son immortel *Gulliver*.

Il naquit à Londres en 1697. Son père, pauvre maître d'école — certains biographes disent prote dans une imprimerie — le mit en apprentissage chez un graveur sur métaux. Tout en fréquentant l'atelier de son patron, le jeune Hogarth suivait les cours de dessin de l'Académie de Saint-Mar-

tin's lane. A vingt-trois ans, jugeant son éducation terminée, il s'établit
maître graveur. Ajoutant l'expression artistique de l'eau-forte à son métier.

Ce fut ainsi qu'il grava douze planches pour les *Voyages de la Mettraye,*
sept planches pour l'*Ane d'or,* d'Opulce ; vint ensuite la célèbre illustration du poème burlesque de Butler, *Hudibras.*

Hogarth, dans cette dernière œuvre, donnait la mesure de sa verve, de
son originalité. Le jeune artiste avait des visées plus hautes : il voulait être
peintre, et fréquentait l'atelier de Sir James Thornhill, « sergent peintre du
roi ».

Thornhill avait une fille, dont William s'éprit. Bien que son amour
fut partagé, Sir James repoussa dédaigneusement la demande en mariage du
petit graveur sans fortune. Hogarth avait la ténacité anglaise, il aimait, il
était aimé : un mariage clandestin unit les deux jeunes gens. Plus tard,
lorsque la renommée eut établi l'indiscutable mérite d'Hogarth, le beau-
père ratifia cette union.

William se livra d'abord au genre du portrait, puis, donnant libre cours
à sa verve caustique, il peignit les séries d'études de mœurs contemporaines
qui firent sa gloire. Tour à tour parurent : la *Vie d'une courtisane* (cinq
des six sujets ont été détruits dans un incendie, le dernier appartient à lord
Weruys) ; la *Vie d'un libertin;* le *Mariage à la mode.* Ces deux séries de
peintures appartiennent à la *Nationale Gallery,* à Londres.

Encouragé par un immense succès, le peintre moraliste exécutait à l'eau-
forte d'autres suites d'œuvres du même genre : *Travail et oisiveté* (douze
planches) ; les *Buveurs de punch* (douze planches) ; les *Élections* (quatre
planches) ; *Comédiens ambulants.*

Hogarth voulut attaquer le genre classique ; il y fut moins heureux :
c'était un réaliste, un humoriste génial. *Paul devant Félix,* le *Bon Sama-
ritain, Moïse apporté à la fille du Pharaon,* exposés au même musée anglais,
prouvent qu'il eût eu intérêt à méditer l'adage :

« Ne forçons pas notre talent. »

On cite parmi ses portraits les plus remarquables : celui de l'acteur
Garrick, dans le rôle de Richard III, de lord Faversham, avec son chien,
celui de sa sœur.

Son œuvre a été gravée en 260 estampes.

Bien qu'il fut aussi indépendant de caractère que de sentiment artistique et qu'il se fut opposé à la formation de l'Académie royale, il succéda,
en 1757, aux titres d'académicien et de peintre du roi, que possédait son
beau-père.

Il mourut à Londres en 1764.

Hogarth a laissé un ouvrage d'esthétique : *Analyse de la Beauté,* dans
lequel il affirme que la ligne serpentine est l'élément primordial du beau
sous toutes ses formes.

Plus brillant, mais moins profondément original, fut Sir Josué Rey-
nolds, considéré par un grand nombre de critiques comme le Rubens anglais.
Il naquit à Plympton, près de Plymouth, dans le Devonshire, en 1723.
Comme Hogarth, il était fils d'un maitre d'école.

Son père l'envoya à Londres, dans l'atelier de Thomas Hudson, où il

demeura pendant deux ans. De retour dans son pays natal, il s'établit comme
peintre de portraits. Ayant rencontré le peintre William Gandy, il se lia
d'une étroite amitié avec lui et bénéficia grandement des conseils que celui-
ci lui donna.

Une autre connaissance que le jeune peintre fit peu après, eut une
influence considérable sur sa vie : le capitaine Keppel, de la marine royale,
l'ayant pris en amitié, l'emmena à son bord pour une croisière dans la
Méditerranée.

Reynolds fut débarqué en Italie, où il demeura pendant trois ans, particulièrement à Rome et à Venise.

Son habileté était extraordinaire, et ses copies des tableaux de maîtres
atteignaient à une si complète ressemblance, que les plus habiles connaisseurs avaient peine à les distinguer des originaux. C'était d'ailleurs le véritable virtuose peintre. Il se plaisait à dire, à la fin de sa carrière :

— Jamais je ne me lassai de changer et d'essayer les différentes méthodes
de peindre ; j'ai tenté tous les effets de couleurs et, en essayant chaque couleur à son tour, j'ai fait voir à chacune d'elles que je pouvais la faire disparaître de ma palette.

Reynolds revint à Londres en 1753. Il avait trente ans, était fort beau
garçon, aimable et d'un caractère excellent. Son succès fut immédiat, ses
qualités naturelles, son savoir faire aidant son talent.

Il devint le portraitiste à la mode.

Indépendamment de ses relations dans la haute société qu'il fréquentait assidûment, il était intimement lié avec les sommités littéraires et
artistiques de son époque : Johnson Burke, Goldsmith, Garrick, furent ses
amis.

Il fut créé chevalier en 1768, année de la fondation de l'Académie
royale de peinture, à la formation de laquelle il contribua et dont il fut le
premier président.

Reynolds abusa de son extrême facilité pour produire un nombre incalculable de peintures. Dans la seule année 1759, il peignit pas moins de
156 portraits. Cette production exagérée influa grandement sur nombre de
ses œuvres, trop superficielles et qui, par leur exécution quelquefois factice
et toute de procédés, ont plutôt le caractère commercial.

Le célèbre peintre n'était pas du reste moins habile commerçant et il
sut élever ses prix à mesure que sa réputation s'accroissait.

En 1755, par exemple, il prenait 12 guinées (312 francs), pour un portrait
en buste ; en 1758, ce prix était de 20 guinées. En 1760, il le portait à
25 guinées, puis à 30 en 1770, et enfin à 50 guinées (1.300 francs), en 1781.

Reynolds avait rapporté d'Italie un grand nombre d'œuvres d'art,
tableaux et dessins, qui furent l'embryon de la magnifique collection qu'il
forma. Il eut encore l'occasion de la compléter au cours du voyage qu'il
fit en 1782 en Flandre et dans les Pays-Bas. Les dessins qui portent sa marque
sont très recherchés par les amateurs.

En 1789, il perdit un œil à la suite d'une paralysie partielle, cet événement malheureux influa sur son caractère : il se sépara de ses amis de l'Académie royale.

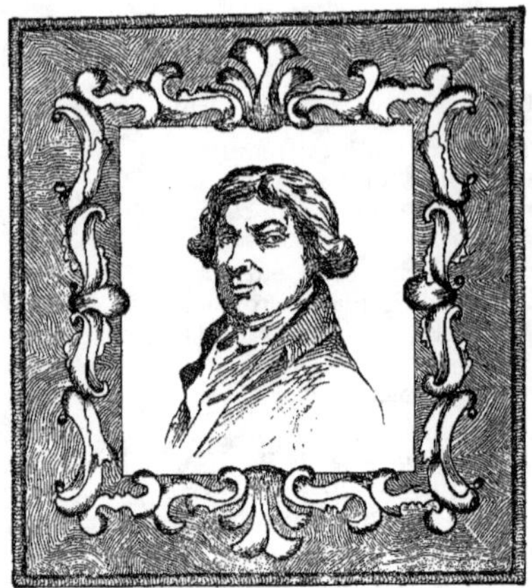

LA VIE ET L'ŒUVRE

Il mourut en 1792, laissant une fortune de 100.000 guinées (plus de 2.500.000 francs.)

Cet artiste distingué eut une influence considérable sur l'école anglaise, à laquelle il donna une impulsion de verve, un éclat de coloris tout à fait remarquables. Il multiplia les glacis et imagina des combinaisons de couleurs minérales et de couleurs végétales, de couleurs à la cire, de vernis, qui donnent à son œuvre une variété de facture très intéressante. Malheureusement, si parfois il obtint des résultats extraordinaires, ce fut souvent aux dépens de la solidité, et aujourd'hui beaucoup de ses œuvres ont perdu la fraicheur et l'éclat des glacis qui les avivaient.

Sir Josué Reynolds prenait plaisir à déclarer souvent :

— L'étude consiste véritablement dans l'art d'apprendre à voir la nature et peut être appelée l'art d'employer l'esprit des autres.

Avec moins d'éclat, mais peut-être avec plus de sentiment artistique vrai, plus de sincérité, Thomas Gainsborough prend place au premier rang des peintres anglais.

Il naquit en 1727 à Sudbury, dans le comté de Suffolk. Son père était drapier.

Dès l'enfance, il montra un goût très développé pour le dessin. Il le travaillait sans maître et consacrait tous ses instants de liberté à faire des paysages d'après nature. Il puisa dans ce contact constant de la campagne la sincérité qu'on aime à trouver chez cet artiste.

Sa famille seconda son désir, et, lorsqu'il eut quinze ans, on l'envoya à Londres faire des études plus sérieuses. Il entra à l'école de dessin que Gravelot avait ouvert dans la capitale anglaise, et quitta, au bout d'un certain temps, le maître français pour aller travailler chez Frank Hayman.

A dix-neuf ans il était de retour dans sa ville natale ; il s'y maria et s'établit comme portraitiste.

Ses prix fort modestes suffisaient à le faire vivre, mais il n'avait pas renoncé au paysage et y consacrait ses moments perdus. Bien qu'on le considérât comme un peintre distingué, les petits tableaux qu'il exécutait, d'après les plus jolis sites de la contrée, étaient achetés à des prix dérisoires par les marchands.

C'était une nature extrêmement douce, cherchant le bonheur dans les joies familiales ; aussi, parvint-il à se créer une honnête aisance. Cela lui permit d'aller habiter Bath, station thermale fréquentée par l'aristocratie anglaise. Il s'y établit en 1758 et les nombreux portraits qu'il y exécuta lui créèrent une grande réputation. Lors de la fondation de l'Académie royale, il fut appelé à en faire partie.

A ce moment, il était dans toute sa gloire ; c'était le rival de Reynolds et il lui disputait les effigies des princesses et des grandes dames. Pendant quinze ans il prit part à toutes les expositions. Mais, malgré son mérite, n'étant pas sur place, sa réputation de portraitiste pâlit devant celle de son rival, et les effets ne tardèrent pas à s'en faire sentir. A une exposition, les portraits des trois princesses, filles de Georges III, qu'il avait envoyés, ne furent pas placés selon son désir. Il en conçut tant de dépit qu'il quitta l'Académie royale et n'y exposa plus.

Gainsborough était venu s'établir définitivement à Londres en 1774. Malgré les prix qu'il tirait de ses portraits, lesquels, à l'exemple de ceux de Reynolds, avaient subi une marche ascendante, passant de 5 guinées (130 francs) à 30 guinées (780 francs) pour les

LAWRENCE (Sir Thomas),
Né à Bristol en 1769, mort à Londres en 1830. (École anglaise.)

bustes sans les mains, et 120 guinées pour les portraits en pied, grandeur naturelle, il s'adonnait de plus en plus au paysage, et se créait dans ce genre une réputation dépassant celle qu'il possédait comme portraitiste.

Ce bel artiste qui, s'inspirant de Van Dyck, avait su donner une interprétation très personnelle à l'esthétique du grand maître flamand, mourut en pleine gloire d'un cancer au cou, en 1788.

Peu de peintres ont su autant que Gainsborough exprimer l'élégance, la grâce, la souplesse de la femme jeune. A cet égard, le portrait de la célèbre actrice anglaise, *Mrs Siddons*, que possède la National Gallery, à Londres, est un modèle du genre. Ce musée expose également du même maître : les portraits du *docteur Schomberg*, de *John Opie Musidon,* le *Bucheron surpris par l'orage, Petits paysans se battant avec des chiens.*

Au Louvre, Gainsborough est représenté par plusieurs paysages, notamment dans la collection léguée par M. Louis La Caze.

Les tableaux de cet artiste atteignent maintenant des prix fort élevés en Angleterre, et il n'est pas rare de voir ses portraits de femmes passant aux enchères publiques, dépasser cent et cent cinquante mille francs.

Sir Thomas Lawrence est également un brillant virtuose. Il naquit à Bristol en 1769. Son père était un déclassé : fils d'un ecclésiastique, il était devenu patron aubergiste et faisait fort mal ses affaires.

Le petit Thomas fut élevé dans l'atmosphère délétère de la taverne et reçut une éducation plutôt sommaire : deux ans d'école, quelques leçons de français; ce fut tout.

Mais c'était un bel enfant, vif, hardi, et ayant puisé une précoce expérience dans le milieu où il avait vécu.

Également doué pour la déclamation et pour le dessin, Lawrence se demandait s'il serait peintre ou acteur.

Se trouvant à Bath, il attira l'attention du peintre Hoore qui, charmé par sa gentillesse, s'intéressa à lui. L'artiste lui donna des conseils et le fit travailler. Peu après, le jeune Thomas commençait sa carrière picturale en exécutant des portraits au fusain, à raison d'une guinée (26 francs). Cela lui permit de vivre jusqu'au moment où il vint à Londres, en 1787, travailler à l'Académie et exposer quatre portraits.

L'année suivante, c'est-à-dire alors qu'il n'avait que dix-neuf ans, il en exposa six.

En 1789, il en exposait treize, parmi lesquels figurait celui du duc d'York, ce qui prouve que le jeune peintre, semi-vagabond quelques années auparavant, avait joliment commencé son chemin dans le monde.

En 1790, les portraits de la reine et de la princesse Amélie consacraient sa réputation. Il fut nommé peintre du roi.

Il avait vingt et un ans.

L'Académie l'élut associé à la suite de cette exposition et membre titulaire deux ans plus tard.

Thomas Lawrence gagnait beaucoup d'argent. Il avait sensiblement dépassé les prix de ses devanciers, demandant près de 6.000 francs pour une tête et près de 40.000 francs pour un portrait en pied; mais il était constamment à court. Deux raisons motivaient cette gêne : il avait un grand nombre de frères et de sœurs qu'il entretenait largement et il s'était laissé prendre par la passion des tableaux et des dessins. Sa collection, à laquelle il consacra plus d'un million et demi, renfermait des merveilles.

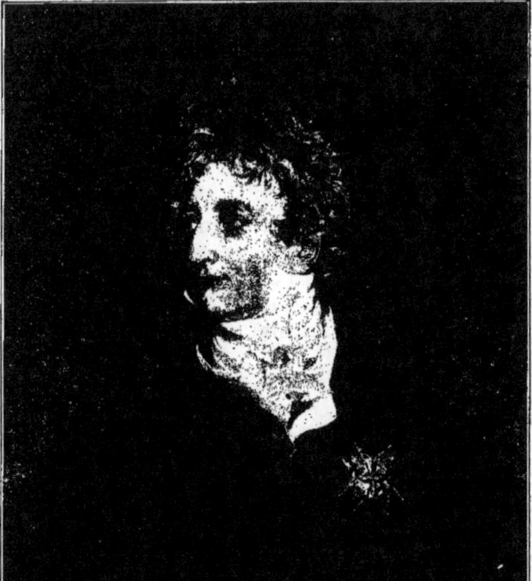
Le *Duc de Richelieu*, par Th. Lawrence.

En 1806, il était logé au palais de la Princesse de Galles (Caroline de Brunswik) pour faire son portrait, lorsque éclata la fameuse rupture entre cette princesse et le prince, depuis Georges IV. Lawrence se trouva mêlé à l'enquête faite à ce sujet, et dont le résultat fut si défavorable à l'époux.

Le prince Georges, devenu régent, loin de garder rancune du rôle joué par le peintre à cette occasion, le créa chevalier, en 1815, et lui commanda, outre son portrait, ceux des hommes d'État et de guerre qui avaient contribué à la chute de Napoléon : ces effigies étaient destinées à orner une galerie au palais de Windsor. Afin d'exécuter cette importante commande, Sir Thomas Lawrence se rendit à Aix-la-Chapelle pendant la durée du Congrès puis alla à Rome où il exécuta le portrait de Pie VII. Il prolongea son séjour en Italie, peignant et surtout récoltant les œuvres d'art.

A son retour en Angleterre, en 1820, l'Académie royale le nomma son président.

Lawrence vint à Paris pour exécuter le portrait du roi Charles X et celui du duc d'Angoulême. On verra par la reproduction du portrait du duc de Richelieu, avec quelle verve le célèbre peintre les exécutait.

Il mourut en pleine force, presque subitement, en 1830, et fut inhumé à Saint-Paul.

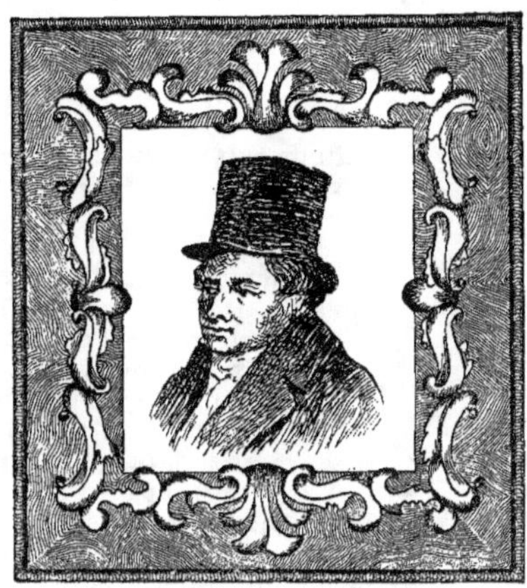

TURNER (Joseph-Mallor-William),
Né à Londres en 1775, mort à Chelsea en 1851.

Une exposition de quatre-vingt-quatorze toiles de lui, faite aussitôt après sa mort, produisit plus de 75.000 francs d'entrées.

Lawrence a exécuté quelques tableaux d'histoire, parmi lesquels on cite : *Hamlet*, *Coriolan*, *Caton* et un *Satan*, que la critique attaqua avec violence, et qu'il considérait comme son chef-d'œuvre.

Avec Turner nous arrivons au plus grand peintre anglais et à un des artistes les plus extraordinaires qui aient jamais existé.

Il naquit à Londres en 1775.

Son père était barbier, mais s'il était de condition modeste, il comprit et apprécia, dès qu'elles se manifestèrent, les merveilleuses dispositions du jeune Joseph.

Celui-ci, sans modèle et sans maître, exécutait des dessins qui charmèrent à tel point le père Turner qu'il résolut de les vendre.

C'est ainsi que ces premiers essais du grand homme furent exposés à la devanture du barbier et offerts aux clients au prix d'un shilling (1 fr. 25); ils trouvèrent preneur.

Mais, fait plus intéressant, les artistes qui fréquentaient la boutique du perruquier engagèrent celui-ci à faire travailler son fils; un professeur lui fut donné.

Il se lia intimement avec un jeune garçon fréquentant la même école, Thomas Girtin, remarquablement bien doué aussi, et qui mourut à vingt et un ans.

Les deux jeunes gens avaient été remarqués par un amateur, le docteur Munro, possesseur d'une importante collection de tableaux. Il les invita à venir travailler chez lui le soir. Ils copiaient tableaux et dessins et l'amateur, qui avait reconnu leurs extraordinaires facultés, achetait le travail de la séance moyennant une demi-couronne (environ 3 francs) à chaque artiste. Plus tard, Turner laissa voir la rancune qu'il gardait contre ce prétendu protecteur des arts pour s'être procuré à ce prix modeste quantité de ses dessins.

Le jeune Turner et son ami avaient imaginé un autre moyen de tirer parti de leur talent. Ils allaient dans les environs de Londres et proposaient aux propriétaires de villas et de cottages de dessiner ou de peindre à l'aquarelle leurs habitations. Ils réussirent si bien que Turner étendit ses opérations et, quoique tout enfant, parcourut à pied, son bagage sur le dos, un grand nombre de comtés d'Angleterre, gagnant bien sa vie et travaillant son art.

A quatorze ans il entra comme élève à l'Académie royale. L'année suivante, il exposait une vue du *Palais de Lambeth*.

Il continua à envoyer chaque année aux expositions.

La réputation du brillant artiste s'était établie ; à vingt-six ans, malgré sa sauvagerie, il fut nommé membre de l'Académie royale.

Son maître de prédilection était notre grand Claude Gelée, dont on sent l'influence dans ses premières œuvres ; mais il ne devait pas tarder à s'en dégager pour adopter une forme absolument personnelle et puisée dans sa magnifique interprétation de la nature.

Turner fit un premier voyage sur le continent, visitant la France, les Alpes, l'Italie.

C'était un passionné des grands spectacles de la nature. Il avait étudié la mer sous ses aspects les plus divers ; la montagne le passionna, et plus tard il en traduisit les beautés avec une puissance d'émotion inconnue jusqu'alors. Rome et ses merveilles artistiques le retinrent longtemps. Mais ce ne fut pas pour y copier la peinture des maîtres : il dessina les sites, les ruines, les vestiges des palais romains, dont il aimait à orner ses paysages. Ce merveilleux génie avait un vice : il était avare. Il en fournit un amusant exemple pendant son séjour à Rome. Il avait peint deux tableaux importants et voulait les exposer. Mais une grave question s'agitait pour sa bourse : les cadres. Il ne put se résigner à en faire la dépense et tourna la difficulté en achetant des débris de gros cordages qu'il cloua autour de ses toiles et qu'il barbouilla d'ocre jaune.

En 1807 il fut nommé professeur de perspective à l'Académie.

Obéissant évidemment à son admiration pour Le Lorrain, qui avait fait le *Liber veritalis*, et aussi en vue de gagner de l'argent, Turner commença, en 1808, la publication de son *Liber studiorum*, admirable recueil de soixante-douze gravures, qu'il fit exécuter d'après ses dessins. Là encore son avarice lui joua de mauvais tours. Il avait engagé plusieurs graveurs, parmi lesquels son frère Charles, artiste de beaucoup de talent. Turner exigeait une exécution parfaite, mais quand il s'agissait de régler le prix des travaux, il oubliait systématiquement les promesses de gratifications prodiguées pour stimuler le zèle des artistes. De violentes discussions éclatèrent à ce sujet entre les deux frères. Ils finirent par se brouiller irrémédiablement par suite d'une autre forme de l'horreur qu'éprouvait le grand peintre à payer quoi que ce fut.

Dans un but d'économie, et surtout pour éviter qu'on lui dérobât des épreuves, il avait engagé des ouvriers imprimeurs, des brocheuses, qu'il faisait travailler chez lui.

Il apprit un beau jour que l'on vendait frauduleusement et à vil prix une gravure du *Liber studiorum* que son frère Charles avait exécutée. Sans l'accuser positivement, il lui laissa entendre qu'il le croyait l'auteur de cette indélicatesse. Charles protesta énergiquement et, en fin de compte, mit son frère à la porte. Il ne voulut jamais le revoir.

Or, il résulta de l'enquête que c'était une brocheuse qui, n'étant pas payée de son salaire hebdomadaire, avait pris un paquet d'épreuves et l'avait pour ainsi dire vendu au poids du papier.

Cette publication avait un grand succès, mais l'original qu'était l'auteur ne jugea pas à propos de la pousser plus loin.

Tout était singulier dans la vie de Turner. Il aimait l'argent mais, malgré son avarice, il ne voulait pas vendre ses tableaux. Dans la maison qu'il se fit bâtir dans Queen Street, à Londres, existait une vaste galerie où il accrocha ses merveilleuses peintures, son père fut le conservateur de ce musée particulier.

Le vieux perruquier avait pour le talent de ce fils une admiration sans borne et il était fier de sa fonction. Sa vie était d'ailleurs très largement assurée.

Joseph-William n'était presque jamais chez lui : il voyageait incognito, et dans ses occasions donnait encore la marque de la singularité de son caractère. Qu'il voyageât en bateau ou par les voitures publiques, il emportait des provisions de bouche, mais jamais de liquides : il estimait qu'il trouverait en route des personnes disposées à lui offrir des rafraîchissements.

On ne vit jamais un homme moins sociable que lui. Le célèbre critique d'art John Ruskin, qui avait pour Turner une admiration sans mélange, ayant demandé à lui être présenté, lui exprima ses sentiments avec la ferveur d'un épris d'art. Le grand peintre l'écouta sans mot dire finissant par laisser échapper un : « Ah! ah! » comme s'il n'eut rien compris de ce qui venait de lui être dit. Ruskin, trente ans plus tard, déplorait encore cette singulière réception.

Turner ne voulut jamais consentir à ce que l'on fit son portrait, il fallut pour l'avoir qu'un de ses confrères de l'Académie le « croquât » tandis qu'il vernissait un tableau à l'exposition.

Il avait pour marchand un nommé Grégori, qui lui aussi l'admirait à l'égal d'un demi-dieu. Turner allait chaque année sur le continent, prenait un grand nombre de croquis, et à son retour prévenait son marchand qu'il exécuterait un certain nombre de ses admirables aquarelles d'après les sujets choisis par les amateurs. Il les faisait payer 80 guinées (environ 2.600 fr.), mais quand il s'agissait de régler la commission de dix pour cent allouée à l'intermédiaire, il le payait avec un paysage, plutôt que de toucher à son cher argent.

Turner avait des allures de conspirateur. Quand il voyageait, il ne voulait pas que personne connut son adresse. Il disparaissait ainsi pendant des mois.

Un beau jour ce fut bien mieux : il quitta sa maison de Queen Street, rompit avec toutes ses relations et l'on n'entendit plus parler de lui, jusqu'au jour où l'on apprit qu'il agonisait, sous un faux nom, à Chelsea, faubourg de Londres, où il s'était fait passer pour un petit rentier.

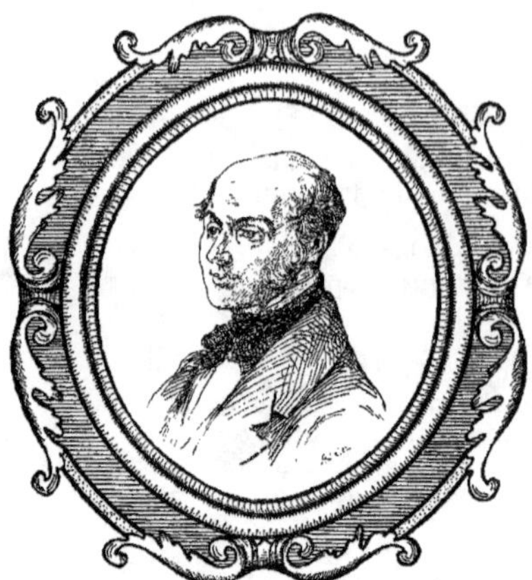

CONSTABLE (JOHN).
Né à East-Bergholt en 1776, mort à Londres en 1827.
(École anglaise.)

Il mourut en 1851, laissant une fortune considérable. Dans son testament, Turner léguait à la National Gallery, ses admirables peintures (elles ornent une salle entière) ; il laissait également ses dessins et croquis (environ dix-neuf mille). Il affectait sur sa fortune une somme de cinq millions pour la création d'un asile pour les artistes pauvres. Le testament mentionnait encore qu'une somme d'un million serait consacrée à l'édification d'un monument dans l'église de Saint-Paul en l'honneur du défunt.

Les héritiers attaquèrent ces dernières dispositions, arguant que Turner n'avait pas sa raison lorsqu'il les avait formulées. Le tribunal accueillit partiellement leur requête : la clause stipulant le monument d'un million fut annulée.

A la vente publique qui suivit la mort de l'illustre maître, les prix atteignirent des chiffres fantastiques : certains exemplaires du *Liber studiorum*, par exemple, furent disputés jusqu'à 125.000 francs pièce.

Charles Turner, apprenant cela, s'arrachait les cheveux en s'écriant :

— Dire que pendant si longtemps j'ai allumé ma pipe avec des billets de banque !

C'était à cet usage qu'il avait consacré les épreuves des gravures d'après les dessins de son frère.

Nous ne possédons au Louvre qu'une toile de Turner : *Une vue de la Seine,* tableau offert récemment à notre musée national.

Si Constable n'est pas aussi extraordinairement puissant, aussi génial que Turner, ce ne fut pas un artiste moins sincère. Il eut la passion de la nature et l'exprima avec un réalisme, une vérité intense absolument remarquables.

Il naquit à East-Bergholt en 1776. Son père, riche meunier, ambitionnait pour lui la profession de clergyman, il le voyait déjà prélat, mais John Constable montrait beaucoup plus de goût pour le dessin que pour les études liturgiques.

Il passait des journées entières à dessiner des arbres ou le moulin de son père. D'autres jours il s'échappait en compagnie d'un garçonnet de son âge, nommé Dunthorne, apprenti vitrier du village, et les deux camarades s'égaraient en d'interminables promenades à travers champs. Parfois ils s'arrêtaient pour essayer de peindre un site les ayant charmés.

A la longue, le père Constable se fâcha :

— Si tu ne veux pas être clergyman, mon garçon, tu seras meunier.

John dût travailler au moulin.

Cependant le jeune homme n'abandonna pas ses études pour cela. Dès qu'il le pouvait, il reprenait ses excursions. Un jour qu'il peignait à la campagne, un promeneur s'intéressa vivement à son travail. C'était sir Georges

Beaumont, le fondateur de la National Gallery. Il lui donna d'excellents conseils et l'invita à le venir voir.

John s'empressa de se rendre à cette invitation, et il n'eut pas à le regretter. Sir Georges lui montra sa collection et ce qui plut davantage au jeune artiste, c'est que le Baronet lui prêta plusieurs dessins de maîtres afin qu'il les copiât.

Lorsque John revint, apportant originaux et copies, le grand seigneur fut si satisfait du travail de son protégé qu'il alla voir le meunier, lui vanta les dispositions remarquables de son fils et le décida à l'envoyer à Londres.

Constable partit pour la Métropole anglaise muni d'une recommandation du baron pour le peintre Farrington, alors fort à la mode, et qui l'accueillit de la façon la plus aimable. Constable travailla près de lui pendant un an.

Les affaires paternelles étaient-elles moins favorables, le meunier se lassait-il de ne pas voir les travaux de son fils donner des résultats productifs, mais John dut reprendre sa place au moulin.

Ce ne fut qu'en 1799, à vingt-trois ans, qu'il put revenir à Londres pour ses études. Il entra comme élève à l'Académie. Il travaillait avec ardeur pour rattraper le temps perdu, encouragé par Benjamin West, l'amateur J.-T. Smith et surtout par Sir Georges Beaumont, qui de plus en plus s'intéressait à lui.

Il exposa en 1802, mais il est loin d'être satisfait de son tableau.

La voie dans laquelle l'avaient dirigé ses maîtres n'était pas la vraie et voici comment il la jugeait, en écrivant à son fidèle ami Dunthorne :

— Ces deux dernières années, j'ai couru après les peintures et cherché la vérité de seconde main, en m'efforçant d'imiter la manière des maîtres. Mais je vais revenir à Bergholt et chercher une manière naïve et sans affectation.

Cette manière nouvelle il allait la demander à la nature dans toute sa magistrale simplicité.

A partir de cette époque Constable travailla seul, vivant en pleine campagne, ne voyant personne que les travailleurs de la terre.

A côté de ses études rustiques, il fit quelques tableaux religieux, avec des figures de grandeur naturelle. En 1804, il exposa un *Christ bénissant ces petits enfants*. Il renouvela cette tentative en envoyant à l'exposition de 1809 un *Christ bénissant le pain et le vin*.

Mais l'artiste jugeait qu'il mettait dans ces œuvres beaucoup trop de la convention qu'il avait bannie de ses paysages, et il en disait :

— Le grand art n'est pas fait pour moi et je ne suis pas fait pour lui. Mon art, limité, se trouve dans chaque haie, dans chaque sentier. Qu'on en pense ce qu'on voudra, du moins il m'est propre, et j'aime mieux posséder le plus petit domaine, ne fut-ce qu'un cottage, que de vivre dans un palais appartenant à autrui.

Constable, âme éminemment sensible et tendre eut dans sa vie un roman d'amour, qui se termina de la façon la plus heureuse et la plus extraordinaire. Il avait rencontré dans le monde une charmante jeune personne, miss Biknell, fille d'un riche propriétaire du comté de Dorset. Il en était devenu éperdûment amoureux. Une correspondance s'établit entre eux, et l'artiste put reconnaître que ses sentiments étaient partagés.

Il se décida à aller demander Miss Biknell en mariage. Il fut très mal reçu. Le gentleman farmer ne prit pas d'ambages pour lui dire qu'il ne donnerait pas sa fille à un fils de meunier, qu'il avait des visées plus hautes.

Constable partit désespéré.

Plusieurs mois s'étaient écoulés, le peintre cherchait à se distraire de son amour déçu en s'absorbant dans le travail, lorsqu'un jour un homme entra dans son atelier et se jeta à ses pieds, s'écriant :

— Pardon de vous avoir repoussé ! Aujourd'hui, c'est moi qui vous demande si vous voulez bien épouser ma fille ? Je vous l'offre avec ma fortune et tout ce que vous daignerez accepter.

C'était M. Biknell qui, ayant vu des peintures de Constable, s'était pris d'un tel enthousiasme pour l'artiste qu'il considérait, dans sa rude franchise, presque comme un crime d'avoir dédaigneusement repoussé un homme d'un aussi grand mérite.

Constable se maria en 1816. Ce fut une union idéale et pendant quelques années le grand peintre fut parfaitement heureux. Son succès s'affirmait chaque jour davantage et ses œuvres étaient recherchées.

Un marchand français lui acheta trois toiles à l'exposition de l'Académie et les envoya à Paris au salon de 1824. C'était une *Vue des environs de Londres, Canal en Angleterre* et la *Charrette de foin*. Le succès fut considérable, les artistes furent émerveillés et, malgré la facture si différente des Bidauld, des Bertin et autres paysagistes alors en vogue, le jury décerna une médaille d'or à ce peintre anglais.

Ce résultat surprit agréablement Constable. Il avait manifesté une vive contrariété à l'idée des railleries que, craignait-il, provoqueraient ses tableaux.

Il écrivit, au sujet de cette exposition, cette appréciation sur les paysagistes classiques :

— Mes tableaux sont à une place d'honneur. On a reconnu la richesse de la texture; on a été frappé de la fraîcheur et de l'éclat des teintes, qualités introuvables dans les tableaux français. Sans doute les peintres français étudient beaucoup, mais seulement les maîtres, et, comme dit Northcotte, ils ne connaissent pas plus la nature que les chevaux de fiacre ne connaissent les pâturages.

L'exposition de la British Institution, en 1827, porta la gloire de Constable à son apogée : il y exposa son fameux *Champ de blé*, un de ses chefs-d'œuvre. Ses admirateurs se réunirent pour le payer à sa valeur et l'offrirent à la National Gallery.

M. Biknell mourut l'année suivante laissant un héritage de plus de 500.000 francs. Constable, à la tête de cette fortune, pouvait se livrer aux manifestations artistiques, sans aucune préoccupation autre. Mais au moment où il croyait pouvoir jouir de son art en toute quiétude un terrible malheur le frappa. Sa femme lui avait donné un fils, après une fille alors âgée de quelques années; cette dernière maternité lui fut fatale : elle ne put se rétablir et mourut. Le pauvre artiste fut terrassé par le coup.

Plusieurs mois après ce deuil il écrivait à un ami :

— J'ai été bien malade, mais je m'efforce de me remettre au travail pour me dérober à moi-même.

Ses deux enfants, Lionel et la petite Minna l'aidèrent à supporter la vie ; il reporta sur eux l'amour que lui inspirait la chère disparue.

En 1829 il fut reçu membre de l'Académie royale, cette distinction réveilla son amertume, et il disait, parlant de ses confrères :

— Ils ont attendu que je fusse tombé dans l'isolement.

Cependant les soins dont il entourait ses enfants, leurs caresses lui rendirent un peu de courage : il reprit goût au travail et exposa à plusieurs expositions.

Le 31 mars 1837 il fut trouvé mort dans son lit, alors que rien ne faisait prévoir cette

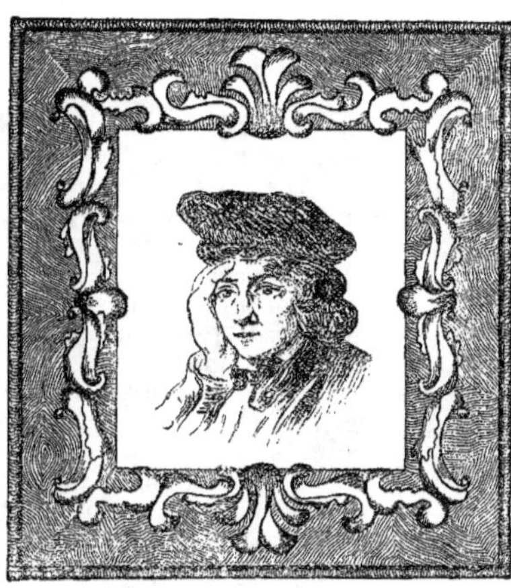

BONINGTON (Richard Parkes),
Né à Arnold, près de Nottingham, le 25 octobre 1801,
mort à Londres le 23 septembre 1828. (École anglaise.)

fin prématurée. Une autopsie fut ordonnée, mais elle ne fournit pas la cause de cette mort subite.

Le nombre des tableaux de Constable n'est pas très considérable, une centaine à peine, mais ses études sont innombrables. Dans certaines, il étudie un ciel, dans d'autres ce sont des terrains, puis ce sont des arbres travaillés séparément. D'autres encore sont beaucoup plus complètes et possèdent tout le charme d'œuvres de longue haleine.

Constable disait :

— Le monde est infiniment varié. Jamais deux jours ne se ressemblent ni même deux heures. Il n'y a jamais eu deux feuilles d'arbres pareilles depuis la création. Les vraies productions de l'art, comme celles de la nature sont toutes distinctes les unes des autres.

Ce fut cette multiplicité d'aspect que le grand peintre s'appliquait à reproduire.

Il a eu une influence considérable sur nos peintres de l'école de 1830.

Bonington, bien qu'il ait longtemps vécu en France et qu'il y ait pour ainsi dire fait toutes ses études, appartient bien à l'école anglaise par sa naissance et son tempérament artistique.

Son père, peintre de paysages et de portraits commença son éducation, et l'envoya à Paris, dès qu'il eut quinze ans, étudier à l'École des Beaux-Arts. Il entra dans l'atelier de Gros.

Mais c'était un indépendant et il se plaisait beaucoup plus dans l'étude des maîtres exposés au Louvre qu'aux séances de l'école. Les grands artistes vénitiens, les maîtres flamands furent ses modèles de prédilection.

Il fit des progrès extraordinaires et fut bientôt considéré comme un artiste remarquable.

C'était un des jeunes qui jetaient par dessus bord les vieux bagages classiques.

Bonington s'était intimement lié avec Eugène Delacroix, son camarade d'atelier, et souvent les deux artistes allaient peindre ensemble à la campagne.

Il exposa la première fois au salon de 1822. Deux ans plus tard son envoi lui valut une médaille d'or.

Il résolut alors de visiter l'Italie et s'arrêta particulièrement à Venise, où il retrouva chez eux ses maîtres préférés.

Bonington était un excellent peintre de figure, mais c'est surtout comme paysagiste qu'il montra toute l'ampleur de sa vision d'art. Il peignit Venise d'une façon merveilleuse.

Après un court séjour à Londres, où il fut très apprécié, il revint à Paris en 1827 et prit part au salon de cette année.

Ses tableaux, ses aquarelles, ses lithographies obtinrent un égal succès.

Les commandes lui venaient de tous les côtés. Malheureusement il tomba malade, une consomption s'empara de lui : il se sentit perdu et voulut revoir son pays natal. Il arriva à Londres au mois de septembre et s'éteignit quelques jours après.

Le musée du Louvre possède plusieurs toiles de ce bel artiste mort trop jeune.

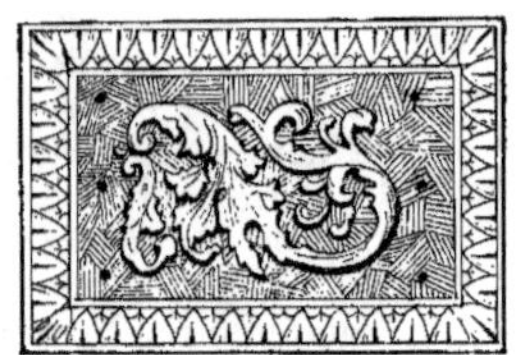

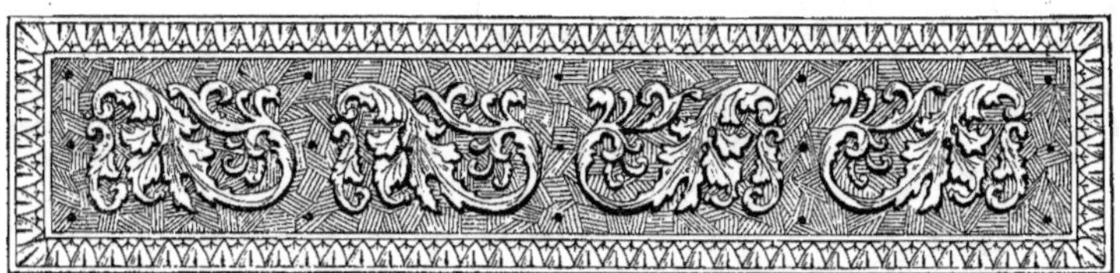

CHAPITRE XI

L'École de David

David. — Mme Vigée-Lebrun. — Prud'hon. — Carle Vernet. — Baron Gérard. — Baron Gros.

L'EXAGÉRATION affectée de la majorité des peintres du XVIIIe siècle, la convention qui chez eux s'attachait à représenter beaucoup plus des scènes théâtrales que la vie réelle, avait fait sombrer l'art français dans une conception mesquine et maniérée de la forme. Les Chardin, les Watteau, les La Tour étaient, nous l'avons vu, des exceptions.

Le niveau artistique, déjà faible sous Louis XV, s'était encore sensiblement abaissé sous Louis XVI.

Cependant cette dégénérescence ne s'était pas produite sans protestation, Joseph Vieu, peintre graveur, né à Montpellier en 1716, s'était attiré l'animosité des peintres à la mode, et particulièrement celle de Natoire en cherchant à donner un peu de réalité à ses personnages.

Après de multiples et vaines tentatives, il parvint à se faire admettre à l'Académie et y fut, dans le genre historique, le champion de l'étude relative de la nature. Il fonda une école où se forma Louis David, dont l'influence devait, accentuant l'œuvre de son maître, porter un coup mortel aux artistes que l'on désignait « les peintres des grâces, des ris et des jeux ».

A Jacques-Louis David, en effet, appartenait de ramener l'art français aux études sévères. S'il dépassa le but en enfermant son esthétique dans un classicisme un peu étroit, on doit tenir compte qu'il subit l'influence de son époque. Beaucoup de la raideur, de la sécheresse de sa forme tiennent à l'engouement du public pour un prétendu monde antique grec et romain, tout aussi conventionnel, et certainement plus ennuyeux que le culte des nymphes d'opéra, où avaient triomphé les Boucher ou les Fragonard.

Les commencements de David furent relativement difficiles. A dix-huit

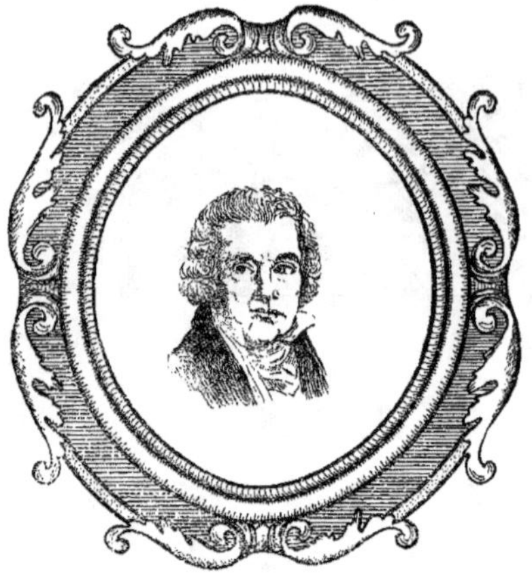

DAVID (JACQUES-LOUIS),
Né à Paris le 31 août 1748, mort à Bruxelles le 29 décembre 1825.
(École française.)

ans, ayant décidé sa mère à le laisser se livrer à l'étude de la peinture, il tenta d'entrer dans l'atelier de Boucher, son parent éloigné. Mais celui-ci, vieux et fatigué, refusa de se charger de l'élève et conseilla à Mme David de s'adresser à Vieu.

Deux ans après son entrée dans l'atelier de ce dernier, David concourut pour le prix de Rome et l'Académie le lui décerna. Mais il n'avait pas consulté son maitre et Vieu, piqué de ce que son élève se fut mis sur les rangs sans le consulter, fit réformer le jugement ; David n'eut que le deuxième prix.

L'année suivante, peut-être la rancune du maître persistait-elle, David n'obtint pas même une mention honorable. Il en eut tant de chagrin qu'il résolut de se laisser mourir de faim. L'heureuse intervention de Sedaine et de Doyen, ses amis, lui firent reprendre courage.

Enfin, en 1774, il remporta ce prix objet de si ardents désirs.

Ce fut avant son départ pour l'Italie qu'il termina, dans l'hôtel de Mlle Guénard, les peintures que Fragonard avait laissées inachevées.

Vieu venait justement d'être nommé directeur de l'école de Rome ; le maître et l'élève partirent ensemble.

David avait vingt-sept ans lorsqu'il arriva en Italie et pendant les cinq années que dura son séjour, il se consacra presque exclusivement à l'étude de l'antique. Cependant les quelques tableaux qu'il produisit furent fort appréciés.

A son retour, en 1780, il peignit le *Bélisaire*, que l'on voit au musée de Lille, et dont nous donnons la reproduction, sur lequel il fut agréé par l'Académie royale.

Cette toile subit de dures traverses. Elle avait été achetée par l'Électeur de Trèves, la réputation du jeune peintre étant déjà considérable. Elle fut prise pendant les premières guerres de la République et, vicissitudes des choses humaines, servait à couvrir un caisson de transport, quand un amateur reconnut l'œuvre de David. Il l'acheta au fournisseur, la fit restaurer et la vendit plus tard à Lucien Bonaparte.

Deux années plus tard, il était nommé académicien sur son tableau de la *Mort d'Hector*. Quelque temps après sa réception, il partit pour l'Italie, avec la commande d'un tableau pour le roi. Il exécuta le *Serment des Horaces*, que l'on voit au Louvre.

Il était de retour en 1786.

L'année suivante il voyagea en Flandre, et fit à son retour, pour le comte d'Artois, son célèbre tableau des *Amours de Pâris et d'Hélène*.

Bien que fort considéré à la cour, David appartenait au groupe d'hommes actifs et énergiques dont les revendications allaient produire le mouvement de 1789.

En 1792 on le nomma adjoint à professeur, mais il n'avait pas eu besoin de ce titre pour exercer une influence considérable sur la pléïade des jeunes peintres. Depuis longtemps les Lethière, les Hennequin, les Fabre, les Girodet, les Reisener, les Gérard, les Gros, les Guérin, le considéraient comme leur maître.

Lorsque la Révolution éclata, David entra résolûment dans la politique et figura parmi les plus avancés. Ce fut un jacobin convaincu.

Si nous n'avons pas à nous occuper de son rôle politique, nous devons

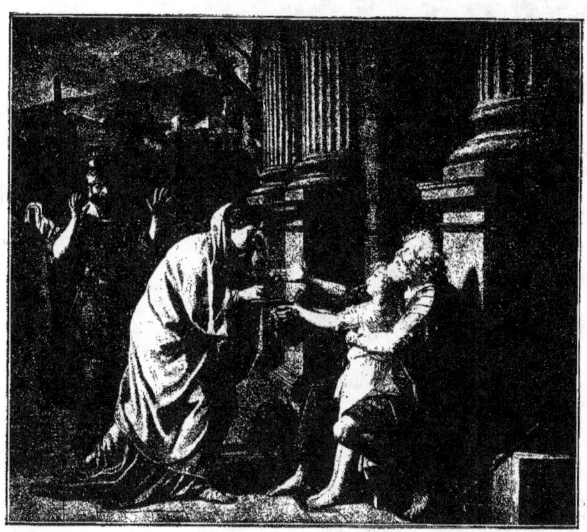

Bélisaire, par David.

constater combien son influence fut heureuse pour la protection et le développement de l'art pendant la Révolution; il contribua à la fondation du musée de peinture. Les luttes politiques ne lui avaient pas fait abandonner définitivement ses pinceaux et il savait les reprendre à l'occasion, pour exécuter des toiles comme son admirable peinture de la *Mort de Marat*, que possède le Musée de Reims, ou cette superbe tête de femme, de la même époque que possède le musée de Lyon.

Après la chute de Robespierre, le 9 thermidor, il fut arrêté et demeura quatre mois en prison. Il fut incarcéré à nouveau le 9 prairial An III. Rendu à la liberté le 4 brumaire An IV, il renonça à la politique et se consacra à nouveau entièrement à l'art.

David fut de l'Institut dès sa réorganisation par le Directoire.

C'était le portraitiste à la mode. Il avait donné avant la Révolution la marque de son talent dans des portraits du genre de celui de M. Jarbert, qui figure au Musée de Montpellier. Maintenant c'étaient des portraits comme celui de Mme Récamier, cette délicieuse ébauche que possède le Louvre, ou comme celui de Mme Tallien.

Mais il devait faire mieux encore : Mme Vigée-Lebrun étant revenue en France en 1801, David fit son portrait, tandis que la célèbre artiste exécutait celui de David. Le musée de Rouen possède le premier.

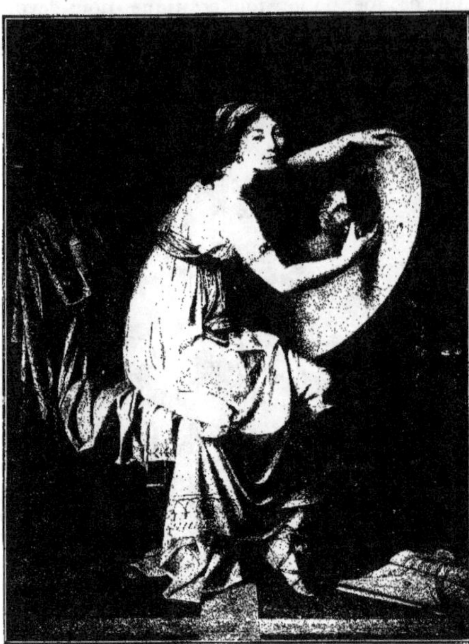

Madame Vigée-Lebrun, par David.

Mais ce fut surtout dans le portrait du pape Pie VII que David affirma sa maîtrise. Cette œuvre extraordinaire est exposée au Louvre.

David fit à cette époque la connaissance de Bonaparte, et s'attacha à la fortune du futur empereur. Napoléon le nomma son premier peintre. Il lui commanda le *Sacre*, que nous reproduisons ici, la *Distribution des aigles*, l'*Entrée de Napoléon à l'Hôtel de ville* et l'*Intronisation dans l'église Notre-Dame*.

Les deux derniers ouvrages ne furent pas exécutés.

A devenir officiel, le talent de David ne s'était pas élevé.

A côté de qualités de premier ordre, David eut toujours une lacune : ses œuvres, à de rares exceptions près, manquent du sentiment, de la sensibilité, caractéristiques des productions des grands maîtres. Ses tableaux dramatiques sentent la tragédie d'une lieue, la mise en scène y est réglée comme si l'action se passait sur une scène de théâtre. Si ce n'est plus l'opéra des peintres du xviiie siècle, c'est la tragédie des Marie-Joseph Chénier, des La Harpe.

Le fait s'accentua encore dans ses œuvres officielles ; il n'y mit qu'une correction froide, et elles ne peuvent présenter d'intérêt que sous le rapport du savoir et de la technique.

David, au retour des Bourbons, dut quitter la France, frappé par la loi qui condamnait à l'exil les conventionnels ayant voté la mort de Louis XVI.

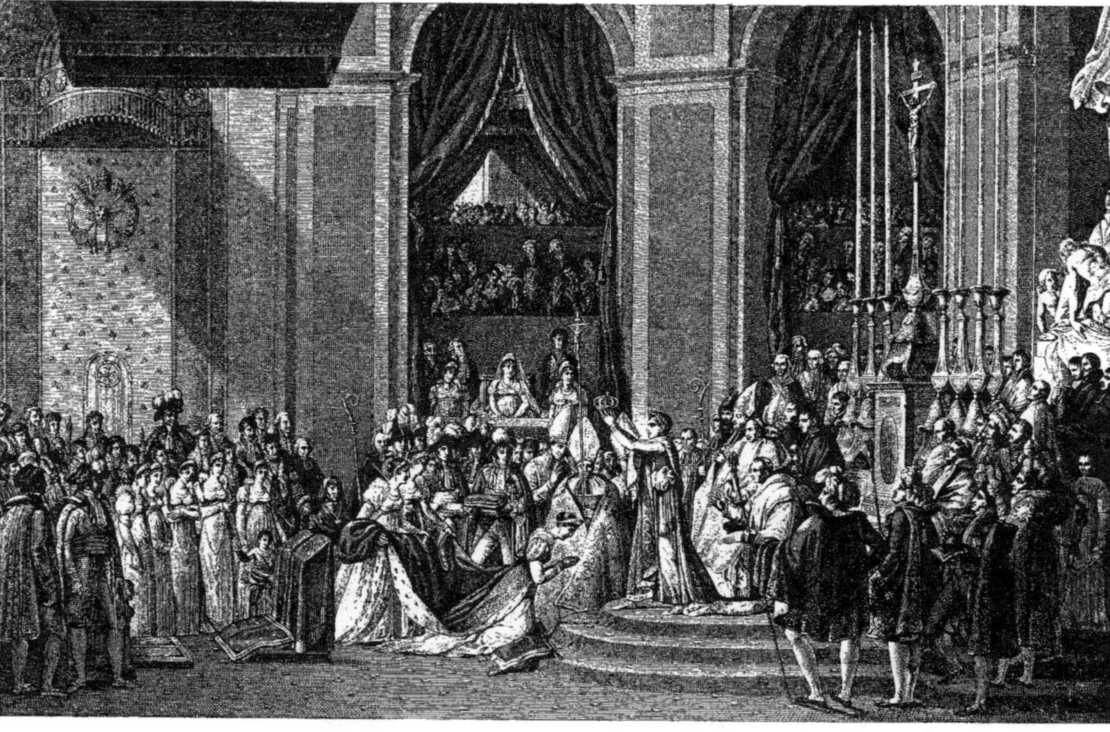

Le *Sacre de Napoléon*,
Reproduction d'une gravure d'après le tableau de David.

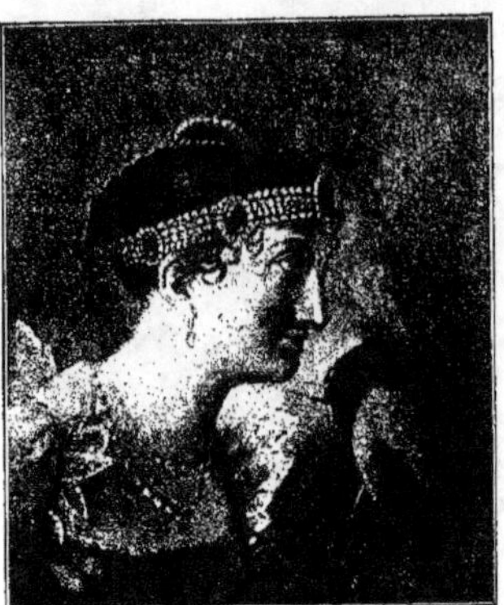

Étude pour le *Sacre*, par David.

L'autorisation de séjourner à Rome lui fût même refusée. Il s'établit à Bruxelles, où il vécut encore une dizaine d'années.

Le nombre d'élèves qu'il forma est considérable ; on cite parmi les plus célèbres : Girodet, Drouais, Gros, Gérard, Isabey, Ingres, Léopold Robert, Granet.

Mme Vigée-Lebrun, bien qu'elle fut plutôt l'élève de Greuze et de Doyen, adopta en partie dans ses portraits la conception picturale de David.

Elle avait à peine douze ans lorsqu'elle perdit son père, peintre de portraits, qui avait commencé son éducation artistique. Elle fut placée sous la direction d'un artiste médiocre, nommé Briard, mais ses véritables maîtres furent Greuze, Doyen et Joseph Vernet, qui, s'intéressant à elle, lui donnèrent d'excellents conseils.

A quinze ans elle était considérée comme portraitiste de beaucoup de talent.

Du reste son heureux caractère, sa nature aimable et son physique avantageux joints à ses qualités artistiques, devaient lui assurer une existence heureuse et facile. Lebrun, le grand marchand de tableaux d'alors, s'éprit d'elle et l'épousa.

La richesse que lui procurait ce brillant mariage, loin de diminuer son ardeur au travail lui permit d'étudier avec plus de fruit les œuvres remarquables dont elle était entourée. C'était bien l'artiste qui convenait aux bergerades du petit Trianon.

Mme Vigée-Lebrun fut la portraitiste à la mode. Elle avait ses petites et grandes entrées près de la reine Marie-Antoinette, dont elle fit plusieurs fois le portrait, et la situation résultant des relations de son mari lui assurait la plus riche clientèle. Le *Portrait de Madame de Crussol*, qu'on trouvera ici, permettra d'apprécier les qualités d'élégance qui placent cet aimable peintre entre Greuze et les petits maîtres anglais.

Mme Lebrun fut reçue à l'Académie le 31 mai 1783.

Les événements qui précédèrent la Révolution l'effrayèrent au point de lui faire quitter la France. Elle se rendit en Italie où elle n'eut pas moins de succès qu'en France. Elle séjourna ainsi à Rome, à

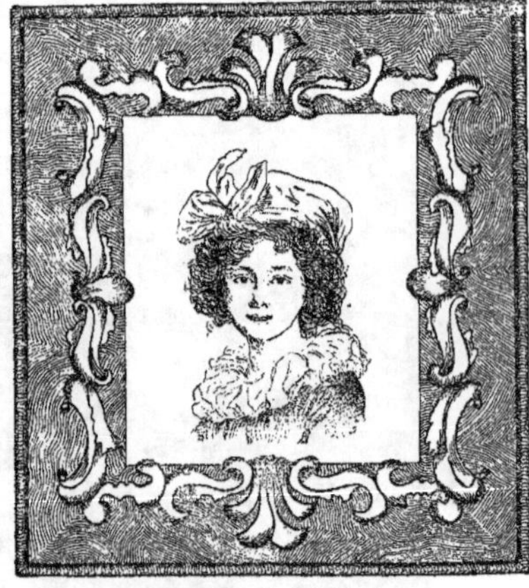

LEBRUN (Marie-Anne-Élisabeth Vigée),
Née à Paris le 16 avril 1755, morte dans la même ville
le 30 mars 1842.

Naples, à Venise et à Milan.
Elle se rendit ensuite à Vienne
où elle vécut pendant trois
ans, visitant encore Prague,
Dresde, Berlin et enfin Saint-
Pétersbourg, où elle arriva
au mois de juillet 1795. Elle
ne revint en France qu'en
1801.

Cette existence nomade
ne lui déplaisait pas, car elle
reprit bientôt le cours de ses
voyages, passa en Angleterre,
où elle demeura trois ans,
visita la Hollande, la Suisse
et rentra en France en 1809,
pour ne plus en sortir.

Mme Lebrun vécut extrê-
mement âgée ; elle a laissé des
Souvenirs, dans lesquels elle
donne de minutieux détails
sur son œuvre. C'est ainsi
que nous y apprenons qu'elle
a peint 662 portraits, 15 tableaux et près de 200 paysages, tant en Suisse qu'en
Angleterre. Elle fit un grand

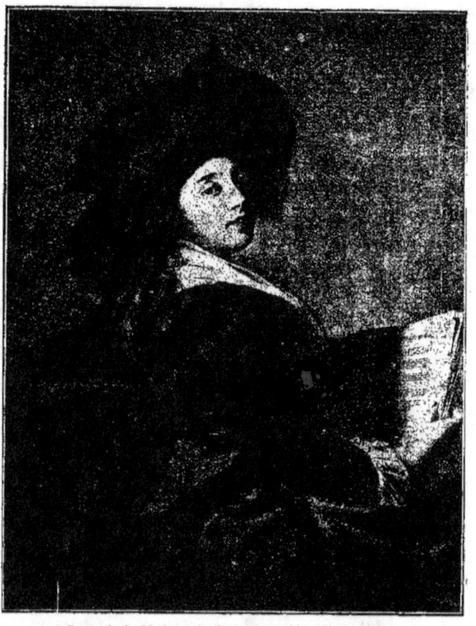

Portrait de Madame de Crussol, par Mme Vigée-Lebrun.

nombre de pastels. Partout où elle passa, elle trouva l'accueil le plus flatteur.

Mme Lebrun avait une fille qu'elle aimait beaucoup et dont elle fit
souvent le portrait à ses côtés. Les amateurs
de joliesse se réjouissent à voir les deux
toiles de ce genre que le Louvre possède de
cette artiste.

Pierre Prud'hon est sans contredit la
figure la plus intéressante des peintres de
cette époque. C'était une nature essentiellement aimante et son extrême sensibilité
qui transparait dans ses œuvres leur donne
un charme, une émotion vraie qu'on cherche vainement chez ses plus célèbres contemporains.

Il était le treizième enfant d'un ouvrier maçon nommé Christophe Prudon, qui
mourut peu après sa naissance, mais s'il
fut privé de la protection paternelle il trouva
chez sa mère une tendresse exquise. Les
lourdes charges de la vie n'avaient point

28

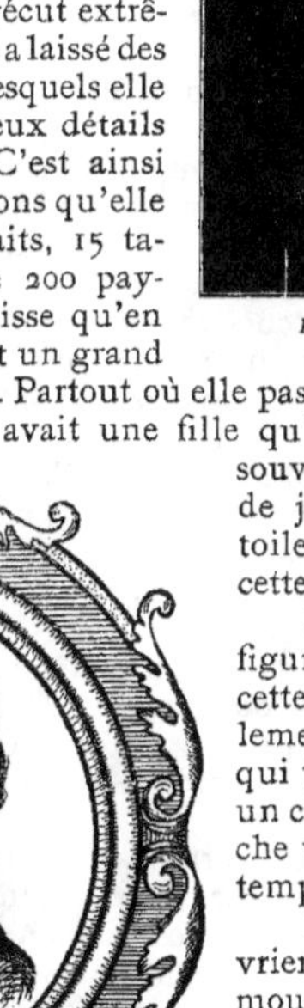

PRUD'HON (Pierre),
Né à Cluny le 4 avril 1758, mort à Paris le 16 février 1823.
(École française.)

altéré le cœur de cette femme excellente, et près d'elle Prud'hon puisa la sentimentalité qui faisait le fond de sa nature.

Il était bel enfant, faisait preuve d'une intelligence très vive; les moines de l'abbaye de Cluny s'intéressèrent à lui et se chargèrent de son éducation.

La vue des tableaux décorant le monastère éveillèrent en lui le goût des arts plastiques. Tout jeune, il montra des dispositions extraordinaires pour le dessin. On lui avait donné quelques conseils, mais cela ne suffisait pas à sa jeune ambition; il rêvait de reproduire la couleur des peintures qui l'entouraient.

— Tu n'y réussiras pas, lui dit son professeur; c'est peint à l'huile.

Ces mots plongeaient le futur artiste dans une grande perplexité : peint à l'huile !

Jamais le jeune garçon n'avait vu de couleurs broyées. Dans son ardent désir de réaliser son rêve, il créa des teintes avec le jus de certaines plantes, inventant ainsi à force de volonté et après de multiples tâtonnements des couleurs personnelles, de même qu'il parvint à se fabriquer des pinceaux avec des poils pris à un harnais.

Les résultats qu'il obtint avec ce matériel rudimentaire furent surprenants.

Un autre jour il sculpta dans un morceau de savon, à l'aide d'un canif, toutes les figures de la Passion.

Ces essais frappèrent les moines; il les soumirent à M. Moreau, évêque de Mâcon. Le prélat n'en fut pas moins surpris, et il décida que le jeune Pierre serait envoyé à l'école de dessin et de peinture que Desvoges, artiste de beaucoup de mérite, avait ouverte à Dijon.

Prud'hon avait alors seize ans. L'accueil excellent qu'il reçut, son amour de l'art, lui firent faire des progrès aussi extraordinaires que rapides.

Un événement qui eut sur la vie de cet artiste des conséquences très malheureuses se produisit. Prud'hon rencontra une jeune fille, l'aima et l'épousa. Les jeunes époux n'étaient pas plus riches l'un que l'autre, le mari n'avait que dix-neuf ans et pas de situation, mais, fait plus grave, le jeune peintre cédant à sa sensibilité enthousiaste, n'avait pas pris la peine d'étudier celle dont il faisait sa compagne et s'était grossièrement trompé. La désillusion vint trop vite.

Cependant Prud'hon sentait la nécessité de compléter ses études. Il vint à Paris, recommandé à Wille par M. de Joursanvault. Malgré le talent dont il faisait preuve, il n'est pas probable qu'il ait produit une grande impression sur le bon graveur, car celui-ci ne dit mot de sa visite dans les curieux mémoires qu'il nous a laissés.

Prud'hon exécuta à cette époque un certain nombre de dessins dans la manière alors en vogue et où se sent l'influence de Boucher.

Deux ans plus tard il revint à Dijon concourir pour le prix trisannuel fondé par les États de Bourgogne, lequel donnait au vainqueur la pension nécessaire pour le voyage à Rome et le séjour en Italie.

Ici se place une anecdote qui mérite d'être rapportée, elle montre la générosité de cet artiste.

A ses côtés travaillait un concurrent qui se désespérait de ne pouvoir exécuter son tableau de concours. Touché de son chagrin, Prud'hon termina cette toile et ce fut à celle-là que fut attribué le prix.

Cependant le rival heureux rougit de devoir son succès à l'extrême désintéressement de son ami ; il avoua la supercherie, le jugement fut réformé et le prix attribué à celui qui le méritait vraiment.

Prud'hon partit pour Rome en 1782. Il copia Raphaël, André del Sarte, Léonard de Vinci et surtout Corrège. Nul mieux que lui ne pénétra l'âme du délicieux Allegri ; il sut prendre le charme, la grâce, la souplesse du grand maître tout en demeurant essentiellement original. La délicieuse *Etude de tête de Vierge* qu'on trouvera ici permettra d'en juger.

A Rome, Prud'hon se lia intimement avec Canova. Le sculpteur italien fit de vains efforts pour le retenir en Italie, lui offrant un atelier pour l'exposition de ses œuvres et se faisant fort de les lui faire vendre à un prix honorable.

Mais il aimait son pays. Il refusa.

Avant de quitter Rome, il copia au palais Barberini le plafond peint par Pietro de Cortone, afin de l'offrir à la ville de Dijon en témoignage de sa reconnaissance.

En 1789 il était de retour à Paris.

Sa femme, qui l'avait laissé partir seul pour Rome, vint le rejoindre à Paris.

Ce fut pour l'artiste le début d'une période de misère, de difficultés sans cesse renaissantes, auxquelles venaient s'adjoindre chaque jour des querelles domestiques. Prud'hon avait rapporté de Rome quelques économies ; M⁰ᵉ Prud'hon les eut bientôt dissipées, et dès lors commencèrent ses reproches à l'époux qui ne savait pas gagner d'argent.

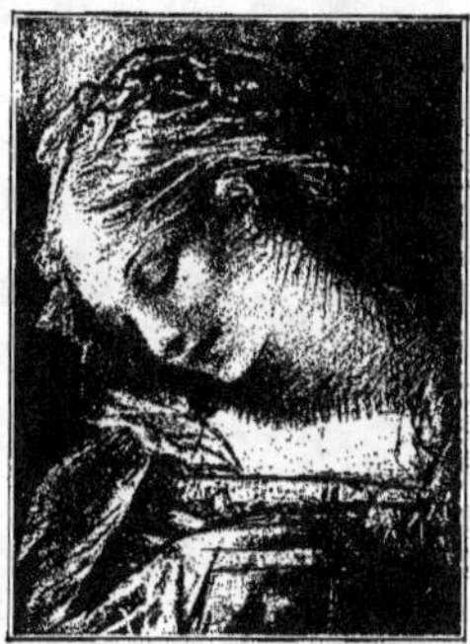

Etude de Vierge, par Prud'hon.

Il faisait bien tout ce qu'il pouvait, le pauvre grand homme, sans cesse en quête du travail qui assurerait l'existence du lendemain, acceptant les besognes les plus ingrates, les moins dignes de son talent. C'est ainsi qu'il dessina des vignettes, des adresses de marchands, des modèles pour boîtes de bonbons. Il fit aussi des modèles de dessins, des dessins industriels, bien heureux lorsqu'il trouvait à faire un portrait au crayon ou au pastel.

Un amateur distingué, reconnaissant le merveilleux talent de Prud'hon, lui commanda un certain nombre de dessins à la plume, mais il les lui paya un prix ridicule. Cependant, ces œuvres reproduites par la gravure commencèrent la réputation de l'illustre peintre.

Mais s'il sortait un peu de l'obscurité, ses charges augmentaient : trois enfants lui étaient venus.

Ce fut avec cette obligation de subvenir aux besoins de cinq personnes que le trouva la disette de 1794. Il était devenu impossible de trouver du travail à Paris. Prud'hon partit chercher fortune en province. Il gagna la Franche-Comté et s'établit à Rigny, près de Gray. Le succès qu'il y obtint lui permit de faire parvenir aux siens d'immédiats subsides. Les portraits qu'il exécuta à l'huile, au pastel et au crayon le retinrent pendant deux années. Le *Portrait de Georges Antony* que possède le musée de Dijon est de cette époque. Il obtenait également la commande de l'illustration de plusieurs ouvrages, *Daphnis et Chloé*, *Gentil Bernard* que l'éditeur Firmin-Didot allait publier.

Au cours de ce voyage, Prud'hon fit la connaissance de M. Frochot, devenu plus tard préfet de la Seine, et dont la protection lui fut précieuse par la suite.

A son retour à Paris, en 1796, un dessin représentant la *Vérité descendant des cieux conduite par la sagesse*, lui valut un prix d'encouragement. On lui donna pour l'exécution du tableau qui devait en être fait, un atelier et un logement au Louvre.

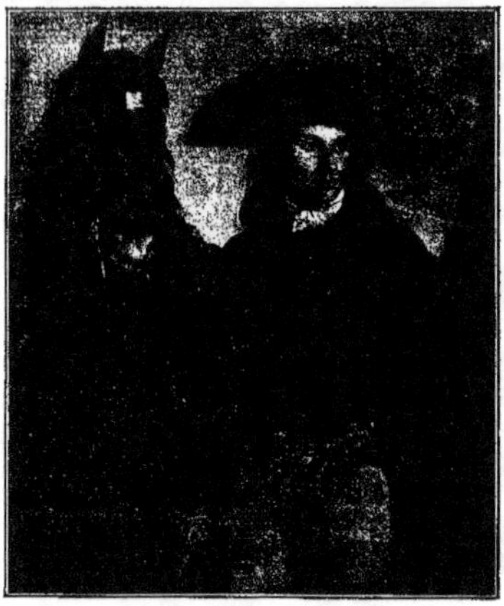

Cette peinture qui, pendant longtemps, décora le plafond de la salle des gardes, au château de Saint-Cloud, souffrit beaucoup d'un incendie lors du mariage de Napoléon Ier. Elle a été restaurée et figure maintenant au Louvre. C'est une œuvre bien inférieure à celle que Prud'hon a produit depuis.

M. de Landy, en lui commandant la décoration de son hôtel — depuis Hôtel de la famille Rothschild — lui fournit l'occasion d'affirmer davantage ses qualités picturales.

La jeune gloire de Prud'hon excitait de nombreuses jalousies qui devaient le poursuivre toute sa vie. Il n'appartenait à aucune coterie, c'était un solitaire, un indépendant. La souplesse de ses personnages faisait sentir davantage la raideur, l'affectation de ceux de l'école de David, autant de raisons pour qu'on cherchât à l'écarter. Il fut en butte à tant de tracasseries que plusieurs fois, ses chagrins domestiques aidant, il songea au suicide. La situation s'était d'ailleurs aggravée dans son ménage, et les choses en arrivèrent au point que, pressé pas ses amis, Prud'hon se décida à une séparation complète. Toutes ses ressources furent consacrées à assurer la pension de sa femme et l'éducation de ses enfants.

Georges Antony, par Prud'hon.

Pendant plusieurs années, il vécut dans une solitude complète.

La rencontre qu'il fit en 1805 de Mlle Mayer, jeune artiste élève de Greuze, et qui devint son intime amie, jeta une lueur heureuse sur la fin de la vie du grand peintre.

D'ailleurs sa situation de fortune s'était sensiblement améliorée.

M. Frochot lui ayant commandé un tableau pour la décoration de la salle des assises, l'artiste exécuta la célèbre toile de la *Justice et la Vengeance divine poursuivant le crime.* Ce fut un immense succès.

L'œuvre exposée au Salon de 1808 valut la croix de la Légion d'honneur à son auteur. L'impératrice Joséphine lui fit faire son portrait. Ce fut lui qui, plus tard, fut chargé de fournir le dessin du berceau du roi de Rome. Il devint le professeur de peinture de l'impératrice Marie-Louise.

Le retour des Bourbons, en lui faisant perdre cette situation officielle lui laissa plus de temps pour l'exécution d'œuvres plus importantes que des amateurs intelligents, parmi lesquels M. de Soumariva et M. de Talleyrand surent lui commander.

Prud'hon fut nommé à l'Institut en 1816. L'influence de ses anciens rivaux, entre autres du Baron Gérard et de Guérin lui en

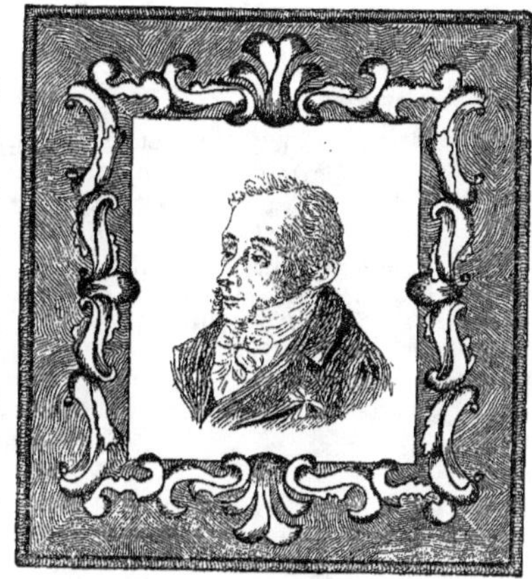

VERNET (Antoine-Charles-Horace), dit Carle,
Né à Bordeaux en 1758, mort à Paris le 17 novembre 1835.
(École française.)

avaient jusqu'alors barré la route. Il semblait que la vie de Prud'hon dut se terminer paisiblement entre sa fille aînée, qui vivait avec lui, et son amie Mlle Mayer, lorsque la mort tragique de celle-ci, qui se donna la mort, en 1822, vint porter au pauvre sensitif un coup dont il ne se releva pas.

Il languit encore deux ans et s'éteignit de consomption.

Prud'hon est sans contredit un des plus grands peintres français.

Si Carle Vernet se fut uniquement consacré à la peinture classique nous n'en aurions pas parlé ici, car ses œuvres de ce genre ne dépassent guère les limites d'une honnête médiocrité. On pourra s'en convaincre par la grande toile exposée au Louvre sous le titre : *Chasse au daim pour la Saint-Hubert, en 1818, dans les bois de Meudon.* Mais Carle Vernet fut un des créateurs en France de cette expression charmante de l'esprit français qu'on appelle la caricature. Qu'on en juge par notre amusante gravure d'après un de ses dessins.

Il était le plus jeune des trois enfants de Joseph Vernet, et dès l'âge de cinq ans il aimait à représenter des chevaux, qu'il dessinait avec une habileté surprenante.

Après avoir terminé ses études classiques, il entra dans l'atelier de Lepicié. Un deuxième prix en 1779, un premier en 1782 lui furent décernés. L'influence de son père ne fut certainement pas étrangère à ce résultat.

Arrivé à Rome, le jeune Carle bénéficiant de la renommée paternelle, riche, élégant, spirituel et mondain, fréquenta beaucoup plus le monde que l'école de peinture. D'ailleurs Carle Vernet n'aimait que les chevaux et l'expression classique à l'aide de laquelle les maîtres anciens, qu'il venait étudier, avaient représenté ces animaux, le déroutait. Il se dégoûta même de la peinture, cessa tout à fait de travailler, pour s'adonner à des exercices de piété. Il se serait même fait moine si son père, Joseph Vernet, prévenu à temps, n'était venu le chercher en toute hâte.

Dès son retour en France Carle fut marié à la fille du dessinateur

Moreau le Jeune, et le mariage changea fort heureuseusement ses idées.

Carle Vernet reprenant ses pinceaux fut agréé par l'Académie en 1789. Il exposa pour la première fois au Salon de 1791. Son tableau représentant le *Triomphe de Paul-Emile* offrait cette particularité que l'artiste y avait mis à profit ses nombreuses études dans les haras et les manèges, en représentant des chevaux n'ayant rien des formules classiques.

La Révolution le troubla profondément. C'était un esprit craintif et

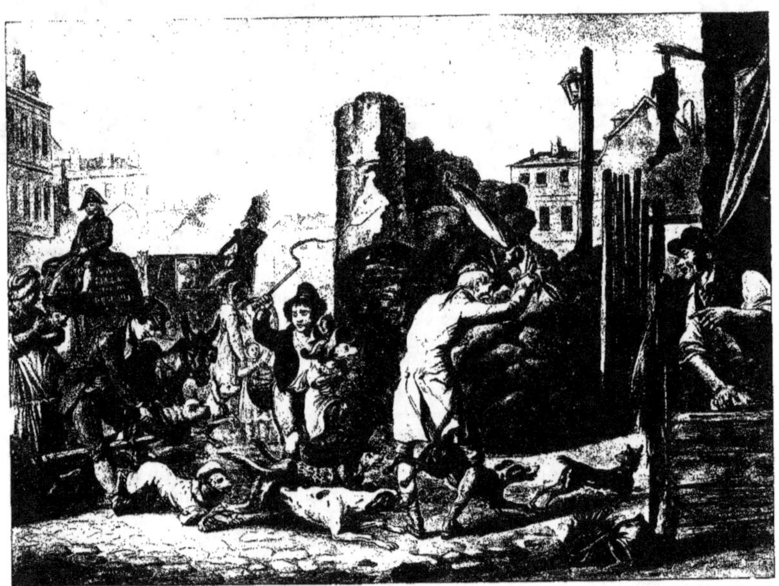

La Danse des chiens en désordre, gravure de Debucourt d'après un dessin de Carle Vernet.

passablement timoré. Il vécut très retiré jusqu'à l'instauration du Directoire, époque à laquelle, reprenant ses relations mondaines, il s'occupa à nouveau de beaux-arts. Mais ce fut sous une forme nouvelle et nullement classique.

Ses nombreuses caricatures, ses dessins de scènes des campagnes d'Italie obtinrent un énorme succès. Ses tableaux de la *Bataille de Marengo*, celui du *Matin de la bataille d'Austerlitz*, accrurent sa réputation. Il fut nommé chevalier de la Légion d'honneur en 1808 en même temps que Prud'hon, Gros et Girodet.

Peu après, l'Institut l'admettait au nombre de ses membres.

C'était un trop habile courtisan pour que le changement de dynastie influât défavorablement sur sa fortune. Il flatta les Bourbons comme il avait flatté Napoléon et, en 1827, obtint pour son fils Horace, dont nous aurons l'occasion de parler bientôt, le poste de directeur de l'Académie de Rouen.

Carle Vernet suivit son fils à la Ville éternelle et revint à Paris après la Révolution de Juillet.

En outre de ses caricatures, il a produit un grand nombre d'intéressantes lithographies représentant des chevaux, des chiens et des scènes de chasse.

François Gérard, avec de remarquables qualités, donne la mesure de ce que vaut l'art figé de David; Gérard fut le parfait élève du maître.

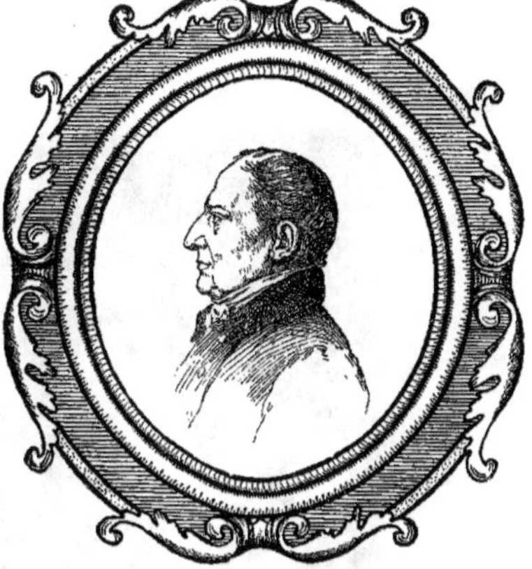

GÉRARD (Baron François),
Né à Rome le 4 mai 1770, mort à Paris le 11 janvier 1837.
(École française).

On trouve chez lui toute la froide convention qui transforme ses personnages en statues grecques, la ligne en moins.

Son père, intendant du bailli de Suffren, ambassadeur à Rome, avait épousé une italienne. Le jeune François fut ramené à Paris à l'âge de douze ans.

Le père Gérard étant entré au service du bailli de Breteuil, obtint pour le jeune François l'admission dans une petite pension fondée par M. de Marigny, pour recevoir douze jeunes artistes.

Gérard, au bout de dix-huit mois, en sortit pour entrer dans l'atelier du sculpteur Pajon. Il passa ensuite sous la direction de Brenet et enfin, en 1786, il devint l'élève de David.

En 1789 il concourut pour le prix de Rome. Le sujet du concours était : *Joseph reconnu par ses frères*. Girodet obtint le premier prix, Gérard le second.

L'année suivante, il prit part au concours, mais la mort de son père ne lui permit pas d'achever son tableau. Il ne le termina que quelques mois plus tard.

Sa mère désira retourner à Rome, Gérard l'accompagna. Ce voyage interrompit ses études; il n'eut pas le loisir de copier les maîtres, ses intérêts l'ayant rappelé à Paris.

Après le mouvement révolutionnaire qui balaya la monarchie, Gérard fut compris dans la réquisition militaire de 1793. L'influence de David lui permit d'éviter le départ pour la frontière : il fut incorporé dans le corps du génie. Peu après David le faisait nommer membre du Tribunal Révolutionnaire.

Il reparut au Salon en 1795 avec son tableau de *Bélisaire*, qu'il exécuta en dix-huit jours, et qui obtint un grand succès. M. Mayer, ambassadeur de Hollande, l'acheta.

L'Amour et Psyché, exposé en 1798, froide composition que possède le

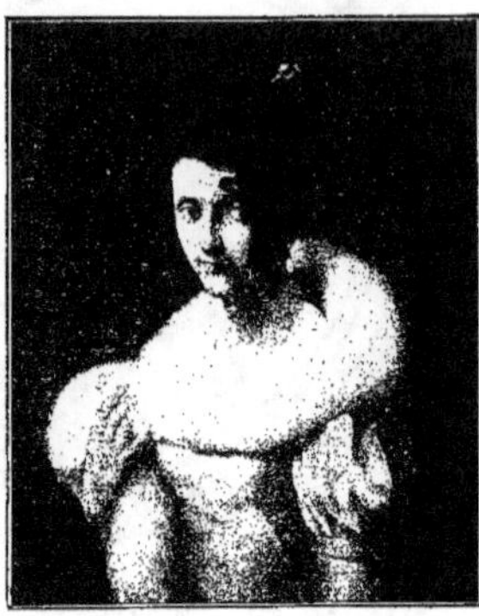

Portrait de femme, par Gérard.

Musée du Louvre, augmenta sa réputation, sans augmenter sa richesse. Il vivait en faisant des dessins pour les frères Didot. Il illustra ainsi le *Virgile* et le *Racine*, que publièrent, à la fin du XVIIIe siècle, les célèbres éditeurs.

Ce ne fut qu'en 1800 que commença sa vogue de peintre de portraits.

Toutes les personnalités marquantes voulurent se faire peindre par lui. On peut juger de ce qu'étaient ces portraits par la reproduction qu'on trouvera ici.

Napoléon, devenu empereur, le chargea de ses portraits officiels. La commande de la *Bataille d'Austerlitz*, en 1806, confirma sa faveur.

Sous la Restauration, le prince de Talleyrand, son intime ami, le présenta à Louis XVIII. L'ancien membre du Tribunal Révolutionnaire exécuta le portrait de ce souverain, ainsi que celui des principaux personnages venus à Paris pour aider au renversement de l'Empire.

Son tableau de l'*Entrée d'Henri IV à Paris*, que possède le Louvre, lui valut le titre de baron.

Charles X le chargea de peindre son sacre, vaste composition exposée au Musée de Versailles.

Il était membre de l'Institut et avait été nommé membre de la Légion d'honneur, lors de la fondation de cet ordre.

La Peste de Marseille, qu'il donna à l'intendance sanitaire de cette ville, fut un de ses derniers tableaux.

Beaucoup plus intéressant sous les rapports du talent et du caractère, Antoine-Jean Gros, s'il subit l'influence glaciale de David, sut parfois s'élever dans ses œuvres à une réelle grandeur.

Il était fils de Jean-Antoine Gros, peintre en miniature. A quatorze ans il entra à l'école de David. Il concourut une seule fois pour le prix de Rome, en 1792, et se vit préférer le médiocre Loudon.

Son père mourut ruiné au commencement de la Révolution, et le jeune peintre dut interrompre ses études pour donner des leçons et faire des portraits.

Au commencement de l'année 1793 il prit la résolution de se rendre en Italie. Muni d'un passeport, qu'il obtint grâce à David et à Regnault, il parvint à surmonter les difficultés s'opposant à son départ.

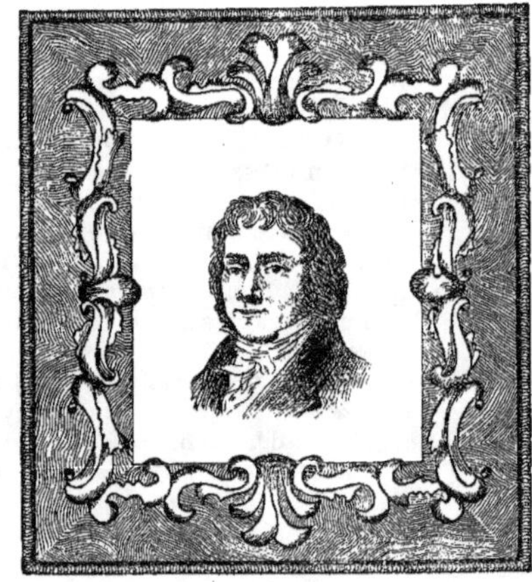

GROS (Baron Antoine-Jean),
Né à Paris le 16 mars 1771, mort le 26 juin 1835. (Ecole française).

Il gagna Gênes, alla ensuite à Florence,
puis revint à Gênes, ou les ouvrages de
Rubens, de Van Dyck, de Puget furent
l'objet de ses études. Il vivait depuis trois
ans dans cette ville quand il fit la connaissance de la femme du général Bonaparte. Elle le prit en amitié, l'emmena à
Milan. Bonaparte y avait son quartier général; l'artiste lui fut présenté.

La bataille d'Arcole, gagnée le 15 octobre 1796, fournit à Gros, qui jusqu'alors
n'avait peint que des petits portraits à
l'huile, de donner la marque de son talent.
Il représenta Bonaparte portant le drapeau
tricolore et traversant le pont à la tête de
ses grenadiers.

Ce fut le début de sa fortune. Bonaparte fit graver le tableau à ses frais et lui
donna la planche. Il fit mieux encore en

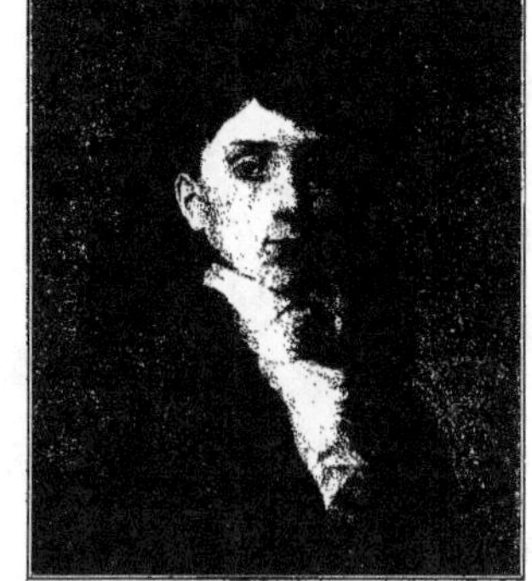

Gros, par lui-même.

le nommant inspecteur aux revues, ce qui fournissait au peintre une solde et
un uniforme, et en le désignant pour faire partie de la Commission chargée
de rechercher les œuvres d'art devant faire partie des indemnités de guerre.

Gros exerça ses fonctions délicates avec autant de goût que de probité, et
nous devons à son sens artistique affiné la plupart des admirables primitifs
italiens, peu estimés alors, et qui comptent aujourd'hui parmi les perles de
nos musées.

Il se rendit à Rome et y séjourna plusieurs mois.

Revenu à Milan, il y peignit plusieurs portraits fort remarquables.

Les revers éprouvés par les armées françaises en 1797, l'obligèrent à
quitter, ainsi que tous les Français, la capitale de la Lombardie, à se retirer à
Gênes. Il demeura dans cette ville pendant le terrible siège soutenu par

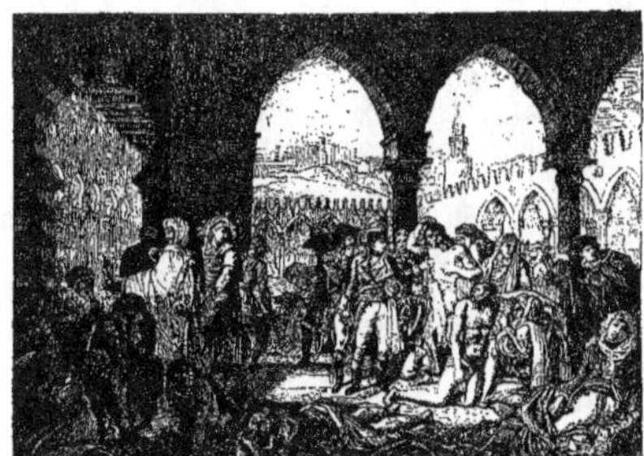

Les Pestiférés de Jaffa, par Gros.

Masséna. Il était presque mourant par suite des privations subies, lorsqu'il parvint à s'embarquer sur un vaisseau anglais,
qui le débarqua à Antibes. De
là on le transporta à Marseille,
où les soins d'un ami lui permirent de rétablir sa santé.

Las de cette vie d'aventures,
il revint à Paris, après neuf ans
d'absence, au commencement de
1801. Une occasion s'offrit à lui
de se mettre en lumière.

Les consuls avaient institué
un concours pour célébrer, dans
un tableau, le fait d'armes de

29

Nazareth, où Junot, à la tête de 500 hommes avait battu une armée de
6,000 Turcs et Arabes.

Gros remporta le prix. On mit à sa disposition la salle du Jeu de Paume
à Versailles, pour l'exécution de sa toile, qui ne devait pas mesurer moins de
quinze mètres. L'esquisse était terminée, quand un contre-ordre arriva :
l'œuvre était décommandée, mais comme compensation, le Premier Consul
lui commandait le tableau actuellement au Louvre, représentant le *Général
Bonaparte visite les pestiférés de Jaffa*. Cette œuvre figura au Salon de
1804 et fut payée 16.000 francs. Le succès fut immense. Les artistes attachè-
rent au sommet du cadre une branche de palmier, le public couvrit le cadre

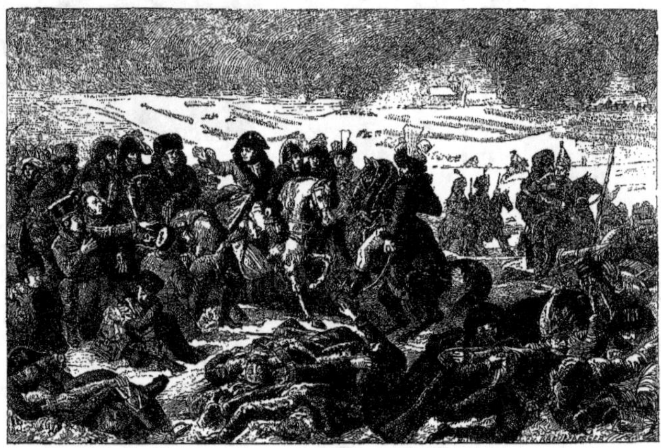

Napoléon visitant le champ de bataille d'Eylau, par Gros.

de couronnes. Un grand banquet présidé par Vieu et David fut donné en
l'honneur de l'artiste. C'était un brillant début.

Napoléon visitant le champ de bataille d'Eylau, était également le
résultat d'un concours. Vingt-cinq concurrents y avaient pris part, et l'Institut avait décerné le prix à Gros.

Gros fut chargé de la décoration de la coupole du Panthéon, œuvre considérable, terminée en 1824 ce qui valut à son auteur le titre de baron.

Lors de son départ pour l'exil, David lui avait confié son école.

Gros avait conservé à son maître David une véritable vénération. Malgré
l'évolution artistique qui se manifestait chaque jour davantage vers une
expression plus vraie, il voulut rester fidèle aux théories du maître. Ses envois
au Salon de 1835 furent l'objet de violentes critiques.

Gros en fut si péniblement touché que la vie lui parut insupportable,
il se vit déshonoré et, cédant à son désespoir, il alla se noyer dans le petit
bras de la Seine, au Bas-Meudon, le 26 juin 1835.

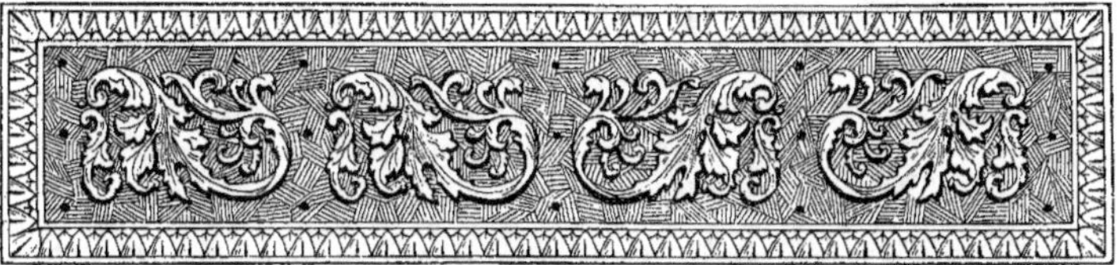

CHAPITRE XII

Classiques et Romantiques

Ingres. — Horace Vernet. — Géricault. — Charlet. — Ary Scheffer. — Paul Delaroche. — Robert-Fleury. — Delacroix. — Raffet. — Hippolyte Flandrin. — Thomas Couture.

AVID cherchant à faire renaître les splendeurs de l'art grec n'eut pas, comme les grands maîtres de la Renaissance, un génie assez puissant pour y unir l'âme française, comme ils avaient uni les âmes italiennes et grecques, faisant jaillir de cette union une forme nouvelle. Le mouvement qu'il provoqua ne fut qu'une faible imitation des anciens et ne dura que ce que durent les modes.

La vie et le mouvement bannis de l'art plastique reprirent leurs droits. A côté des cohortes classiques proscrivant toute recherche sérieuse de réalité, toute envolée dans le domaine de la fantaisie, en face de l'art bridé limitant le culte du beau à la conception de figures correctes, mais si froides, si figées qu'elles reflètent bien plus des statues — quand ce ne sont pas des personnages de musée de figures de cire — que des êtres émus et souffrants, de jeunes activités pénétraient dans les ateliers, brisaient barrières et entraves, rejetaient l'obéissance passive et, en quête d'un idéal nouveau, réclamaient la liberté de l'art.

Parallèlement à la lutte littéraire des classiques et des romantiques, commençait la lutte des classiques et romantiques peintres et sculpteurs.

Jean-Auguste-Dominique Ingres, tout en étant le champion le plus puissant du premier groupe, ne tarda pas à se dégager de David pour s'inspirer de Raphaël.

Il était fils d'un sculpteur et musicien fort habile, originaire de Toulouse, dont il nous a laissé le portrait, exposé au Salon de 1805.

M. Ingres père donna à son fils des leçons de dessin et de musique, puis il l'envoya étudier à Toulouse. Le jeune élève passa successivement dans

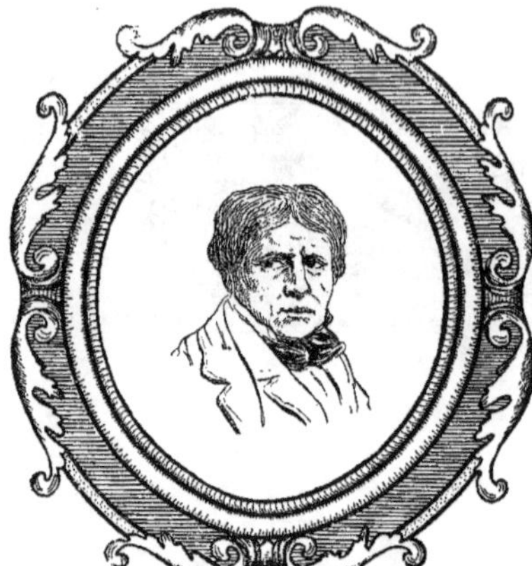

INGRES (Jean-Auguste-Dominique),
Né à Montauban le 29 août 1780, mort à Paris le 14 janvier 1867
(École française).

les ateliers de Roques, de Vigan, et du trop calligraphique-paysagiste Briand.

En 1796, son père l'envoya à Paris et le fit entrer dans l'atelier de David.

Bien qu'il n'eut que seize ans, c'était un esprit grave, sérieux, conscient de sa force et ayant déjà l'attitude hautaine qu'il conserva toute sa vie. Jamais il ne se mêlait aux « charges d'atelier »; jamais on ne l'entendait répondre aux saillies de ses camarades.

David, lui-même, trouvait qu'il exagérait les études.

Il recevait fort peu d'argent de sa famille et, pour subvenir à ses besoins, il était entré comme violon dans l'orchestre d'un petit théâtre des boulevards.

En 1800 il concourut pour le prix de Rome et n'obtint que le second : on lui préféra un certain Granger, dont les œuvres ne paraissent pas avoir révolutionné les masses, ou tout au moins ne les révolutionnent plus.

En 1801 le premier prix lui fut décerné, mais il se produisait ceci : les caisses publiques étaient vides ; les préoccupations politiques et militaires faisaient qu'on avait bien d'autres choses en tête que la pension des jeunes artistes. Ingres dut attendre pendant cinq ans qu'on lui fournit les moyens de partir pour l'Italie.

Durant cette attente il occupait une cellule du couvent des Capucins, où nombre d'artistes s'étaient retirés. Gros, Girodet, Dupaty, Delécluze (qui fut plus tard critique d'art). C'était une petite République dont les limites ne devaient être franchies par aucun profane.

Ingres y était presque un indépendant, puisqu'il n'acceptait plus aveuglément les doctrines du maî-

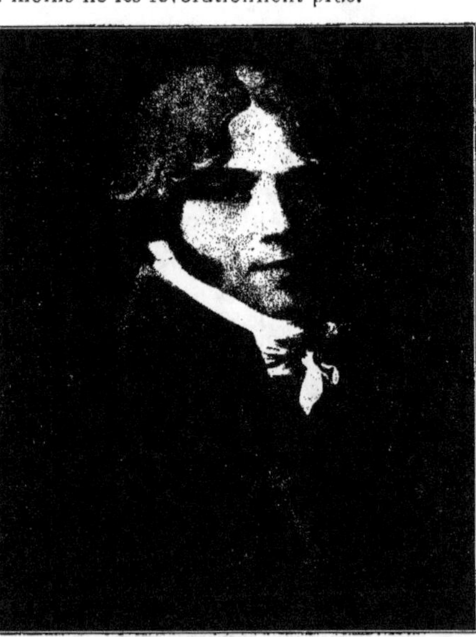

Portrait d'Ingres père, par Ingres.

tre. Il avait mis à profit les loisirs forcés que lui laissaient l'attente de son départ pour Rome en allant fréquemment copier à la Bibliothèque les dessins des maîtres du xvie siècle et les gravures d'après leurs œuvres, et s'était pris pour eux, notamment pour Raphaël, d'une admiration sans bornes.

Peut-être faut-il voir dans cette indépendance et dans la répugnance qu'éveillait en lui l'idée de toute sollicitation, la quasi indifférence dont David faisait montre à son égard et le peu de travaux qu'il obtint. Le portrait du Premier Consul pour la ville de Liège lui fut cependant commandé.

Le reste du temps il vécut de quelques illustrations d'ouvrages, de modèles de dessin et surtout du produit de son violon comme musicien d'orchestre.

Enfin il partit pour Rome en 1806.

Ce fut dans les *Stanze* de Raphaël qu'il passa la majeure partie de son temps.

La pension ne lui suffit bientôt pas; il se mit à exécuter les extraordinaires petits portraits à la mine de plomb, dont celui de sa femme, Mme Ingres, née Capelle, et que les amateurs se disputent aujourd'hui à coups de billets de mille francs.

Ils étaient loin de valoir ce prix, alors! L'artiste les exécutait moyennant

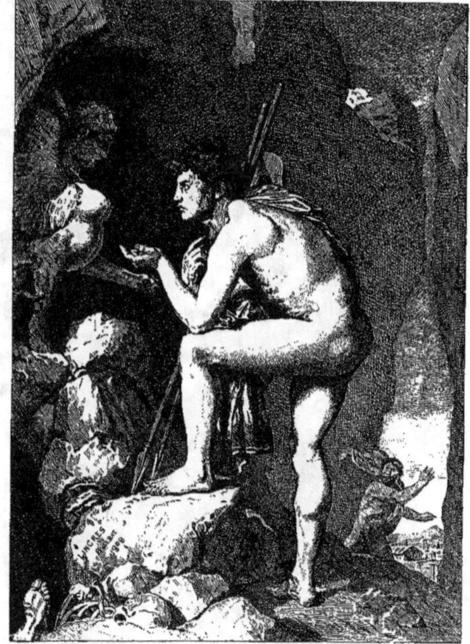

Œdipe et le Sphinx, par Ingres.

40 francs, et encore devait-il avoir recours pour se les procurer à l'ingénieux courtage de son barbier, un français établi à Rome, lequel vantant à sa clientèle le talent d'Ingres, lui fit faire un grand nombre de ces dessins. Par cette voie ou directement, il n'en exécuta pas moins de trois cents pendant son premier séjour à Rome.

Il exécuta aussi un certain nombre de portraits à l'huile, entre autres celui de *Mme de Senonnes*, considéré comme une de ses œuvres capitales, la *Belle Zélie*, de Desdebons, etc. Ingres appelait ces productions faire du commerce.

De cette ville, il envoya au Salon de 1808 *Œdipe et le Sphinx*, toile léguée au Louvre par le comte Duchatel, avec la *Source*.

De la même époque 1806, date la *Baigneuse* (vue de dos), exposée au Louvre, à notre avis un des chefs-d'œuvre du maître.

Ingres était par excellence un artiste probe. Il avait puisé chez son

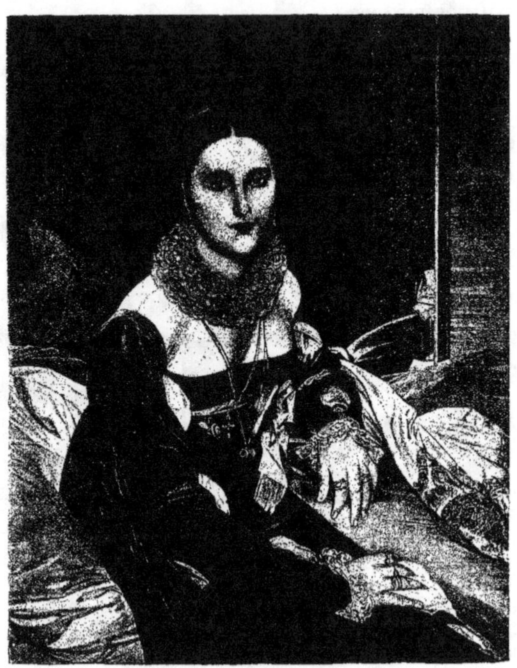

Mme de Senonnes, par Ingres.

maître David le culte de l'art grec; son admiration pour Raphaël avait grandi par l'étude du maître romain; sa préoccupation constante fut de rapprocher sa forme artistique et de Raphaël et des anciens.

Ses premiers tableaux, tels que l'*Œdipe*, se ressentent surtout de l'influence des derniers.

Plus tard, avec son importante composition de l'*Apothéose d'Homère*, de *Jésus au milieu des docteurs*, il devint tout à fait raphaélique et créa la formule qui, pendant près d'un demi-siècle, dirigea l'école classique moderne.

Ne sacrifiant rien à l'intrigue, Ingres vécut à Rome jusqu'en 1820, se donnant tout à son art.

Il alla ensuite se fixer à Florence. Entre temps il envoyait au Salon des ouvrages qui furent très froidement accueillis.

Certains, comme l'*Arrivée dans la tente d'Achille des ambassa-*

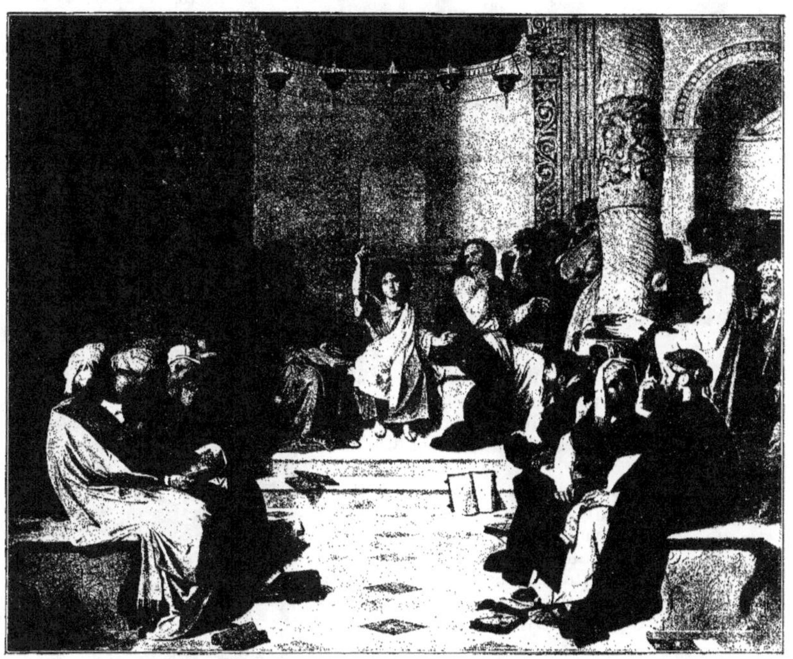

Jésus au milieu de docteurs, par Ingres.

deurs d'Agamemnon, avaient un faux caractère raphaélique fort éloigné de la beauté vraie. En 1824, il revint à Paris. Son tableau : *Louis XIII vouant la France à la Vierge* y avait obtenu un grand succès. La jeune école y faisait beaucoup parler d'elle. Géricault et Eugène Delacroix en étaient les chefs. Ingres se posa devant elle en adversaire irréductible et de parti pris. Delacroix surtout devint sa bête noire et l'animosité existant entre les deux artistes dura autant que leur vie.

Ingres ouvrit une école, bientôt fréquentée par un grand nombre d'élèves. Il était brusque, presque brutal, d'un caractère détestable ; cepen-

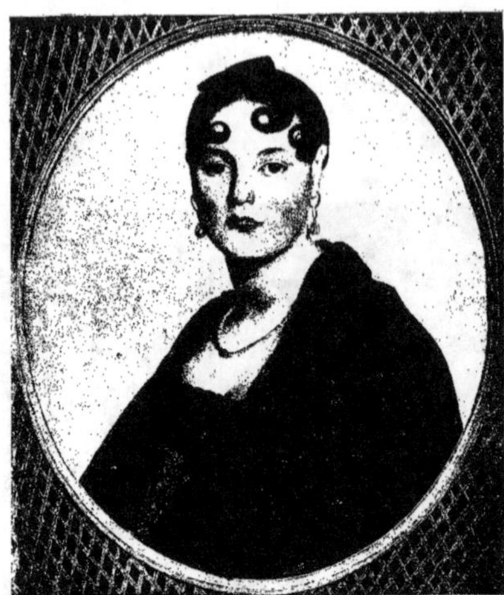

La *Belle Zélie*, par Ingres.

dant ses élèves l'adoraient en raison de son rayonnement artistique et de la bonté faisant le fond de sa nature.

Bien qu'il n'eut plus besoin de son violon pour vivre, il n'en continuait pas moins à cultiver la musique. Mozart et Glück étaient ses maîtres préférés.

La légende prétend qu'il était même plus fier de son archet que de ses pinceaux. Quand un amateur de marque venait visiter son atelier, l'artiste s'arrangeait de façon à se faire surprendre exécutant quelque concerto.

Lorsque, en 1834, Horace Vernet demanda à être relevé de ses fonctions de directeur de l'Ecole de Rome, Ingres fut désigné pour lui succéder à la Villa Médicis. Il avait donné la marque de l'ampleur de son talent dans l'*Apothéose d'Homère*, œuvre peut-être un peu froide, mais d'une incontestable beauté et qui l'avait placé au premier rang des peintres de l'époque.

Pendant ce nouveau séjour à Rome, le maître peignit peu, s'absorbant dans ses fonctions directoriales.

A son retour à Paris, en 1841, les artistes lui firent une réception enthousiaste.

Ce fut à cette époque qu'il peignit le portrait du duc d'Orléans, exposé au Salon de 1842.

Les années ne semblaient pas avoir de prise sur lui. Malgré ses soixante-deux ans, il demeurait aussi vert, aussi alerte, aussi intransigeant dans ses idées que pendant sa jeunesse.

L'Exposition de 1855, fut pour lui l'occasion d'un véritable triomphe. Une salle entière était garnie de ses œuvres. Le jury lui décerna une grande médaille d'honneur, tandis qu'il était élevé au grade de Commandeur de la Légion d'honneur.

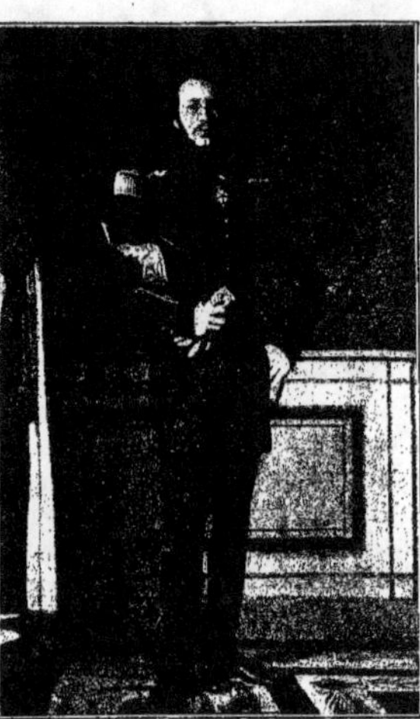

Le *Duc d'Orléans*, par Ingres.

Napoléon III lui donna un siège au Sénat.

Le début de l'année 1867 le trouva en parfaite santé et en possession d'une virtuosité de dessin aussi grande que jamais. Il fit même le portrait de Mlle Hippolyte Flandrin, sa filleule, à l'occasion du nouvel an. Le 6 janvier il réunissait un certain nombre d'amis dans son atelier pour entendre de la musique de chambre, dont il était toujours friand.

Durant la nuit qui suivit ce concert intime, une bûche s'échappant du foyer roula dans la chambre du vieil artiste. Il se leva, rétablit l'ordre, mais la pièce étant pleine de fumée, il dut ouvrir la fenêtre et prit un refroidissement. Huit jours plus tard il était mort.

Ingres, fut une personnalité artistique considérable et on ne saurait trop apprécier la sincérité qu'il mit dans tous ses ouvrages. Ceux-ci peuvent éveiller une admiration plus ou moins grande, l'artiste n'en demeurera pas moins admirable pour sa constante recherche de beauté. Son ambition fut d'égaler le dessin de Raphaël. S'il ne réalisa pas son rêve, il atteignit dans ce genre à une supériorité tout à fait exceptionnelle. Nous n'en voulons pour preuve que le superbe dessin du *Père d'Antiochus*, que possède le Musée de Montauban.

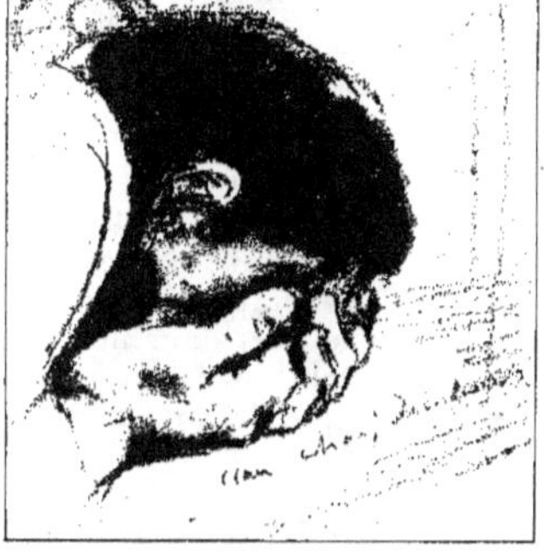

Le *Père d'Antiochus*, par Ingres.

Beaucoup de critiques ont considéré le portrait comme le genre dans lequel Ingres affirma davantage sa maîtrise ; il est indiscutable que celui de M. Bertin, que possède le Louvre, est une œuvre considérable.

L'artiste, lui, n'attachait à ses effigies qu'une importance relative, et il se mettait dans de grandes colères quand on leur donnait devant lui la préférence sur ses autres ouvrages.

Il apportait à l'exécution une conscience si absolue que, pour son tableau de la *Source* dont nous avons déjà parlé, il y travailla pendant une partie de sa vie avant de le juger achevé.

Une anecdote à ce sujet montre l'influence qu'il avait sur son entourage.

Le nombre des études et dessins qu'il fit pour ce tableau est considérable. Le Musée de Montauban en possède plusieurs du plus grand intérêt. Jamais l'artiste n'avait trouvé son idéal pour poser l'ensemble de la figure rêvée par lui. Sa concierge, qui faisait en même temps son ménage, et qui supportait ses accès d'humeur acariâtre, l'entendant gémir devant son œuvre inachevée sur cette absence de modèle, lui amena sa fille, d'après laquelle le vieux peintre termina la peinture.

Il disait, en racontant cet acte de dévouement, qu'il n'avait jamais vu un plus beau corps féminin que celui de cette jeune fille.

Ingres a laissé un *Journal* dans lequel il a consigné ses vues sur l'art

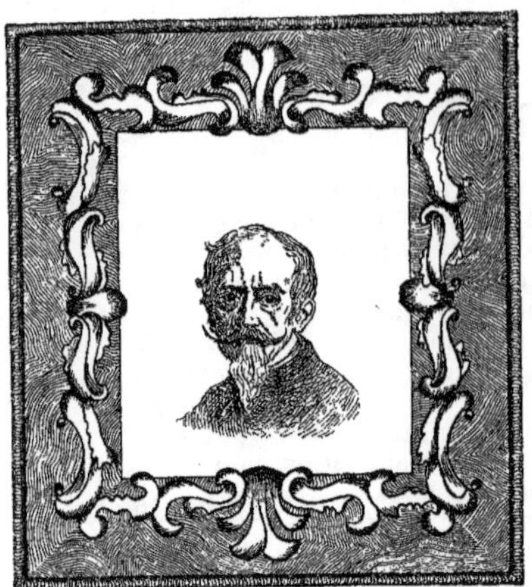

VERNET (ÉMILE-JEAN-HORACE),
Né à Paris le 30 juin 1789, mort à Paris le 17 janvier 1863.
(École française.)

et les formes diverses de la beauté. Nous en détachons les lignes suivantes :

« Le jugement d'autrui, loin d'affaiblir le nôtre, ainsi que le pensent beaucoup de monde, sert, au contraire, à former et à consolider nos idées qui, dans l'origine, sont faibles, informes et confuses ; elles deviennent, au contraire, solides, claires et parfaites, avec l'autorité et la pratique de ceux dont on peut dire que les ouvrages ont été consacrés par l'approbation des siècles. L'étude ou la contemplation fructueuse des chefs-d'œuvre de l'art ne doit servir qu'à rendre celle de la nature plus facile, et non à la faire rejeter : la nature étant ce tout dont toutes les perfections doivent émaner et tirer leur origine. Raphaël, en imitant sans cesse, n'en fut pas moins toujours lui-même. »

Aucun peintre n'a montré mieux qu'Horace Vernet ce que valent les réputations factices créées par l'engouement d'un jour. Nul ne fut plus populaire que lui : beaucoup de gens le considérèrent comme le plus grand peintre des temps modernes. Que reste-t-il de cette admiration ? Qui regarde ses œuvres dans nos musées ? Au point de vue de la valeur vénale, elles sont tombées dans un tel discrédit aux yeux des amateurs que l'on n'en trouverait que des prix ridicules.

Emile-Jean-Horace Vernet, fils de Carle Vernet, apprit à peindre avec son père, puis passa dans l'atelier de son grand-père maternel, le célèbre dessinateur Moreau le Jeune, professeur à l'École centrale de dessin. Il avait dans les veines le sang de plusieurs générations d'artistes extrêmement habiles ; il n'est donc pas surprenant qu'il fît preuve de dispositions qui émerveillaient son aïeul. Horace compléta ses études en entrant chez David.

En 1810, il concourut sans succès pour le prix de Rome. Cela lui ôta l'envie de renouveler la tentative.

D'ailleurs, il donna à sa vie une autre orientation : il se maria et pendant quelques années renonça à la peinture sérieuse pour collaborer à un journal de modes, dans lequel il faisait paraître des scènes de la vie militaire.

N'ayant rien du caractère quelque peu timoré de son père, Horace Vernet fit, en 1814, le coup de feu contre les étrangers. Il fut donc témoin oculaire des scènes du genre de celle de la *Défense de la barrière de Clichy*, qui figure au Musée du Louvre.

Il donna une suite de caricatures lithographiées, *Incroyables et merveilleuses de 1814*, qui obtint un énorme succès.

Un grand nombre de gravures représentant des scènes militaires comiques popularisèrent son nom.

Il s'était posé en défenseur zélé des gloires du Premier Empire et, lorsqu'il revint à la peinture en envoyant huit toiles au Salon de 1817, c'étaient des sujets empruntés à l'épopée impériale.

En 1819, il envoyait quinze toiles.

En 1822, le jury cédant aux influences politiques, refusa les huit tableaux que Vernet envoyait au Salon. L'artiste répondit à cette stupide mesure en faisant une exposition particulière, dans laquelle il montra quarante-cinq de ses toiles. Le succès fut inouï ; l'opposition s'était emparée de l'attitude de l'Académie pour transformer l'artiste en victime.

Il devint le peintre à la mode.

D'ailleurs son père, Carle Vernet, ami de Talleyrand et très adroit courtisan, sut si bien manœuvrer que l'Institut faisait amende honorable

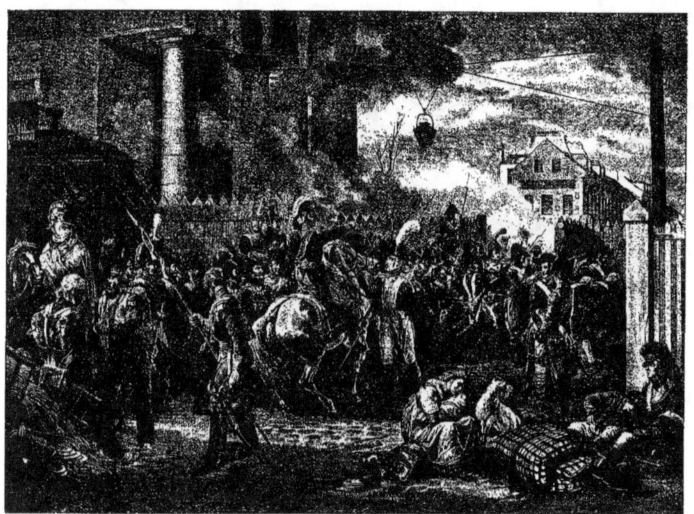

Le *Maréchal Moncey*, d'après le tableau d'Horace Vernet.

en nommant Horace Vernet académicien en 1826. L'année suivante, le gouvernement de Charles X l'envoyait à Rome comme directeur de la Villa Médicis.

Le grand musicien Mendelssohn, qui le fréquenta à cette époque, a laissé de Vernet un portrait fort curieux.

— C'était, dit-il, un exubérant toujours en quête de la variété, grand ami du bruit et du mouvement. Il aimait le faste et vivait tout en surface. C'était un mondain.

Il sollicita, avant la fin de son directoriat, d'être envoyé en Algérie, ce qui lui fut accordé immédiatement. Deux bataillons d'infanterie furent affectés à sa garde. Il y commença la série de grandes toiles exposées au Musée de Versailles.

Vernet servait à merveille la politique de Louis-Philippe, mais il représentait surtout l'idéal artistique du roi bourgeois. Lorsque ce souverain eut décidé de consacrer le Palais de Versailles à la création d'un musée de peintures militaires, ce fut à Horace Vernet qu'il en confia la direction.

Malgré les énormes travaux en résultant pour lui, Vernet s'abandonna à son humeur voyageuse. Indépendamment de l'Algérie, qu'il visita à plusieurs reprises, soit pour suivre des expéditions militaires ou bien pour son simple agrément, il alla à Malte, en Égypte, en Palestine.

Il poussa même à deux reprises jusqu'à Saint-Pétersbourg.

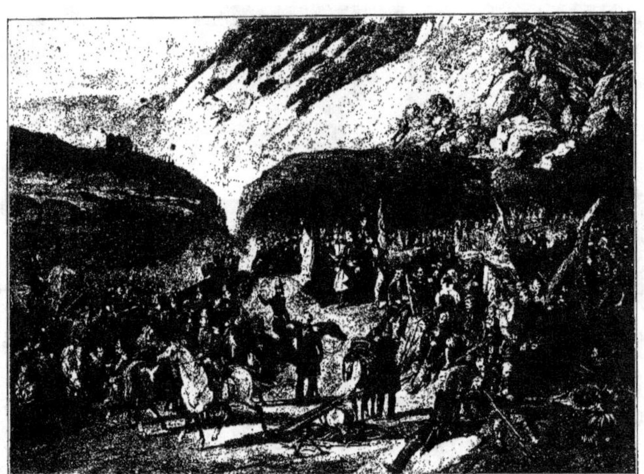

L'Armée française emporte le Teniah de Mouçaïa, par Horace Vernet.

Entre deux voyages, il peignit des plafonds à la Chambre des Députés, un plafond au Louvre. Il dut abandonner ces travaux pour exécuter la *Prise de la Smala d'Abd-el-Kader par le duc d'Aumale en 1815*, toile de vingt-deux mètres de long.

Il fit au Maroc un voyage pour ses tableaux du *Bombardement de Tanger* et de l'*Occupation de Mogador*.

Après l'avènement du second empire, il fit le portrait de Napoléon III, du général Cavaignac, de Canrobert; ces dernières œuvres et son tableau de la *Bataille de l'Alma* marquèrent un tel affaiblissement dans sa manière, déjà si peu caractérisée, que le public se détacha de lui.

Horace Vernet eut le bon esprit de comprendre que l'heure de la retraite avait sonné; il se retira à Hyères et ne peignit plus.

Son œuvre est considérable. Indépendamment de ses nombreuses peintures, de quantités de dessins, d'aquarelles, on compte de lui plus de deux cents lithographies et de cinq cents gravures destinées à l'illustration de l'*Histoire de Napoléon*.

M. Detaille a dit de lui :

— Il a produit trop et trop vite.

Horace Vernet était d'une habileté extraordinaire. On l'a vu commencer la figure équestre d'un officier saluant ses troupes par le képi, peignant du premier coup, sans avoir même pris la peine de tracer la moindre indication au fusain, et obtenir un résultat si juste qu'il ne jugeait pas utile d'ajouter une touche. Mais que nous importe cette virtuosité si l'œuvre est nulle, plate, dénuée d'intérêt, de distinction et de sentiment. Tel est malheureusement le cas d'un trop grand nombre de tableaux de ce peintre.

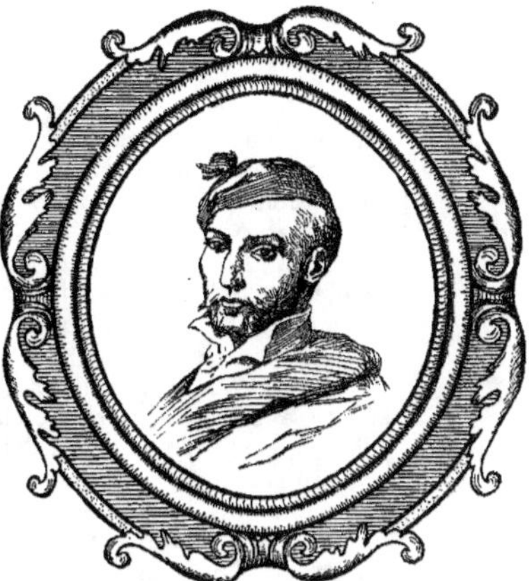

GÉRICAULT (Jean-Louis-André-Théodore),
Né à Rouen le 26 septembre 1796, mort à Paris le 18 janvier 1824.
(Ecole française).

Combien différent, combien plus intéressant le superbe peintre que fut Géricault. Son seul tableau du *Radeau de la Méduse* fait plus d'honneur à l'école française que tout l'œuvre de Vernet.

Géricault est le premier en date des grands peintres qui, durant le XIXe siècle, placèrent la peinture française à la tête du mouvement artistique mondial.

Il vint à Paris en 1806 et entra à l'atelier de Carle Vernet. Il abandonna bientôt la direction de ce maître pour passer sous celle de Guérin.

Géricault possédait la qualité maîtresse du véritable artiste : l'indépendance.

Il fut d'abord très mal vu par son professeur. L'élève ayant une vision très personnelle se refusait obstinément à la reproduction servile du modèle, il prétendait « l'interpréter » à sa manière.

Cette conception, si différente de l'obéissance passive exigée par les traditions de l'école de David, faisait dire à chaque instant à Guérin :

— Ce gaillard-là ne fera rien de bon.

Très honnêtement, car si c'était un médiocre peintre et un pauvre dessinateur, Guérin était fort honnête homme, il chercha à faire comprendre à Géricault qu'il devait renoncer à la peinture.

Songez donc, un élève qui se permettait de manifester hautement son admiration pour Rubens et pour les Vénitiens !

Il est probable que l'opinion de son professeur n'avait pour lui qu'une importance relative ; il n'acquiesça pas au jugement et continua à travailler à sa manière, très heureusement pour l'art.

L'impartialité nous fait un devoir de constater que, plus tard, Guérin reconnut son erreur.

Géricault s'était donné la tâche de reproduire *pour lui* les tableaux du Louvre qu'il préférait. C'est ainsi qu'il brossa un certain nombre de toiles, qui sont beaucoup plus le sujet traité par le maître et interprété dans la manière du jeune artiste que des copies ordinaires. Il avait vingt et un ans quand il envoya son premier tableau au Salon, c'était la toile exposée actuellement au Louvre, sous le titre : *Officier de chasseurs à cheval de la garde impériale chargeant.* Ce tableau peint en douze jours, fut un événement. La verve, la fougue de l'exécution étonnèrent, disons plus : stupéfièrent le jury d'admission.

C'était la vie faisant sa réapparition dans la peinture.

David s'écria :

— D'où cela sort-il ? Je ne reconnais pas cette touche-là ?

Cependant, malgré le blâme général que lui infligèrent les critiques du temps, une médaille d'or fut décernée à ce remarquable début d'un peintre de vingt ans.

Lors du retour des Bourbons, en 1814, Géricault entraîné par son amour pour les chevaux et du mouvement, s'engagea dans les mousquetaires de Louis XVIII. Au retour de l'île d'Elbe, il suivit le roi jusqu'à Béthune. Son régiment ayant été licencié, il reprit ses pinceaux, qu'il regrettait d'avoir abandonnés.

En 1817, il partit pour l'Italie, visita Rome et Florence, dessinant, étudiant et faisant diverses copies. Après un séjour de deux ans, son père le rappela en France.

Conscient de sa force, le jeune artiste voulut exécuter une page en rapport avec l'ampleur de son génie et qui fut susceptible de fonder sa réputation.

L'opinion publique était encore sous le coup de l'émotion causée par le terrible naufrage de la frégate la *Méduse*. Ce navire parti de France le 17 juin 1816, à destination du Sénégal, avec quatre cents personnes, tant marins que passagers, toucha la barre d'Arguin, sur la côte d'Afrique. Duroy de Chaumareyx, qui commandait ce bâtiment, manquant à toutes les lois de l'honneur et à son devoir de capitaine, avait été le premier à sauter dans un canot. Un radeau portant cent quarante-neuf personnes avait été construit ; les hommes qui se trouvaient dans le canot du capitaine coupèrent les amarres et le radeau, qui gênait la marche, fut abandonné au milieu de l'Océan. Les scènes de sauvagerie les plus terribles se produisirent pendant les douze jours que durèrent le supplice des malheureux naufragés. Après s'être égorgés pour se disputer quelques provisions, ils s'entre-dévorèrent. Le vaisseau l'*Argus* qui les recueillit, ne trouva que quinze survivants.

Ce fut le moment où le navire libérateur est aperçu que Géricault représenta avec une maîtrise géniale.

Les critiques de profession déclarèrent l'œuvre détestable. Le public demeura indifférent. Gros, Gérard protestèrent et eurent assez d'influence pour faire décerner une nouvelle médaille d'or à l'auteur.

M. de Forbin, directeur des musées royaux, frappé de la grandeur de l'œuvre, commanda au brillant peintre une toile devant représenter une *Notre-Dame des Douleurs*, pour le Sacré-Cœur de Nantes.

Mais Géricault était atteint depuis quelque temps déjà d'une maladie cruelle qui lui rendait le travail difficile. Il fit appel au concours de son

jeune ami Eugène Delacroix, qui peignit le tableau ; Géricault le signa.
Il fit un voyage à Londres, où l'exposition du *Radeau de la Méduse*,

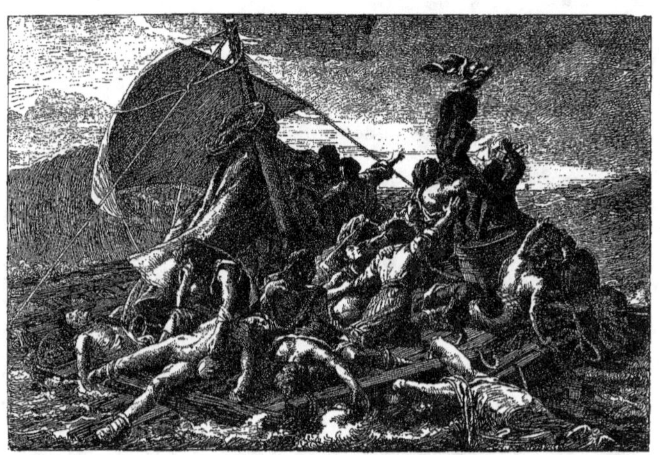

Le *Radeau de la Méduse*, par Géricault.

faite de concert avec un anglais, procura à Géricault 20.000 francs, pour sa
part de bénéfices.

Notre artiste exécuta à Londres une suite fort intéressante de lithographies représentant des chevaux, fort recherchées des amateurs.

De retour en France, il se mit au travail, peignant et sculptant à la fois. Il produisit un grand nombre d'aquarelles, de tableaux de chevalet, entre autres son admirable toile des *Courses à Epsom*, que l'on peut voir au Louvre.

De vastes projets hantaient son cerveau. Il rêvait d'exécuter une vaste composition sur les horreurs de la traite des nègres et une œuvre de dimension plus considérable encore représentant, sous la forme panoramique, l'ouverture des cachots de l'Inquisition en Espagne par les Français. La mort vint le surprendre en pleine puissance d'un talent plein de si magnifiques espérances.

Charlet, enfant du peuple, exprima la pensée populaire dans ses innombrables caricatures. Il jouit d'une immense popularité

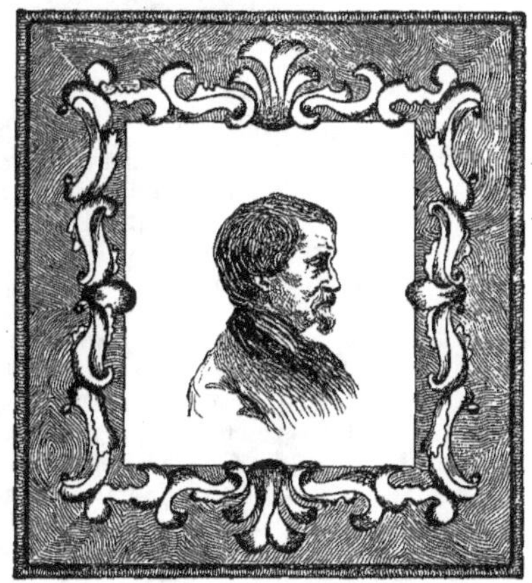

CHARLET (Nicolas-Toussaint), peintre, lithographe,
Né à Paris le 20 décembre 1792, mort à Paris le 30 décembre 1845
(École française.)

parce que, dans ses dessins, dans ses légendes, il sut se faire l'interprète de la pensée de la foule. Sous ce rapport, il offre plus d'un point de contact avec Béranger.

Mais Charlet fut mieux qu'un caricaturiste, ce fut un peintre : nous n'en voulons pour preuve que son tableau de la *Retraite de Russie*.

N'eut-il produit que cette œuvre, elle lui assurerait le droit de figurer dans ce livre.

Son père était dragon dans les régiments de la République. Sa mère, femme du peuple, veuve de bonne heure, l'éleva dans le culte de la grande

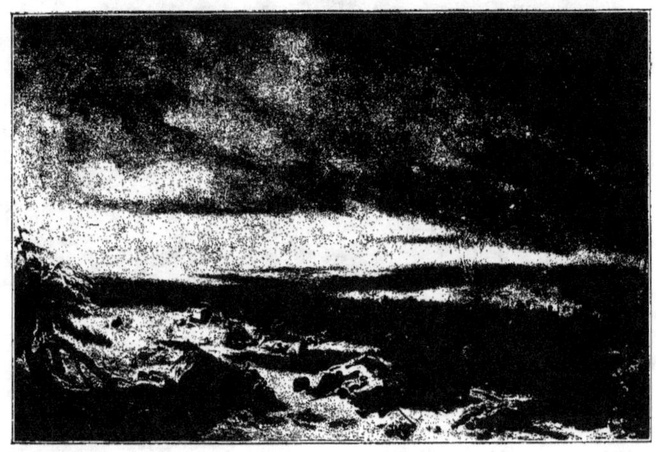

Retraite de Russie, par Charlet.

armée. Le jeune Charlet, après avoir été pensionnaire d'une des écoles militaires qu'on appelait alors Écoles des Enfants de la Patrie, trouva, en 1814, un petit emploi dans une mairie de Paris.

Mais il ne dissimulait pas ses opinions. Il disait son admiration pour le proscrit de Sainte-Hélène, il s'était distingué en faisant le coup de feu à la barrière de Clichy, autant de raisons pour être mal vu par le nouveau régime. Moins de deux ans après son entrée dans l'administration, il fut congédié.

Charlet savait un peu de dessin ; il se mit à donner des leçons et, en 1817, il entra dans l'atelier de Gros.

Ses progrès furent si rapides qu'il put bientôt commencer la publication de ses célèbres lithographies. Les premières, le *Grenadier de Waterloo*, la *Mort du Cuirassier*, obtinrent un tel succès que le jeune employé révoqué comprit qu'il n'avait pas à regretter sa situation administrative.

Il fit alors pour l'éditeur Delpech des suites de *Costumes militaires*, puis des *Scènes de batailles*, le *Siège de Berg-op-Zoom*, l'*Appel du contingent communal*.

De 1820 à 1836 il ne cessa de publier des albums, dans lesquels il glorifiait les « grognards » de l'Empire et montrait sa haine pour le gouvernement revenu « dans les fourgons de l'étranger ».

On a reproché à Charlet d'avoir voulu flatter les instincts populaires; il nous semble qu'il a surtout voulu exprimer sa foi dans un idéal, peu élevé peut-être, mais dans lequel se résumaient les aspirations libérales de la Révolution et les gloires de l'Empire.

La réputation était venue très vite à Charlet. C'était le favori du public et les peintres de la jeune école romantique, Delacroix en tête, ne lui ménageaient pas leur admiration.

Un marchand de dessins, nommé Schroth, qui dirigeait des ventes publiques, lui acheta sa production totale moyennant une pension annuelle.

Charlet, au retour d'un voyage en Espagne fait à la suite de l'armée française, se maria. Il s'établit au numéro 102 de la rue de Sèvres, dans un atelier où il accumula tout un arsenal d'équipements militaires de la grande armée.

Il vécut là, fuyant le monde, vrai gamin de Paris

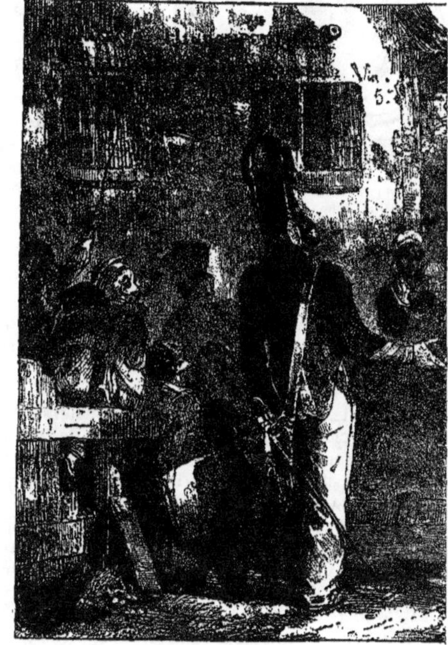

Le *Vieux sergent*, par Charlet.

vieilli, ne se plaisant qu'avec les gens du peuple et de vieux soldats.

La Révolution de 1830 fut pour lui une joie immense; il fut un des premiers inscrits de la Garde Nationale et porta avec fierté les épaulettes de chef de bataillon.

A partir de cette époque Charlet se modifia; les scènes de guerre, les images enfantines, remplacèrent les vieux soldats. Il exposa pour la première fois au Salon de 1836 sa belle toile de la *Retraite de Russie*; ce fut un triomphe, Alfred de Musset, dans son compte-rendu, considéra cette œuvre comme une des plus remarquables de l'Exposition.

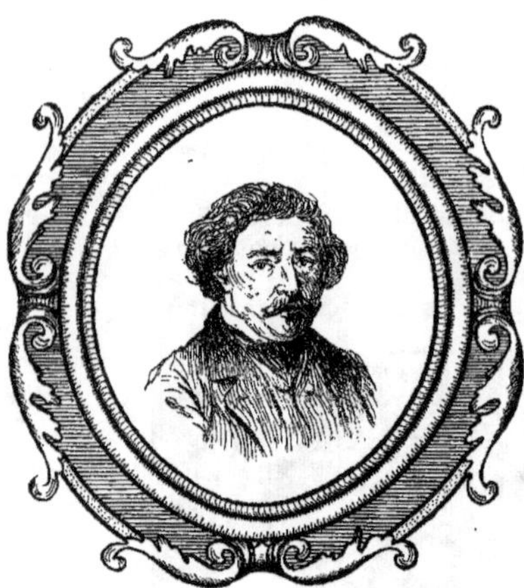

SCHEFFER (Ary),
Né à Dordrecht (Hollande) le 22 février 1795, mort à Argenteuil
le 17 juillet 1858. (Ecole française).

— Cet épisode est tout un poème, écrivait-il, c'est le désespoir dans le désert.

L'année suivante, Charlet exposait le *Passage du Rhin*, tableau qui n'eut pas moins de succès.

Cet artiste avait été profondément touché par l'affirmation lancée par ses ennemis, lorsque sa candidature avait été posée à l'Institut : « Il n'est capable que de petits dessins »; il cherchait à le démentir mieux que par une dénégation.

On le nomma professeur de dessin à l'Ecole Polytechnique.

Sa santé s'était fortement altérée; mais il continua quand même à travailler, mais ses dernières œuvres trahissent une fatigue évidente.

Il mourut le crayon à la main, dessinant une figure de Napoléon.

Son œuvre est considérable, ses lithographies seules y figurent pour 1092 pièces.

On peut reprocher à Charlet de manquer de naturel, la superbe envolée héroïque, l'émotion profonde, la merveilleuse science du dessin de Raffet lui font défaut, mais sa verve, sa sincérité lui assurent un rang fort honorable parmi les petits maîtres français.

Dans le petit cénacle des jeunes et fiers artistes qui, au commencement du XIXe siècle rêvaient le renversement des pontifes de l'art, prêts aux luttes, aux incessants combats que devait provoquer leur marche vers un idéal nouveau, à côté des Géricault, des Delacroix, Ary Scheffer tenait une place honorable.

Il était fils de Jean-Baptiste Scheffer, peintre hollandais établi à Dordrecht, mort à Amsterdam en 1809, peintre de Louis Napoléon, roi de Hollande et de Coralie Lannue, miniaturiste et graveur.

Lorsque Ary Scheffer vint à Paris, en 1813, et bien qu'il n'eut que dix-huit ans, il avait déjà pris part à plusieurs expositions en Hollande. Sa première toile exposée à Amsterdam, alors qu'il n'avait que douze ans, lui avait valu les éloges de Louis Bonaparte.

Il entra dans l'atelier de Guérin, et, tout en continuant ses études, peignit d'abord des tableaux dans la forme classique, sujets religieux, historiques et de genre : La *Veuve du Soldat*, les *Orphelins*, le *Retour du Conscrit*.

Mais étant entré dans l'intimité de ses camarades d'atelier Géricault et Delacroix, la froideur de sa nature hollandaise subit l'influence de ces puissantes activités : sa palette s'éclaira, sa conception devint plus libre. Il entreprit une série de toiles romantiques qui fondèrent sa réputation. *Gaston de Foix trouvé parmi les morts sur le champ de bataille*; les *Derniers Soldats de Missolonghi*; les *Femmes Souliotes prêtes à se jeter*

du haut d'un rocher pour échapper à l'es-
clavage.

Parmi tant de peintures médiocres et
dénuées d'intérêt qui ornent la grande galerie de Versailles, on éprouve une véritable satisfaction à trouver à côté du *Pont de
Taillebourg*, d'Eugène Delacroix, les tableaux d'Ary Scheffer.

En 1829, le jeune peintre fit un voyage
en Hollande. La vue de chefs-d'œuvre de
Rembrandt l'émut profondément. Il étudia
le grand maître et sa manière se modifia à
nouveau. Le *Christ et les enfants, Faust
dans sa chambre d'étude, Marguerite au
rouet, Marguerite montrant ses bijoux,
Marguerite à l'église*, le *Giaour* (d'après
Byron) se ressentent tantôt de Rembrandt,
tantôt des vieux maîtres italiens.

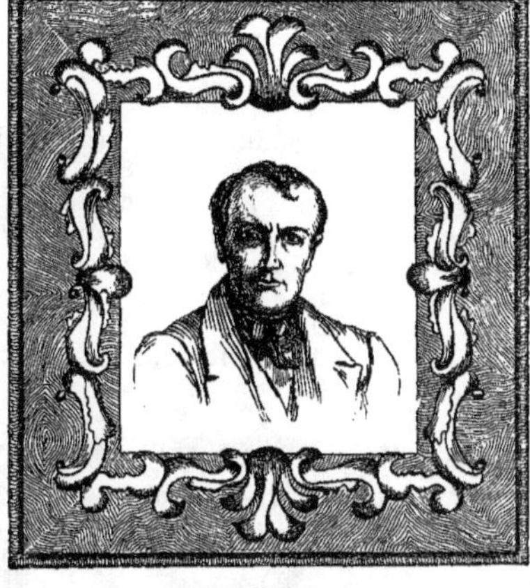

DELAROCHE (Paul),
Né à Paris le 17 juillet 1797, mort à Paris le 4 novembre 1856.
(École française).

Comme beaucoup de peintres romantiques, Scheffer chercha les sujets
de ses tableaux dans les grands poètes, et Gœthe fut son inspirateur favori.
Mignon regrettant sa patrie, Mignon priant le ciel, Mignon et son père
obtinrent un immense succès et furent popularisés par la gravure.

Il prit dans la *Divine comédie* de Dante l'idée de son célèbre tableau
de *Dante et Béatrice.*

A la fin de sa vie, le côté mystique de sa nature s'affirma, et il se consacra presque exclusivement à des sujets bibliques.

Ary Scheffer est un peintre fort honorable, mais s'il eut toute la science
technique possible, la flamme géniale lui fit défaut, et ses œuvres, mar-
quées de l'empreinte d'une mode, sont aujourd'hui relativement délais-
sées.

Paul Delaroche (son prénom véritable était Hippolyte), appartint à
l'école romantique, mais ce fut un modéré en art.

Il sut habilement profiter du grand mouvement créé par Delacroix,
prêt à toutes les concessions, évitant toutes les hardiesses susceptibles de
froisser ses adversaires. Il eut beaucoup plus d'habileté et de savoir-faire
que de génie. Il eut pu être un grand artiste, il ne fut qu'un peintre habile.

Exubérant ou contenu, l'enthousiasme pour la beauté est indispensable
à l'expression artistique vraie.

Son père était expert en tableaux ; son oncle, conservateur du Cabinet
des estampes à la Bibliothèque ; ce fut donc au milieu des œuvres d'art
que le futur peintre se forma.

Il étudia d'abord le paysage avec Watelet.

Il prit part sans succès, en 1817, au concours de paysage historique.

A Watelet succéda Desbordes comme professeur. Mais le jeune Delaroche n'avait pas encore trouvé son véritable maître. Celui-ci fut Gros, excellent professeur, très bienveillant pour ses élèves, toujours prêt à les encou-
rager.

Pendant quatre ans Paul demeura sous la direction de l'auteur des *Pestiférés de Jaffa*.

Dans tous les ateliers d'alors les élèves se partageaient en deux camps : classiques et romantiques. Parmi ces derniers, chez Gros, Delaroche, Eugène Louis, Roqueplan formaient une trinité défendant les idées nouvelles.

Delaroche, cependant, n'en fit pas montre dans son tableau de début, au Salon de 1822 : *Josabeth sauvant Joas*, est un reflet de la conception de Gros. Cette toile valut cependant à son jeune auteur l'honneur d'être remarqué par Géricault. L'approbation de ce grand artiste accentua sans aucun doute le goût de Delaroche pour la forme plus variée, plus puissante que Géricault avait instaurée.

Au Salon de 1824, Delaroche figurait avec deux toiles : *Jeanne d'Arc dans sa prison* et *Saint Vincent de Paul*, œuvres qui durent leur succès à la réserve avec laquelle il appliquait les idées si magistralement mises en lumière par Eugène Delacroix et qui, précisément en raison de leur force, de leur hardiesse, avaient jeté un trouble profond dans le camp opposé.

Lorsque la Révolution de 1830 se produisit, Delaroche était déjà considéré comme un maître. Le goût du public pour la littérature historique, auquel le peintre obéissait dans la recherche des sujets de ses tableaux, ne pouvait que faire grandir son succès.

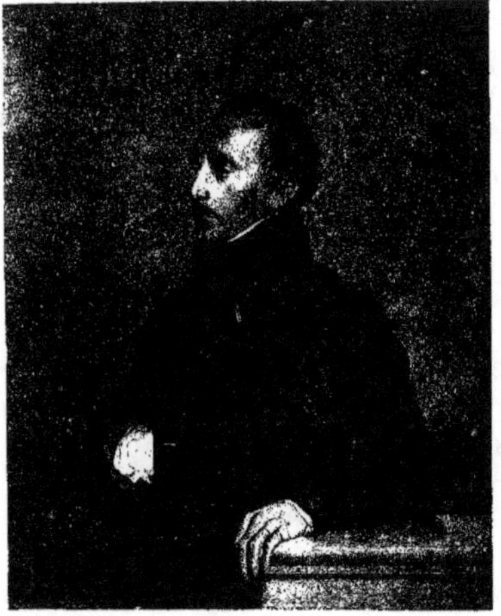

Guizot, d'après Paul Delaroche.

Charles Ier insulté par les enfants de Cromwell, la *Mort du Duc de Guise*, les *Enfants d'Édouard*, *Charles Ier et Strafford allant au supplice*, consolidèrent sa réputation. C'était le peintre devant les œuvres duquel se presse la foule, que personne ne discute, mais dont l'étoile ne tarde pas à pâlir, précisément parce qu'il n'a pas les formes nouvelles qui d'abord surprennent et quelquefois effraient chez les grands novateurs.

Delaroche fut élu membre de l'Académie en 1832, et bientôt après nommé professeur à l'école des Beaux-Arts.

Le gouvernement le chargea de la décoration de l'église de la Madeleine. Ce fut une grande joie pour l'artiste, mais que devait suivre une amère déception. Il avait jugé ne pouvoir entreprendre un pareil travail sans avoir vu les chefs-d'œuvre des grands maîtres italiens. Il partit au mois de juin 1834 pour se livrer à l'étude sur la terre classique des arts. On profita de son absence pour intriguer, on fit jouer les influences politiques; le gouvernement lui retira la commande et la donna à Ziegler.

Pour effacer le souvenir de ce mauvais procédé, on lui confia la décoration de l'hémycicle, à l'école des Beaux-Arts, œuvre très honorable, qu'il commença en 1837 et qui fut son dernier ouvrage public.

Il cessa d'exposer à partir de cette date, ses ouvrages étant toujours retenus à l'avance.

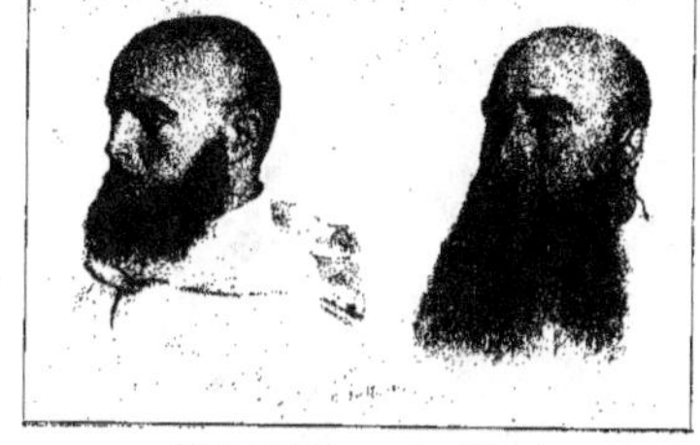

Études de Moines, par Paul Delaroche.

Delaroche a fait un certain nombre de portraits, parmi lesquels celui de M. Guizot.

Robert-Fleury fut un soldat de la grande armée, dont Eugène Delacroix était le général.

Il fut élève de Girodet, de Gros puis d'Horace Vernet.

Il visita l'Italie et revint en France pour exposer au Salon de 1824 le *Tasse au couvent de Saint-Onuphre*.

Il fit partie de l'Académie, fut directeur de l'école des Beaux-Arts de Paris et de l'Académie de Rome.

On cite de lui : *Scène de la Saint-Barthélemy, Un Seigneur au temps de François I*er, *Procession de la Ligue, Entrée triomphale de Clovis à Tours* (au Musée de Versailles), *Pillage d'une maison au moyen âge*.

Il a exécuté pour le Tribunal de commerce la *Promulgation du Code de commerce sous Napoléon III*.

Eugène Delacroix appartient à la famille des plus grands peintres; on peut lui préférer tel ou tel maître ancien ou moderne, mais on ne saurait contester qu'il est de la race des plus illustres.

Que l'on critique son dessin, que sa couleur paraisse trop sombre, un fait s'impose : l'âme du maître transparait dans ses œuvres, ses personnages vivent.

Ce superbe et grand artiste était fils du conventionnel Charles Delacroix, depuis ministre des Relations extérieures et préfet de Marseille et de Bordeaux.

Il semble d'abord qu'une fatalité mauvaise s'acharne contre Delacroix. Le feu prend à son berceau et il est si cruellement brûlé qu'il en portera les marques toute sa vie; à peine échappé à ce terrible danger, il s'empoisonne avec du vert-de-gris; on le sauve; deux fois il manque de s'étrangler; un jour il tombe dans le port de Marseille;

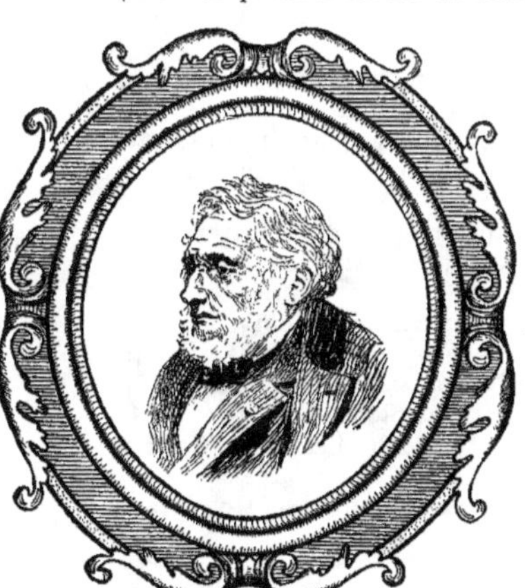

ROBERT-FLEURY (Joseph-Nicolas-Robert Fleury, dit), Né à Cologne le 8 août 1797, mort à Paris en mai 1890. (École française.)

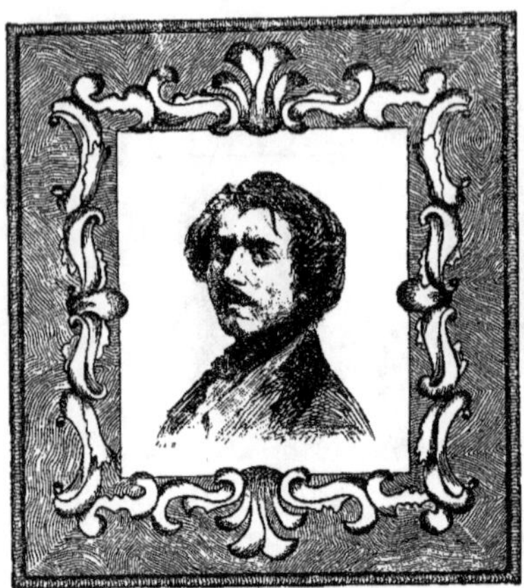

DELACROIX (Ferdinand-Victor-Eugène),
Né à Charenton-Saint-Maurice le 26 avril 1798, mort à Paris
le 13 août 1863. (Ecole française.)

seul le prompt et courageux secours d'un matelot l'arracha à la mort.

Enfin, alors que l'artiste est à peine âgé de sept ans, son père meurt, et ce décès change radicalement la situation de fortune de la famille.

Le jeune Eugène avait un goût très développé pour la musique et marquait son vif désir de se livrer à cet art.

Il entra au Lycée Louis-le-Grand et y fit d'excellentes études.

A dix-sept ans, tout en ayant toujours l'intention d'être musicien, il éprouva le désir d'acquérir des notions de peinture.

C'était fort compréhensible ; Mme Delacroix mère appartenant à la famille Reisener, les célèbres ébénistes et dessinateurs du roi.

Delacroix, dans ce but, se fit présenter à Guérin par son oncle, le peintre Henri Reisener.

Le maître et l'élève ne tardèrent pas à être les plus mauvais amis du monde.

Eugène se montrait encore plus indépendant que ne l'avait été Géricault ; jamais il n'était d'accord avec son professeur.

Guérin, après s'être mis en fureur quatre à cinq fois, hurlant que Delacroix n'était bon à rien, qu'il ne ferait jamais qu'un barbouilleur, finit par se désintéresser complètement de lui.

— Laissons-le peindre à sa guise, disait-il dédaigneusement aux autres élèves, il vaut mieux qu'il fasse des « croûtes » que des dettes.

Mais Delacroix avait trouvé à l'atelier, en même temps qu'un ami, un maître beaucoup plus en rapport avec sa nature, sa vision et son tempérament : Géricault.

Celui-ci lui donna d'excellents conseils, le fit travailler. Nous avons vu des dessins d'Eugène Delacroix retouchés à la gouache par Géricault.

Sa famille n'étant pas riche, il gagnait quelque argent en faisant des lavis industriels. Il fit également des essais d'eau-forte. Le premier mérite d'être rapporté.

Pour faire de la gravure à l'eau-forte il faut une planche de cuivre, or le jeune artiste n'en avait pas, pas plus qu'il n'avait d'argent pour en acheter. Comment tourner la difficulté ?

Delacroix eut une inspiration : La maison contenait du cuivre... il est vrai que ce métal se trouvait à la cuisine sous forme de casseroles... Il alla subrepticement s'emparer d'une de ces casseroles, se sauva dans sa chambre, s'y enferma et grava à l'eau-forte sur le fond du récipient. L'histoire ne dit pas comment Mme Delacroix mère accueillit cette façon de traiter sa batterie de cuisine.

En 1819 Mme Delacroix étant morte, le jeune peintre se trouva aux prises avec les plus grands embarras pécuniaires.

Il habitait alors un petit logement très humide où il connut toutes les gênes de la vie de bohême. Il faisait sa cuisine lui-même — pauvre cuisine — sur un petit fourneau.

Son ami Bruyas, alors étudiant et dont il devait plus tard faire le magnifique portrait que nous donnons ici, venait souvent partager ses repas rudimentaires. On mangeait mal, mais on échangeait de si belles idées !...

Malgré le mauvais vouloir de Guérin, Delacroix envoya au Salon de 1822 son tableau de la *Barque du Dante*. Cette œuvre obtint le plus grand succès que puisse désirer un vrai artiste : elle fut attaquée avec autant de violence qu'on mit de passion à la défendre. Tous les critiques s'en occupèrent.

Gérard s'écria à la vue du tableau :

— C'est bien ; mais il court sur les toits !

Gros, meilleur juge et esprit plus ouvert, déclara :

— C'est du Rubens châtié.

Thiers, alors critique d'art au *Constitutionnel*, écrivit :

« Aucun tableau ne révèle mieux à mon avis l'avenir d'un grand peintre que celui de M. Delacroix représentant *Dante et Virgile aux enfers*. C'est là surtout qu'on peut remarquer ce jet de talent, cet élan de supériorité naissante qui ranime les espérances un peu découragées par le mérite trop modéré de tout le reste... Dans ce sujet si voisin cependant de l'exagération, on trouve une sévérité de

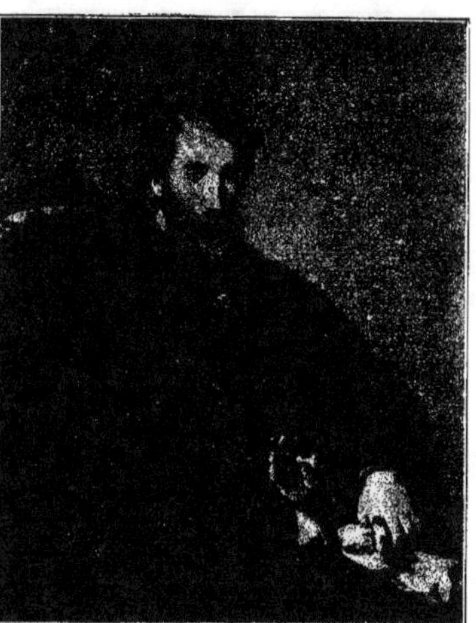

Portrait de Bruyas, par Eugène Delacroix.

goût, une convenance locale, en quelque sorte, qui relève le dessin, auquel des juges sévères, mais peu avisés ici, pourraient reprocher de manquer de noblesse. Le pinceau est large et ferme, la couleur simple et vigoureuse, quoique un peu crue. L'auteur a en outre cette imagination poétique qui est commune au peintre comme à l'écrivain, cette imagination de l'art qu'on pourrait en quelque sorte appeler imagination du dessin, et qui est tout autre que la précédente. Il jette ses figures, les groupe, les plie à volonté, avec la hardiesse de Michel-Ange et la fécondité de Rubens. Je ne sais quel souvenir des grands artistes me saisit à l'aspect de ce tableau ; j'y retrouve cette puissance sauvage, ardente, mais naturelle, qui cède son effort à son propre entraînement. »

Delacroix était un rude travailleur ; rien dans ses œuvres n'était livré au hasard et, lors de sa vente, on vit qu'il n'avait pas consacré moins de quarante et une feuilles de croquis aux études de ce premier ouvrage.

Cette année-là Delacroix se présenta au concours pour le prix de Rome, mais le jury lui attribua la *dernière place*.

Cet échec le contraria, car sa situation s'obérait chaque jour davantage; il avait pour toutes ressources le produit de caricatures, assez médiocres du reste, et de lithographies fort belles.

A ces ennuis vint s'en ajouter un plus grave : Delacroix faillit être impliqué dans une conspiration de *carbonari*. Mais rien de tout cela n'abattait son courage ni ne diminuait son ardeur au travail.

Le Salon de 1824 fut l'occasion de tempêtes plus violentes. Delacroix

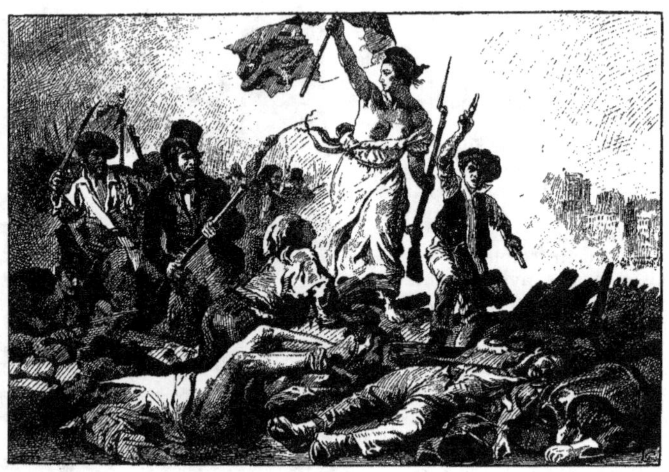

La *Barricade*, par Eugène Delacroix.

avait envoyé le *Massacre de Scio* et le *Tasse parmi les fous*. Théophile Gautier, seul, loua le grand peintre. Les critiques qui l'avaient encouragé lors de son premier envoi se joignirent à ses détracteurs. Thiers déclara que le soin qu'il mettait à éviter la formule académique lui faisait fuir la ligne simple et harmonieuse. D'autres proclamaient qu'il faisait « trop horrible », qu'il avait peu de souci du beau. Par contre les jeunes artistes de la nouvelle école acclamèrent Delacroix pour leur chef.

De cette époque datent la superbe série des lithographies sur *Faust*, qui firent dire au grand Gœthe :

— Je trouve dans ces images toutes les impressions de ma jeunesse.

Etait-il un plus bel éloge ?

L'apparition du *Sardanapale* au Salon de 1828 provoqua encore plus d'émotion; les haines s'accentuèrent.

« M. Delacroix n'est pas un chef d'école, mais un chef d'émeute »,

écrivait-on. « Eugène Delacroix est devenu la pierre de scandale des expositions », déclarait Vitel.

Le *Moniteur universel* ajoutait : « La majeure partie du public trouve
ce tableau ridicule ».

Mieux encore : M. de La Rochefoucauld, directeur des Beaux-Arts, se
crut en droit de faire des observations au jeune maître.

— Le monde entier ne m'empêchera pas de voir les choses à ma façon,
répondit fièrement Delacroix.

Malgré la brouille qui résulta de cette conversation, le ministre de l'intérieur lui commanda la *Mort de Charles le Téméraire*. Le duc Louis-

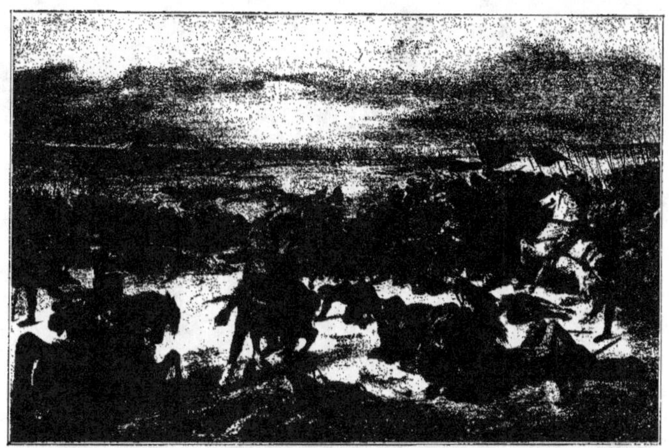

La *Bataille de Nancy*, par Eugène Delacroix.

Philippe d'Orléans lui demanda aussi pour le Palais-Royal *Richelieu disant
la messe*.

La Révolution de 1830 fut un triomphe pour la jeune école. Delacroix
reçut la commande de deux tableaux. L'un d'eux, la *Liberté guidant le
peuple*, que possède le Musée du Louvre, provoqua de nouvelles critiques.

L'artiste n'en continuait pas moins sa marche impassible.

Il fut décoré à la suite de cette exposition.

A partir de cette époque, Delacroix exécuta une série de tableaux de
bataille : *Poitiers*, la *Bataille de Nancy*, le *Pont de Taillebourg*, qui le
firent traiter de Rubens manqué.

Il reprit le genre historique pour peindre *Charles-Quint au monastère de Saint-Just, Boissy d'Anglas à la Convention, Mirabeau et Dreux-
Brezé*.

En 1831 il partit pour le Maroc, attaché à une petite légation. Il profita de ce voyage pour faire de nombreuses études, notamment des paysages.

32

A son retour, il s'arrêta en Espagne. De cette époque datent les *Femmes d'Alger*, une des perles du Louvre, magnifique peinture qui fut cependant refusée au Salon de 1834 ; la *Noce juive*, la *Fantasia arabe*.

Déjà l'année précédente le même jury avait refusé *Une Scène d'Hamlet*.

Cette criante injustice, loin de décourager l'artiste, semblait faire grandir son ardeur pour la lutte.

Au Salon de 1841 figurait la magistrale *Entrée des Croisés à Constantinople*.

Thiers, devenu ministre, se souvint de son admiration première ; il

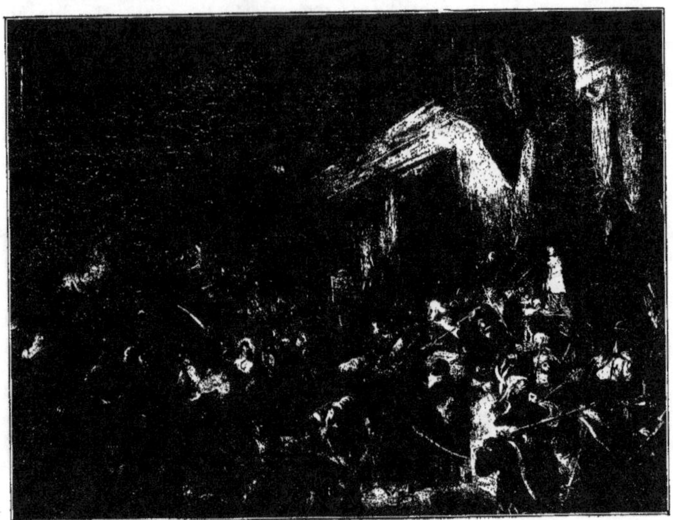

Boissy d'Anglas à la Convention, par Eugène Delacroix.

commanda à Delacroix, en 1836, la décoration de la Chambre des Députés.

En 1848, il commençait le superbe plafond de la Galerie d'Apollon, puis c'était la décoration de l'Hôtel de Ville, malheureusement détruite lors de l'incendie du monument, en 1871.

Ces énormes travaux ne suffisaient pas à absorber l'activité dévorante de ce génial artiste, le *Triomphe de Trajan*, *Médée*, la décoration de Saint-Sulpice furent exécutés également.

L'Exposition de 1855 marqua l'apogée de sa gloire.

La victoire était acquise, nul ne le discutait plus. Comme son rival Ingres, une salle entière servait à la réunion de quarante de ses toiles. Le jury lui décerna une grande médaille d'honneur ; il fut promu au grade de commandeur de la Légion d'honneur.

Deux ans plus tard, enfin, suprême consécration, l'Académie des Beaux-Arts l'admettait parmi ses membres.

Delacroix avait fourni un si admirable effort qu'il limita désormais ses travaux à de petites toiles de chevalet.

Un grand nombre d'élèves, admirateurs enthousiastes s'étaient groupés

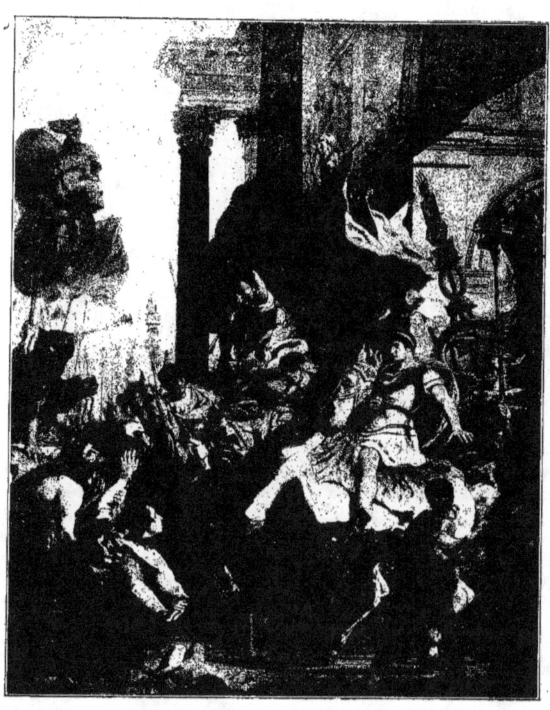

Le *Triomphe de Trajan*, par Eugène Delacroix.

autour de lui, un d'entre eux, Andrieu, l'aida dans sa décoration de l'Hôtel de Ville.

Delacroix était d'ailleurs un esprit charmant, spirituel, à la fois sarcastique et bienveillant suivant les sentiments qu'il devinait chez ses auditeurs.

Son caractère était d'une extrême violence, mais il savait le plier sous l'effort d'une parfaite éducation.

Le maître se résume dans cette déclaration qu'il aimait à faire :

— Quand j'étais jeune, j'aurais peint sur la pointe d'un clocher, disait-il.

Lorsqu'il avait conçu une œuvre il se jetait éperdûment sur sa toile, oubliant les repas, inconscient à la fatigue, tout à son inspiration.

L'œuvre finie, il avouait à ses amis :

— Ai-je réussi? me suis-je trompé? je n'en sais rien.

Souverainement dédaigneux des attaques de ses adversaires, il avait une soumission d'enfant devant ceux en qui il avait placé sa confiance.

Gros, qui l'aimait beaucoup, vint le voir un jour dans son atelier. Après avoir hautement loué l'œuvre sur laquelle s'acharnait le jeune maître, il critiqua la tête d'une des figures, incorrectement dessinée. Delacroix tint compte de ces observations, et quand Gros revint la semaine suivante, le personnage avait été modifié suivant ses indications.

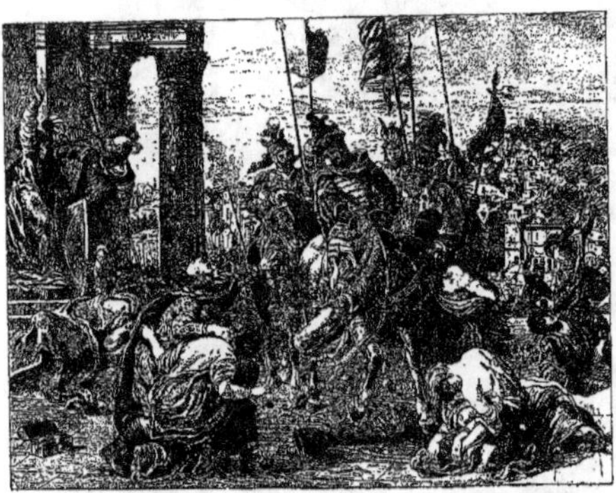

Entrée des Croisés à Constantinople, par Eugène Delacroix.

— Ma critique était mal fondée, votre figure faisait mieux, il faut la refaire dans sa première forme, déclara le vieux peintre avec une absolue franchise.

A la fin de sa vie Delacroix vivait modestement dans un appartement de la rue de Furstemberg, avec, pour tout domestique, une servante, Mlle Jenny Leguillon, qui fut pour lui admirable de dévouement. Cette fidèle domestique était devenue excellent juge en matière d'art, elle comprenait et admirait grandement les œuvres de son maître.

Delacroix, dans son testament, lui permit de choisir dans son appartement les meubles qui lui conviendraient, pour se faire un mobilier convenable.

Il était d'ailleurs fort généreux. Comme on lui avait demandé de faire une exposition de ses lithographies et de ses eaux-fortes, il confia ses plus belles épreuves aux organisateurs, et, l'exposition terminée, il écrivit à la direction des Beaux-Arts qu'il faisait présent à l'Etat de cette superbe collection. Malheureusement le fonctionnaire dirigeant alors n'était pas admirateur du grand artiste, l'offre fut déclinée sous prétexte que la place manquait pour utiliser ces estampes.

Delacroix avait acheté à Champrosay une maison de campagne où il se rendait fréquemment. Il tomba malade au retour d'un de ces séjours; peu de jours après il mourait avec un calme stoïque, presque en souriant.

Denis-Auguste-Marie Raffet, peintre, lithographe, né à Paris, le 1er mars 1804, fut un des plus grands artistes français. Son extrême modestie, l'inintelligence de l'administration ne lui permirent pas de se manifester comme peintre. Aucun artiste n'eut été comme lui susceptible de célébrer à Versailles la gloire des armées françaises, de traduire en des pages épiques les grands faits d'armes de la Révolution et de l'Empire. Lui seul sut donner aux personnages de cette époque leur véritable grandeur.

Certains biographes mal informés prétendent qu'il réussit mal dans ses essais de peinture. C'est là une erreur grossière, contre laquelle on ne saurait trop protester. Raffet était aussi beau peintre qu'admirable dessinateur. S'il ne suivit pas le conseil de son maître, Gros, qui l'incitait à se vouer à

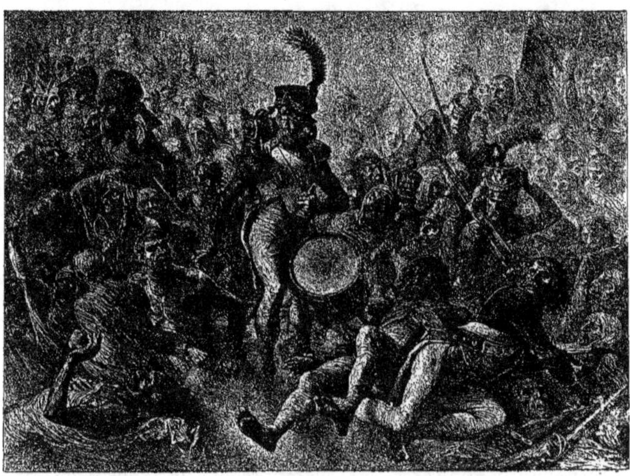

Le *Reveil*, par Raffet.

la peinture d'histoire et à concourir pour le prix de Rome, ce ne furent nullement des échecs picturaux, mais les nécessités de la vie l'y incitèrent.

Ses trop rares études peintes, ses merveilleuses aquarelles, ses admirables croquis montrent surabondamment l'envergure de l'artiste que Gustave Moreau, un bel artiste, lui aussi, déclarait être le plus grand peintre français, que Henri Béraldi appelait le *peintre national*.

Il avait dix ans lorsque son père, employé des postes, fut assassiné au Bois de Boulogne.

Il fallut hâter le moment de l'apprentissage.

Il fut placé chez un tourneur sur bois, mais déjà il montrait pour le dessin des facultés qui devaient le placer au premier rang des maîtres du XIXe siècle.

Le jour il travaillait chez son patron, et le soir venu, suivait les cours de dessin.

Recommandé à Cabanel, il entra dans son atelier comme apprenti décorateur sur porcelaine. Lorsqu'il fut bien au courant, il trouva un emploi chez Susse.

Vers 1822, le peintre d'histoire, de Rudder, le présenta à Charlet.

Raffet avait pour ce dernier une grande admiration. Tous deux avaient le même idéal : ils devaient se comprendre.

Charlet donna les premières notions de lithographie à cet élève qui devait bien vite le dépasser.

En 1825 le jeune artiste faisait paraître ses premières productions, des estampes détachées, un *Petit album militaire*.

En 1827, il commençait la publication des albums de croquis, qui lui valurent une prompte réputation.

Tout en travaillant avec Charlet, Raffet, nous l'avons dit, était entré dans l'atelier de Gros. Ce fut en vain que celui-ci chercha à le retenir : le brillant élève n'avait pas une fortune lui permettant d'attendre que sa peinture fut à la mode.

En 1830, la réputation de Raffet était faite, ses admirables lithographies étaient répandues partout. Il n'est pas caricatural comme Charlet et ne cherche pas comme lui le succès dans un effet comique. Ses compositions ont la grandeur, le souffle du poème épique. Nul comme Raffet n'a su traduire l'émotion terrible de la bataille. Nul n'a eu comme lui la vision des masses profondes, se heurtant dans des chocs terribles. Il n'avait pas vu les spectacles terrifiants qu'il représentait sur la pierre, mais la puissance de son génie les évoquait avec une puissance de réalité telle qu'on dirait l'œuvre d'un témoin oculaire.

L'œuvre de notre peintre national ne comprend pas moins de 1.800 pièces gravées en lithographie.

Il voyagea beaucoup, seul ou en compagnie du prince Demidoff, son grand admirateur, et rapporta de chacun de ses voyages des dessins et des croquis qui font les délices des amateurs.

C'était un homme excellent, adorant sa famille. Nous avons parlé de sa modestie : son désintéressement n'était pas moindre malgré le succès obtenu par ses ouvrages, il les vendait le même prix à la veille de sa mort qu'en 1830.

Et ce qui nous plaît dans cet admirable artiste, c'est qu'il fut absolument français, résumant dans sa personnalité si franchement originale les plus belles qualités de notre race : clarté, entrain, vigueur de style, profondeur de pensée.

Son caractère était charmant, il était gai, abondant en saillies heureuses comme un vrai enfant de Paris, sympathique et volontiers expansif. Il avait un esprit net, un sens juste des choses et des gens et une grande élévation d'âme. Il aimait à discuter sans aigreur, et ne tenait pas à imposer ses opinions, bien qu'il les défendit avec chaleur.

Il était extrêmement accueillant pour les jeunes artistes et aimait à obliger.

Tous ceux qui l'approchaient l'aimaient.

Une maladie de cœur s'était déclarée chez Raffet, par suite des veilles constantes résultant de sa vie toute de travail. Au cours d'un voyage qu'il faisait à Gênes en 1860, il commit l'imprudence de passer une nuit sur l'impériale d'une diligence, afin de pouvoir causer avec des officiers. Quand il arriva à l'hôtel où il devait descendre à Gênes, une fluxion de poitrine s'était déclarée qui, s'ajoutant à l'affection cardiaque, l'emporta en quelques jours.

Il mourut le 16 février 1860.

Flandrin fut, après Ingres, le plus brillant champion de l'école classique.

Il quitta sa ville natale à l'àge de vingt ans et entra chez Ingres, dont il devint l'élève préféré et l'ami.

Leurs caractères sympathisaient, l'un et l'autre avaient la même froide probité artistique.

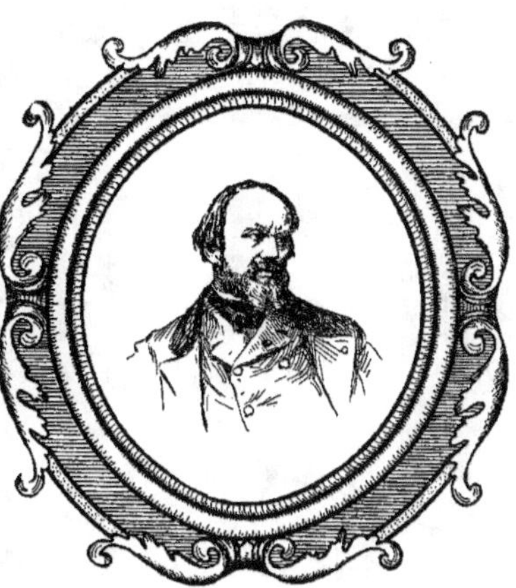

FLANDRIN (Hippolyte),
Né à Lyon en 1809, mort à Rome le 2 mars 1864.
(École française).

Flandrin, après trois ans d'école, enleva brillamment son prix de Rome.

Ingres ne tarda pas à le rejoindre comme directeur de la Villa Médicis.

L'étude de l'art italien ne fit qu'accentuer le goût que le jeune artiste montrait pour la peinture religieuse. Dès sa première œuvre sa vocation s'affirma pour ce genre, et ce fut avec un bonheur qu'il ne cherchait pas à dissimuler, qu'il reçut les éloges de son maître pour sa toile *Saint Clair guérissant les aveugles*.

Jésus avec les petits enfants ne fut pas moins chaleureusement approuvé par Ingres.

On doit aussi noter de cette époque d'études en Italie : le *Dante aux enfers*, le *Jeune grec assis sur un rocher*, au Musée du Louvre, et *Euripide écrivant ses tragédies*.

A son retour à Paris sa réputation était faite.

En 1842, la Chambre des Pairs lui confia l'exécution de deux importantes compositions : *Saint Louis dictant ses Commandements* et *Saint Louis prenant la croix pour la deuxième fois.*

Il fit ensuite *Mater Dolorosa* et *Napoléon législateur,* pour une des salles du Conseil d'Etat.

A partir de 1847, il fut à peu près complètement absorbé par ses compositions murales pour Paris et la province.

On le considérait comme le plus grand peintre religieux qu'eut produit la France depuis Eustache Lesueur.

Ce fut dans la chapelle de Saint-Jean, à Saint-Séverin, qu'il déploya pour la première fois ses qualités de dessin et de largeur de style.

Malheureusement, ayant adopté le mode de peinture à la cire de préférence à la détrempe et l'enduit dont il se servit étant de mauvaise qualité, son travail est aujourd'hui gravement compromis.

La décoration du château de Dampierre suivit, il y exécuta trente-six

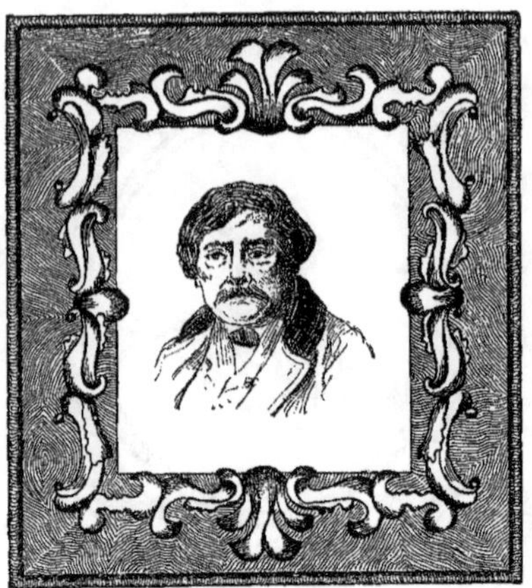

COUTURE (THOMAS),
Né à Senlis le 21 décembre 1815, mort à Villiers-le-Bel
le 30 mars 1879. (Ecole française.)

figures. La ville de Dreux lui demanda un carton de vitrail ; *Saint Louis prenant la croix* fut le sujet qu'il choisit.

Ce furent ensuite Nîmes, dont il obtint la décoration de l'église de Saint-Paul, puis Lyon qui lui confia la peinture des trois absides de l'église d'Ainay ; Strasbourg enfin, lui fit décorer les murs de sa magnifique cathédrale.

Mais les œuvres capitales de ce peintre furent la décoration de l'église Saint-Vincent-de-Paul, à Paris, dans laquelle il fait défiler en procession les martyrs, et, à Saint-Germain-des-Prés, son *Christ entrant à Jérusalem* et le *Christ montant au calvaire*.

Flandrin avait été nommé membre de l'Académie. Nous avons dit qu'il avait une austère probité artistique.

Napoléon III lui commanda son portrait.

L'œuvre terminée, l'empereur, tout en ne ménageant pas les éloges, demanda à l'artiste de changer les yeux, qui, suivant lui, manquaient d'expression.

Flandrin refusa.

— Si vous y consentez vous serez mon peintre officiel, insista le souverain.

— Je regrette de ne pouvoir faire ce que vous me demandez, sire, répondit Flandrin, ma conscience d'artiste me le défend.

Il mourut à cinquante-quatre ans.

Terminons ce chapitre par Thomas Couture, romantique atténué comme Delaroche son maître, mais plus personnel, et qui eut son temps, son heure de célébrité.

Son père était galochier. Malgré cette condition modeste, il fournit à Thomas les moyens d'entrer à quinze ans dans l'atelier de Gros. Couture fut ensuite l'élève de Paul Delaroche, où il fut le camarade de Millet.

En 1837, il obtint le second grand prix de Rome. N'ayant pas réussi à obtenir le premier l'année suivante, il quitta l'école des Beaux-Arts.

Au Salon de 1840 il exposait un *Jeune Vénitien après une orgie*, qui le plaçait, avec Devéria, Roqueplan, Eugène Isabey, au deuxième rang des peintres romantiques.

L'*Amour de l'or*, peinture exécutée dans la manière du Caravage le mit encore mieux en lumière.

L'Etat fit au peintre des propositions d'achat qui méritent d'être rapportées pour leur singularité, on lui offrait 10.000 francs de sa toile, et la croix de la Légion d'honneur s'il voulait la céder à 8.000 francs.

Couture prit les 10.000 francs, considérant, sans doute, que la croix viendrait quand même tôt ou tard.

Les *Romains de la décadence,* qu'il envoya au Salon de 1847 fixèrent sa réputation. Ce tableau, que l'on considère comme le chef-d'œuvre de Couture, obtint un succès immense. Le gouvernement acheta la toile et son auteur fut décoré.

Depuis cet ouvrage, Couture s'était consacré à l'exécution des petites toiles, qu'il vendait fort bien ; il proposa cependant à Charles Blanc, alors directeur des Beaux-Arts, d'exécuter une grande composition représentant l'*Enrôlement des Volontaires de 92* ; la proposition n'eut pas de suite.

Couture ne reparut plus que deux fois dans les expositions ; en 1855, où il envoya un *Fauconnier*, fort remarquable d'exécution, et en 1877, avec un *Damoclès* beaucoup moins intéressant.

Il avait acheté un château à Villiers-le-Bel, et y vivait fort retiré. Il était même devenu misanthrope à la fin de sa vie et il consacra une partie de son temps à écrire d'acerbes critiques sur les peintres contemporains.

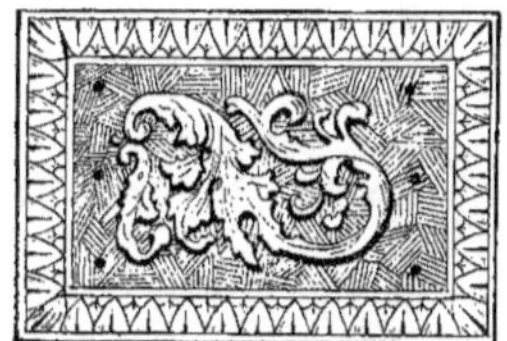

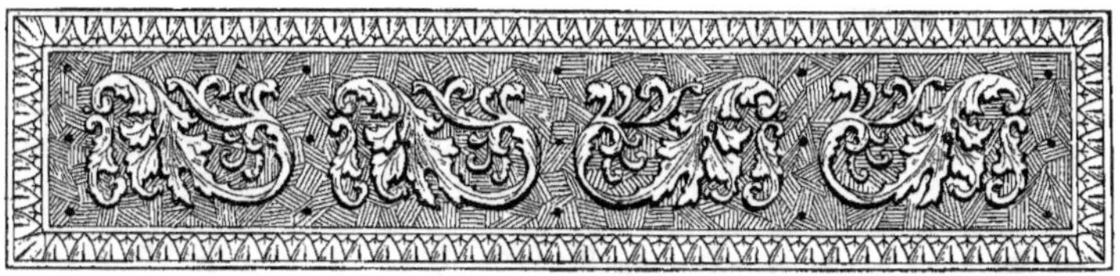

CHAPITRE XIII

L'École de 1830

Corot. — Decamps. — Daumier. — Troyon. — Jules Dupré. — Théodore Rousseau. — Daubigny. — Millet. — Fromentin. — Rosa Bonheur.

IL n'est pas d'école de peintres plus intéressante que celle désignée communément sous les vocables d'*Ecole de 1830* ou d'*Ecole de Barbizon*. Les beaux artistes qui la composent furent des passionnés de la nature. Leur rayonnement appuyant le mouvement de l'école romantique fit prendre à l'école française la marche ascensionnelle qu'eut l'école italienne aux xv° et xvi° siècles et l'école hollandaise au xvii° siècle.

Corot, le premier en date, était le fils d'un coiffeur marié à une aimable modiste. Les deux époux occupaient un magasin de la maison faisant l'angle de la rue du Bac et du quai Voltaire et Mme Corot était modiste de l'impératrice Marie-Louise.

Le jeune Camille fut envoyé comme boursier au lycée de Rouen. Il ne paraît pas avoir été un brillant élève. Dans tous les cas, il quitta le collège sans avoir fait sa rhétorique.

M. Corot exigea que son fils entrât dans le commerce. Le jeune Camille avait bien exprimé timidement son désir d'étudier la peinture, mais l'accueil fait à ces velléités artistiques avait enlevé au futur grand peintre toute idée d'insister.

Il fut placé chez un marchand drapier de la rue Saint-Honoré.

C'était un charmant garçon, un gai boute-entrain, intrépide danseur, possédant une jolie voix de ténor dont il se servait avec goût, mais c'était un mauvais commis. A tout instant le patron le surprenait dessinant sur quelque comptoir. Le drapier criait, mais Corot était si bon enfant, il savait si bien répondre par un mot pour rire, que la colère patronale durait peu.

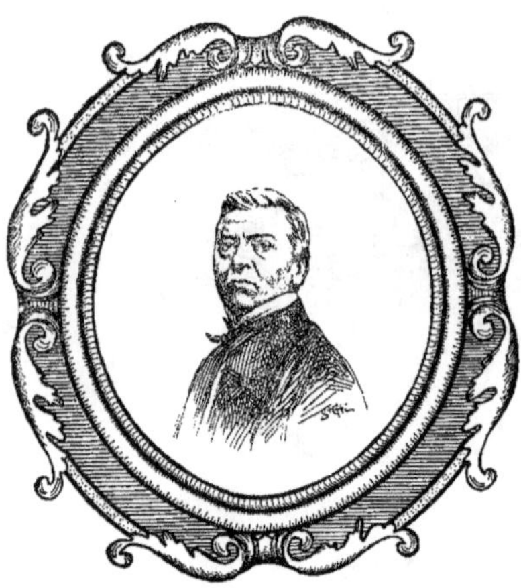

COROT (Jean-Baptiste-Camille),
Peintre, graveur, né à Paris le 28 juillet 1796, mort à Paris
le 23 février 1875. (Ecole française).

Un jour, Corot eut l'idée de faire une lithographie. Il dessina un grenadier le sabre à la main, appuyé contre un tronc d'arbre, et en fit tirer un certain nombre d'épreuves. Ce début du grand paysagiste est introuvable et ne figure pas à la Bibliothèque nationale.

Au bout de quelques années, Camille n'ayant acquis aucune connaissance commerciale et ayant fait partager à sa mère sa manière de voir au sujet de ses études artistiques, un conseil de famille fut réuni au magasin de la rue du Bac; le jeune homme y plaida sa cause avec chaleur et gagna ainsi l'approbation de la majorité des parents.

— Eh bien, puisqu'il n'est bon à rien, qu'il soit peintre! finit par déclarer M. Corot père avec un suprême dédain.

Il alloua cependant à son fils une pension de 1.500 francs par an, afin qu'il fît ses études.

Le lendemain de cette solennelle journée, Corot, installé sur la berge de la Seine près du pont Royal, exécutait sa première étude à l'huile. Le grand artiste garda toute sa vie cette première manifestation de son jeune talent. On y trouvait déjà sa merveilleuse vision de la nature.

Quelques jours plus tard, Corot allait demander des leçons à Edme Michallon qui, bien que de son âge, était déjà célèbre depuis dix ans, et avait remporté en 1817 le grand prix de Rome de paysage historique. Il fut bien accueilli. Le jeune maître conseilla surtout à son élève de copier la nature.

Ces leçons ne durèrent que quelques mois, Michallon étant mort au mois de septembre de la même année.

Ce fut à Bertin, paysagiste alors fort à la mode, que Corot alla demander de nouveaux conseils.

Son influence fut loin d'être favorable et l'élève faillit y perdre ses plus charmantes qualités.

En 1825, Corot partit pour l'Italie, mais avant son départ, il dut peindre son portrait; c'était la condition mise par Mme Corot mère pour lui permettre de la quitter. Cette précieuse effigie fait partie de la si intéressante collection donnée au Louvre par M. Moreau-Nélaton.

Le jeune maître s'était imposé un mode de travail qui lui donna de magnifiques résultats : chaque jour il faisait une ou plusieurs études peintes et des dessins d'après nature.

Cette discipline assouplit sa forme et l'amena à la science profonde, qu'il résumait plus tard à ses élèves par cette formule pour la direction de leurs travaux :

« Etude sévère du dessin et observation stricte des valeurs. »

A son arrivée à Rome, les jeunes peintres pensionnaires de la villa

Médicis ne considérèrent pas Corot comme un confrère, mais comme un jeune amateur ; ils l'accueillirent fort bien cependant, surtout à cause de son talent de chanteur.

L'un d'eux, Théodore Aligny, l'ayant rencontré dans la campagne occupé à peindre, fut frappé de sa remarquable exécution.

— Si vous le voulez bien, lui dit-il, nous travaillerons ensemble : vous pourrez apprendre avec moi et j'apprendrai avec vous.

Quand on voit au Louvre l'admirable *Vue du Forum*, qui porte la date de mars 1826, on conçoit qu'Aligny pouvait apprendre avec un pareil « élève ».

De la même année date l'étude le *Pont de Marni*, de la collection

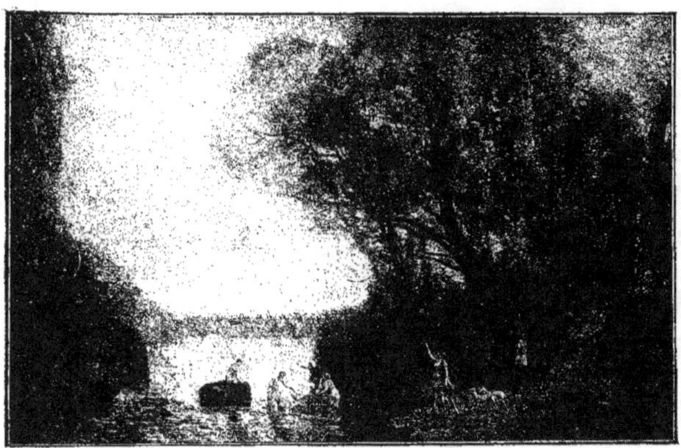

Le *Bain de Diane*, par Corot.

Moreau-Nélaton, une des plus exquises pages de la jeunesse du maître, œuvre bien supérieure au tableau qu'il exécuta dans la forme classique sous la direction de Bertin, pour l'envoyer au Salon de 1827.

Car il faut considérer ce fait assez particulier dans l'œuvre de Corot : Ses premières études, peintures, aquarelles, dessins, sont exquises ; sa magnifique vision, sa sensibilité expriment la nature avec une simplicité, une naïveté charmantes. Il peint comme écrivait La Fontaine. La nature se fixe sur le papier ou la toile.

Grâce au don magnifique de M. Moreau-Nélaton, ces études, que connaissaient seuls ceux qui ont pénétré dans l'intimité du grand peintre, peuvent maintenant être étudiées par tous ses admirateurs.

Les tableaux que, jusque vers 1845, il exécuta sous la direction et surtout sous l'influence de Bertin, sont beaucoup moins intéressants ; l'artiste y est sensiblement moins *lui-même*. A partir de 1845, Corot s'appliqua à se dégager des formules, son expression se libéra, de plus en plus l'air circula dans ses délicieux paysages, au milieu des mille jeux de la lumière. Sa fantaisie prit son essor avec les nymphes dont il se plut à peupler les rives, bordées de grands arbres, d'eaux tranquilles. Il atteignit enfin sa formule définitive, qui resplendit dans ses chefs-d'œuvre : l'*Etang d'Ermenonville*, la *Route d'Arras*, le *Beffroi de Douai*, pour ne citer que ces trois œuvres, qu'on admire au Musée du Louvre.

Corot exposa pour la deuxième fois au Salon de 1831 ; il y envoya deux toiles : *Vue de Furia* et *Couvent au bord de l'Adriatique*.

Au Salon de 1833, sa *Forêt de Fontainebleau* lui valut une médaille.

En 1835, de retour d'un deuxième voyage en Italie, il exposa plusieurs toiles importantes : *Vue prise à Ripa, Agar dans le désert, Diane surprise*, la *Campagne de Rome en hiver*.

En 1838, il exposa *Silène* et *Un Soir*.

En 1840, l'Exposition contenait de lui un *Soleil couchant*.

En 1841, la *Fuite en Egypte, Démocrite* et les *Abdéritains*.

En 1842, sur cinq toiles envoyées par lui, le jury en refusa quatre.

Corot fit en 1843 un troisième et dernier voyage en Italie, au retour duquel il exécuta un *Baptême du Christ*, pour la chapelle des Fonts baptismaux, de Saint-Nicolas-du-Chardonneret.

Au Salon de 1848, il exposait deux *Effet de soir* et trois *Effet de matin*.

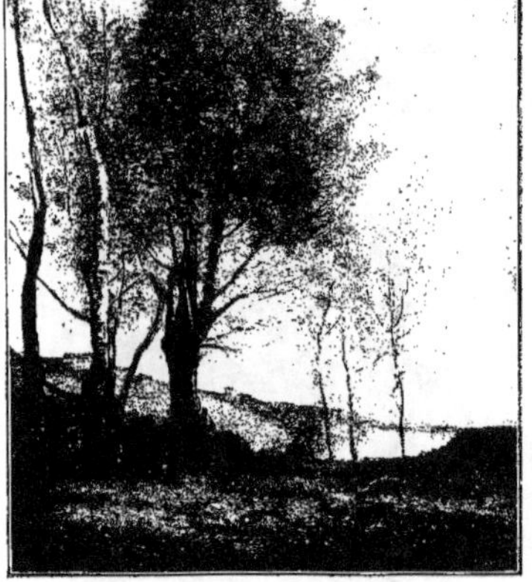

Effet de Matin, par Corot.

Le Salon de 1849 fut le premier vrai grand succès de Corot, il y avait envoyé : *Vue du Colysée, Vue prise à Ville-d'Avray, Vue prise à Volterra* et surtout le *Christ au Jardin des oliviers*.

Les brillants artistes qui, rénovant la peinture française, étaient devenus les favoris du public, considéraient Corot comme un des leurs les plus brillants.

C'était un maître et chacun le reconnaissait comme tel. Ses envois aux Salons de 1850 : *Soleil couchant* et *Matinée;* de 1852 : le *Repos* et le *Port de La Rochelle;* de 1853 : *Saint Sébastien;* de 1857 : l'*Incendie de Sodome, Nymphes jouant avec un Amour* et le *Concert;* de 1859 : *Dante et Virgile, Macbeth;* de 1861 : la *Danse des Nymphes;* de 1866 : le *Matin* et le *Soir*, affirmaient pleinement cette maîtrise.

L'Exposition de 1867 lui valut la croix d'officier de la Légion d'honneur.

Il avait été fait chevalier en 1849.

Quand on annonça cette heureuse nouvelle à M. Corot père, il s'écria :

— Camille a la croix d'honneur?... Il a donc du talent?

L'excellent homme ne s'en était pas encore aperçu.

Au Salon de 1873, il exposa la *Pastorale;* en 1875, la *Danse antique.*

Une notable partie du jury voulait, en 1874, que la médaille d'honneur lui fut attribuée; on la donna à un autre, mais ses amis et ses élèves lui offrirent, par souscription, une grande médaille d'or, et le 24 décembre 1874, un monument était élevé en son honneur à Ville-d'Avray.

Ce n'était pas seulement le grand paysagiste que les artistes honoraient ainsi, c'était l'homme admirable, le cœur excellent toujours prêt à obliger, le professeur désintéressé, qui s'était prodigué gratuitement pour instruire ses élèves.

Nous avons employé le mot désintéressé, retenons-le : nul ne le mérita mieux que Camille Corot.

Lorsqu'il commença à peindre, ce fut sans aucune pensée de lucre; traduire la beauté était sa seule pensée. L'argent tenait si peu de place dans son esprit qu'il était déjà célèbre et considéré comme un maître et n'avait pas encore vendu une seule de ses peintures.

Rencontrant un jour Louis Ménard, son grand admirateur, Corot prit un air désolé :

— Qu'avez-vous, cher maître, demanda Ménard.

— Ah! mon bon ami, il vient de m'arriver un grand malheur.

— Et quoi donc, mon Dieu?

— Je viens de décompléter la collection des Corot.

Le grand peintre venait de vendre son premier tableau !

Cette vente d'ailleurs se rapporte à un fait qui lui fait trop d'honneur pour que nous ne le rapportions pas.

Un de ses amis manifestait le regret de n'avoir pas vu l'Italie :

— Il faut y aller, dit Corot.

— Mais je n'ai pas les premiers fonds nécessaires.

— Combien te faudrait-il ?

— Avec sept cents francs je me tirerais d'affaire.

— Bien. Je te verrai demain.

Corot alla trouver son beau-frère, M. Sennegon, qui exploitait avec sa femme, sœur de l'artiste, le magasin de modes fondé par Mme Corot et lui demanda de lui avancer les trente-cinq louis.

Cet argent permit à l'ami de Corot de partir mais, à quelque temps de là, le beau-frère manifesta le désir de voir régler ce compte.

— C'est bien, répondit le maître, trop touché pour expliquer combien cette réclamation le gênait.

Il n'avait que sa petite pension de 1.500 francs, à laquelle il avait toujours limité ses dépenses.

Quant à demander une avance à son père, l'artiste n'y songeait même pas.

Il était rentré chez lui fort préoccupé, quand un monsieur inconnu se présenta. Il avait vu les œuvres du charmant paysagiste aux Expositions, il les admirait fort et demandait la permission de visiter son atelier. Très aimablement, Corot lui en fit les honneurs.

— Quel est le prix de cette toile? demanda tout à coup le monsieur, arrêté depuis quelque temps devant un délicieux paysage.

Quel était le prix?... l'artiste n'en pouvait croire ses oreilles. Jamais pareille question ne lui avait été faite et il y était si peu préparé qu'il ne savait quoi répondre. La pensée de la somme réclamée par son beau-frère lui traversa l'esprit et sans même réfléchir, il répondit :

— Sept cents francs.

Le visiteur prit le tableau, versa la somme et, quand il fut parti, Corot n'était pas encore revenu de sa surprise.

Il courut chez son beau-frère et lui remit l'argent.

Mme Sennegon, qui savait son extrême délicatesse, avait sans doute fait des représentations au sujet de la réclamation, car M. Sennegon ne voulait pas tout d'abord accepter le remboursement; Corot ne voulut rien entendre.

Du reste, cette première vente fut suivie de plusieurs autres.

Le maître n'en était guère plus riche : sa bourse était toujours ouverte.

Un de ceux qui en avaient déjà abusé vint le trouver un matin et, après lui avoir expliqué les embarras de sa situation, lui demanda quatre cents francs.

La somme était importante, l'emprunteur un peu sujet à caution...

— Je suis désolé de ne pouvoir t'obliger, répondit Corot, mais je suis sans le sou.

Le visiteur ayant gagné la rue s'en allait mélancoliquement, quand il se sentit frapper sur l'épaule : c'était Corot qui, en costume d'atelier, le rejoignait.

— Pardonne-moi, mon ami, je t'ai trompé : j'ai l'argent dont tu as besoin, le voilà.

Et il lui remit les fonds.

L'artiste expliquait ce geste généreux :

— Je pouvais l'obliger; mon devoir était de le faire.

Du reste, il ne se montrait guère plus soucieux de nombre de ses productions que de son argent.

Henri Rochefort racontait l'amusante anecdote qui suit :

Jeune homme, il habita pendant quelque temps la même maison que le grand paysagiste. Un jour, un écureuil que possédait le célèbre pamphlétaire, alors modeste employé de la ville de Paris s'échappa, gagna l'atelier du maître et — y trouva-t-il l'illusion des bois chers à ses premiers ans? — grignota plusieurs panneaux peints.

Informé des dégâts par le concierge à qui Corot avait remis le fugitif, Rochefort courut s'excuser, déplorant l'accident arrivé à des chefs-d'œuvre.

— Des chefs-d'œuvre! fit le peintre en riant. Vous aimez ma peinture, dites-vous? Vous pouvez en prendre si cela vous plaît.

Et il désignait les toiles et les panneaux appuyés le long de la muraille.

— Jamais je n'ai eu à résister à pareille tentation! ajoutait Rochefort.

Un brave Auvergnat, mi-brocanteur, mi-charbonnier, vint un jour trouver Corot pour lui demander si une toile qu'il venait d'acheter était bien de lui.

— Non, mon ami, ce n'est pas de moi, répondit le grand peintre.

Et comme le bonhomme se désolait, Corot ajouta, prenant sa palette :

— Elle n'est pas vilaine, cette peinture; mais, voyez-vous, j'aurais fait le ciel plus clair... comme ceci... Les terrains seraient plus simples... de cette façon... J'aurais assoupli les arbres...

Et la brosse de l'artiste soulignait chaque explication par la modification indiquée... Au bout de quelques instants il ne restait plus de la première peinture que le motif... Et encore!

— Maintenant vous pouvez dire que vous avez un Corot, mon ami, fit-il, tendant la toile.

L'Auvergnat partit, se confondant en remerciements.

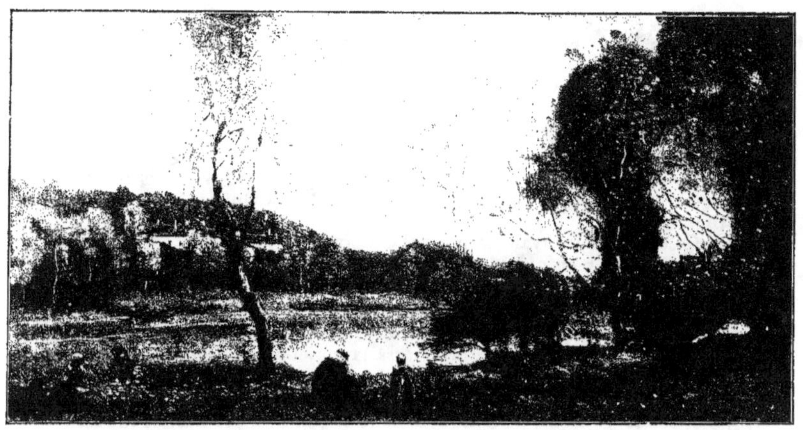

Les *Etangs de Ville-d'Avray*, par Corot.

— Jamais vous n'avez vu un homme plus satisfait! disait le grand peintre, riant de son bon rire et heureux de la joie qu'il avait donnée à cet inconnu.

Corot avait une amie, une amie qu'il aimait à la folie : sa pipe.

Vers la fin de sa carrière, les commandes étaient devenues si nombreuses que l'excellent homme, incapable de dire non, avait toutes les peines du monde à satisfaire aux demandes.

Un de ses acheteurs racontait la scène qui se passait presque chaque fois qu'il désirait quelques tableaux.

— Mais je n'ai rien, mon ami, rien pour vous, répondait le peintre à la demande.

— Je m'en doutais, M. Corot, aussi ai-je pensé que vous pourriez me peindre quelque chose.

— Impossible, mon ami; je n'ai pas une seule toile.

— J'ai prévu le cas, M. Corot, aussi en ai-je apporté quatre.

34

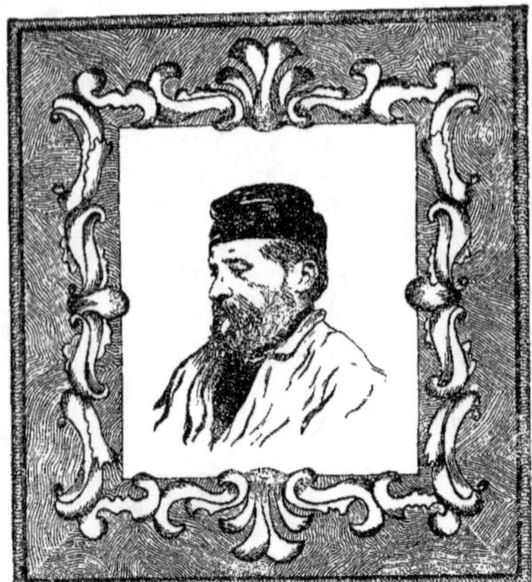

DECAMPS (Gabriel-Alexandre),
Peintre, graveur, né à Paris le 3 mars 1803, mort à Fontainebleau
le 22 août 1860. (Ecole française).

— C'est différent, mon bon ami, nous allons allumer « Pipette » et nous mettre au travail.

La pipe aux dents, le grand artiste, en quelques heures, faisait jaillir de son pinceau un paysage du genre de ce délicieux *Etang de Ville-d'Avray*, que l'on trouvera dans la page précédente.

Corot était fort modeste ; il disait, devant ses amis, les lacunes qui, suivant lui, existaient dans sa facture.

— Plains-toi donc ! fit Daubigny : tu ne mets rien sur tes toiles et il y a tout !

Cette charmante boutade exprime à merveille la prestigieuse exécution du maître de Ville-d'Avray.

Au mois de février, Corot était allé à Douai chez M. Robant, le gendre de son élève Constant Dutilleux. Il y exécuta le merveilleux tableau le *Beffroi de Douai*, qui vient heureusement d'entrer au Louvre. Il revint malade à Ville-d'Avray.

Quelques jours avant sa mort il demanda sa pipe.

— Je crois bien que c'est la dernière fois que j'aurai fumé « Pipette », dit-il.

La disparition de ce grand artiste, de cet homme de bien fut un deuil pour tous ceux qui l'avaient approché.

Gabriel-Alexandre Decamps passa la majeure partie de son enfance à la campagne, en Picardie, puis fut mis au collège. Comme la plupart des bons peintres, ce fut un assez mauvais élève, marquant une préférence indiscutable pour les griffonnages dont il couvrait ses cahiers sur les versions ou les thèmes latins.

Sa famille eut le bon esprit de ne pas contrarier sa vocation ; il fut placé dans l'atelier du père d'un de ses amis, le peintre Bouchot, puis il passa sous la direction d'Abel de Pujol. Mais ce dernier partageait le mépris que la plupart des classiques éprouvaient pour les jeunes artistes avides de caractère et de réalité. Decamps fut dans cet atelier l'élève dont on ne s'occupe pas. Il le quitta en écrivant à un de ses amis :

« L'absence de tout principe est seul un mal. »

Il partit en voyage, visita l'Italie et l'Orient.

Decamps était de retour en 1827. Il envoya deux toiles au Salon de cette année : *Soldat de la garde d'un vizir* et *Chasse aux vaisseaux*.

Pendant quatre ans il continua à envoyer aux Salons des œuvres pleines de force, d'une belle couleur et d'un dessin plein de solidité. Cependant il passait inaperçu, l'admiration du public s'arrêtant à des tableaux très inférieurs aux siens. Il fit aussi une courte incursion dans le domaine de la caricature. Certaines de ses lithographies eurent un succès énorme. Le *Pieu monarque*, entre autres, dans laquelle l'artiste avait représenté un

Charles X dégrossi dans une poutre fichée
en terre, eut, grâce au calembour et à son
amusante facture, une vogue exceptionnelle. Mais il s'en tint à une quinzaine de
pièces et revint à son véritable genre : la
peinture.

La *Ronde de nuit*, qu'il exposa au Salon
de 1831, le rendit célèbre.

Ses envois au Salon de 1834 augmen-
tèrent encore sa renommée. Il y exposait : la
Défaite des Cimbres et *Corps de garde
turc*.

Gabriel-Alexandre s'était placé au premier rang des peintres orientalistes.

Joseph vendu par ses frères, qu'il envoya au Salon de 1839, lui valut la croix de
la Légion d'honneur.

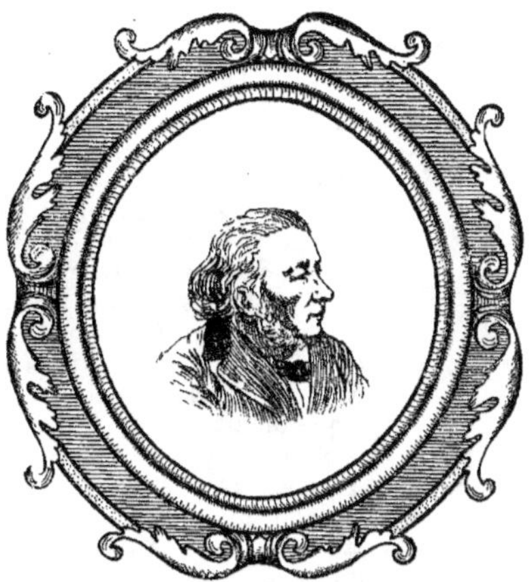

DAUMIER (Honoré),
Peintre, graveur, né à Marseille en 1808, mort à Valmondois en 1879.
(École française).

Mais c'était un indépendant, ennemi
des courbettes et s'il conquérait la jeunesse et les vrais amateurs, les critiques le déchiraient à l'envi, la Direction des Beaux-Arts ne lui donnait
pas de commandes.

Ce fut mieux : en 1846, alors qu'en pleine possession de son talent il
produisait des œuvres maîtresses, le jury lui refusa plusieurs tableaux.
C'était, du reste, le même jury qui refusait les œuvres de Jean-François
Millet.

Decamps ne s'émut pas outre mesure de l'injustice dont il était l'objet
et continua à travailler, mais n'exposa plus au Salon, sauf en 1855, où il
envoya cinquante toiles.

Decamps était officier de la Légion d'honneur depuis 1851.

Avec Honoré Daumier, nous sommes en présence d'un des plus beaux
génies français. Les caricatures qui ont fait sa réputation, quoique tout à
fait exceptionnelles, sont peu de chose dans son œuvre, si on les place à
côté de ses ouvrages sérieux; c'est par ses dessins d'études, dans ses trop
rares peintures, qu'il a donné la mesure de sa puissance d'expression. Là, il
voisine avec les maîtres les plus illustres de toutes les époques.

Il était fils d'un vitrier de Marseille épris de poésie, et qui publia, en
1823, un volume de vers : *Les Veillées poétiques.*

Daumier, venu à Paris, débuta comme employé dans une librairie,
mais sans négliger pour cela l'étude du dessin.

Il fit, en 1830, la connaissance de Philippon, directeur de la *Caricature*, excellent journal plein de verve, menant une campagne acharnée
contre Louis-Philippe et contre la classe qui avait confisqué à son profit la
Révolution de 1830. Daumier devint bientôt le plus brillant caricaturiste
de la vaillante phalange que Philippon avait groupée autour de lui.

Il créa le portrait-charge. Sous son crayon puissant et incisif défilèrent
les ministres, les personnages en vue de la monarchie de Juillet; mais son
crayon ne lui suffisait pas : on le voyait aux séances de la Chambre des

députés modeler ses types en terre glaise avant de les fixer sur la pierre lithographique.

En 1832, il fut condamné à six mois de prison pour son *Gargantua*, caricature dans laquelle il avait représenté Louis-Philippe. Cette condamnation augmenta sa verve et la rendit plus mordante. Le *Ventre législatif*, la *Rue Transnonain* lui firent une réputation considérable. Sa série des *Robert Macaire* fut aussi justement célèbre, enfin cet admirable artiste, entraîné par son tempérament combatif et beaucoup aussi par suite des nécessités de la vie, émietta son rare génie dans des productions ou la politique tenait plus de place que l'art vrai. De 1830 à 1871 il ne produisit pas moins de 5.000 estampes.

En 1848, Daumier prit part au concours ouvert entre les artistes pour l'exécution d'une figure de la République. L'esquisse qu'il présenta fait partie de la donation Moreau-Nélaton, dont nous avons déjà eu l'occasion de parler à propos de Corot. Il n'y eut pas de prix décerné.

L'année suivante, il envoyait au Salon son tableau le *Meunier, son fils et l'âne*.

Ce ne fut pas la seule occasion où le grand artiste s'inspira de La Fontaine : le Louvre possède également les *Voleurs et l'âne*, superbe peinture dans laquelle l'artiste montre, avec une force d'exécution extraordinaire, sa conception si personnelle de la forme.

Son œuvre peint comprend une centaine de tableaux, parmi lesquels ces extraordinaires petites toiles représentant les amateurs de peintures devant des œuvres d'art, des avocats, des juges. Il est impossible de rendre avec une réalité plus puissante les multiples et si complexes expressions de ces personnages.

Mais parmi toutes les peintures de ce grand artiste, il en est une où il a atteint au sublime. C'est la femme sortant du lavoir, un énorme paquet de linge mouillé sur l'épaule et un enfant en bas âge à la main, qui figurait à l'Exposition de 1900. Nous ne connaissons pas d'œuvre artistique traduisant une émotion plus grande avec des moyens aussi simples.

Balzac, qui comprenait la force extraordinaire de Daumier, lui dit un jour :

— Mon cher, si vous voulez avoir du génie, faites des dettes !

Daumier n'en fit pas et cela ne l'empêcha pas d'avoir du génie, mais son énorme labeur ne lui assura même pas le pain pour ses vieux jours. Il s'était retiré sur les bords de l'Oise, à Valmondois, dans une maison de paysan et y achevait sa vie avec la fierté dont il avait toujours fait montre.

A un moment, son propriétaire le fit saisir pour un retard de loyer. Son mobilier allait être vendu, Corot vint le voir.

— Je suis content d'apprendre que tu vas enfin pouvoir t'entendre avec ton propriétaire, fit le maître de Ville-d'Avray.

Daumier protesta, déclarant qu'il ne ferait aucune démarche ; il acceptait stoïquement sa ruine plutôt que de s'humilier.

— Mais je te dis que tu t'entendras avec ton propriétaire, car ton propriétaire c'est toi.

Et Corot posa sur la table l'acte de vente portant quittance, qu'il venait de faire établir au nom de son vieil et illustre ami.

— D'un autre, je refuserais, fit Daumier prenant la main qui lui était tendue ;
de toi, j'accepte.

Constant Troyon fut d'abord ouvrier à
la manufacture de Sèvres. La vocation artistique s'éveillant en lui, il travailla d'abord
sous la direction de Riocreux et plus tard
avec Poupart. Ces leçons lui avaient permis
de s'adonner à la peinture sur porcelaine.

Il exposa au Salon de 1833 le *Parc de
Saint-Cloud* et la *Fête de Sèvres*, toiles qui
sentent l'influence de ses maîtres et sont
médiocres.

Troyon était doué d'une facilité extraordinaire. Il existe de lui des études peintes
datant de cette première période, dans lesquelles à côté de grossières fautes de dessin
et de perspective, on trouve une exécution

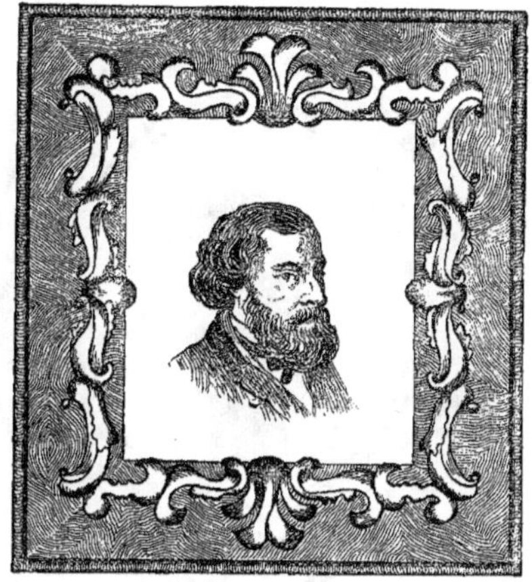

TROYON (Constant),
Peintre, né à Sèvres le 25 août 1810, mort à Paris le 21 février 1865.
(Ecole française).

tout à fait exceptionnelle. Le jeune artiste n'avait pas de fortune. Désireux
de voyager, il partit, allant de ville en ville, gagnant sa vie en peignant
sur porcelaine. Cette partie matérielle de la vie ne l'empêchait pas de poursuivre ses études sérieuses. La rencontre qu'il fit de Jules Dupré et les conseils qu'il reçut de lui, transformèrent son talent.

Il revint pour exposer au Salon de 1836 et ses œuvres nouvelles montrèrent qu'il avait trouvé sa voie. *Vue prise aux environs d'Argenton, Un
Fossé dans le Limousin*, affirment ses qualités de paysagiste.

Le voyage qu'il fit en Hollande en 1847, l'amenèrent à agrandir sa
manière et lui firent subir l'influence des maîtres hollandais. D'après le
conseil de son ami Charrassin, il introduisit les animaux dans ses peintures.

Paul Potter fut le peintre qu'il étudia avec le plus de passion et il acquit
bientôt une grande supériorité comme animalier.

Les nombreuses études qu'il fit à cette époque sont fort appréciées des
connaisseurs.

Dès le Salon de 1848, le public le sacrait maître.

Le Musée du Louvre possède de lui *Retour à la ferme*, importante
composition que lui acheta le gouvernement à la suite du Salon de 1849.

Ses œuvres étant fort recherchées, il en produisit un grand nombre,
certaines témoignent de la hâte qui présida à leur exécution.

Troyon mourut à cinquante-deux ans des suites d'excès de travail.

Talent peut-être moins puissant, moins parfait que la plupart de ses
grands compagnons de lutte, Jules Dupré possède à nos yeux le grand
mérite d'avoir obstinément, et par une étude constante, cherché à traduire
son amour profond de la nature.

Son père, originaire de l'Isle-Adam, s'était, dans sa jeunesse, livré à
la peinture. Mais les circonstances l'amenèrent à renoncer à l'art pour l'industrie. Il acheta à Parmain, près Creil, une fabrique de porcelaine, qu'il

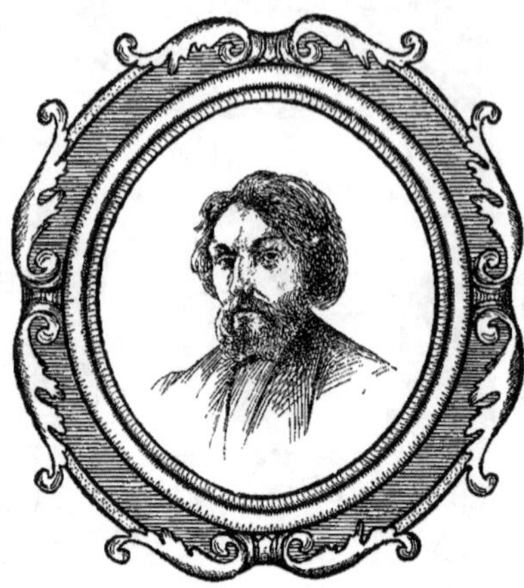

DUPRÉ (JULES),
Peintre, graveur, né à Nantes le 5 avril 1811, mort à l'Isle-Adam
le 6 octobre 1889. (Ecole française).

se proposait de faire reprendre dans la suite par son fils.

Après un court apprentissage, Jules fut employé à la décoration des assiettes. Il accepta le travail manuel par nécessité, mais ses visées étaient plus hautes : il rêvait de se livrer à l'art.

M. Dupré père ayant été appelé à la direction d'une importante manufacture du Limousin, son fils le suivit.

Son goût pour la peinture lui faisait trouver le temps de faire ses études d'après nature ; il trouva même à les vendre, mais à des prix dérisoires.

La jeune école de 1830 affirmait chaque jour davantage sa rupture avec les formules de l'école classique.

— C'est dans la nature, dans la nature seule que nous devons chercher la science et l'inspiration ! s'écriait Cabat, suivi par Paul Huet, Flers, Théodore Rousseau, Jeauron.

Des manifestations artistiques de cette brillante phalange l'enhardirent à persévérer dans la voie où il s'était engagé.

Il envoya au Salon de 1831 un *Intérieur de forêt dans la Haute-Vienne*, une *Vue de l'Isle-Adam*, un *Intérieur de cour*, qui attirèrent l'attention des artistes et du public. Ces premiers essais décelaient un tempérament d'artiste.

Le Salon de 1833, où Dupré figura avec l'*Heure de la soupe*, *Environs de Paris* et la *Vallée de Montmorency*, confirma pleinement le premier succès.

Dupré possédait une nature charmante et éminemment sociable ; il recherchait la société de ses jeunes confrères. Il devint bientôt une des personnalités autour de laquelle ils aimaient à se grouper.

Son désir de nature le fit partir en compagnie de Jules André et de Troyon pour aller s'installer dans le fin fond du Berry. Dupré rapporta de cette campagne les éléments de son Salon de 1834.

Peu après il allait s'installer avec Cabat à Tendu, dans l'Indre. Ils trouvèrent un aubergiste qui, moyennant un franc cinquante par jour, leur donnait la chambre et une nourriture abondante. Ce fut dans ce village que Dupré fit les études de cet *Intérieur de ferme* qui, vendu par lui 260 francs, atteignit 20.000 francs à la vente Faure.

Un amateur anglais, Lord Graves, ayant acheté un de ses tableaux, invita Dupré à venir le voir. Le jeune paysagiste profita du voyage pour visiter l'Angleterre. Les œuvres de Constable, qu'il eut l'occasion de voir, exercèrent sur son talent une influence très marquée.

Le Salon de 1835 fut pour lui un triomphe. Un *Bois dans la Creuse*, les *Environs de Southampton*, le *Pacage limousin*, mirent le comble à sa gloire.

Ce succès, loin de développer sa vanité, le laissait toujours plein d'admiration enthousiaste pour le talent de ses confrères. Bien qu'il fut dans une situation très gênée, il employait ses relations à trouver des acquéreurs à son ami Théodore Rousseau, comme, plus tard, il chercha des amateurs pour les œuvres de Jean-François Millet.

Il fut décoré en 1849.

A partir du Salon de 1852, où il avait envoyé un *Coucher de soleil*, un *Pacage* et une *Entrée de hameau dans les Landes*, il ne prit plus part aux Expositions.

Retiré à l'Isle-Adam, ses préoccupations d'argent lui faisaient dire :

— J'aurais peut-être un morceau de pain quand je n'aurai plus de dents pour le manger.

Il écrivait à un de ses amis, au printemps de 1857 :

« La campagne devient charmante, les feuilles poussent, les oiseaux chantent et se disent même beaucoup de choses. On voit bien que ces enfants de la feuillée ne craignent pas les échéances. »

Une des préoccupations dominantes de Dupré dans ses œuvres fut les ciels. Il y atteignit parfois à une puissance d'effets tout à fait remarquables.

— Le ciel, disait-il, est devant un arbre, derrière un arbre, dans un arbre, il est partout. Le ciel c'est l'air dans un paysage.

A l'Exposition de 1867 il reparut avec une *Forêt de Compiègne*, la *Gorge des Eaux-Chaudes*, un *Pacage en Berry*, un *Pacage en Sologne*, un *Pacage dans les Landes*. L'excellent peintre fut péniblement impressionné par la décision du jury, qui ne fit figurer son nom sur la liste des récompenses que dans un rang éloigné.

Durant la guerre de 1870, il se réfugia à Cayeux-sur-Mer, où il peignit des marines fort remarquables.

Il se hâta de regagner son cher village dès que le départ des envahisseurs le lui permit.

Les années qui suivirent lui donnèrent enfin l'aisance si bien gagnée par son existence toute de noble travail. La vogue commençait pour les artistes de l'école de 1830; les prix de leurs œuvres atteignaient des prix considérables. Dupré put, en 1872, acheter une maison spacieuse et n'avoir plus le souci « des échéances », qui avait si longtemps et si lourdement pesé sur sa vie.

Il vit mourir un à un ses amis et compagnons de lutte : Millet, Corot, Daubigny.

Il demeurait toujours aussi enthousiaste de son art.

Un jour que Giacomelli était allé le voir et que suivant les bords de l'Oise ils admiraient un superbe coucher de soleil, le vieux peintre s'écria tout à coup :

— Dire que nous faisons plus beau que ça!

Dans les derniers temps de sa vie, comme il souffrait de la pierre, il se fit opérer; il semblait qu'il fut complètement guéri, quand une congestion pulmonaire s'étant déclarée, il fut enlevé en quelques jours.

Un de ses derniers tableaux, terminé à la veille de sa mort, fut acheté

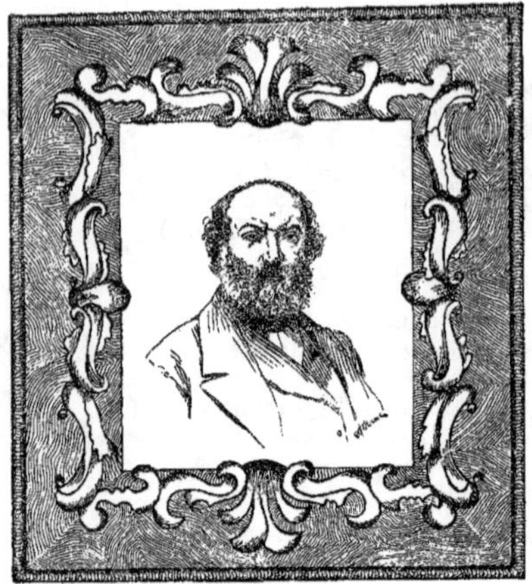

ROUSSEAU (Théodore),
Peintre, graveur, né à Paris le 15 avril 1812, mort à Barbizon
le 22 décembre 1867. (Ecole française).

20.000 francs par le duc d'Aumale, à la vente de son atelier, le 30 janvier 1890. Le prix total s'éleva à 208.760 francs.

Jules Dupré connaissait déjà les grands prix. A la vente Wilson, la *Vue de Southampton* vendue 500 francs en 1835, fut adjugée 48.000 francs.

Théodore Rousseau, que Théophile Gautier nommait le « Delacroix du paysage », fut d'abord élève de Raymond, un exquis paysagiste trop peu connu, puis de Guillon-Lethière.

La marque du premier maître demeura profondément gravée dans l'esprit du brillant disciple et un grand nombre de dessins de Rousseau seraient aisément confondus avec ceux de Raymond et *vice et versa*.

Rousseau, comme tous les grands paysagistes de l'école de 1830, fut un voyageur intrépide. Il existe de lui un curieux croquis par Jeanron le montrant la blouse sur les épaules, le sac au dos, guêtré jusqu'au genou, la pipe aux dents, son bâton à la main, et l'on se figure le bel artiste parcourant à pied les vieilles routes de France, s'imprégnant des multiples aspects de la grande nature, notant les mille jeux de lumière dans les branches et les embrasements du ciel sur les lointains de l'horizon.

Il visita de la sorte l'Auvergne et la Normandie, se consacrant exclusivement au paysage.

Sa première exposition fut au Salon de 1834, la *Lisière d'un bois coupé*, dont la puissante réalité frappa le public.

En 1835, il envoyait plusieurs esquisses fort remarquables.

Mais les classiques se fâchèrent tout rouge : On invita le jury à se montrer plus sévère à l'avenir.

L'ordre fut trop bien exécuté pour l'honneur des peintres appelés à se prononcer sur les admissions des tableaux aux Expositions.

Rousseau y fut refusé de parti-pris.

Les meilleurs critiques, les plus grands artistes proclamaient l'exceptionnel talent de Rousseau; le jury n'en avait cure : il n'y avait pas de place pour lui aux Salons.

Ce scandale dura plus de dix ans. Cependant le refus de l'*Allée de châtaigniers,* qualifié de chef-d'œuvre par la plupart des peintres, provoqua une telle indignation que les jurés s'émurent. On décida de lever l'interdit qui pesait sur le puissant paysagiste.

A partir de cette date et jusqu'en 1857, Théodore Rousseau figura à tous les Salons.

En 1849 : la *Mare*, l'*Avenue de l'Isle-Adam*, la *Lisière du bois;* en 1850 : *Village de Barbizon;* en 1852 : *Sortie de la Forêt de Fontainebleau,* que l'on admire au Louvre; en 1854 : *Marais dans les Landes*, au Louvre;

en 1855 : *Plaine de Barbizon;* en 1857 : *Bords de la Loire au printemps;* en 1859 : les *Gorges d'Apremont;* en 1863 : *Mare sous les chênes;* en 1867 : *Paysage du Berry.*

Rousseau, dès 1848, s'était installé au hameau de Barbizon, à deux pas de la partie la plus pittoresque de l'admirable forêt de Fontainebleau, près de ce *Bas-Bréau,* que nos grands paysagistes devaient rendre célèbre dans le monde entier.

C'était une véritable trouvaille que ce petit pays, un vrai coin à peintre, où Millet, Diaz et souvent Corot devaient venir rejoindre Rousseau.

Il menait là une existence quasi-monacale, s'absorbant dans la contemplation de la nature.

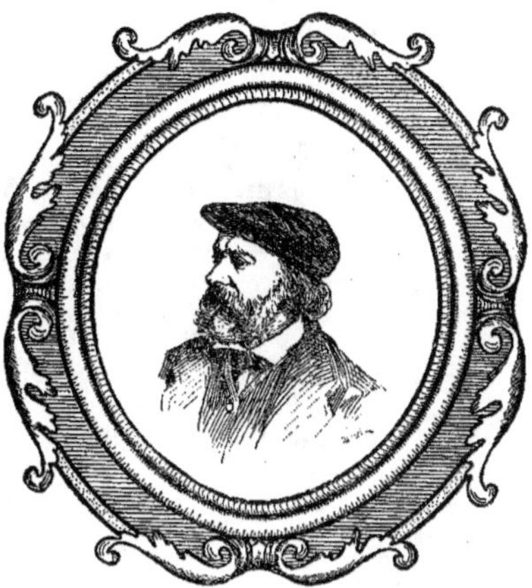

DAUBIGNY (François-Charles),
Né à Paris le 15 février 1817, mort à Paris le 19 février 1878.
(École française.)

Les Américains, qui admirèrent des premiers ses œuvres, venaient le visiter dans son ermitage. Ce fut à l'un d'eux que Rousseau conseilla d'aller voir Millet, visite à la suite de laquelle l'illustre auteur de l'*Angélus* commença à vendre ses ouvrages.

Théodore Rousseau termina sa laborieuse existence de la façon la plus triste pour un intellectuel : un ramollissement du cerveau précéda sa mort. Millet qui avait pour lui une affection fraternelle, le soigna jusqu'au dernier moment et veilla à son inhumation. Il s'occupa de la tombe de son ami avec un soin tout religieux. Le monument qui domine le cimetière de Chailly est composé d'une croix de fer au pied de laquelle sont entassées d'énormes pierres brutes, des grès de la forêt; sur la plus grosse, on lit ces mots gravés en creux : THÉODORE ROUSSEAU, PEINTRE.

François-Charles Daubigny appartenait à une famille d'artistes. Son père, paysagiste habile, avait visité l'Italie en rapportant d'intéressantes vues de Castellamare et de Naples; son oncle, Pierre Daubigny, était miniaturiste.

Il perdit sa mère étant fort jeune. Sa santé délicate, son peu de goût pour les livres firent que son éducation fut très négligée.

Désireux de se procurer quelque argent, il peignait des dessus de boîtes et des tableaux pour les horlogers.

Il avait dix-sept ans lorsque son père se remaria. Ce mariage ne lui plaisant pas, il résolut de vivre à son compte.

Le travail qui assurait son existence ne l'empêchait pas de songer à l'art et son rêve était de voir l'Italie. Pendant un an, il amassa sou à sou la somme nécessaire pour se mettre en route et, en compagnie d'un jeune camarade qu'il avait décidé à l'accompagner, il consacra une année à visiter les musées de Florence, de Rome, de Naples et les plus beaux sites d'Italie.

Rentré à Paris, il fut employé par Granet, directeur du Louvre, à la restauration des tableaux. Mais son âme d'artiste ne pouvait voir profaner, comme l'administration le fait trop souvent, hélas ! les œuvres des maîtres.

Il critiqua avec tant de vigueur les imprudentes retouches subies par ces trésors du passé, qu'on le congédia purement et simplement.

Il exposa au Salon de 1838 une *Vue de Notre-Dame* et entra, la même année, à l'Ecole des Beaux-Arts dans l'atelier de Paul Delaroche. Ses progrès furent si extraordinaires que le professeur en fut surpris.

Au Salon de 1840 paraissait de lui un *Saint Jérôme* peu original et une *Vue de la vallée d'Oisans*, beaucoup plus intéressante. La figure n'était pas le fait de Daubigny.

En 1841, désigné pour entrer en loge, une négligence l'empêcha de prendre part aux épreuves du prix de Rome. Il avait atteint la limite d'âge; il quitta l'école.

Les années qui suivirent furent difficiles pour le jeune peintre. Malgré

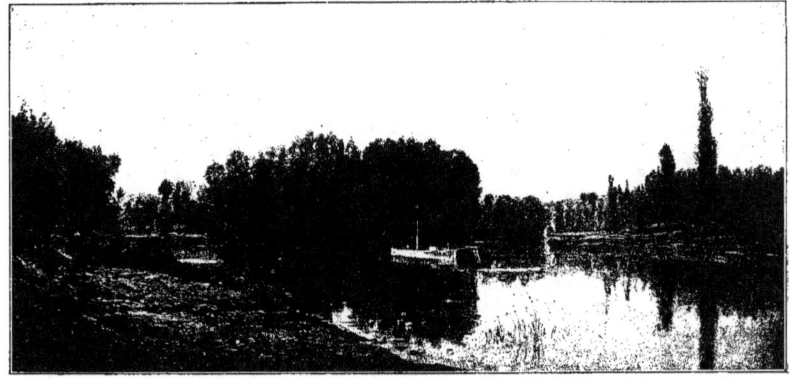

Les *Bords de l'Oise*, par Daubigny.

son talent et son savoir, il fut réduit pour vivre aux plus insipides travaux.

Ainsi que Prud'hon, il fit des en-têtes de factures, des vues de propriétés à vendre ou des prospectus pour les maisons d'éducation. Il fit aussi un grand nombre de dessins pour des livres illustrés.

Les études qu'il allait faire aux environs de Paris lui assuraient un peu de répit. Là, il se retrouvait dans le domaine de l'art.

Du reste, même dans l'industrie, il se révélait artiste. Mécontent de la façon dont les graveurs sur bois traduisaient ses dessins, il imagina un procédé de gravure à l'eau-forte pour remplacer l'aquatinte. Les gravures qu'il fit à cette époque sont très recherchées par les amateurs.

La publication du *Jardin des Plantes*, par l'éditeur Curmer, en 1842, et la belle édition de *Notre-Dame de Paris*, publiée par Perrotin en 1844, permirent à Daubigny de déployer toute l'ampleur de son talent comme aquafortiste.

Sa situation s'améliorait.

En 1844, après un assez long séjour dans la forêt de Fontainebleau, il envoya son tableau le *Carrefour du Nid-d'Aigle*.

Mais l'aspect sévère, l'austérité de la forêt ne réalisaient pas son rêve; il préférait les formes gracieuses de la rivière, avec les mille aspects de la vie qui lui sont propres : les péniches amarrées ou en marche, les laveuses mêlant le rythme de leur battoir à la musique du flot, les grandes ombres des arbres du bord tachant la nacre de l'eau le touchaient profondément. Ce fut cette impression qu'il chercha à traduire pour la première fois dans le *Ru à Valmondois,* qu'il envoya, avec la *Chaumière en Picardie*, au Salon de 1847.

Ces œuvres furent remarquées, mais le grand paysagiste ne devait

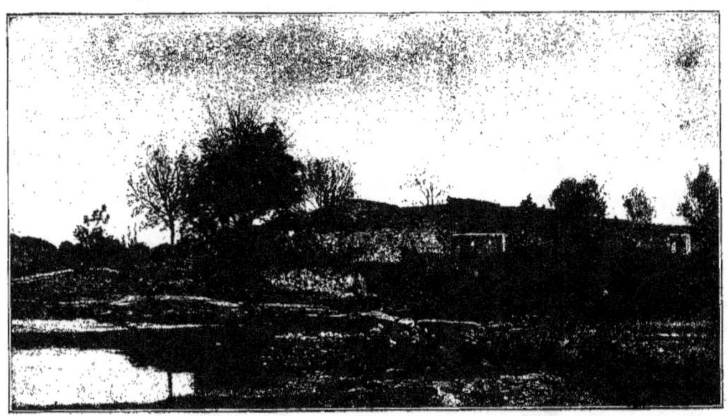

L'Ecluse d'Optevoz, par Daubigny.

arriver au plein succès que l'année suivante avec les *Souches*, le *Paysage du Morvan*, une *Vue de Château-Chinon* et surtout le *Champ de blé*, tableau fort remarquable, bien qu'il puissse prêter à quelques critiques sur le défaut d'unité qui s'y trouve, et que l'on admire au Louvre.

Un petit héritage, qu'il recueillit à cette époque, le sortit tout à fait de la situation difficile dans laquelle il avait vécu jusqu'alors; il put s'adonner exclusivement à la peinture.

Les Salons de 1849, de 1852, de 1853, affirmèrent son succès, qui grandit encore en 1855 avec les *Bords du Ru à Orgevaux*, le *Pré à Valmondois*, la *Mare au bord de la mer* et l'*Ecluse de la vallée d'Optevoz*, que possède le Musée de Rouen.

A l'Exposition de 1857, Daubigny affirma toute la force de son talent et conquit l'unanimité des suffrages avec la *Vallée d'Optevoz*, son chef-d'œuvre, et la charmante toile le *Printemps*. Ces deux tableaux sont maintenant au Louvre.

Il continua à envoyer aux Expositions et fut fait chevalier de la Légion d'honneur à la suite du Salon de 1857. Le gouvernement lui commanda

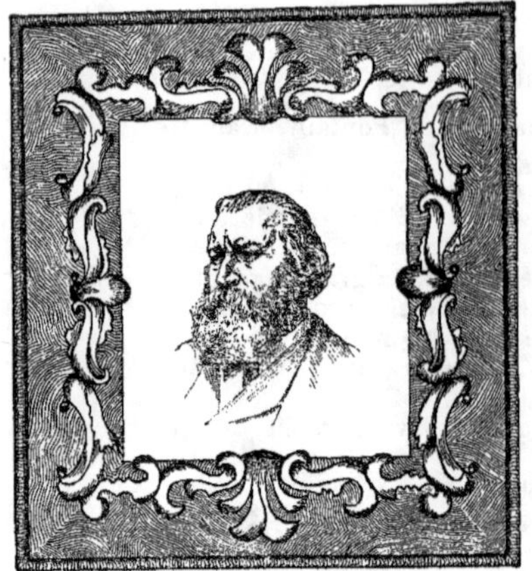

MILLET (Jean-François),
Peintre, graveur, né à Gréville le 4 octobre 1815, mort à Barbizon
le 20 janvier 1875.

en outre la décoration de l'escalier et des salons du Ministère d'Etat, au Louvre.

Il put enfin réaliser un rêve, caressé depuis longtemps, en faisant construire un bateau disposé en atelier flottant, avec une couchette et une cuisine.

L'artiste, dans une série de quinze planches, a conservé le souvenir des diverses traversées qu'il fit à bord du *Bottin*, ainsi qu'il avait appelé son navire.

Malgré sa santé peu robuste et de fréquentes attaques de goutte, Daubigny continuait la production de ses ouvrages. Le fait qui s'était produit pour Corot se renouvelait pour lui : le nombre des commandes l'obligeait à « faire » trop vite et certaines de ses dernières productions n'ont pas la tenue, la rigueur d'exécution de ses œuvres maîtresses.

Il fut nommé officier de la Légion d'honneur en 1874.

Un de ses derniers tableaux fut un *Lever de lune* qu'il envoya à l'Exposition de Vienne.

Malgré ses incessantes souffrances, il voulait travailler toujours.

Il fit encore une campagne à bord de son bateau, suivant le cours de l'Oise et de la Seine, de l'Isle-Adam jusqu'à Pont-de-l'Arche. Sans doute se fatigua-t-il outre mesure pendant ce voyage, mais il mourut peu après d'une hypertrophie du cœur.

Daubigny est par excellence le peintre du crépuscule. Quand il traduit les dernières heures du jour, sa notation de la couleur est parfaite ; ses effets de pleine lumière sont évidemment moins justes, puisque la coloration se rapproche sensiblement de celle des soirs.

Jean-François Millet ne fut pas seulement un admirable peintre, un dessinateur hors ligne : c'était aussi un penseur profond. C'était plus que tout cela : il réalisa l'incarnation la plus complète du génie français dans la forme plastique.

Il était fils d'un petit cultivateur de Gréville, village des environs de Cherbourg. Ce campagnard n'était pas un homme ordinaire du reste : durant les soirées d'hiver, les après-midi des dimanches, il réunissait ses enfants autour de lui pour leur faire la lecture.

Jean-François, dès son plus jeune âge dessinait, faute de mieux, sur les murs blanchis à la chaux de la maison paternelle.

M. Langlois, conservateur du Musée de Cherbourg vit par hasard ces premiers essais.

Le garçonnet avait groupé là une foule de figures familières : les animaux de la ferme traduits avec une étonnante vérité.

— Il faut faire travailler votre fils, dit M. Langlois au père Millet : il a en lui l'étoffe d'un grand artiste.

Le conseil fut suivi : tout en continuant à donner une part de son temps au travail de la ferme, Jean-François travailla le dessin. Ses progrès furent si extraordinaires que bientôt on le considéra comme un enfant prodige. Plus tard, reconnaissant qu'il était nécessaire qu'il allât compléter ses études à Paris, ses protecteurs obtinrent pour lui une pension de six cents francs par an de la ville de Cherbourg.

Il arriva à Paris en 1838.

Lorsqu'il évoquait ce souvenir, Millet ne dissimulait pas l'impression de terreur, la tristesse profonde que lui causa le grouillement de la grande cité. Ses yeux, habitués aux vastes horizons, ne pouvaient s'accoutumer à ses rues étroites. N'eût été son ardent désir de se livrer à l'étude, il fut reparti bien vite pour la côte normande.

Il éprouva d'abord une foule d'ennuis; ses effets lui furent dérobés, il tomba sérieusement malade. La jeunesse aidant, il fut bientôt debout; il commençait à s'habituer à la grande ville. Il songea à se mettre au travail.

Millet avait alors vingt-trois ans. C'était un superbe garçon taillé en hercule, mais d'une timidité farouche.

Il entra dans l'atelier de Paul Delaroche. Le professeur fut frappé des qualités de son élève ; mais il reconnut bientôt que le jeune paysan venait chez lui avec une conception très arrêtée en art, et que son apparence timide cachait une volonté irréductible. De terribles luttes se produisaient à chaque instant entre le maître et l'élève.

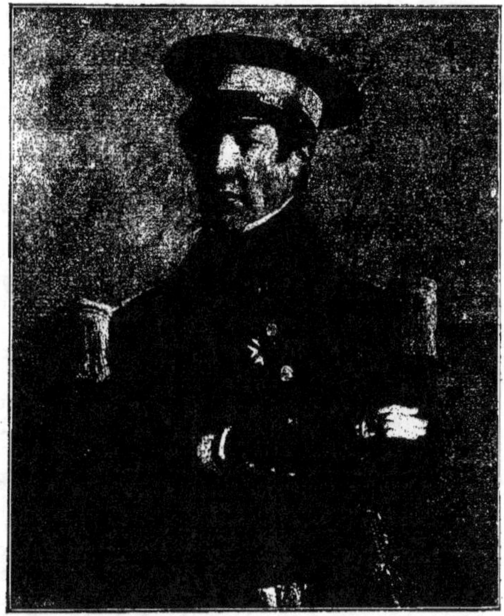

Portrait d'un officier de marine, par Millet.

D'autres jours, Delaroche ne pouvait se défendre de constater l'extraordinaire mérite du disciple, et il lui disait :

— Eh bien ! allez à votre guise ; vous êtes si nouveau pour moi que je ne peux rien vous dire.

Millet avait contre lui tout l'atelier. N'eût été ses poings solides et sa résolution bien évidente de n'accepter aucune brimade, on lui en aurait fait voir de dures. On se contenta de le surnommer « l'Homme des bois. »

Il fut admis à concourir pour le prix de Rome. Sa composition fort

originale frappa Delaroche. Mais le maître avait donné sa parole. Il engagea Millet à continuer à travailler, lui promettant de faire son possible pour
qu'il eût le prix l'année suivante.

Cependant Millet, étant donné sa nature, considérait perdre son temps
à l'école des Beaux-Arts, le milieu qu'il y fréquentait lui déplaisait souverainement. Dans ses longues visites au Louvre il avait trouvé des maîtres
lui fournissant un enseignement beaucoup plus en rapport avec sa vision
personnelle que les procédés factices en usage au palais de la rue Bonaparte.
Rembrandt, Velasquez, Ribera, Léonard, Michel-Ange, Poussin, les Le
Nain étaient ces maîtres-là.

Il reprenait, sans s'en douter, la théorie formulée par Poussin et par
Goya.

— Il n'est pas nécessaire de copier les maîtres; il est préférable de les
bien analyser.

A l'école il n'avait trouvé qu'un élève qui lui fut sympathique. C'était
un nommé Marolle, avec qui il loua un petit atelier rue de l'Est, 13, au
coin de la rue d'Enfer et de la rue du Val-de-Grâce. Le soir il allait à la
bibliothèque Sainte-Geneviève et y lisait les ouvrages sur l'art de Jean
Cousin, Léonard de Vinci, Albert Dürer, Le Poussin.

Pour vivre, il faisait des pastels dans le genre de Watteau et de Boucher et un certain nombre de petites toiles sur des sujets empruntés au
XVIIIe siècle, tableaux qu'il vendait 20 francs.

Il faisait aussi des portraits à 5 et 10 francs, qu'il ne voulut jamais
signer.

Ce fut dans ces conditions qu'il fit au Salon de 1840 son premier envoi;
deux portraits : celui de son ami Marolles, que le jury refusa et celui d'un
parent, qui passa inaperçu.

Puis, la vie lui devint plus difficile; il ne trouva plus à vendre ses
petits tableaux et fut réduit à peindre des enseignes.

Le dégoût de Paris le prit, il partit pour son pays natal.

Une déception l'y attendait. La municipalité de Cherbourg avait fondé
de grandes espérances sur le jeune peintre; son professeur, M. Langlois,
avait prédit pour lui les destinées les plus hautes; or, il revenait sans que
les journaux eussent parlé de lui, sans même avoir obtenu de récompense à
l'école des Beaux-Arts !

On commençait à douter de lui.

Cependant on lui commanda, moyennant 300 francs, le portrait de
M. Jaurain, le maire qui venait de mourir à plus de soixante-dix ans, ne lui
fournissant pour tout document qu'une miniature, alors qu'il était jeune
homme.

Le tableau terminé, le Conseil le refusa comme non ressemblant. Après
bien des pourparlers la ville offrit 100 francs. Millet refusa et fit cadeau de
son œuvre.

Cet insuccès enleva les dernières illusions aux protecteurs du grand
peintre, et il en fut réduit à faire encore des enseignes. Celles de : *Au Vrai
cidre normand*, pour une auberge; la *Petite Laitière*, pour un magasin de
nouveautés; une *Scène de nos campagnes d'Afrique*, pour un saltimbanque,

et payée en gros sous ; un *Cheval*, pour un vétérinaire ; un *Matelot*, pour un voilier, lui valurent chacune 30 francs.

Malgré la déconsidération résultant de cette nature de travaux, on lui commanda une *Sainte Barbe enlevée au ciel*, toile d'un mètre carré, qui lui fut payée 300 francs.

Une jeune personne du pays, Mlle Pauline Ono, avait remarqué le jeune peintre, qui l'épousa en 1841.

Cette première union ne fut pas heureuse. Le jeune ménage étant venu à Paris, Millet, dont l'exécution personnelle et forte sortait du convenu et effrayait le public, ne trouva ni commande, ni travaux. La santé délicate de la jeune épouse vint bientôt compliquer les choses ; leurs petites ressources s'épuisèrent. Mme Millet mourut le 21 avril 1844.

Millet, brisé de chagin, car il aimait tendrement sa femme, n'eut qu'un désir : retourner près des siens. Cependant, avant de partir, il envoya au Salon une petite toile : la *Laitière*, et un pastel : la *Leçon d'équitation*, des enfants jouant au cheval.

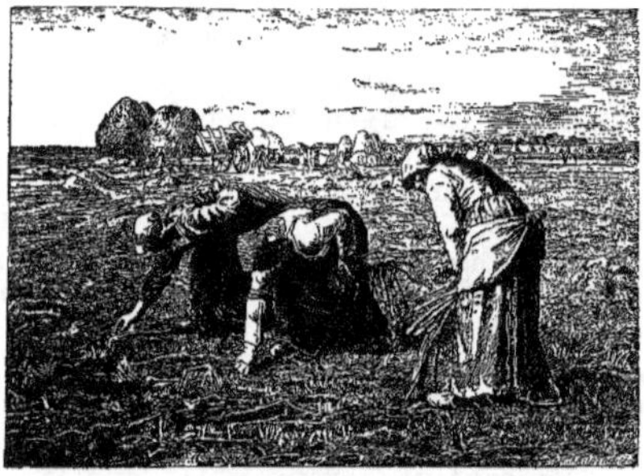

Cet envoi fut remarqué par Diaz, qui en fit le plus grand éloge.

Millet vécut pendant un an à Cherbourg où il se remaria avec Mlle Catherine Lemaire, originaire de Lorient. Ce fut la compagne aimante et dévouée de toute sa vie.

Les *Glaneuses*, par Millet.

Un séjour qu'il fit au Havre lui fut très profitable pécuniairement. Il y exécuta un grand nombre de portraits d'armateurs, d'officiers de marine, d'employés du port. Il exécuta aussi plusieurs petits tableaux de genre et des pastels, parmi lesquels on cite : *Enfant dénichant des nids*, une *Veillée prolongée*, une *Couseuse endormie*.

On fit au Havre une exposition publique des œuvres du maître, le succès fut grand. Mais il sentit qu'il fallait un champ plus vaste pour les luttes qu'il rêvait d'entreprendre.

Ayant réuni environ 900 francs, il revint à Paris et loua un modeste logement, 42 bis, rue Rochechouart.

Ce fut là qu'il commença véritablement son œuvre.

Saint Jean tourmenté par les femmes, tableau que Couture trouvait superbe, fut cependant refusé au Salon de 1846. Entre temps il exécutait de petites compositions dans la forme gracieuse, qui assurèrent la vie de sa famille.

Au Salon de 1847 parut *Œdipe détaché de l'arbre*, œuvre qui commença à soulever les tempêtes de la critique, dont les maîtres les plus éminents dénigrèrent les ouvrages de Millet avec une violence d'expressions et de jugement, qui semble singulière aujourd'hui que la gloire du grand peintre est indiscutablement établie.

La Révolution de 1848 vint et fut une phase terrible. Millet n'avait aucune avance, les ventes d'œuvres d'art étaient devenues absolument impossibles.

L'artiste et sa famille connurent à ce moment les plus cruelles épreuves de la misère ; ils demeurèrent deux jours sans manger. Un ami apprenant cette situation obtint pour Millet un secours de 100 francs de la direction des Beaux-Arts.

Jeauron, qui se montra toujours plein de dévouement pour Millet, fit acheter le tableau le *Vanneur*, actuellement au Louvre, par Ledru-Rollin, moyennant 500 francs. C'était presque la fortune en ces temps de trouble.

Une commande de 1.800 francs lui fut également faite. Ayant livré aux Beaux-Arts son tableau de *Faneurs et Faneuses se reposant près d'une meule de foin*, et le choléra sévissant à Paris, Millet craignit pour ses enfants. Avec l'argent qu'il toucha de sa toile, il partit pour Barbizon, dont il avait entendu parler par Jeauron.

Dans cette pleine et superbe campagne, Millet se retrouva chez lui. C'est là qu'il fixa ses admirables types des hommes de la terre, d'une si puissante humanité. Successivement parurent le *Semeur*, les *Botteleurs*, maintenant au Musée du Louvre, les *Moissonneurs*, la *Greffe*, les *Glaneuses*, l'*Angelus*, la *Tondeuse de moutons*, l'*Homme à la houe*, la *Cardeuse*, la *Bergère*, la *Gardeuse d'oies*, le *Berger au parc, la nuit*, autant de chefs-d'œuvre relatant les grandes pages du poème sublime de la vie rustique.

Pendant qu'il les créait, le grand artiste supportait toutes les difficultés de la vie, toutes les anxiétés de l'indigence. Il subit le sort que Rembrandt endura lorsque, arrivé à la fin de sa vie, le génial hollandais peignit ses œuvres les plus magistrales, mais qui effrayèrent en raison de l'inattendu de leur facture et de leur conception.

Millet n'eut qu'un but : exprimer la campagne dans sa majestueuse réalité, l'union intime existant entre la terre et ceux qui y sont attachés.

Il disait :

— Dans les endroits labourés, quoique quelquefois peu labourables, dans certains pays vous voyez parfois des créatures bêchant, piochant ; vous en voyez une parfois se redressant les reins, comme on dit, et, éreintée, essuyer son front avec le revers de la main. « Tu mangeras ton pain à la sueur de ton front ». Est-ce là ce travail gai, folâtre, auquel certaines gens voudraient faire croire ? C'est pourtant là que se trouve la vraie humanité avec toute sa poésie.

Il disait encore, expliquant son admirable tableau le *Berger au parc la nuit* :

— Je voudrais faire comprendre ce que je fais à tous ceux qui regardent ; les terreurs et les splendeurs de la nuit. On doit pouvoir entendre les chants, les silences et les bruissements des airs. Il faut percevoir l'infini.

Le bon critique Thoré, qui le premier avait salué Millet comme un grand peintre, avait été banni par l'Empire. Revenu d'exil, il alla voir le maître de Barbizon, désireux de lui consacrer un long article.

Millet lui dit sa conception artistique :

— Je voudrais que les êtres que je représente aient bien l'air voués à leur position et qu'il soit impossible d'imaginer qu'il leur puisse venir à l'idée d'être autre chose. Gens et choses doivent être là pour une fin. Je crois qu'il vaudrait mieux que les choses faiblement dites ne fussent pas dites, parce qu'elles sont comme déflorées et gâtées; mais je professe la plus grande horreur pour les inutilités, si brillantes qu'elles soient, et les remplissages, ces choses ne pouvant donner d'autres résultats que la distraction et l'affaiblissement. Dans la *Femme portant des seaux*, j'ai tâché de faire que ce ne soit ni une porteuse d'eau, ni même une servante, mais la femme qui vient de puiser de l'eau pour faire la soupe à son mari et à ses enfants; qu'elle ait bien l'air de n'en porter ni plus ni moins lourd que le poids des seaux pleins; qu'au travers de l'espèce de grimace qui est comme forcée à cause du poids qui lui tire sur les bras, on devine sur son visage un air de rustique bonté. J'ai évité ce qui pourrait regarder le sentimental; j'ai voulu au contraire qu'elle accomplisse avec simplicité et bonhomie, et sans le considérer comme une corvée, un acte qui est le travail de tous les jours. Je voudrais qu'on imaginât la fraîcheur du puits et que son air d'ancienneté fît bien voir que beaucoup avant elle y sont venues puiser de l'eau.

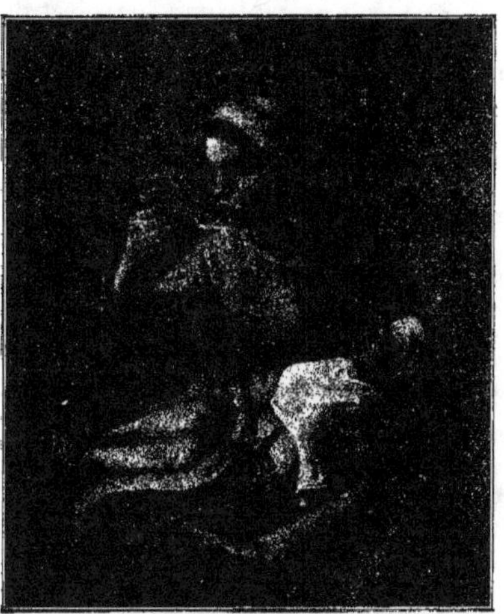

Jeune mère donnant la soupe à son enfant, par Millet.

On voit par la subtilité de cette analyse avec quelle sûreté de vision, avec quelle précision de pensée le grand et fier artiste poursuivait sa traduction de la nature.

— Voilà du réalisme! lui disait un jour un critique à propos du tableau de la *Femme portant des seaux*.

— Du réalisme? répondit Millet; c'est là un mot que je ne comprends pas; il n'y a qu'une manière de peindre, c'est peindre « vrai ».

Combien cette conception de la forme plastique est magistralement et complètement réalisée dans le superbe tableau : *Jeune mère donnant la soupe à son enfant*, que possède le Musée de Marseille; quelle grandeur d'expression et de style !

Nous avons dit que l'artiste, tandis qu'il produisait les chefs-d'œuvre représentant aujourd'hui une somme formidable — le seul tableau de la *Bergère* a été payé *un million* par M. Chauchard — se débattait contre les plus terribles difficultés. Un jour son boulanger lui refusa grossièrement le pain. Ce n'était pas une petite affaire avec une famille de neuf enfants !

La vie du grand peintre était cependant d'une simplicité patriarcale ; aux jours difficiles on se contentait de pain et de lait.

Aux difficultés d'argent se joignaient les heurts de la lutte artistique. On avait voulu voir des idées politiques dans les œuvres de Millet ; les écrivains des journaux officiels, Paul de Saint-Victor, Théophile Gautier, soit par ordre, soit pour plaire à leurs patrons, allèrent jusqu'à l'appeler « le peintre de l'ignoble » ; en 1859 il se trouva un jury pour refuser son tableau, la *Mort et le bûcheron*.

L'artiste se sentit si cruellement touché qu'un moment il songea au suicide, mais il réagit. Quand il sentait la tristesse le prendre, il disait :

— Allons voir le soleil se coucher !

Et le spectacle de la nature le rassérénait.

Millet adorait ses enfants.

Quand il allait à Paris vendre ses dessins et ses tableaux, il revenait les poches pleines de jouets et de friandises. Du plus loin qu'ils l'apercevaient, les enfants accouraient à sa rencontre, chacun réclamant « la belle surprise » qu'il avait promise si l'on était bien sage. Il arrivait parfois que la journée avait été mauvaise, le grand artiste n'avait pu vendre ni dessins ni peintures. Alors navré de revenir les mains vides, il disait aux petits :

— Je n'ai rien pu acheter, mes chéris ; la marchande était fermée.

La fin de la misère apparut cependant avec l'année 1860. Il était temps. Le maître avait été cruellement malade, tout crédit lui était refusé, la maisonnée eut péri d'inanition si Diaz ne fut allé emprunter 600 francs, qu'il s'empressa d'apporter à l'auteur de l'*Angelus*. Une convention avec un marchand de tableaux lui assura une mensualité de 1.000 francs pendant trois ans. Millet s'engageait à livrer tous les tableaux et les dessins qu'il produirait et l'on devait régler à l'expiration du contrat.

Ce fut à ce marchand que fut livré le célèbre tableau l'*Angelus*, qui, plus tard, répandit la renommée du maître dans le grand public.

A l'expiration de ce traité, un amateur de beaucoup de goût, M. Gavet, vint trouver le maître et lui dit :

— J'admire tout particulièrement votre talent et je voudrais que vous me fissiez un grand nombre de dessins ; faites-m'en cinquante si vous voulez.

On convint du prix : 350 et 500 francs, suivant l'importance du sujet. M. Gavet allouait 1.000 francs par mois à valoir sur le prix des œuvres.

Cet amateur fit en même temps une bonne action et une belle affaire. Après la mort de Millet, il fit une exposition de ces dessins et la vente qui suivit atteignit des prix très élevés. Le seul pastel de l'*Angelus* fut acquis plus tard par le baron de Rothschild moyennant 150.000 francs.

L'exposition de 1867 fut pour Millet le commencement du triomphe. Il y figurait avec neuf toiles importantes ; les détracteurs se turent, et une première médaille lui fut décernée.

En 1868, il fut fait chevalier de la Légion d'honneur.

Lors de la guerre de 1870, il dut se réfugier à Cherbourg. Ce fut alors qu'il peignit l'*Eglise de Gréville*, l'admirable tableau que l'on admire au Louvre. Sa manière y est encore plus large, plus complète.

En 1873, Millet put entrevoir les prix formidables qu'atteindraient ses ouvrages. Il figurait avec deux toiles à la vente Laurent Richard, la *Femme à la lampe* et la *Lessiveuse;* la première monta à 38.500 francs. Quelques jours tard, un *Troupeau d'oies* atteignait 25.000 francs.

M. de Chennevières, alors directeur des Beaux-Arts, estima que le beau génie de Millet lui méritait une part de la décoration du Panthéon. Un crédit de 50.000 francs fut

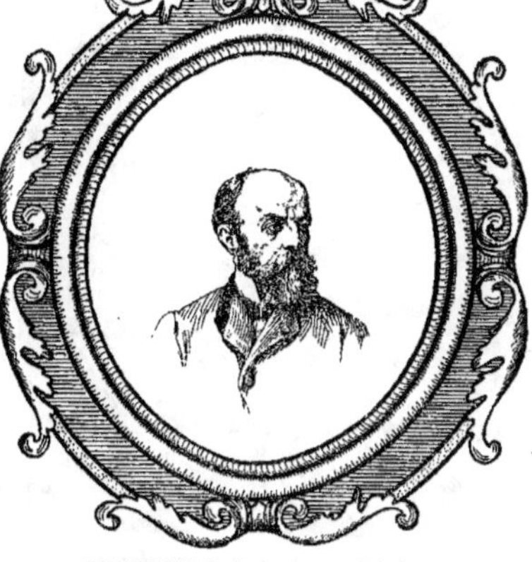

FROMENTIN (Eugène), peintre et écrivain,
Né à La Rochelle en 1820, mort dans la même ville en 1876.
(Ecole française).

alloué au maître pour les huit compositions qui lui étaient commandées. Il commença les dessins.

Mais la mort ne devait pas lui permettre de réaliser cette œuvre.

Bien que dangereusement atteint d'une maladie de poitrine, il peignit encore l'*Ane dans la lande* et termina le *Prieuré de Vieuville* et la *Leçon de couture.*

Les forces lui manquèrent.

On était au mois de décembre, une fièvre violente se déclara, le maître se sentit perdu.

— C'est dommage, disait-il, j'aurais pu travailler encore.

Le 20 janvier 1875, il s'éteignait à six heures du matin.

Le bon Corot, plein des tristes souvenirs des temps où il fréquentait Barbizon, qui n'avait pas su l'heureux changement de fortune de son ami, écrivit à Mme Millet lui offrant la somme dont elle pouvait avoir besoin ; fort heureusement l'auteur de l'*Angelus* avait mis sa famille à l'abri du besoin. Le geste de Corot n'en est pas moins noble et méritait d'être signalé.

Eugène Fromentin possède tous les droits pour prendre rang dans la belle et noble école de 1830 ; il possède la qualité dominante qui dirigea ses plus illustres représentants : la sincérité.

Il fut élève de Cabet pour le paysage.

A vingt-deux ans, il partait pour un long voyage en Orient, et particulièrement en Algérie. Il en rapporta de nombreux dessins et quantités de notes, dont il tira parti dans ses divers ouvrages de peinture et de littérature.

Il débuta au Salon de 1847 avec les *Gorges de la Chiffa*. Il peignit ensuite : la *Place de la Brèche, à Constantine; Chasse à la gazelle,* toile acquise par l'État; *Lisière d'oasis pendant le siroco, Berger kabyle, Courriers arabes, Bateleurs nègres.* Après le *Bivouac au lever du jour* et le *Fauconnier arabe*, cette toile est une des plus intéressantes de cet artiste.

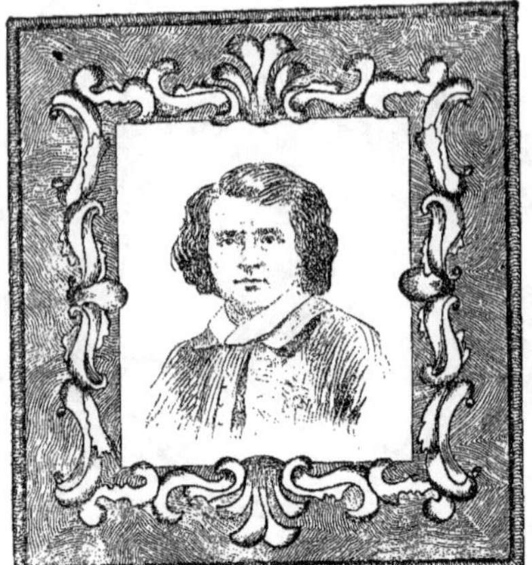

BONHEUR (Mlle Marie-Rosalie, dite Rosa), peintre et sculpteur,
Née à Bordeaux le 22 mars 1822, morte à Melun en 1899.

La *Caravane de Marilhat* est son chef-d'œuvre au point de vue de la couleur.

Les tableaux de Fromentin ont une grande valeur artistique et l'on sent en eux la probité de la main qui les a exécutés.

Comme écrivain on peut citer de lui : *Un été dans le Sahara, Visites artistiques, Simples pèlerinages, Une Année dans le Sahel, Dominique* (roman psychologique); les *Maîtres d'autrefois* : Belgique et Hollande.

Rosa Bonheur eut d'abord pour maître son père, Raymond Bonheur, peintre plutôt amateur, marié à une musicienne, que des revers de fortune obligèrent à vivre de ses pinceaux. Rosa fut ensuite l'élève de Coignet.

Mais tout enfant elle faisait preuve d'une extraordinaire habileté à dessiner des bonshommes et des animaux, qu'elle découpait ensuite avec beaucoup d'adresse.

M. Bonheur habitait près du Bois de Boulogne, qui possédait encore toute la rusticité d'un coin de forêt; la petite fille s'étant sauvée de l'école, passait des journées entières, un crayon à la main, à dessiner et manifestait son désir de faire de la peinture.

La peinture! Raymond Bonheur n'en voulait pas entendre parler; il savait trop quels déboires attendent l'artiste pauvre. Il voulut faire une couturière de sa fille. Mais la petite s'échappa de l'atelier comme elle s'était évadée de l'école. Le père n'insista pas, et les progrès surprenants que fit la jeune fille lui prouvèrent que c'était elle qui avait raison.

Rosa montrait une telle indépendance de caractère que tout devait plier devant sa volonté. Elle obtint ainsi de courir seule la banlieue, la campagne, les fêtes populaires. Un beau jour elle reparut au logis paternel portant un agneau.

Elever un mouton à un sixième étage parisien n'est pas une tâche banale. Rosa l'entreprit. Elle avait d'ailleurs créé un jardin sur le toit. Le mouton en brouta l'herbe rare, mais aussi sa jeune maîtresse le descendait pour le mener paître.

La jeune artiste, malgré son amour des bêtes, fréquentait l'abattoir du Roule pour étudier les moutons; afin d'éviter les ennuis, elle adopta le costume masculin qu'elle porta depuis presque constamment, si l'on songe qu'elle courut les foires, qu'elle fréquenta les toucheurs de bœufs, on peut admettre qu'elle tint à dissimuler son sexe.

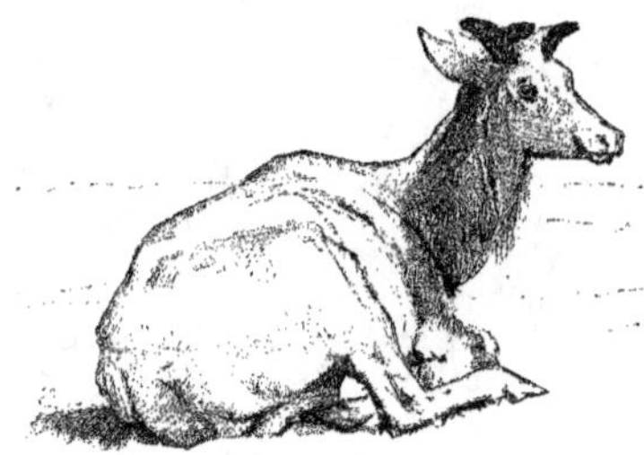

Isard, par Rosa Bonheur.

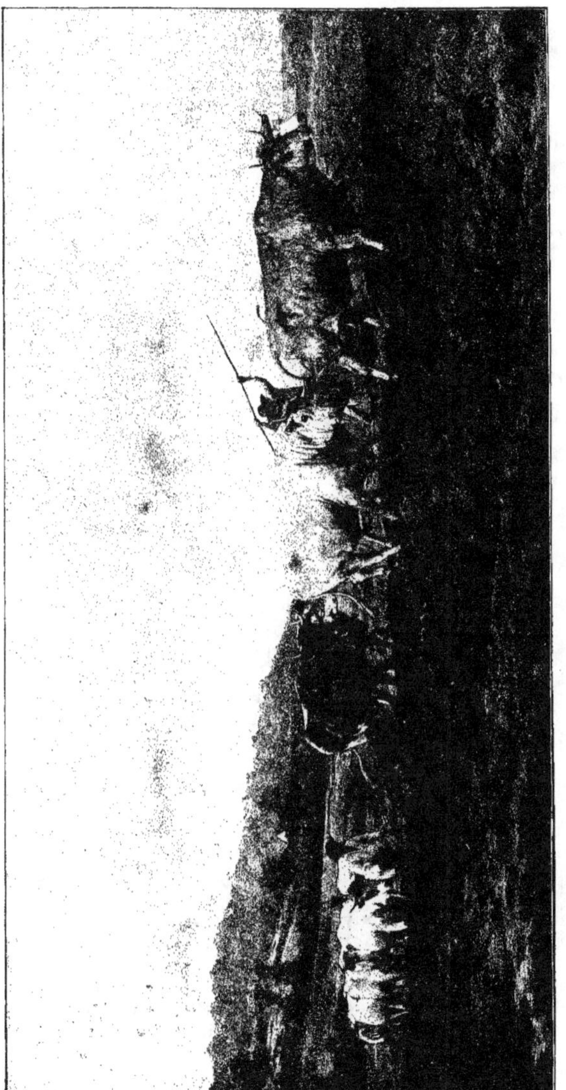

Labourage nivernais, par Rosa Bonheur.

Elle débuta au Salon de 1841 avec deux tableaux : *Moutons et chèvres* et *Lapins*.

Au Salon suivant, avec des toiles représentant des *Vaches dans une prairie* et un *Cheval à vendre*, elle exposait une sculpture : *Brebis tondue*, terre cuite. En 1843, avec les *Chevaux à l'abreuvoir*, elle envoya un *Taureau*, sculpture plâtre.

Rosa Bonheur obtenait une médaille de troisième classe au Salon de 1845, et à celui de 1848, une première médaille, avec son beau tableau *Labourage nivernais*, actuellement au Luxembourg.

Le *Marché aux chevaux*. exposé en 1853, eut un succès plus grand encore, et fut popularisé par la gravure.

Déjà ses toiles étaient extrêmement recherchées des Anglais, et cette réputation ne fit que s'accroître par la suite.

La reine Victoria avait une grande admiration pour son talent et lui acheta plusieurs toiles. Elle admettait d'ailleurs Rosa Bonheur dans son intimité et lui fit peindre plusieurs de ses animaux favoris.

Rosa Bonheur eut une médaille de première classe à l'Exposition universelle de 1855. Elle fut faite chevalier de la Légion d'honneur en 1865 et officier en 1894. Elle était également commandeur de l'ordre d'Isabelle la Catholique et de l'ordre de Léopold de Belgique, et membre de l'Institut d'Anvers.

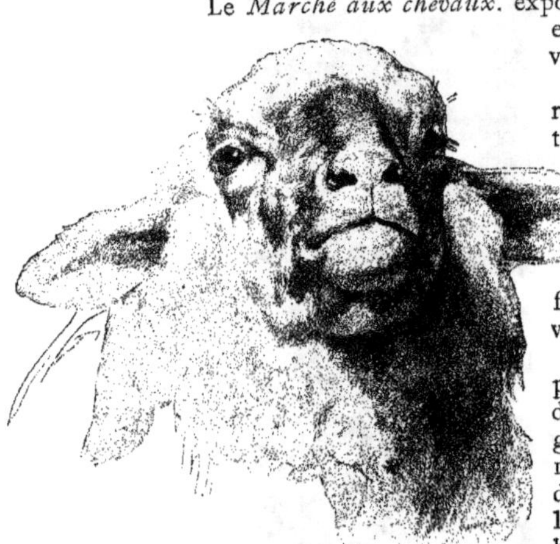

Etude, par Rosa Bonheur.

Le propre de Rosa Bonheur fut toujours un grand amour du travail ; le nombre des études qu'elle fit est presque incalculable. On peut voir par les deux reproductions que nous donnons combien elles étaient sincères. Elle ne les borna pas aux dessins : Reconnaissant avec franchise la supériorité de coloration des *Impressionnistes,* elle changea radicalement sa palette à la fin de sa vie. Dans les études peintes léguées au Luxembourg et que le défaut de place ne permet pas d'exposer, il en est qui sont de pures merveilles. Rosa Bonheur s'était créée une magnifique propriété entre Fontainebleau et Melun. Elle y vivait au milieu d'une véritable ménagerie, et refusant de se laisser déranger par les importuns. Elle avait du reste un caractère tout à fait singulier, nous l'avons dit, et la vie n'avait fait qu'augmenter son indépendance. Durant la guerre de 1870, le roi de Saxe passant par Melun à la tête de ses troupes, envoya un officier d'ordonnance demander à Rosa si elle voulait bien autoriser le roi à visiter son atelier. Elle répondit par un refus aussi net que catégorique.

Rosa Bonheur compte parmi les peintres dont la réputation ne faiblira pas.

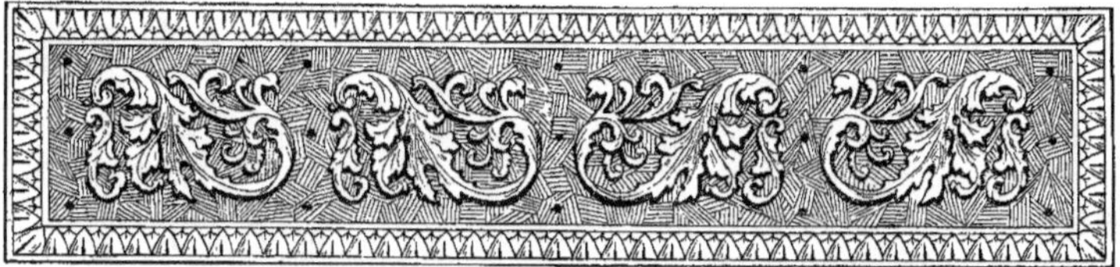

CHAPITRE XIV

Maîtres modernes

Meissonier. — Courbet. — Harpignies. — Cabanel. — Ribot. — Stevens. — Puvis de Chavannes. — Gérome. — Bouguereau. — Chaplin. — Jules Breton. — Paul Baudry. — Delaunay. — John Lewis Brown. — Henner. — Manet. — Gustave Doré. — Bonnat. — Alphonse de Neuville. — Carolus Duran. — Jean-Paul Laurens. — Roybet. — Claude Monet. — Cazin. — Renoir. — Henri Regnault. — Benjamin Constant. — Bastien-Lepage. — Edouard Detaille. — Tattegrain. — Mme Demont-Breton. — Rochegrosse.

Pendant longtemps Meissonier fut le triomphateur que personne ne songeait à discuter. Ce fut le peintre français, avec J.-F. Millet, dont les œuvres se vendirent le plus cher. Mais, très différent en cela du maître de Barbizon, il obtint les grands prix de son vivant. Depuis, hélas! la cote a tellement baissé que l'on se demande aujourd'hui si telle œuvre qui fut vendue un demi-million, par exemple, monterait au dixième dans des enchères publiques.

Ce résultat fâcheux tient surtout à ce que Meissonier, avec des qualités de peintre tout à fait remarquables, fut beaucoup plus pris par l'exactitude des petites choses que par l'idée dominante des œuvres. Pour arriver à cette précision de détails qui fige ses personnages, il peignit d'après des mannequins et ce sont bien des mannequins qu'il a représentés dans ses ouvrages.

Un de ses plus grands succès fut *Napoléon III à la Bataille de Solferino*, actuellement au Louvre. Le peintre, qui fai-

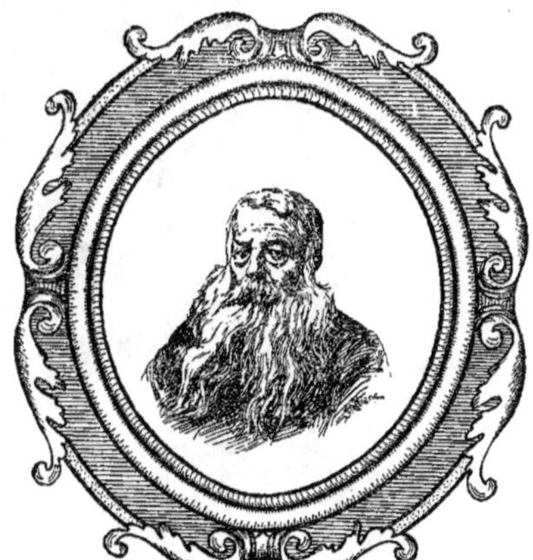

MEISSONIER (Jean-Louis-Ernest),
Né à Lyon en 1815, mort à Paris en 1891.
(Ecole française).

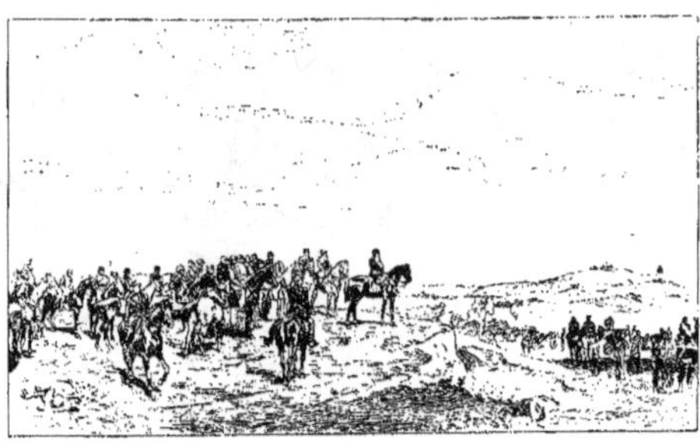

Napoléon III à la Bataille de Solferino
D'après le tableau de Meissonier.

sait partie de l'état-major impérial, s'y est représenté.

Jean – Louis – Ernest Meissonier naquit à Lyon en 1815.

Il entra de bonne heure dans l'atelier de Léon Cogniet et débuta au Salon de 1834 par une *Visite chez le bourgmestre*, qui fut achetée 100 francs par la Société des Amis des Arts, de Lyon. A la suite d'un nouveau succès, son père l'envoya à Rome. De retour à Paris, il fit des illustrations, tout en continuant à dessiner au Louvre d'après les maîtres et au Museum d'après nature. Un petit tableau qu'il fit, le *Joueur de contrebasse*, fixa sa vocation. Il adopta, pour l'exécution de tableautins dans le

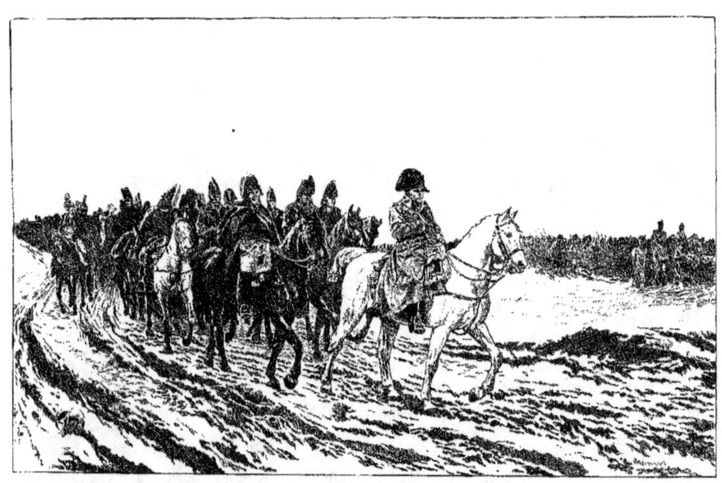

1814, par Meissonier.

goût des petits maîtres hollandais, une exécution extrêmement finie. Le *Petit Messager*, le *Lit de mort*, le *Hallebardier*, la *Barricade*, le *Liseur*, les *Bravi*, les *Joueurs de boule*, *M. Polichinelle*, la *Lecture chez Diderot*, firent les délices des amateurs.

Napoléon l'avait attaché à son état-major en qualité de peintre militaire durant la campagne d'Italie. Le spectacle de la guerre lui donna l'idée de son Epopée napoléonienne, qui se résume en cinq pages : *1796 : Castiglione; 1807 : Friedland; 1808 : Erfurt; 1814 : la Campagne de France; 1815 : Sainte-Hélène.*

Cet œuvre ne l'empêcha pas de continuer à faire ses petits tableaux de chevalet qu'il vendait des prix fous. A partir de 1862 il envoya aux Salons : le *Bibliophile*, une *Halte*, la *Suite d'une querelle de jeu*, la *Route d'Antibes*, le *Peintre d'enseignes*, le *Portrait d'Alexandre Dumas fils.*

Il s'était créé un musée d'armes dans sa magnifique propriété aux environs de Poissy, où il n'admettait que de rares amis.

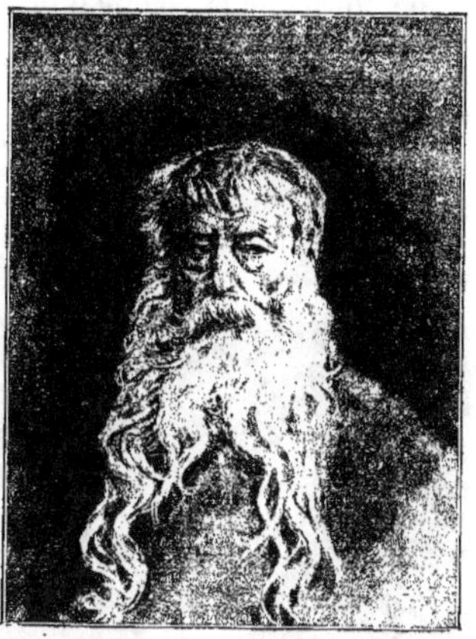

Meissonier, par lui-même.

Nous avons dit que les œuvres de Meissonier se vendaient des prix fous. Un Américain se fit présenter un jour au célèbre peintre et lui acheta son tableau de *1808*, moyennant la somme de 500.000 francs.

On fit autour de cette vente une réclame monstre; mais on y eut mêlé la note gaie si l'on avait su que l'acquéreur, M. Steward, tenancier d'un bar de New-York, achetait l'œuvre pour l'exposer dans son établissement comme un moyen de réclame. L'idée fut excellente et le nombre des cooktails vendus s'en accrut d'une façon extraordinaire.

Meissonier fut plus heureux avec son tableau *1814*, que M. Chauchard lui acheta 1 million.

Meissonier a fait un certain nombre de portraits auxquels on peut reprocher un peu de sécheresse. Celui que le Musée de Lyon possède de l'artiste, par lui-même, échappe à ce reproche.

Il eut tous les honneurs : académicien,

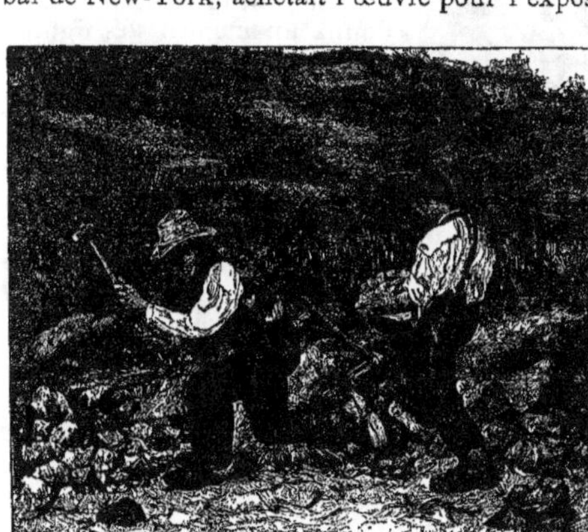

Les *Casseurs de pierres*, par Courbet.

37

grand officier de la Légion d'honneur et fut, avec Puvis de Chavannes, un des fondateurs de la Société des Beaux-Arts.

Gustave Courbet naquit à Ornans en 1819. Ses débuts en peinture donnèrent de grandes espérances, on salua en lui un jeune maître. Il devait atteindre à la maîtrise, mais non pas comme l'avaient rêvé ses maîtres. Courbet ne tarda pas à rompre en visière aussi bien aux romantiques qu'aux classiques; il fonda une école nouvelle : l'école réaliste.

Ce fut un hardi révolutionnaire, qui prétendit faire table rase de toute tradition. Son célèbre tableau *Enterrement à Ornans*, les *Casseurs de pierres*, qu'il envoya au Salon de 1850, furent dans son esprit une déclaration de guerre à l'expression plastique passée. Mais on y vit surtout une tentative politique. La réaction qui préparait le renversement de la République, jeta feu et flamme contre ce républicain sorti du peuple qui prétendait peindre le peuple tel qu'il le voyait.

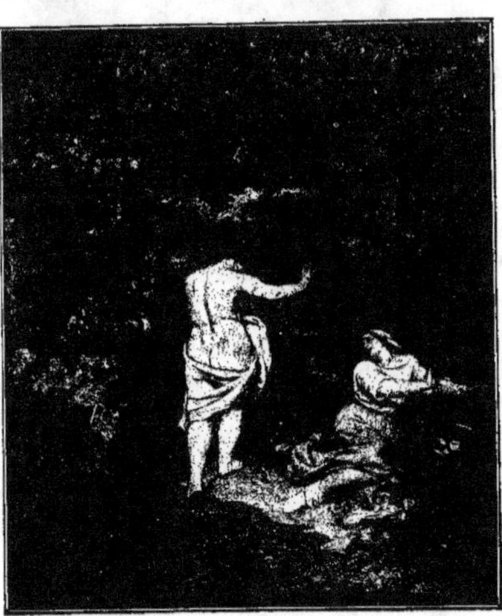

Les *Baigneuses*, par Courbet.

En 1853, Courbet n'envoya pas des paysans dont l'attitude avait fait crier si fort, les *Baigneuses*, la *Fileuse endormie* les remplaçaient. La critique ne fut pas moins violente.

Le peintre d'Ornans abandonna un moment les figures pour se livrer au paysage; il n'y donna pas une marque moins puissante de sa force, puis il y introduisit des animaux, les cerfs sous bois, la *Remise de chevreuils*, qu'il exprima dans une forme toute personnelle.

Courbet était une organisation artistique de premier ordre; il possédait une originalité qui lui marquera une place dans l'art du siècle. Tout ce qu'il fait lui est propre. Sa technique vigoureuse, quelquefois un peu lourde, sa couleur, à la fois trop crue ou trop sombre parfois, ne lui viennent d'aucun maître. On peut dire qu'il n'est pas parfait, qu'il manque trop souvent d'idéal, qu'il est grossier et tombe dans la vulgarité ou l'exagération, ce n'en est pas moins un superbe peintre.

Bruyas, ce raffiné d'art, ce passionné d'Eugène Delacroix, avait merveilleusement compris Courbet et l'admirait fort. Ce fut lui qui acheta les *Baigneuses* et les *Casseurs de pierres*, comme il fit faire son portrait et celui de l'artiste dans le célèbre tableau *Bonjour M. Courbet*.

L'influence de Courbet sur la peinture actuelle fut énorme et se fait encore sentir aujourd'hui.

C'était un principe de Courbet que la beauté est répandue dans les choses et que la nature, dans la combinaison des formes et des couleurs, possède une puissance, une fécondité d'invention qui défient la concurrence humaine.

— Pourquoi chercherais-je à voir dans le monde ce qui n'y est pas, disait-il, et irais-je défigurer par des efforts d'imagination tout ce qui s'y trouve?

Un jour, un élève vint le consulter sur une figure d'ange.

— Pourquoi voulez-vous faire un ange? demanda le peintre d'Ornans; en avez-vous vu? Non. Eh bien laissez là cette figure et faites le portrait de Monsieur votre père, que vous voyez tous les jours.

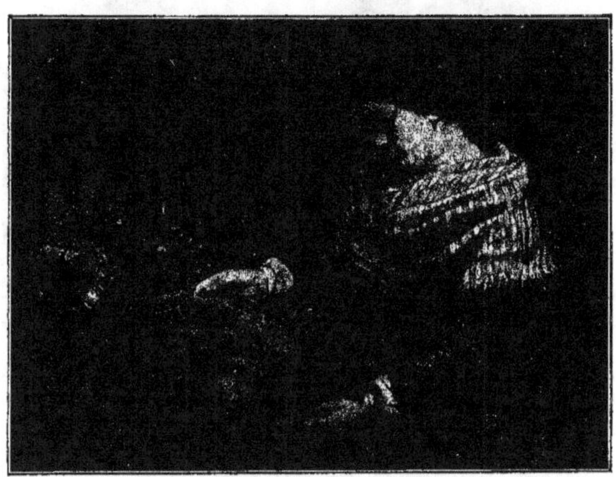

La *Fileuse endormie*, par Courbet.

Les haines politiques poursuivirent Courbet jusqu'à la fin de sa vie.

Il fut accusé d'avoir provoqué le renversement de la colonne Vendôme et condamné, pour ce fait, à payer une somme considérable.

La vie en France lui devint impossible; à tout instant le fisc faisait saisir ses œuvres. Il se retira à La Tour-de-Peilz, où il mourut d'hydropisie. en 1877.

M. Harpignies était voyageur de commerce, mais il avait toujours montré beaucoup de goût pour le dessin. Un beau jour, la vocation se déclara. Il devint l'élève d'Achard, paysagiste d'un certain talent, mais son véritable maître fut Corot, dont il étudia soigneusement la technique.

Après un séjour en Italie, il vint exposer au Salon de 1853 une *Vue de l'île de Capri*, exécuté dans la première manière de Corot.

Au Salon de 1855 il montrait une *Vue de Rome prise du mont Palatin*. Vinrent ensuite : *Soir dans la campagne de Rome*, le *Vésuve*, les *Chênes de Château-Renard*, *Prairie du Bourbonnais*, les *Bords du Loing*,

Bords du Rhône, tableau qui lui valut la médaille d'honneur en 1877. Il entra à l'Institut la même année. M. Harpignies fait partie de la

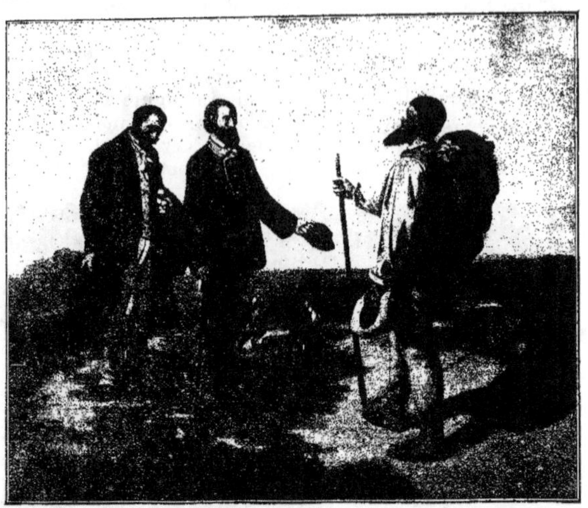

« *Bonjour Monsieur Courbet* », par Courbet.

Société des Aquarellistes français, aux expositions de laquelle il prend part très régulièrement, malgré son grand âge.

Alexandre Cabanel est le type parfait du bon élève de l'école qui remporte toutes les récompenses par la correction de son dessin, le fini de son exécution, mais à qui il manque ce que nulle école ne peut donner et ce qui, suivant nous, est la condition indispensable à tout artiste : la personnalité.

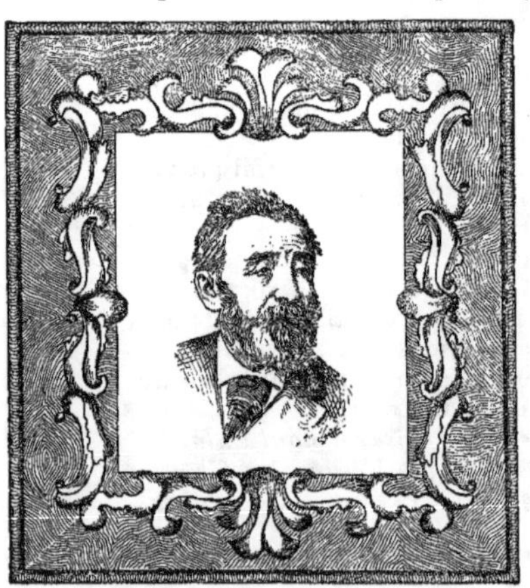

HARPIGNIES (Henri), peintre, graveur,
Né à Valenciennes en 1819. (Ecole française.)

Maintenant qu'il n'est plus là pour les défendre, qui regarde ses tableaux ? S'ils passaient en vente publique, ils ne trouveraient amateur qu'à des prix ridicules, et encore ! Mais Cabanel a la bonne fortune d'avoir beaucoup travaillé pour l'Etat, ce qui assure la stabilité d'une partie de son œuvre.

Il vint à Paris pour entrer dans l'atelier de Picot et, en 1845, il obtint le prix de Rome, concurremment avec Benouville.

Le premier tableau de cet artiste qui attira l'attention, fut la *Mort de Moïse*, mais il fut surtout portraitiste et l'on peut juger par le portrait que nous donnons ici qu'il possédait les qualités de correction et de netteté susceptibles de le faire apprécier du grand public.

Cabanel a fait pour le Panthéon plusieurs tableaux sur la *Vie de Saint Louis.*

Il fut membre de l'Académie et professeur à l'Ecole des Beaux-Arts. C'était, du reste, un excellent maître, très aimé par ses élèves. Si le propre du véritable artiste est d'avoir une personnalité bien à soi, Ribot doit prendre place parmi nos plus grands peintres modernes.

Malgré la répugnance qu'il montrait, son père, qui était ingénieur civil, voulut qu'il embrassât cette profession. Il le fit entrer à l'école de Châlons.

Devenu orphelin, il fut contremaître en Algérie. Mais sa profession lui pesait. Il revint à Paris et s'y maria.

Ce fut alors, comme pour un trop grand nombre d'artistes, une existence de lutte, de perte de temps que dut soutenir Ribot pour subvenir aux besoins de sa famille. Tour à tour il peignit des stores, des enseignes. Il

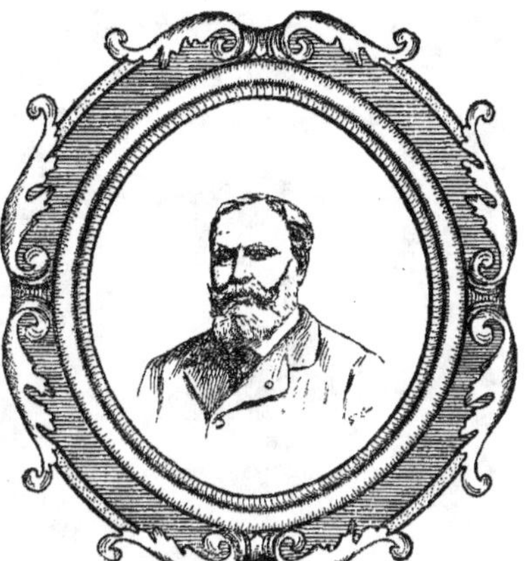

CABANEL (Alexandre), peintre,
Né à Montpellier en 1823, mort à Paris en 1889.
(Ecole française).

peignit pour des marchands de cadres des bordures ornées de sujets décoratifs. Le soir il tenait des livres. Il fit aussi des titres de romances.

Plus tard, Glaize l'employa à peindre des fonds d'architecture.

Enfin, ce qui lui plut bien davantage : on lui demanda de faire des copies au Louvre.

Quel profit il sut tirer de cette longue et constante fréquentation des maîtres !...

Il y prit une forme forte et souple à la fois, une puissance d'expression qui n'appartient qu'aux maitres artistes et, quand il envoya au Salon en 1861, il fut dú premier coup salué grand peintre. Sept toiles de lui figuraient à cette exposition : *Basse-Cour*, le *Cuisinier*

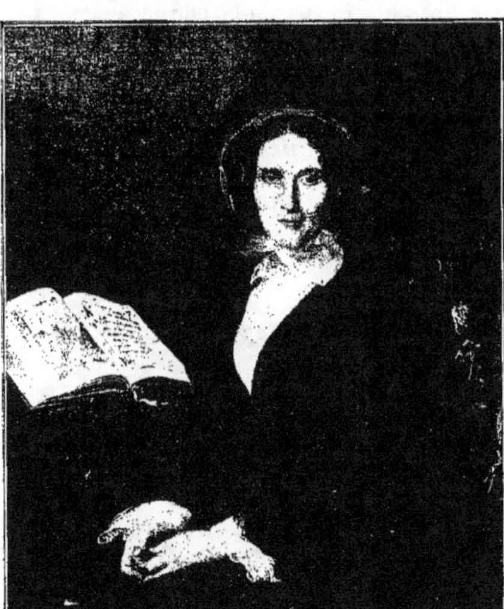

Portrait de Mᵐᵉ Marès, par Cabanel.

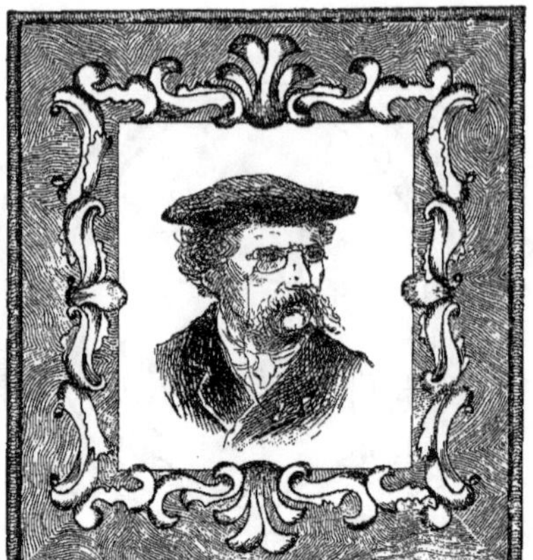

RIBOT (Augustin-Théodule), peintre,
Né à Saint-Nicolas-d'Attez (Eure), le 8 août 1823,
mort à Colombes le 12 septembre 1891. (Ecole française.)

comptable, le *Cuisinier,* l'*Heure du dîner, Intérieur de cuisine,* le *Joyeux cuisinier, Poules au repos.*

Théophile Gautier écrivit :

« M. Ribot traite les divers épisodes de la vie cuisinière avec une verve qui réjouirait Velasquez. »

« Il est petit-fils de Chardin et descendant des Hollandais, ajoutait Burger. »

Lorsque parut, en 1865, la superbe toile *Saint Sébastien,* une des œuvres les plus puissantes que possède le Luxembourg, M. Jules Claretie écrivit :

« M. Ribot a dérobé la palette de Ribera. »

Paul Mantz, Paul de Saint-Victor ne se montrèrent pas moins flatteurs.

Ribot, s'il n'arriva pas à une grande fortune, prit dans l'art une place considérable, qui n'a fait que grandir depuis sa mort.

Alfred Stevens fut par excellence un « moderniste », ainsi que le qualifie l'auteur de l'*Art flamand.* Il rendit avec beaucoup de verve et de vérité d'observation les actes, les faits et gestes de la femme bourgeoise du second empire. Son art ne dépassa pas les limites de la bonne société et son souci de ne montrer dans son réalisme que les côtés heureux de la vie, contribua puissamment à son succès.

Son père était ancien officier d'ordonnance du roi des Pays-Bas, Guillaume Ier, qui, passionné pour les tableaux, en achetait et en vendait par goût. Le jeune Alfred se développa donc au milieu de manifestations d'art aussi variées qu'intéressantes.

Son père l'avait mis dans l'atelier du peintre bruxellois Navez. Une tête d'après nature qu'il peignit tout enfant, à l'insu de son professeur, fut une révélation pour celui-ci.

— Votre fils sera un grand peintre, proclama-t-il aux parents.

En 1844 il vint à Paris pour entrer dans l'atelier de Roqueplan, un ami de son père, mais il n'y fit qu'un court séjour et devint élève de l'Ecole des Beaux-Arts.

Peu après il débutait par trois petits tableaux : *Soldat huguenot, Regrets de la patrie,* l'*Amour de l'or,* qui furent très remarqués et placèrent le jeune artiste parmi les peintres d'histoire.

Mais il ne tarda pas à abandonner ce genre pour des sujets modernes.

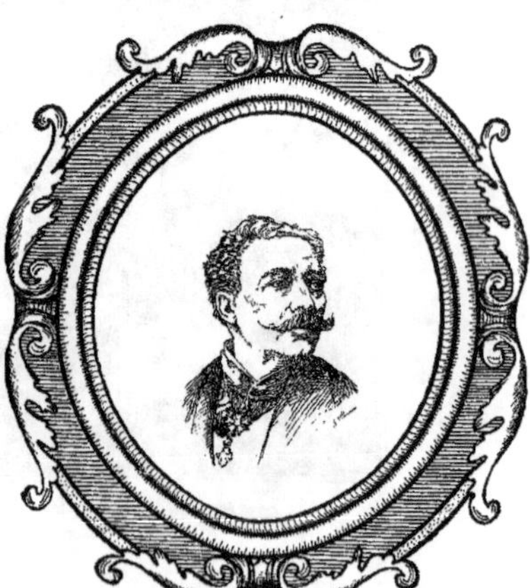

STEVENS (Alfred-Emile-Léopold-Joseph-Victor-Ghislain), Peintre, né à Bruxelles le 11 mai 1823. (Ecole flamande.)

Il fut bientôt le peintre à la mode.

En 1858 il épousa Mlle Blanc et les té-
moins à son mariage furent Delacroix et
Alexandre Dumas fils.

L'œuvre de Stevens est trop important
pour qu'il soit possible d'en donner le détail.

Il fit en 1869 un voyage en Espagne, un
autre en Hollande, mais jamais il ne songea
à visiter ni l'Italie ni l'Allemagne.

Durant la guerre de 1870, Stevens prit
un fusil pour participer à la défense de son
pays d'adoption.

C'était un homme charmant, très spirituel, fort obligeant et dont on recherchait
la société. Il était très répandu dans le
monde.

Une exposition de ses œuvres fut faite
en 1900 à l'école des Beaux-Arts où Stevens se plaisait à dire :

— Un bras parfois trop court de Rembrandt est cependant vivant ; un

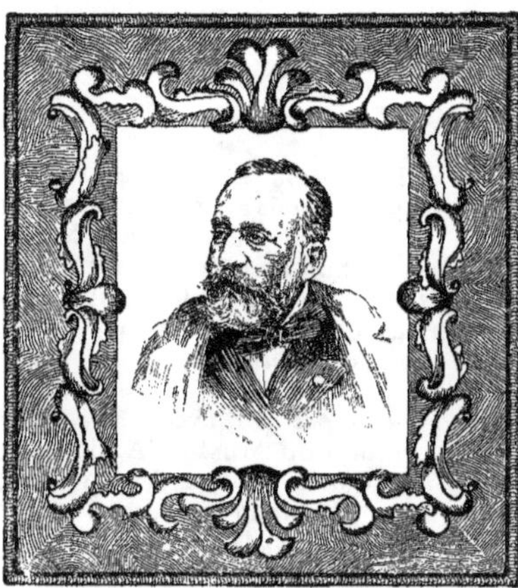

PUVIS DE CHAVANNES (Pierre), peintre,
Né à Lyon en 1824, mort à Paris en 1898. (Ecole française.)

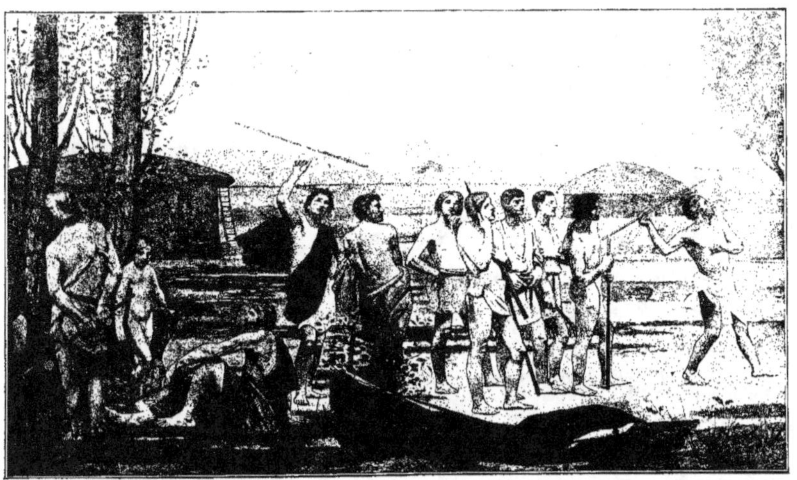

Fragment du *Ludus pro patria*, par Puvis de Chavannes.

bras d'un « fort en thèmes », exécuté dans des proportions exactes, reste
inerte.

Puvis de Chavannes est une des plus belles et des plus nobles figures
de l'art moderne. C'est un puissant créateur et la largeur de son style,

l'élévation de sentiments se dégageant de son œuvre le placent parmi les plus grands artistes de tous les temps.

Il travailla avec Ary Scheffer et Couture.

Son premier salon fut, en 1859, un *Retour de chasse*, mais il se sentait attiré vers les vastes compositions décoratives et, bien qu'il n'eut pas de commande, il exécuta pour le salon de 1861 les grands panneaux de *Concordia* et de *Bellum*.

Persistant dans cette voie, il envoyait au Salon de 1863, le *Travail* et le *Repos* qui, avec l'*Ave Picardia nutrix*, de 1865, deviendront la décoration du Musée d'Amiens, complété plus tard par le *Ludus pro patria* (Salon de 1880) et *Jeunes Picards s'exerçant à la lance* (Salon de 1882).

Le grand artiste, en 1864, donnait en outre l'*Automne* et, en 1869, *Marseille colonie grecque* et *Marseille porte de l'Orient* pour le palais de Longchamps de Marseille.

Au Salon de 1870 il reparaissait avec des tableaux de chevalet : la *Madeleine au désert* et la *Décollation de saint Jean-Baptiste*.

La décoration de l'hôtel de ville de Poitiers lui ayant été confiée, il en exposa les pages principales au Salon de 1875 : *Charles-Martel vainqueur des Sarrasins* et *Sainte Radegonde au couvent de Sainte-Croix*.

La mort de Jean-François Millet avait laissé disponible huit sujets de la décoration du Panthéon ; ils furent confiés à Puvis de Chavannes et ce fut l'œuvre de prédilection de l'illustre peintre.

En 1876, il exposa les cartons de *Sainte Geneviève enfant* et *Saint Germain prédisant aux parents de Geneviève les hautes destinées de leur enfant*.

Vinrent ensuite l'*Enfant prodigue*, le *Pauvre pêcheur*, l'admirable tableau du Luxembourg, œuvre d'un sentiment si pénétrant, et qui, on aura peine à le croire, provoqua le rire de bien des gens ; le *Rêve*, le *Bois sacré cher aux Arts et aux Muses*, pour le Palais des Arts de Lyon, l'*Automne* et l'*Alma parens*, pour la Sorbonne.

Puvis de Chavannes, nous l'avons dit, suivit Meissonier pour la fondation de la Société nationale des Beaux-Arts, et il en devint président après la mort de son co-fondateur.

La décoration du Musée de Rouen, l'*Eté*, pour l'hôtel de ville, l'*Hommage à Victor Hugo*, suivirent.

La réputation de Puvis était devenue mondiale, et ce fut à lui que s'adressèrent les Américains pour la décoration de la bibliothèque de Boston, travail qui lui fut payé 200.000 francs. Il en exposa une partie en 1895 : Les *Muses inspiratrices acclamant le génie messager des lumières*.

En 1897 et 1898, il exposa la suite de sa décoration du Panthéon : *Sainte Geneviève ravitaillant Paris* et *Sainte Geneviève veillant sur Paris*.

Il avait épousé, en 1897, la princesse Cantacuzène dont il fit un admirable portrait, et qui mourut après une année de mariage. Cette brutale séparation affecta profondément le grand artiste. Il devint sombre, sa santé s'altéra et il mourut deux mois après sa femme.

Puvis de Chavannes était un grand travailleur, son œuvre énorme en fournit la preuve évidente, mais il était resté très mondain. Possédant une fortune indépendante, il avait pu régler sa vie suivant ses goûts. Il se levait de grand matin, faisait un déjeuner sommaire, et descendait dans son atelier, pour n'en sortir qu'à la fin du jour. L'artiste alors faisait place à l'homme du monde qui, vêtu d'un habit du bon faiseur et le claque sous le bras, fréquentait les dîners et les bals de la haute société parisienne.

Jean-Léon Gérome était fils d'un orfèvre de Vesoul. Il fit ses études dans cette ville avant de venir à Paris, en 1841. Il entra dans l'atelier de Paul Delaroche et devint bientôt l'élève favori de ce maître. C'étaient deux talents corrects, trop corrects peut-être, qui se rencontraient.

En 1884, il accompagna Paul Delaroche dans un voyage que celui-ci faisait en Italie. Il était de retour en 1845.

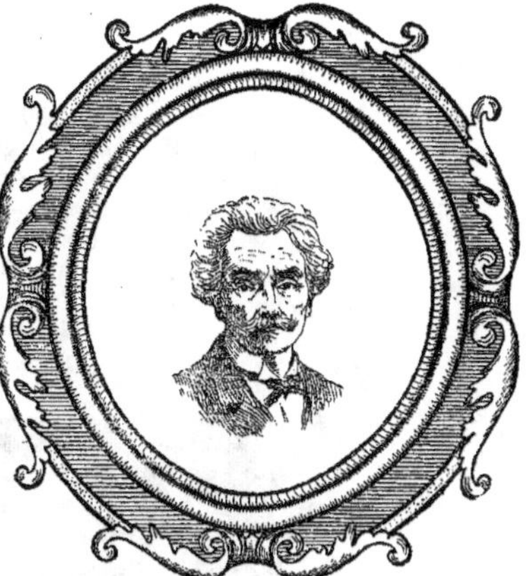

GÉROME (Jean-Léon), peintre, sculpteur,
Né à Vesoul le 11 mai 1824, mort en 1903. (Ecole française.)

Il exposa pour la première fois, en 1847. L'année suivante il envoyait le tableau : *Jeunes Grecs excitant des coqs*, qui lui fut acheté par l'Etat, et qui figure en bonne place au Luxembourg.

Depuis cette date, il marcha de succès en succès et devint le peintre favori du public. Certains de ses tableaux : Les *Suites d'un bal masqué*, l'*Exécution du maréchal Ney* eurent un succès extraordinaire. Devenu le gendre de Goupil, le célèbre éditeur de gravures et marchand de tableaux, ses œuvres se placèrent à des prix considérables.

Gérome avait une mémoire extraordinaire. Il lui suffisait de regarder un site, un monument, pour pouvoir, même à quelque temps de là, en donner la reproduction dans les moindres détails. Au cours d'un voyage qu'il fit en Egypte, rentré chez lui il peignait les décorations complètes des monuments visités dans la journée.

Gérome fut de l'Académie et professeur à l'école des Beaux-Arts. Dans ce rôle il fut excellent. C'était un protecteur toujours prêt à prendre en mains les intérêts de ses disciples.

Il maria sa fille à M. Aimé Morot.

A la fin de sa vie, un certain nombre d'œuvres moins réussies nuisirent à sa réputation de peintre; ses tableaux furent délaissés. Il s'en consola en faisant de la sculpture, genre dans lequel il maintint sa réputation.

Sa grande admiration en peinture était Rembrandt.

William Bouguereau était de famille anglaise et cette origine transparaît dans

38

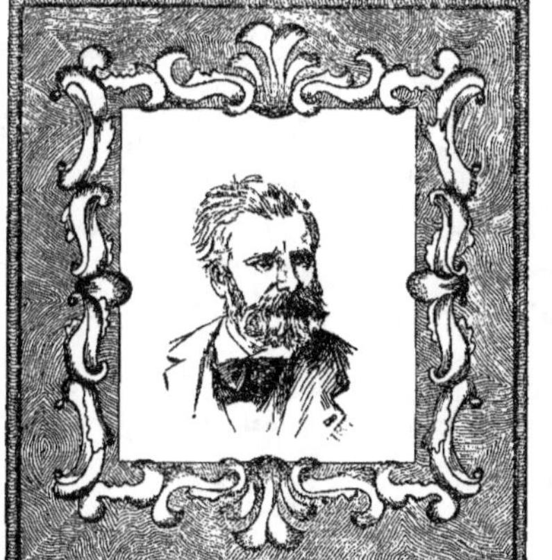

BOUGUEREAU (Adolphe-William),
Peintre, né à La Rochelle en 1825. (Ecole française.)

sa peinture. Son idéal a été la recherche du joli, et trop souvent il est tombé dans le mièvre. Qu'on en juge par son tableau l'*Admiration*.

Il fut élève de Picot et remporta le prix de Rome en 1850. L'un de ses envois de la Villa Médicis : le *Triomphe du martyre* fonda sa réputation.

Ses peintures décoratives pour l'Hôtel Bartholony accentuèrent son succès. Ses œuvres principales sont : Le *Printemps*, l'*Eté*, la *Danse, Arion sur un cheval marin*, les *Quatre heures du jour, Bacchante sur une panthère*, la *Vierge*, l'*Enfant Jésus et Saint Jean-Baptiste*, la *Vierge consolatrice*. En 1876 il fut nommé académicien.

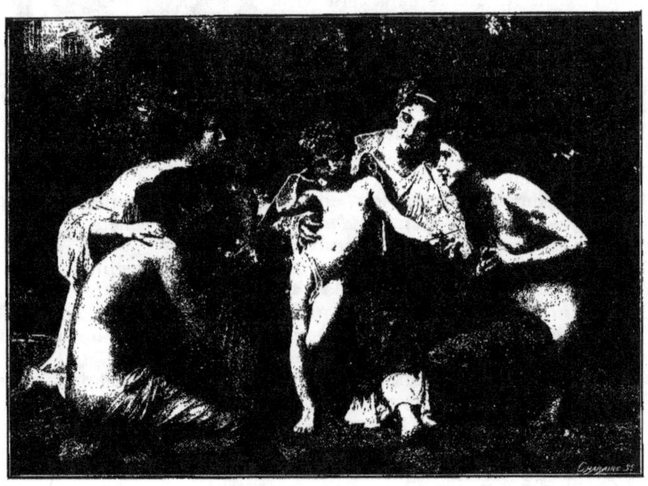

L'*Admiration*, par Bouguereau.

Le jury lui décernait la médaille d'honneur au Salon de 1885.

Bouguereau avait épousé une de ses élèves, Mlle Gardner, artiste peintre, qui s'est constamment inspirée de lui.

Chaplin, lui aussi, descendait de parents anglais, mais tout en restant peintre de sa race, il fut grandement supérieur à Bouguereau. Comparez cette charmante jeune fille endormie que représente le *Rêve*, combien elle est plus « vivante » et par suite plus intéressante que les froides figures toutes de formule que l'on trouve dans les tableaux de Bouguereau.

Chaplin naquit aux Andelys en 1825. Le peintre de toutes les grâces, que l'on a surnommé le « Boucher » du XIXe siècle, et qui nous paraît fort supérieur au Boucher du XVIIIe siècle, commença par peindre des Auvergnats et des porcs. Hâtons-nous de dire que dans ces pages de réalisme il montrait une incontestable supériorité.

Mais les grâces de la femme, le charme de l'adolescence de la jeune fille le hantaient : il les traduisit d'exquises façons, retrouvant pour elles la verve de touche et la fraicheur de coloris de Fragonard.

On cite parmi ses œuvres principales : La *Poésie*, les *Bulles de savon, Souvenir*, le *Nid*.

Chaplin mourut à Paris en 1891.

Jules Breton a eu une grande réputation ; il a été considéré par beaucoup comme le peintre rustique le plus vrai. Mais sa gloire a déjà considérablement pâli et nous paraît devoir pâlir encore. Il a traité la vie des travailleurs de la terre beaucoup plus comme s'il l'avait étudiée dans les romans que d'après nature. Jean-François Millet disait avec raison :

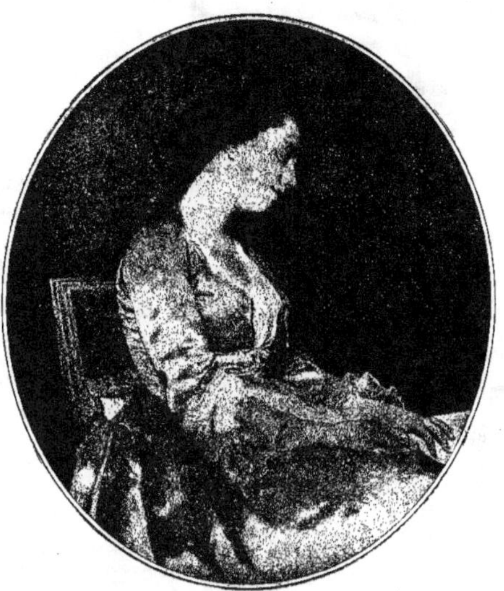

Le *Rêve*, par Chaplin.

— Les paysannes de M. Jules Breton sont trop jolies pour rester au village.

Le plus grand défaut des œuvres de Breton c'est de manquer de caractère et de naturel.

Son enfance fut malheureuse. Il perdit son père fort jeune et la ruine suivit ce décès. Fort heureusement un brave homme d'oncle le recueillit avec ses jeunes frères, s'établit brasseur à Courrières et refit la fortune familiale. Le jeune Jules, qui montrait des dispositions pour le dessin, put être envoyé à Paris.

Il fut élève de l'école des Beaux-Arts et un des fidèles de l'atelier de Drolling.

Il débuta au Salon de 1849 par un tableau intitulé *Misère et Désespoir*, l'année suivante il exposa la *Faim*. Ces œuvres furent peu remarquées.

Il obtint plus de succès en 1853 avec le *Retour des moissonneurs*.

Son tableau, la *Bénédiction des blés en Artois*, qui figure au Luxembourg, obtint plus de succès encore et le *Rappel*

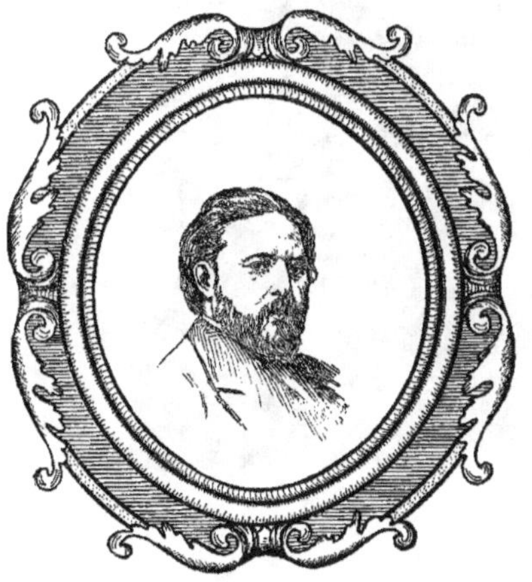

BRETON (Jules), peintre,
Né Courrières en 1827, mort en 1907. (Ecole française.)

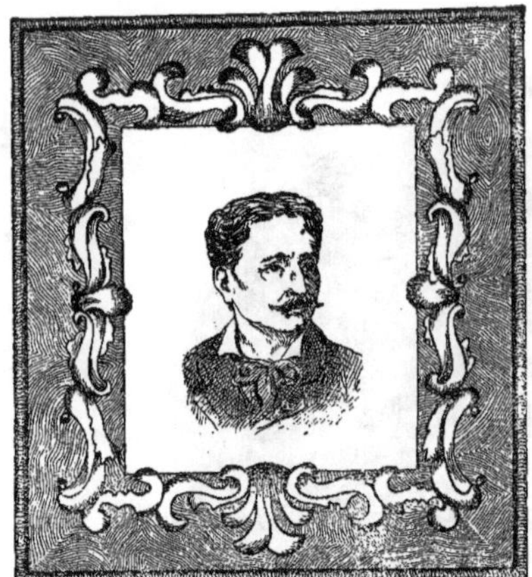

BAUDRY (Paul-Jacques-Aimé), peintre,
Né à La Roche-sur-Yon en 1828, mort à Paris en 1886.
(Ecole française.)

des glaneuses consacra complètement sa réputation.

On le compara, avec raison, à Léopold Robert, peintre qui après avoir connu tous les triomphes est bien oublié aujourd'hui.

Les *Sarcleuses*, les *Vendanges à Château-Lagrange*, *Gardeuse de dindons*, la *Fin de la journée*, la *Lecture*, furent fort admirés.

En 1867, Breton obtint une première médaille à l'Exposition universelle.

Un *Grand pardon breton*, les *Mauvaises herbes*, les *Lavandières des côtes de Bretagne*, la *Fileuse*, une *Jeune fille gardant des vaches*, les *Glaneuses* suivirent sans apporter une note nouvelle et un succès nouveau.

Jules Breton fut membre de l'Académie.

C'était un homme excellent et, s'il est permis de faire quelque réserve sur son génie d'artiste, on doit louer ses vertus familiales.

Jules Breton aimait beaucoup la poésie, il s'est même essayé dans cette forme d'expression du beau, mais ses tentatives ne dépassent pas les limites d'une honnête médiocrité.

Paul Baudry était un petit paysan vendéen. On remarqua ses dispositions pour le dessin; il fut envoyé à Paris avec une pension de sa ville natale et entra dans l'atelier de Drolling.

Les espérances qu'il avait fait concevoir furent pleinement réalisées. En 1850, il remportait le prix de Rome.

C'était une nature timide, et malgré ses grands succès il douta toujours de lui-même.

Pendant son séjour à Rome il reprit la tradition des peintres classiques du

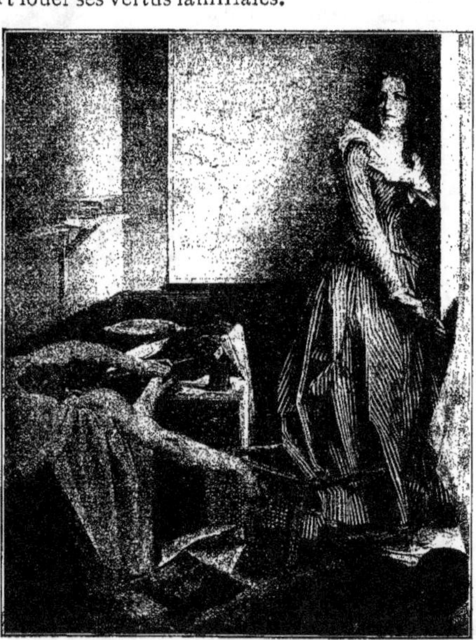

La *Mort de Marat*, par Baudry.

xviiᵉ siècle et s'absorba dans l'étude de Raphaël et Michel-Ange. Les copies qu'il exécuta à la Chapelle Sixtine et qui décorent actuellement l'école des Beaux-Arts, sont très remarquables. Son envoi de dernière année se composa de deux toiles : le *Supplice d'une vestale* et le *Portement de Croix*, Baudry y faisait déjà preuve de toute la science que peut donner l'étude académique.

La *Fortune et le jeune enfant*, actuellement au Luxembourg, et qu'il exposa au Salon de 1857, en même temps qu'une *Léda*, un *Saint Jean-Baptiste enfant* et un portrait de Beulé, lui valurent une médaille de première classe.

DELAUNAY (Elie), peintre,
Né à Nantes, en 1828, mort en 1891. (École française.)

Il chercha une seule fois l'expression violente dans *Charlotte Corday venant d'assassiner Marat*, œuvre intéressante, mais qui nous paraît très inférieure à ses manifestations plus classiques.

Malgré le succès que lui avait valu ce tableau, il revint aux sujets gracieux.

Il affirma à nouveau son talent de portraitiste avec ceux de Guizot, Charles Garnier, Edmond About.

Mais son œuvre capitale fut la décoration de l'Opéra. Lorsqu'il en reçut la commande, grâce à l'intervention de son ami l'architecte Garnier, il fut très troublé. Parviendrait-il à réaliser son rêve ? Cette indécision le décida à partir à nouveau pour l'Italie où, pendant plusieurs années, il dessina les œuvres principales des maîtres de la Renaissance. Le Corrège l'arrêta particulièrement et, dans les intéressants dessins qu'il fit pour la préparation de son œuvre, apparaît l'influence d'Allegri. L'œuvre qu'exécuta Baudry ne comporte pas moins de trente toiles et l'absorba pendant dix ans.

Cet artiste fut également chargé de la décoration de la Cour de Cassation, du château de Chantilly, de l'Hôtel Fould, de l'Hôtel de Païva.

Il remplaça le peintre Schnetz à l'Institut et nul peintre plus que Baudry n'était digne de prendre place à l'Académie des Beaux-Arts.

Delaunay fut élève d'Hippolyte Flandrin et de Schnetz. Il fut nommé en 1856 premier grand prix de Rome. Il obtint une médaille de deuxième classe en 1863, une médaille de première classe et la croix de la Légion d'honneur en 1867 ; enfin en 1878 la croix d'officier et une médaille de première classe. Il remplaça Hesse à l'Académie et fut professeur à l'école des Beaux-Arts.

S'il apprit à dessiner correctement aux Beaux-Arts, ses maîtres véritables furent Delacroix et Rubens. Ce fut la magie de leur couleur, la verve de leur touche dont il voulut découvrir le secret.

Delaunay fut un chercheur. Nous avons eu l'occasion de voir un grand nombre de ses croquis ; ils présentent cette analogie avec ceux de Delacroix qu'une idée y est reprise dix fois sous dix formes différentes. On sent que l'artiste « pense » avec sa plume ou son crayon. S'il n'atteignit pas les som-

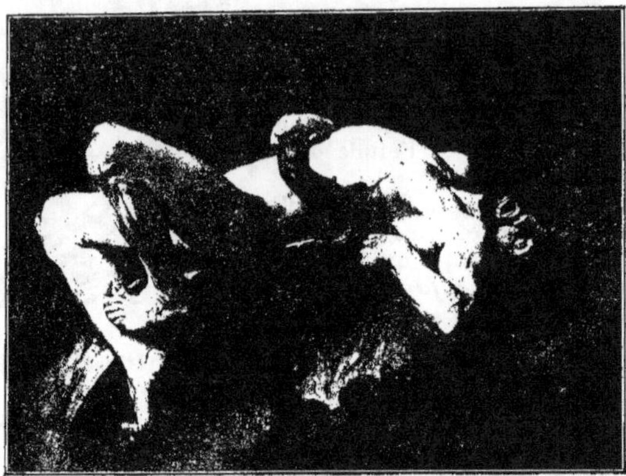

Ixion, par Delaunay.

mets où se manifesta le génie du créateur de l'école romantique, Delaunay sut se créer une forme très particulière et très belle : sa *Diane*, du Musée du Luxembourg, est une œuvre qui restera. Ses études à Rome ne furent pas brillantes, il n'y fut pas le « bon élève », l'esprit de recherches, qui devait créer son intimité avec Gustave Moreau, son indépendance le firent plutôt mal voir à une époque où le « caporalisme » en art existait intégral à la Villa Médicis.

Pendant la troisième année de son séjour dans la ville éternelle, il envoya au Salon la *Nymphe Hespérie*, qui, fort malmené, n'en valut pas moins une troisième médaille à son auteur.

En 1865, il obtenait un grand succès avec la *Communion des apôtres*, qui fut acheté par l'Etat.

En 1869, la *Peste à Rome* (au Luxembourg) était également un des succès du Salon.

En 1875, parut *Ixion*, œuvre d'une grande puissance.

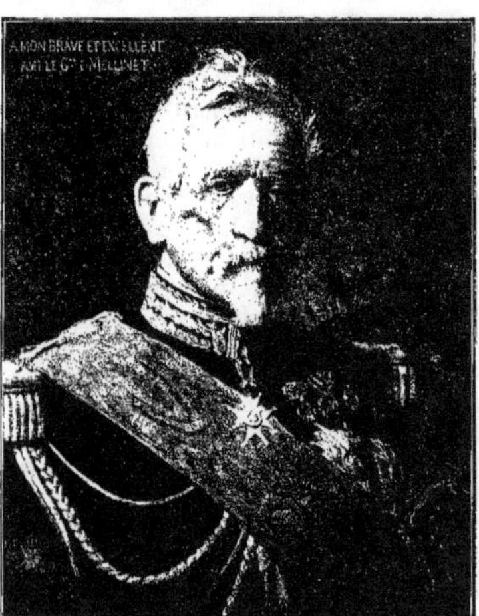

Le *Général Mellinet*, par Delaunay.

Delaunay eut, concurremment avec Baudry, une part de la décoration de l'Opéra.

Comme portraitiste, Delaunay fit preuve de qualités de premier ordre, affirma encore sa science de peintre décorateur dans les compositions qu'il fit pour le Conseil d'Etat et qui absorbèrent deux années de sa vie.

John-Lewis Brown, malgré son nom et son origine irlandaise est bien Français. Ce fut un très beau peintre, le meilleur peintre de chevaux de notre époque, doué d'une puissante expression, d'un magnifique dessin et d'une superbe couleur.

Il fut élève de Roqueplan et de Belloc.

Le brillant artiste ne tarda pas à faire sa réputation par ses études de chevaux, de chiens, de scènes sportives et militaires.

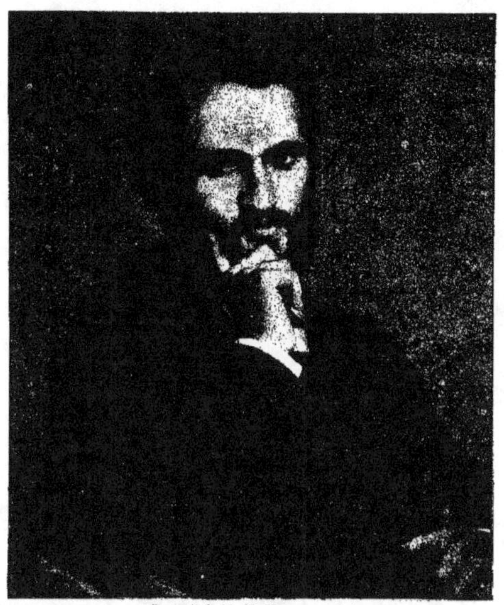

Portrait de M. Ch. Hayem, par Delaunay.

Il fut particulièrement remarqué aux Salons de 1861 avec un *Steeple-Chase* et un *Intérieur d'écurie;* en 1863 : *Campement de spahis à Saint-Maur;* en 1872 : *Reischoffen, Chiens courants;* en 1876 : *Voyage sentimental;* en 1884 : *Piqueur à la française.*

Le Musée du Luxembourg possède de lui une scène de courses : *Avant le départ.*

La peinture de Lewis Brown est de celles que n'atteindront pas les fluctuations de la mode.

Jean-Jacques Henner compte aussi pami les artistes dont les œuvres ne s'effaceront pas par l'effet d'un simple changement de mode. Elles sont solides et durables, tout au moins celles qu'il exécuta en dehors de tout esprit commercial.

Il vint étudier la peinture à Paris, travailla avec Drolling et Picot, suivit les cours des Beaux-Arts et remporta le Grand

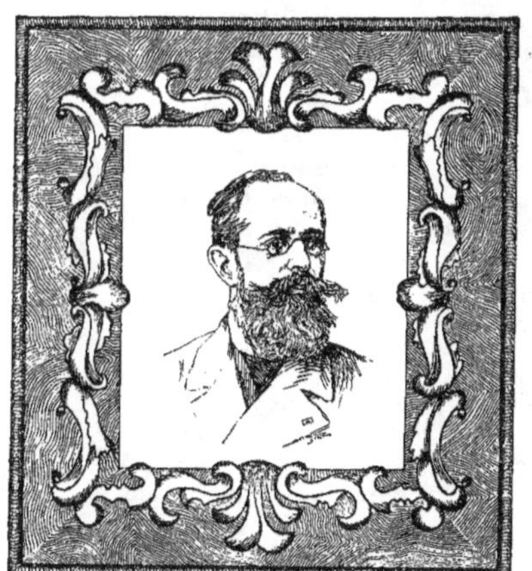

BROWN (Jhon-Lewis), peintre français d'origin irlandaise,
Né à Bordeaux en 1829, mort en 1890. (Ecole française.).

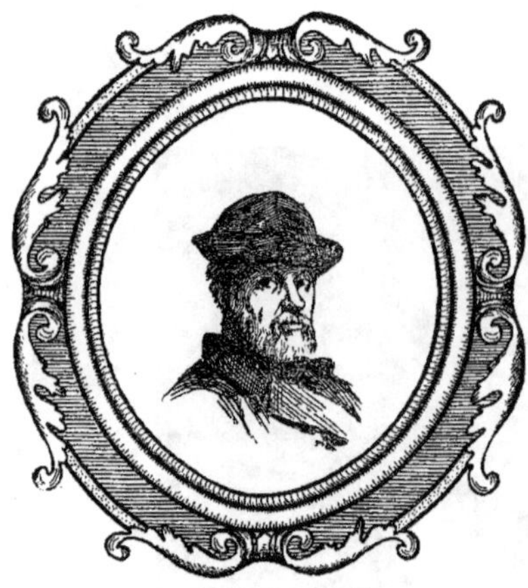

Prix de Rome. Pendant les cinq années qu'il passa en Italie, Henner se passionna pour les grands maîtres de la Renaissance et particulièrement pour Le Corrège.

Il envoya au Salon de 1863 un *Jeune baigneur endormi* et le *Portrait de Schnetz* qui attestent sa science du dessin et sa puissance de coloriste.

La *Chaste Suzanne*, actuellement au Luxembourg, qui figura au Salon de 1865 est une des meilleures toiles du maître, *Biblis changée en source* (Musée de Dijon), suivit.

En 1869, il créait ses nudités ivoirines couchées à l'orée de quelque forêt mystérieuse, à l'heure où le crépuscule pâlit le ciel. Il mit dans ces œuvres un charme poétique pénétrant, mais on peut lui reprocher d'en avoir abusé. La plus triomphante fut la *Femme au divan noir* (Musée de Mulhouse).

Quant à ses figures de *Fabiola*, *Pensierosa*, *Rêveuse*, elles nous paraissent d'un ordre tout à fait inférieur. Le maître en a fait de nombreuses répétitions. Il les exécutait sur commande à 1.200 ou 1.800 francs, suivant la grandeur de la toile.

En 1876, son *Bara* (au Petit Palais), n'eut qu'un succès médiocre, *Hérodiade* et le *Lévite d'Ephraïm* furent mieux accueillis. Ce dernier tableau valut au peintre la médaille d'honneur au Salon de 1898. En 1900, il reçut un des quatre grands prix décernés par le jury aux peintres français et étrangers.

Henner habitait place Pigalle une partie d'un petit hôtel, dont Puvis de Chavannes occupait l'autre moitié. Il était peu accueillant et parfois même prenait plaisir à se montrer brutal. Il n'avait pour ses contemporains qu'une admiration relative si l'on en juge par cette anecdote :

— Vous êtes allé au Salon, Monsieur Henner, lui demandait un jour un de ses amis. Y avez-vous vu de bonnes peintures?

— Mon cher, répondit le maître avec son accent tudesque, quand je vais au Salon je vois des beaux messieurs, des belles mesdames, des beaux soldats, des beaux bateaux, des beaux paysages, mais quand je veux voir de la peinture, je vais au Louvre.

Edouard Manet occupe dans l'art moderne une place trop considérable pour que nous passions son nom sous silence. Il reprit et accentua les théories révolutionnaires de Courbet et on peut le considérer comme le plus puissant inspirateur de l'école impressionniste.

Il naquit à Paris en 1832. Embarqué comme novice en 1850, il fit un voyage au Brésil.

De retour en France, il s'adonna à la peinture.

Après avoir visité l'Italie et la Hollande, il entra dans l'atelier de

Couture et, dans ses premières œuvres, il adopta la conception et les procédés de son professeur.

L'influence de Courbet lui fit modifier sa manière.

En 1863, plusieurs de ses tableaux furent refusés par le jury, entre autres le *Déjeuner sur l'herbe*, actuellement au Louvre, dans la collection Moreau-Nélaton.

Il accentua sa forme personnelle dans le *Christ et les anges* et *Combat de taureaux* (Salon de 1864), *Jésus insulté par les soldats* et *Olympia*, exposés au Salon de 1865, excitèrent les rires du public. *Olympia*, chef-d'œuvre que l'on ne discute plus, occupe aujourd'hui une place d'honneur au Louvre.

En 1866, tous ses tableaux ayant été refusés, il fit, l'année suivante, une exposition

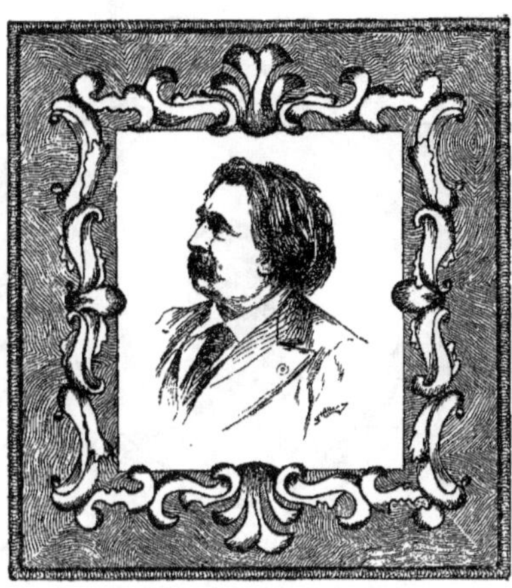

DORÉ (Louis-Christophe-Paul-Gustave),
Peintre, sculpteur, dessinateur, né à Strasbourg le 6 janvier 1833,
Mort à Paris le 23 janvier 1883. (Ecole française.)

particulière dans un bâtiment construit avenue de l'Alma, non loin de celui qu'avait fait édifier Courbet dans le même but.

Il reparut au Salon avec le *Balcon*, actuellement au Luxembourg, le *Bon bock*, *En bateau*, *Henri Rochefort*, le *Bar des Folies-Bergères*.

Manet, en pleine force, fut terrassé par la mort à peine âgé de cinquante et un ans.

Une exposition de ses œuvres fut faite en 1884 à l'Ecole des Beaux-Arts. On y voit pour la première fois les *Baigneuses*, le *Déjeuner dans l'atelier*, *Portraits en plein air*.

Manet procède surtout de Goya, peu de peintres ont peint les natures mortes et les fleurs avec une aussi saisissante vérité. Ses figures, fort intéressantes, sont loin de posséder la puissance d'expression, la force de caractère de celles du grand maître espagnol.

Doré fut un peintre médiocre. Son imagination puissante, sa verve fantaisiste disparaissent lorsqu'il quitte le crayon pour la brosse, mais son œuvre comme dessinateur est trop personnel pour que nous ne mentionnions pas l'artiste.

Il n'avait que onze ans lorsqu'il commença à publier à Bourg-en-Bresse des lithographies. La première représentait une *Noce bressane*.

Il vint à Paris et collabora au *Journal pour rire*, de Philippon. Il y demeura longtemps.

Son illustration de *Rabelais*, qu'il fit en 1854, commença sa réputation.

Don Quichotte suivit en 1862 et fut un immense succès.

Vint ensuite la *Divine comédie* (1861-1868).

Il débuta comme peintre au Salon de 1848, il avait quinze ans, et exposa encore en 1855 : la *Bataille de l'Alma*; en 1867 : le *Tapis vert*; en 1868 : le *Néophite*; en 1876 : *Entrée du Christ à Jérusalem*; en 1879 : la *Mort d'Orphée*.

Le pauvre artiste faisait de vains efforts pour atteindre au sublime ; il

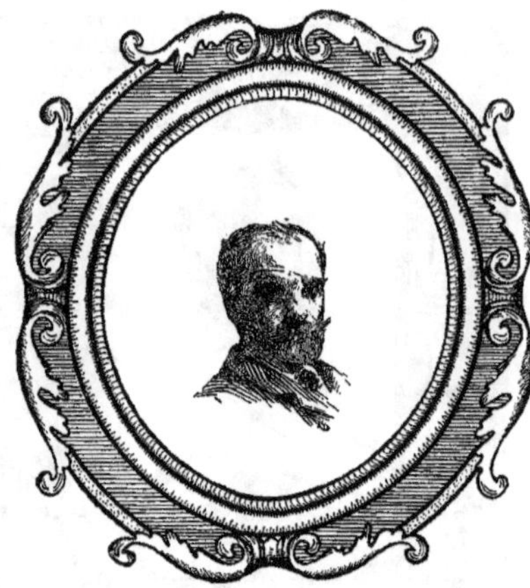

BONNAT (Léon-Joseph-Florentin), peintre, graveur,
Né à Bayonne en 1833. (École française.)

ne pouvait s'élever au-dessus de la vulgarité.

Il s'essaya également dans la sculpture : la *Vigne*, vase de bronze, est une œuvre remarquable.

Son dernier ouvrage fut le monument d'Alexandre Dumas père.

M. Bonnat occupe dans l'art moderne une place considérable.

Il étudia d'abord en Espagne avec Frederico Madrazo. Il entra ensuite chez Léon Cogniet.

Il débuta au Salon de 1857 en envoyant trois portraits.

Après cette exposition il partit pour l'Italie.

De retour en France, il envoyait au Salon de 1861 *Adam et Eve trouvant Abel mort* et un *Portrait*; en 1863, il exposait une jeune italienne, *Maria*, un *Portrait* et le *Martyre de saint André.*

En 1870 il fit un voyage en Orient et produisit à son retour : *Femme Fellah, Barbier turc.*

Après une courte phase d'orientalisme, il revint au portrait et fit successivement ceux de Victor Hugo, Thiers, Grévy, Cogniet, Ferry, Renan.

Il est le portraitiste officiel des chefs d'Etat français et possède pour clients les multi millionnaires américains.

M. Bonnat est représenté au Luxembourg par les portraits de Léon Cogniet et du cardinal de Lavigerie, ainsi que par un paysage et son important tableau de *Job*. Il a fourni pour la décoration du Panthéon le *Martyre de saint Denis*. Au Musée du Petit Palais M. Bonnat figure avec des eaux-fortes et des dessins. On retrouve dans ces derniers le goût délicat qu'il montre pour ce genre de manifestations de la forme. M. Bonnat possède en effet une admirable collection de dessins dans laquelle Rembrandt est représenté par des pages hors lignes.

M. Bonnat est directeur de l'Ecole des Beaux-Arts et membre de l'Institut.

Alphonse de Neuville est un des peintres de bataille français les plus intéressants.

On trouve dans ses œuvres beaucoup de fougue et de verve.

Un grand nombre de ses ouvrages furent popularisés par la gravure. On cite parmi les plus connus : le *Cime-*

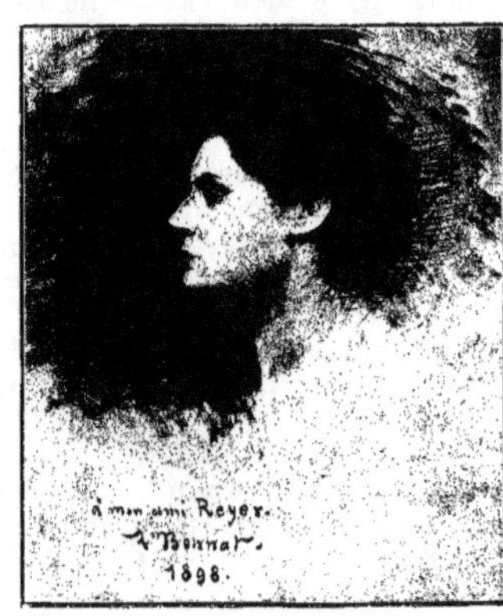

Mme *Rose Caron*, par Bonnat.

tière de Saint-Privat, le *Porteur de dépê-ches*, le *Combat du Bourget*, les *Dernières cartouches*, *Combat sur une voie ferrée*, les *Prussiens à Villersexel*, la *Surprise*.

A la vente du peintre, l'Etat acheta le *Bourget*, *Attaque par le feu d'une maison barricadée* et une aquarelle : le *Parlemen-taire*.

Alphonse de Neuville fit avec M. Edouard Detaille les panoramas de la Bataille de Champigny et de la Bataille de Rezon-ville.

Il était officier de la Légion d'honneur.

M. Carolus Duran, de son vrai nom Charles Durand, commença ses études à Lille dans l'atelier de Souchon. Il vint à Paris et pendant un certain temps fit partie de la jeune et vivante phalange groupée au-

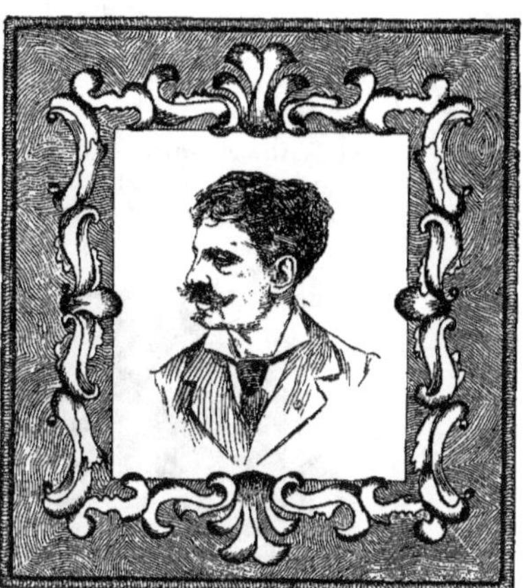

NEUVILLE (Alphonse-Marie De), peintre
Né à Saint-Omer le 31 mai 1836, mort à Paris en 1885.

tour de Courbet, où se trouvaient les Bracquemond, les Manet, les Legros, les Whisler, les Ribot, les Vollon, les James Tissot, les Claude Monet.

M. Carolus Duran fit un voyage en Italie, au retour duquel il envoya au Salon de 1866, l'*Assassin*, tableau qui lui valut une médaille.

Il visita également l'Espagne, d'où il rapporta un *Saint François d'Assise* (Salon de 1868).

M. Duran, très mondain, très brillant, avait tout intérêt à se livrer au genre du portrait : il y réussit fort bien.

On cite encore de lui : la *Mise au tombeau*, le *Christ mort sur la croix*, *Vision*, *Dans la rosée*, *Fin d'été*.

M. Carolus Duran est directeur de l'Ecole de Rome.

M. Jean-Paul Laurens est un des représentants les plus sérieux de l'école classique. Il naquit dans une petite maison de culture du département de la Haute-Garonne.

De bonne heure il montra pour les arts des dispositions exceptionnelles et elles lui valurent de suivre les cours de l'Ecole des Beaux-Arts de Toulouse, puis il vint à Paris, pensionné par le dépar-tement et fut l'élève de Cogniet et de Bida.

Il débuta au Salon de 1863 par la *Mort de Caton d'Utique* et exposa depuis régulièrement : la *Mort de Tibère*, 1864 ; *Hamlet*, 1865 ; *Après le bal*, 1866 ; *Jésus et l'Ange de la mort*, 1868 ; *Jésus guéris-sant un démoniaque*, *Hérodiade et sa fille*, 1869 ; *Jésus chassé de la synagogue*

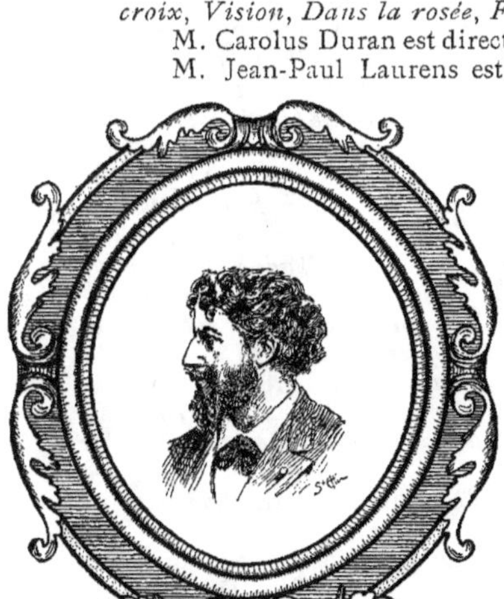

CAROLUS DURAN (Charles Durand dit), peintre.
Né à Lille en 1837. (Ecole française.)

et *Saint Ambroise instruisant Honorius*. Ces œuvres très honorables, un peu froides peut-être, avaient placé M. Laurens parmi les peintres les plus en vue. A partir de 1872, sa réputation s'affirma ; son art fut très goûté et certaines de ses compositions sont devenues célèbres ; tels sont : la *Mort du duc d'Enghien*, le *Pape Formose et Étienne VII*, 1872 ; la *Piscine de Bethsaïda*, 1873 ; *Saint Bruno refusant les présents de Roger, comte de Calabre*, 1874 ; *Excommunication de Robert le Pieux et l'Interdit*, 1875 ; *François de Borgia devant le cercueil d'Isabelle de Portugal*, 1876 ; l'*Etat-major autrichien devant le corps de Marceau*, 1877, œuvre capitale que la gravure et la photographie ont rendu populaire et que l'on a vu reparaître à la vente Jaluzot.

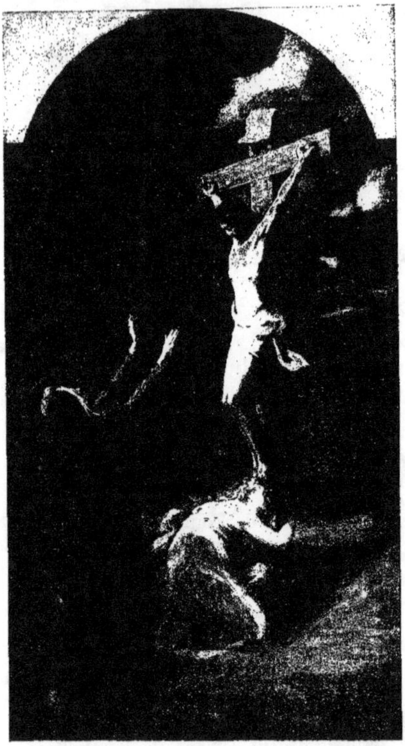

M. Jean-Paul Laurens est un de nos rares peintres qui se soient voués à la peinture historique et qui fasse accepter ce genre désuet. Son talent loin de faiblir, s'est sensiblement élevé dans une forme noble et simple.

Citons encore, pour être complet : *Délivrance des emmurés de Carcassonne*, 1879 ; le *Bas-Empire*, 1880 ; les *Derniers moments de Maximilien*, 1882 ; le *Pape et l'Inquisition*, les *Murailles du Saint-Office*, 1883 ; *Vengeance d'Urbain VI*, 1884 ; *Faust*, 1885 ; le *Grand inquisiteur chez les rois catholiques*, 1886 ; l'*Agitation du Languedoc*, 1887 ; *Mounet-Sully dans le rôle d'Hamlet*, 1888 ; les *Hommes du Saint-Office* (au Luxembourg) et l'*Alchimiste*, 1889 ; la *Voûte d'acier* (entrée de Louis XVI à l'Hôtel de Ville de Paris, en 1791).

Le *Christ mort sur la Croix*, par Carolus Duran.

M. Jean-Paul Laurens a concouru à la décoration du Panthéon par une fresque : La *Mort de sainte Geneviève*.

Il a obtenu toutes les récompenses : une médaille en 1869, une première médaille en 1872, la grande médaille d'honneur en 1877. Décoré de la

Légion d'honneur le 16 août 1874, il a été promu officier en 1878, puis commandeur.

Il est membre de l'Institut, où il succéda à Meissonier, et s'occupe beaucoup de l'enseignement artistique comme directeur de l'Académie de Toulouse et comme professeur à l'Académie Julian.

M. Roybet est un peintre favori du public ; cela se conçoit étant donné sa verve et le brio de son exécution. Tout au plus pourrait-on dire qu'il a peut-être un peu trop sacrifié au désir de plaire.

Il fut l'élève de Vibert et exposa pour la première fois au Salon de 1865 : une *Faneuse, Intérieur de cuisine, En retard pour la fête* et *Une Musicienne* qui attira l'attention des artistes.

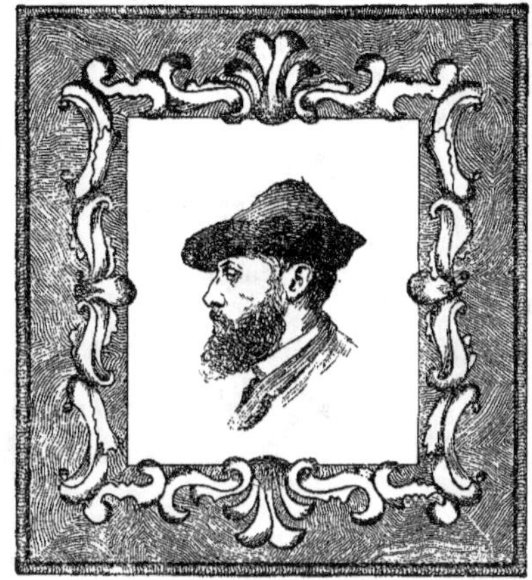

LAURENS (Jean-Paul), peintre,
Né à Fourquevaux le 3o mars 1838. (Ecole française.)

Un *Fou sous Henri III*, qui parut au Salon suivant, fit la réputation de son auteur.

Depuis, M. Roybet a marché de succès en succès.

Parmi ses tableaux principaux on cite : Le *Concert*, les *Joueurs de trictrac*, le *Page aux chiens*, la *Main chaude*, qui fut un triomphe ; les *Musiciens au château, Charles le Téméraire le jour des rois*, les portraits de Mme *Juana Romani*, de *Guillemet* et du *Docteur Lafont*.

M. Claude Monet est un des plus grands artistes de notre époque et le maître le plus parfait de l'école impressionniste. A côté des merveilleuses colorations qui ensoleillent la plupart de ses toiles, on sent chez lui, sous la liberté de l'exécution, une science profonde du dessin et une technique admirable. M. Monet peint exactement comme il entend peindre, que ses ouvrages plaisent ou non, le fait n'en est pas moins la caractérisque des vrais peintres.

Ce bel artiste ambitionne de représenter la nature sous tous ses aspects, et sans relâche on le voit reprendre l'étude des plus subtils effets de lumière.

M. Monet est né à Paris en 1840. Il fut l'élève de Gleyre en même temps que Sisley, le joli peintre paysagiste. Il fut aussi un des fidèles de Courbet, mais il ne prit des idées du maître d'Ornans que ce qu'il fallait en prendre.

Après avoir végété longtemps, M. Monet connut les plus brillants succès. Il appartient à la catégorie des artistes dont les œuvres atteignent les gros prix.

Il est représenté au Musée du Luxembourg par un certain nombre de

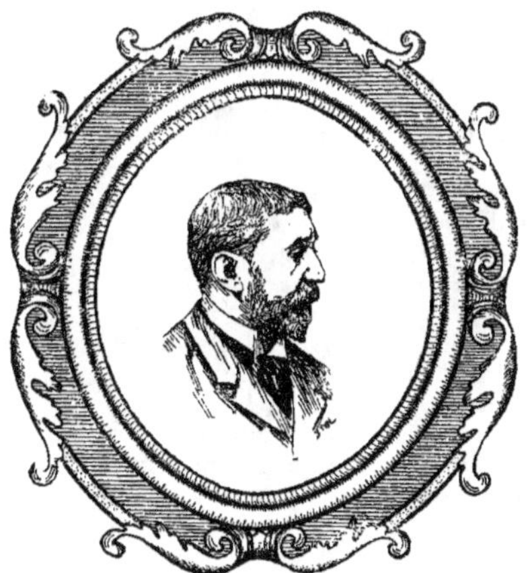

ROYBET (Ferdinand), peintre.
Né à Uzès le 20 avril 1840. (Ecole française).

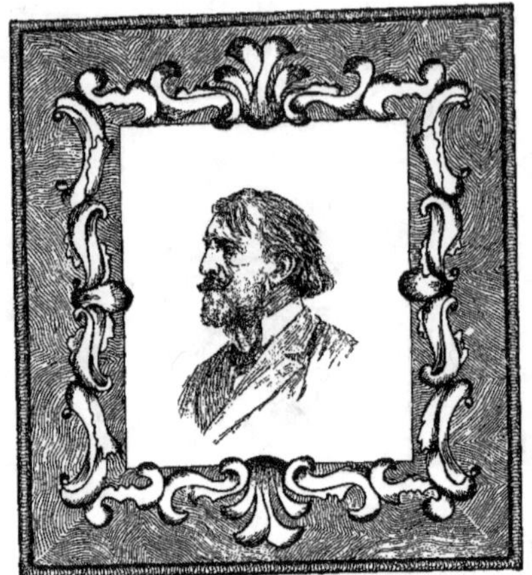

CAZIN (Jean-Charles), peintre.
Né à Samer, en 1841, mort en 1901. (École française.)

tableaux qui sont la joie des raffinés d'art.

Cazin ne s'occupa de peinture qu'après avoir acquis, en enseignant, les connaissances les plus variées en art.

Il fut d'abord élève à l'école des Arts décoratifs puis professeur adjoint à l'école d'architecture. Il fut appelé de là au poste plus important de directeur de l'école de dessin et du Musée de Tours.

En 1871, il voyagea en Angleterre et travailla assidûment au Musée de South-Kensington. Il visita ensuite l'Italie et la Hollande.

Il avait trente-quatre ans lorsqu'il revint à Paris. Il possédait une science approfondie de la technique et il la mit à profit en essayant des restaurations de peinture à la cire.

Ce fut par ce procédé qu'il exécuta le *Chantier*, Salon de 1876; la *Fuite en Egypte*, 1877; le *Voyage de Tobie*, 1878.

En 1880, il exposait *Agar et Ismaël*, le beau tableau que l'on admire au Musée du Luxembourg; le *Départ de Tobie*, possédé par le Musée de Lille; la *Terre*, peinture à la cire et au pastel.

En 1881, la Ville de Paris achetait à la vente du Salon : *Souvenir de fête*, au Petit Palais.

En 1882, il fit aux Arts décoratifs une exposition d'ensemble, peinture, sculpture, céramique. La *Chambre mortuaire de Gambetta*, exposée au Salon de 1883, fit sensation.

Il poursuivit ses évocations tendres et douces dans des paysages pleins de sentiment et de caractère et dans des panneaux décoratifs.

Très moderne, avec la science des plus purs classiques, il rêvait l'association de l'art aux choses de la vie.

C'était un magnifique dessinateur; le Musée du Petit Palais possède un certain nombre de tableaux qui affirment sa maîtrise.

M. Pierre-Auguste Renoir naquit à Limoges en 1841. Il était fils de modestes travailleurs, mais jamais sa famille ne chercha à entraver ses goûts artistiques.

Il gagna d'abord sa vie en peignant pour la céramique.

En 1859, étant venu à Paris, il entra dans l'atelier de Gleyre, où il trouva Monet et Sisley. Les trois artistes se lièrent intimement.

M. Renoir débuta au Salon de 1864 avec *Esmeralda*.

Il exposa régulièrement jusqu'en 1890.

Sa facture particulière, son dessin, froissaient les conventions admises par la généralité des artistes; il avait été admis comme un irrégulier. Ce sentiment s'accentua à partir de 1875, année où se produisit la première exposition des Artistes Indépendants, à la tête desquels s'étaient placés Berthe Morisot, Renoir, Claude Monet et Sisley. La vente des œuvres exposées par ces quatre beaux peintres eut lieu le 24 mars 1875 et fit grand bruit.

On frappa d'anathème ces révolutionnaires
de l'art, que l'on accusa de ne pas plus savoir
peindre que dessiner. La renommée universelle dont ils jouissent prouve qu'en peinture il n'est pas de jugement sans appel, si
autorisés que soient les juges.

Au Luxembourg les œuvres de M. Renoir sont : Le *Moulin de la Galette*, la *Ba-
lançoire*, la *Liseuse*, le *Pont de Chatou*, les
*Berges de la Seine, Tête de jeune femme au
soleil, Jeunes filles au piano*. Dans des collections : *Portrait de Mme Charpentier*,
acheté 99.000 francs par le Musée de Phila-
delphie ; le *Portrait de Claude Monet*, un
nombre considérable de paysages pris aux
environs de Paris, à La Rochelle, dans les
Pyrénées, en Algérie. M. Renoir a produit
également un certain nombre de sujets mon-

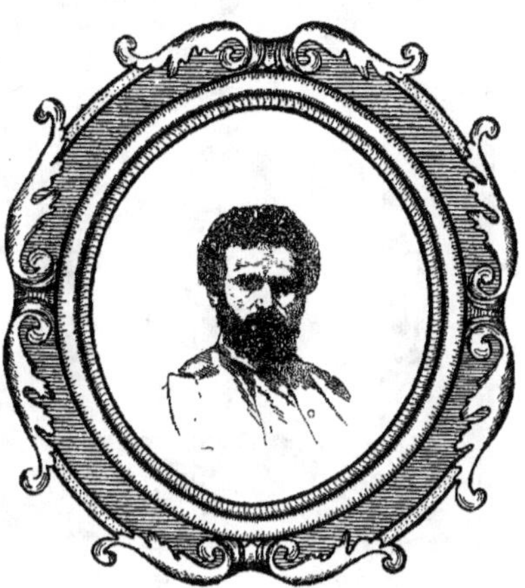

REGNAULT (Alexandre-Georges-Henri), peintre.
Né à Paris le 30 octobre 1843, tué au combat de Buzenval
le 19 janvier 1871. (École française.)

dains demeurés célèbres : La *Loge*, la *Danse, Danse à la ville, Danse à
la campagne*, la *Dame en bleu*, le *Déjeuner à Bougival*, la *Jeune mère*.

M. Renoir a également exécuté un certain nombre d'illustrations pour
l'éditeur Charpentier.

Henri Regnault, ce bel artiste qui donnait de si brillantes espérances,
eut d'abord toutes les facilités pour suivre sa voie glorieuse.

Son père était physicien. Regnault après d'excellentes études classiques
couronnées de succès aux concours généraux, entra dans l'atelier de Lamothe,
puis passa dans celui de Cabanel.

Il étudia surtout la nature. A vingt ans, il fit une série de dessins au
Jardin des Plantes.

Au Salon de 1864, son *Coriolan* fut remarqué, ainsi que *Thétis*, qu'il
envoya à l'Exposition de 1865.

En 1866 il remportait le grand prix de Rome.

Pendant les deux années qu'il passa en Italie il exécuta, en outre d'un
grand nombre de dessins pour le *Tour du monde*, son *Automédon*, son
portrait de la *Dame en rouge*, qui figura à l'Exposition de 1867.

Orphée aux enfers fut envoyé au Salon de 1869.

Regnault partit pour l'Espagne, et durant son séjour à Madrid étudia
passionnément Velasquez. L'École des Beaux-Arts possède de lui une superbe copie du tableau des *Lances* d'après le grand maître espagnol.

Le général Prim lui avait commandé son portrait. Regnault exécuta la
toile magistrale que l'on admire au Louvre. Le général ne le trouva pas à
son goût et le refusa.

L'artiste froissé quitta immédiatement Madrid et, revenu à Paris,
exposa son tableau, qui fut un des événements du Salon de 1869.

Regnault retourna en Espagne et pendant quelque temps se livra à
l'étude de l'Alhambra. Dans ses lettres, il en parle avec amour. L'attrait
qu'avaient pour lui les monuments arabes l'amena à peindre l'Alcazar de

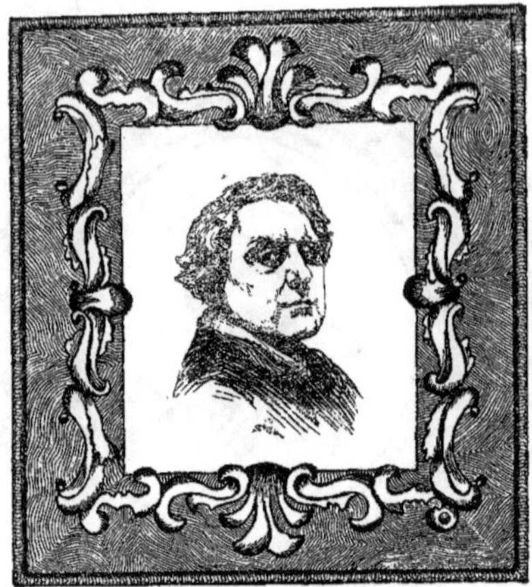

CONSTANT (Benjamin, dit Benjamin-Constant) peintre,
Né à Paris en 1845, mort en 1902. (École française.)

Séville. Il peignit aussi pendant la même année son *Toréador, Judith et Holopherne* et sa *Dame en rose.*

Au Salon de 1870 figura *Salomé*, son chef-d'œuvre.

Son voyage au Maroc l'amena à faire le *Décapité,* le *Départ pour la fantasia à Tanger*, la *Sortie du pacha à Tanger*, les trois aquarelles : *Haoua Hassan, Namouna, Intérieur de Harem.*

La guerre franco-allemande avait éclaté, il revint en toute hâte à Paris et s'engagea d'abord dans un régiment de francs-tireurs, puis dans une compagnie de marche de la garde nationale.

Son bataillon ayant pris part à la bataille de Buzenval, il tomba frappé mortellement lors de l'attaque du parc.

L'exposition générale de ses œuvres, qui eut lieu en 1872, révéla l'étendue de la perte faite par l'art en la personne de ce magnifique peintre. Ses camarades de l'école des Beaux-Arts lui élevèrent un monument la même année.

Benjamin Constant, quoique de famille ayant une place dans l'histoire contemporaine, dut son éducation artistique à un prix municipal, qui lui permit d'entrer, en 1866, à l'école des Beaux-Arts. En 1867 il passait dans l'atelier de Cabanel.

En 1872, il entreprit avec M. Tissot, ministre de France, un voyage au Maroc, d'où il rapporta ses premières toiles d'Orient, et qui eut une influence considérable sur sa carrière artistique. Les *Prisonniers marocains,* Musée de Bordeaux, lui valurent une première récompense au Salon de 1875.

En 1876, l'*Entrée de Mahomet II à Constantinople* lui fit décerner la deuxième médaille. Puis vinrent : Les *Derniers rebelles*, Musée du Luxembourg; la *Justice du chérif, Beethoven (Sonate au clair de lune), Orphée.*

Après un changement de manière qui se manifeste dans un plafond de l'Hôtel de Ville, *Paris convoquant le monde*, exécuté d'abord à la peinture légère, et qu'il reprit depuis à la peinture forte et transforma très heureusement, il fit dans cette nouvelle forme *Prométhée enchaîné* et *Prométhée délivré*, les figures des *Belles-Lettres*, des *Sciences* et le groupe des *Doyens*, et ne songea plus qu'aux grandes décorations.

C'est ainsi qu'il exécuta un plafond pour le nouvel Opéra-Comique et un autre au Capitole de Toulouse.

Il fit aussi une série de grands portraits, entre autres celui de son fils, qui lui valut la médaille d'honneur au Salon de 1896 et qui fut acquis par l'Etat.

Il entra à l'Institut en 1893.

Jules Bastien-Lepage mourut trop jeune, c'était un artiste puissant et sur qui pouvait se fonder des espérances sérieuses.

Il fut reçu le premier à l'Ecole des Beaux-Arts et entra dans l'atelier de Cabanel.

La guerre franco-allemande interrompit ses études. Il s'engagea dans la compagnie de francs-tireurs commandée par le peintre Castellani.

En 1875, il débuta au Salon par la *Chanson du printemps*, dans laquelle ses tendances réalistes se révélaient.

Il inaugura ses tableaux d'une rusticité primesautière avec la *Paysanne au repos*, la *Prairie de Damvillers*, les *Foins mûrs* et l'*Aurore*.

Le Salon de 1877 fut une révélation : il y exposait deux portraits, le *Père* et la *Mère* de l'artiste, qui firent songer à un Holbein français.

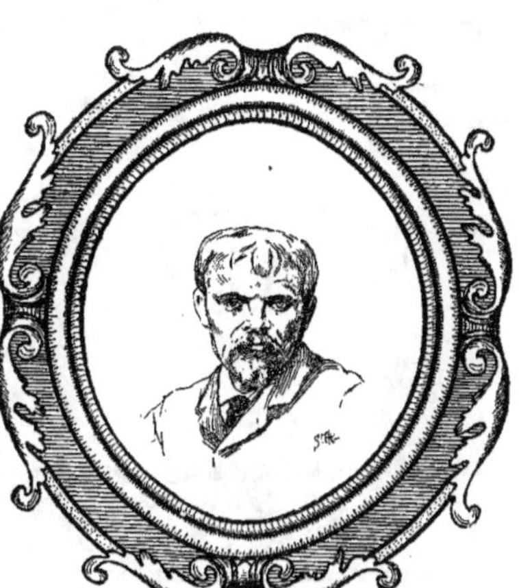

BASTIEN-LEPAGE (Jules), peintre,
Né à Damvillers en 1848, mort à Paris en 1884.
(Ecole française.)

En 1878, les *Foins*, au Musée du Luxembourg, marquent la perfection de sa manière. C'est une œuvre d'une grande force et d'une réalité saisissante.

Il faisait en même temps les portraits d'André Theuriet, de Sarah Bernhardt, du prince de Galles, qui le fit appeler en Angleterre. Il rapporta de ce voyage un grand nombre d'études, de croquis et quelques peintures.

La *Jeanne d'Arc* qu'il exposa au Salon de 1880 et qui fut très injustement critiquée, contient des qualités fort remarquables.

C'était une tentative de l'union du réalisme au mystique.

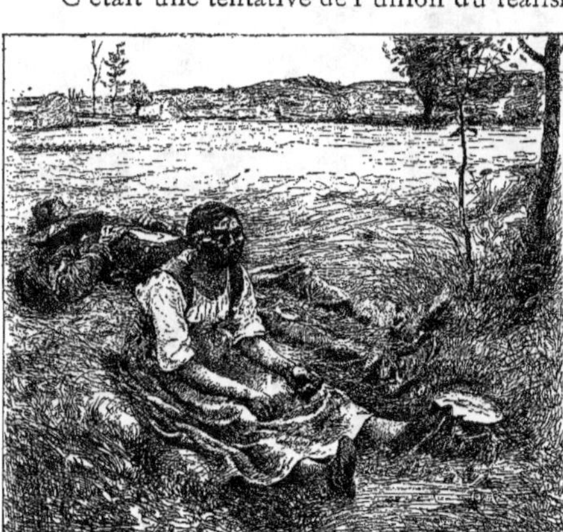

Les *Foins*, par Bastien Lepage.

Mais Lepage ne tarda pas à revenir à ses paysans avec les *Blés mûrs* et l'*Amour au village*.

M. Edouard Detaille est aussi un artiste favori du public.

Il fut élève de Meissonier qui, effrayé de sa facilité extraordinaire, le maintint longtemps dans les sévères études.

M. Detaille débuta au Salon de 1867 par un *Coin de l'atelier de Meissonier*.

Son premier grand succès date de 1870 avec *Engagement entre les Cosaques et les gardes d'honneur, en 1814*.

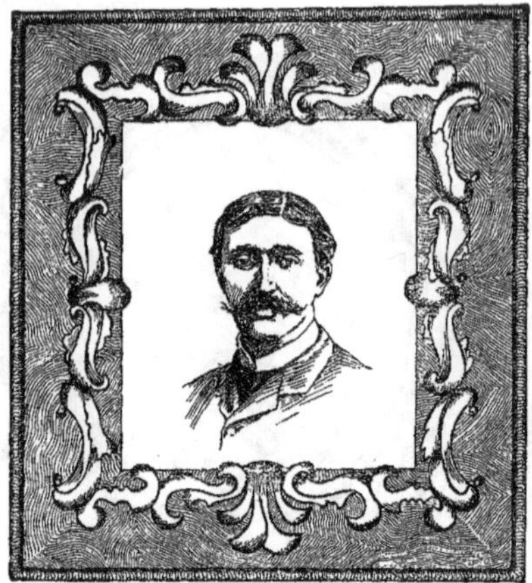

DETAILLE (Edouard-Jean-Baptiste),
Peintre, né à Paris le 5 octobre 1848. (Ecole française.)

LA VIE ET L'ŒUVRE

La guerre de 1870 lui fit abandonner ses pinceaux pour le fusil ; il fut incorporé dans le 8ᵉ bataillon de la garde mobile, mais il ne tarda pas à devenir secrétaire du général Appert. Plus heureux que Regnault, il échappa aux balles prussiennes.

En 1872, son tableau les *Vainqueurs* ne put être placé au Salon pour cause politique ; cette toile, exposée chez l'éditeur Goupil, puis reproduite par la gravure, popularisa le nom de M. Detaille.

Vinrent ensuite : *En retraite*, 1873 ; les *Cuirassiers de Morsbronn*, 1874 ; le *Régiment qui passe*, qui obtint un si retentissant succès ; le *Rêve*, dont le succès fut plus grand encore ; *Un jour de revue*.

Ainsi que nous l'avons dit, il collabora avec Neuville aux panoramas de Champigny et de Rezonville.

M. Francis Tattegrain fut d'abord avocat. Il obéissait ainsi à une tradi-

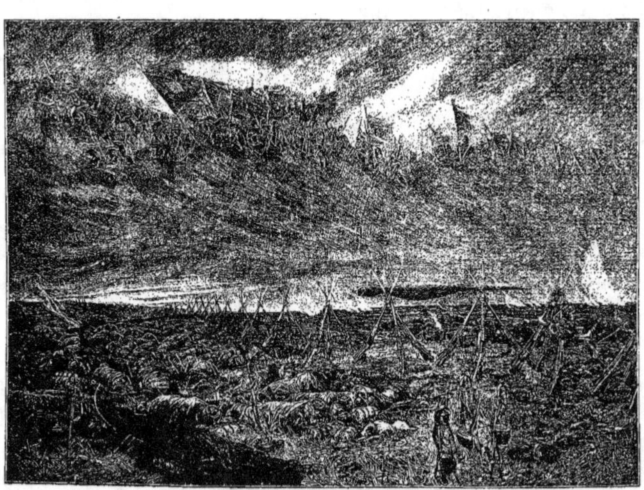

Le *Rêve...*, par Edouard Detaille.

tion de famille, mais dès qu'il eut en poche son diplôme de docteur en droit, il ne tarda pas à se donner à la peinture et à la gravure.

Ses premières leçons lui furent données par le vicomte Lepic, qui possédait un joli talent d'amateur.

Il vint ensuite à Paris, entra à l'Académie Julian dans l'atelier de M. Jules Lefebvre.

Ses premiers envois aux Salons de 1875 et 76 furent des eaux-fortes représentant des *Vues d'Amiens*. L'année 1879 le vit prendre rang parmi les peintres. Ses envois les plus remarqués furent : *Au large pendant la pêche du hareng, Un Coup d'épaule,* la *Femme aux épaves,* Musée de Boulogne-sur-Mer; *Nos hommes sont perdus,* Musée de Valenciennes; *Débarquement des harengs,* Musée de Quimper; les *Deuillants à Etaples,* Musée d'A-

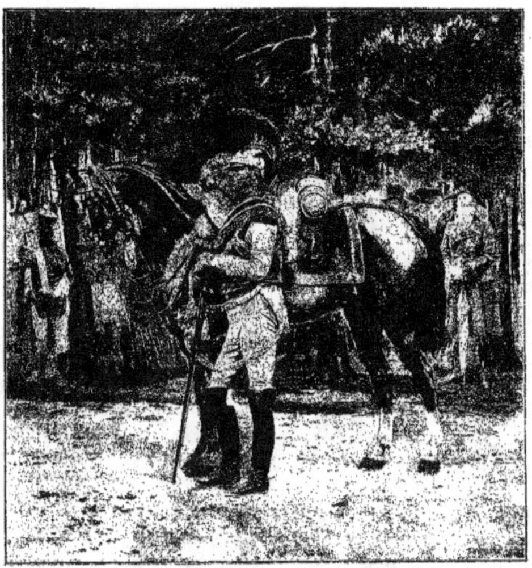

Un jour de revue, par Edouard Detaille.

miens; *Convalescente,* Musée de Melbourne; les *Casselois, dans les marais de Saint-Omer, se rendent à merci au duc Philippe-le-Bon (4 janvier 1430),* Musée de Lille; cette composition classa M. Tattegrain parmi les peintres d'histoire.

En 1892, l'*Entrée de Louis XI à Paris le 30 août 1461* (Hôtel de Ville de Paris), obtint un très honorable succès.

On cite encore de lui : *Saint-Quentin pris d'assaut* et les *Quêteurs de l'Asile des vieux matelots* (Musée de Calais).

M. Tattegrain partage sa vie entre Paris et Berck-sur-Mer; cette dernière localité a sa préférence, car il peut y exécuter aisément ses grandes compositions.

Indépendamment de sa notoriété de peintre, M. Tattegrain s'est fait une réputation justifiée de philanthrope et l'on voit constamment figurer son nom dans les œuvres de charité et de solidarité.

Mme Demont-Breton est fille et élève du célèbre peintre rustique Jules Breton, mais différente en cela de bien des descendants d'artistes en vue, elle a cherché à se faire un genre personnel, ou tout au

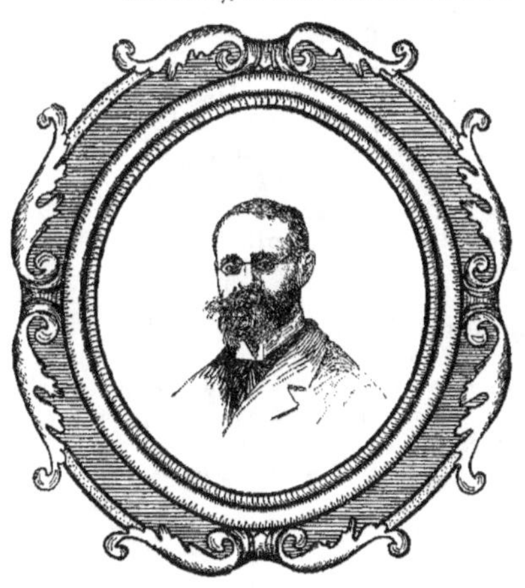

TATTEGRAIN (Francis), peintre,
Né à Péronne en 1852. (Ecole française).

moins tout différent de celui de son père. Elle y a pleinement réussi.
Mme Demont-Breton peint des matelots. C'est aux intrépides enfants de

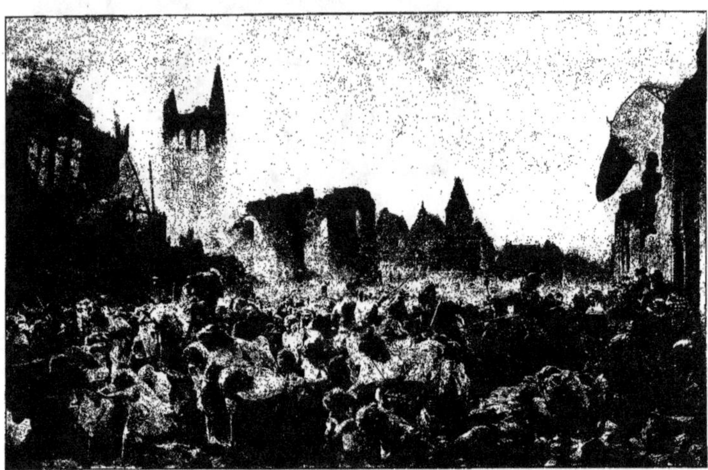

Saint-Quentin pris d'assaut; l'exode; 29 août 1557, par Tattegrain.

nos côtes maritimes qu'elle va demander l'inspiration. Elle représente toutes
les phases de leur existence mouvementée.

Mme Demont-Breton est une fidèle des Salons. Le Luxembourg possède
d'elle le *Moulin*. On cite parmi ses principaux tableaux : Le *Bain, Danses
enfantines*, les *Loups de mer*.

M. Georges-Antoine Rochegrosse est un favori de la fortune. Tout lui fut aisé dans la vie. Beau-fils de Théodore de Banville, les portes s'ouvrirent devant lui et son talent facile eut, dès qu'il se produisit, de nombreux admirateurs.

Il naquit à Versailles le 2 août 1859. Entré très jeune à l'Académie Julian, il y fit ses études sous la direction de MM. Boulanger et Jules Lefebvre.

Ses œuvres principales sont : *Assassinat de l'empereur Geta*, la *Course au bonheur, Vitellius traîné dans les rues de Rome*, la *Jacquerie*, la *Mort de Babylone, Salomé dansant devant Hérode*, la *Curée*, la *Science et le Rêve*, décoration de la bibliothèque de la

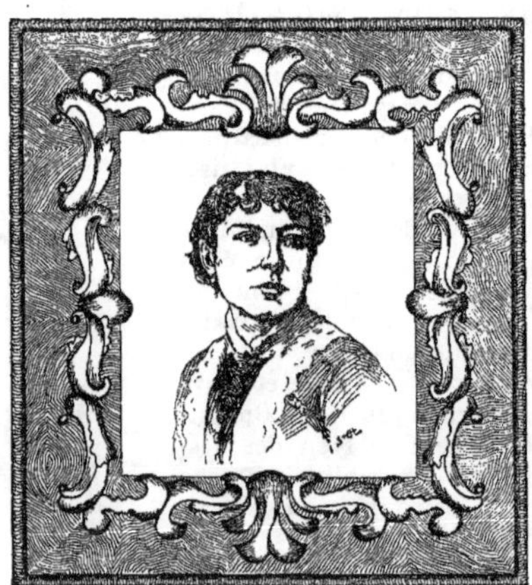

DEMONT-BRETON (Mme Virginie),
Peintre, né à Courrières en 1859. (École française.)

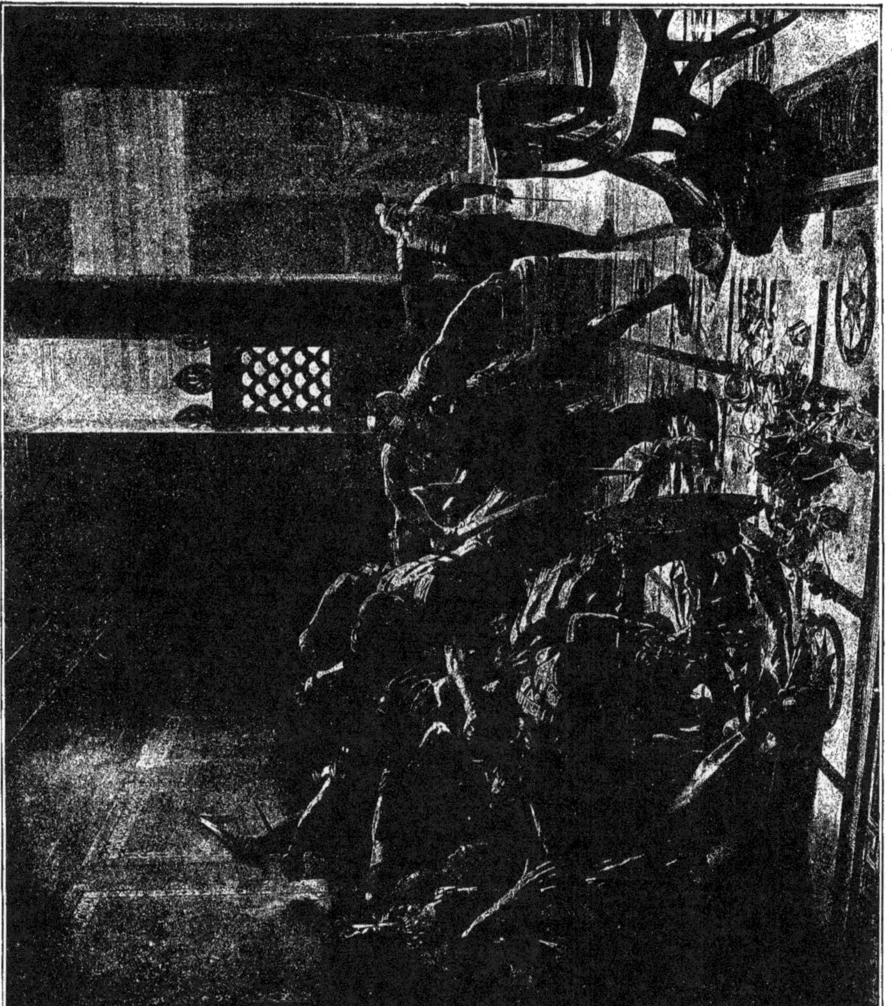

Assassinat de l'empereur *Geta*, par Rochegrosse.

Sorbonne ; la *Joie rouge*, tableau qui lui valut la médaille d'honneur et qui fut acquis par l'Etat.

. . . .

Nous avons atteint le terme de notre voyage dans la région féerique du domaine de l'art qu'est la peinture. Si nous avons fait comprendre la sympathique admiration méritée par les artistes salués au passage, notre tâche est remplie.

Les luttes de ces puissantes personnalités marchant par des voies différentes vers la réalisation d'un idéal commun : la Beauté, tous animés du même désir d'agrandir l'essor de la pensée, sont fécondes. Les efforts de chaque génération se totalisent en des êtres privilégiés qui fixent les aspirations collectives de leur temps. Chaque siècle apporte ainsi sa somme d'éléments nouveaux pour la création de la forme magnifiée et complète, aussi réelle que subtile, ne connaissant d'autres limites que celles du génie humain, qui devra servir à traduire les manifestations artistiques des temps futurs.

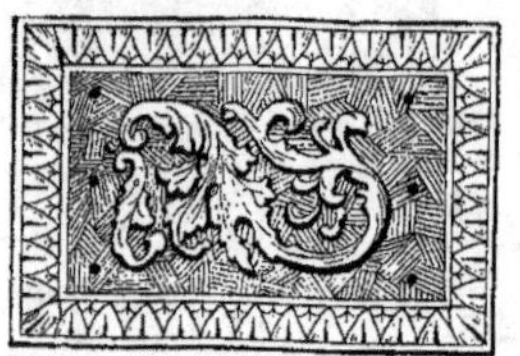

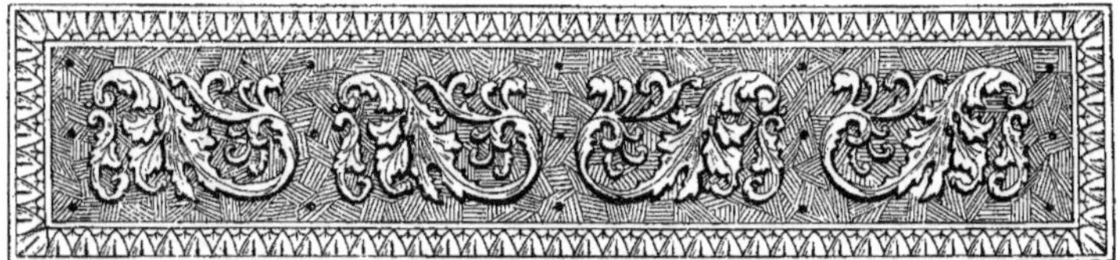

TABLE DES MATIÈRES

Imprimé et Relié dans mes Ateliers

37, rue Gandon, 37

PARIS